大乘经庄严论释

（上）

弥勒 · 著

麦彭仁波切 · 注释

西藏藏文古籍出版社

图书在版编目（CIP）数据

大乘经庄严论 / 弥勒编著 .
—拉萨：西藏藏文古籍出版社 ,2019. 12
ISBN 978-7-5700-0379-2

Ⅰ . ①大…　Ⅱ . ①弥…　Ⅲ . ①大乘—佛经—研究　Ⅳ . ① B942. 1

中国版本图书馆 CIP 数据核字 (2019) 第 272962 号

大乘经庄严论

作　　者　弥　勒　著　麦彭仁波切　注释
责任编辑　郭晓斐
策　　划　天利文化
出　　版　西藏藏文古籍出版社（拉萨市色拉路 4 号　邮编：850000）
　　　　　第二编辑部（北京）：北京市朝阳区东土城路 8 号林达大厦 A 座 13 层
　　　　　邮编：100013　电话：010-64462318
　　　　　打击盗版：0891-6649998　13908990085
印　　刷　北京盛通印刷股份有限公司
经　　销　全国新华书店
开　　本　16 开（710 × 1 000）
印　　张　38. 5
彩　　插　12 页
字　　数　462 千
版　　次　2019 年 12 月第 1 版
印　　次　2020 年 5 月第 1 次印刷
标准书号　ISBN 978-7-5700-0379-2
定　　价　98. 00 元（全二册）

南无本师释迦牟尼佛

南无弥勒菩萨

全知麦彭仁波切

译 序

《大乘经庄严论》是“弥勒五论”之一，它深入细致地阐述了大乘佛法的博大教义，可以说囊括了八万四千法门的精髓。

关于它的功德，正如全知麦彭仁波切在本论注释中所说：“如果讲闻此论，会获得讲闻所有大乘佛法的功德。”在短暂的人生中，任何人都很难传讲、听闻所有的大乘佛法。若有如此轻易的捷径，谁不愿意欣然趋入？若能在此法海中畅游，一定会享受到无尽的乐趣。

早在1988年，我就在法王如意宝座下恭听过《大乘经庄严论》及此注释的完整传授。当时的法音，今天似乎仍回荡在耳边，当时的场景，也时不时浮现在眼前，久久难忘，所以我对这部法有很深的感情。当然，每次翻译一部法，我更多的是被内容深深吸引，对其法义有很多的感悟、很大的信心，这部巨著也不例外。

从2014年5月到2018年7月，我用了四年多的时间，对这部法进行了翻译并传讲。在此过程中，还认真参阅了印度安慧论师的《经庄严论大疏》、藏地大德们的注释以及此论的汉译本，对本书做了进一步的校对、完善。

我经常会想，在这个时代，佛教徒虽然越来越多，但许多人对佛法的认识，往往只限于烧香拜佛，以求平安顺利；或是打坐冥想，仅为了修身养性、延年益寿；或是念佛诵经，只为了自己往生极乐；或是乐善好施，单单图个人天福报；或是不求甚解，只喜欢浅显易懂的法门。而真正深入经藏、探究奥义的人，实在为数不多。简单的善法对初学者来说固然重要，但若一直停留在入门级别，恐怕永远领悟不到佛法真谛。因此，作为有智慧的人，应该对佛法学得深一些，理解得透一些。

这部论典，其实可以满足这种愿望，无论你想闻思修行还是研究佛法，它都是不可或缺的宝典。有缘人若能用心去挖掘，定会有意想不到的惊喜和收获。

最后祈愿：凡与此法本结缘的众生，都能对大乘法生起牢固的定解，之后踏踏实实修行，尽快摆脱一切束缚，自在地普利天下苍生。

索达吉

2018 年 7 月 13 日书于喇荣

目录

大乘经庄严论释科判

全论分三：

大乘经庄严论

弥勒菩萨 造
索达吉 译

那莫曼殊师利革玛绕布达雅

梵语：玛哈雅那色札阿朗嘎绕那玛嘎热嘎

藏语：特巴钦波多地坚意夏瓦策里哦雪巴

汉语：大乘经庄严论颂

顶礼一切佛菩萨！[1]

知义讲义语句净，为救苦性悯苦情，
示胜乘法宣行众，圆五义理无上性。
如金打造莲花开，如饥饿人享美食，
如闻佳音启宝箧，彼法此说亦最喜。

1 原文中缺少第一品的品名。

如自具德貌美人，佩饰临镜见最喜，

佛法恒具自性德，释义智者此最喜。

如药嗅极臭，品尝则香醇，

法亦住二种，当知义与文。

广深此难法，如王难欢喜，

若行令喜事，能赐胜德财。

具种无价宝，不识人不悦，

如是于此法，愚非智者悦。

大乘经庄严论中第一品终

第二 证成大乘品

未授记俱出，非行境成立，

有无同有无，对治别文故。

诸佛现量眼，亦护诸佛法，

诸时智无碍，是故不应舍。

不全及相违，非方便未说，

故此声闻乘，非谓大乘法。

意乐及宣说，加行与所依，

时违故下劣，彼乘唯下劣。

契入自之经，现调自烦恼，

甚深广大故，不违于法性。

寻思依不定，不遍俗弱者，

凡夫许所依，故彼非彼境。

广大甚深故，成熟无分别，

故此所说二，乃无上方便。

众于非彼处，怖畏受逼恼，

积非福大罪，历经久远时，

无种姓恶友，未积善学修，

由怖畏此法，从此大义堕[1]。

彼外余非有，极深随行故，

种种众多门，恒常而宣说，

非如所说义，佛密意极深，

智者如理观，终不惧此法[2]。

此初依闻已，尔后起作意，

1 “众于非彼处……从此大义堕”：此两颂在藏文中为一颂，每句十一字，因字数过多故译成两颂。

2 “彼外余非有……终不惧此法”：此两颂在藏文中为一颂，每句十三字，因字数过多故译成两颂。

如理作意中，生真义境智，

从中证得法，由法尽生慧，

若无各自证，如何能决定[1]？

以自不了知，谓佛非知深，

甚深何以故，非是寻思境？

何故觉深义，是即成解脱？

彼为畏惧处，此者不应理[2]。

信劣界极劣，劣伴普围绕，

正说深广法，无信成立此。

随闻得具慧，于闻作轻毁，

余种种无量，愚昧何能定？

依文思义时，我慢失智慧，

亦舍善说故，自毁嗔法障。

意罪自性恶，非理色非理，

疑法何须说，等舍善无过。

大乘经庄严论中第二证成大乘品终

1 “此初依闻已……如何能决定”：此两颂在藏文中为一颂，每句十三字，因字数过多故译成两颂。

2 “以自不了知……此者不应理”：此两颂在藏文中为一颂，每句十三字，因字数过多故译成两颂。

第三 皈依品

遍行承诺证悟胜，以四类性义差别，

为殊胜乘皈三宝，彼谓皈依之第一。

是因初此决定难，彼数千劫修行难，

成就利众义重大，故此大乘皈义胜。

行持救度诸有情，乘智遍行具善巧，

涅槃有寂平等性，当知具慧此遍行。

数喜希求大菩提，无有厌倦真难行，

成佛等同诸佛陀，当知具慧承诺胜。

善生佛陀殊胜子，具心慧资大悲心，

无等种母胎乳母，当知具慧承诺胜。

种种妙相严其身，获得成熟众生力，

得佛无边大乐寂，知救有情大方便。

诸佛大光赐灌顶，真具一切法自在，

知佛眷中示现相，勤以制学治惩摄。

如大臣入波罗蜜，恒视遍大菩提分，

恒正受持三密处，恒不间断利生故。

大福超三界有乐，寂灭大苦胜慧乐，
法蕴胜常身善资，尽习气得解有寂。
具慧善广胜声闻，大义无边恒无尽，
彼善以世出世熟，自在蕴灭亦无尽。
知求彼性誓由悲，遍知利乐难无厌，
出离恒具乘证德，表法性得慧皈胜。
行此皈依具大义，彼增无量功德资，
悲心周遍此众生，亦兴无等大圣法。

大乘经庄严论中第三皈依品终

第四 种姓品

有殊胜法相，相及种姓类，
过患与功德，二喻各四种。
界性及信解，修行异类别，
果异可得故，定说有种姓。
彼善悉超胜，一切及大义，
无尽之因故，是谓种姓胜。
自性与随增，彼为所能依，

当知有无性，功德度脱义。

加行前悲心，信解与安忍，

真实行善法，定说种姓相。

种姓定不定，诸缘夺不夺，

如是若略摄，种姓分四种。

习惑恶友伴，贫困随他转，

简言当了知，种姓过有四。

久远堕恶趣，能速得解脱，

于彼受轻苦，具悲成熟众。

当知如金类，无量善根处，

智慧具无垢，亦是威力处。

当知如至宝，大菩提因故，

大智圣等持，群生利益处。

有终定造罪，有尽灭白法，

无解脱分善，善微远离因。

于为利他说，深广之大法，

未知生大信，修行能安忍，

彼等终究时，胜二圆满者，

随增种姓知，菩萨具性德[1]。

生巨德觉树，得乐灭剧苦，

利乐自他果，胜种如妙根。

大乘经庄严论中第四种姓品终

第五 发心品

喜大加行大，义大出生大，

菩萨之思者，起具二利心。

发心于诸地，信解净增意，

异熟许相异，如是永断障。

彼根本许悲，常思利有情，

于法起信解，求智乃所缘。

欲乐上为行，大戒彼所依，

道障是违品，引发及持受。

福慧乃自性，善增彼功德，

恒行波罗蜜，彼即许出离。

地乃此究竟，各自彼行持，

1 “于为利他说……菩萨具性德”：此两颂在藏文中为一颂，每句十五字，因字数过多故译成两颂。

菩萨之发心，决定当了知。

友力因根力，闻力习善生，

不坚及坚固，说他示发心。

近依正等觉，尽积福慧资，

法无分别智，生故许彼胜。

于法及众生，彼事胜佛陀，

获得平等心，故彼极喜胜。

生大喜悦彼，意乐亦清净，

精通余出离，于此当了知。

信解法种子，般若母中生，

禅定生乐胎，悲育之乳母。

为成十大愿，当知是广大，

长难不厌倦，当知是欢喜。

证悟大菩提，得彼方便智，

当知意乐净，精通余地理。

作意依安立，知彼分别故，

亦不分别彼，当知为出离。

当知此发心，如地如纯金，

亦如上弦月，如火大宝藏。

当知如宝源，如海如金刚，
如须弥药王，亦如至亲友。
当知如摩尼，如日寻香音，
如王如仓库，如路亦如乘。
发心如泉水，如雅音大流，
佛子之发心，宣说如大云。
是故功德富，欢喜真发心。
舍极应发心，思他利得方，
大密见最真，弃乐趋寂灭。
具慧生胜心，即护无边罪，
增二恒善慈，乐喜苦亦喜。
利他尚不惜，身命受疲惫，
岂能以他害，趋入行恶业？
悟法皆如幻，生如入乐园，
或兴或衰时，悉无惑苦惧。
自德利生喜，故意生幻变，
严宴胜处戏，非悲尊不具。
悲尊勤他利，无间亦执乐，
世间他依处，生苦焉能惧？

恒依大慈师，他苦逼恼心，
他事近在前，他劝诫惭愧！
首荷有情担，众尊缓行丑，
自他种种缚，精进当百倍。

大乘经庄严论中第五发心品终

第六 修行品

处行生果大，许佛子修行，
恒诺大忍大，大义真修行。
自他平等心，或爱他胜己，
他利胜己想，自利即他利。
悲尊为利他，自愿遭剧苦，
世人损恼事，他敌亦极悯。
下中上法性，善说令悦入，
解义成熟善，授住慧解脱，
成就胜功德，生种授记灌，
佛智无上果，利他十三性。
随众无倒说，无傲我所通，

忍调远无尽，佛子胜修行。

欲夫入大怖，喜有倒动乐，

喜寂灭自取，悲尊恒灭取。

愚人勤自乐，常苦不得彼，

坚稳恒利他，行二利涅槃。

佛子行持时，入根异行境，

如是随理词，利生彼现行。

恒罪无自在，具慧不执过，

不欲倒行者，于彼反增悲。

此修胜有众，具足最寂灭，

种种德资增，慈心恒摄生。

大乘经庄严论中第六修行品终

第七 真如品

非有无同异，无生灭减增，

无净成清净，彼为胜义相。

我见非我相，非恶处相异，

唯二迷乱生，解脱唯迷尽。

唯依迷乱士，常苦不证悟，
痴明苦无苦，法性非彼性。
现入缘生法，众生依他作，
是因不见有，见无黑暗相。
此以胜义理，有寂无少别，
然说行善业，灭生得寂灭。
菩萨善积累，无边福慧资，
思法决定故，悟诠具相境。
证彼唯诠境，正住现唯心，
尔后现量证，法界离二相。
慧知心外无，复证心亦无，
具慧知无二，住无彼法界。
具慧无念智，恒成普平等，
依彼重罪净，如剧毒除毒。
佛说妙法善安立，慧住根本法界中，
念相续知唯分别，坚稳速至德海岸。

大乘经庄严论中第七真如品终

第八 威力品

生语心善恶，彼处出现量，

神通遍行类，无碍获坚力。

四禅得极净，无分别智摄，

作意遍住中，可成第一力。

圣者天梵住，无比广恒住，

行处真供佛，令众生清净。

成坏及有情，世界视如幻，

如愿而自在，真实示种种。

放光令极苦，恶趣升善道，

撼魔妙高宫，令魔生畏怖。

彼于胜会中，游戏无量定，

工巧生胜化，诸时利有情。

智慧自在故，随意现净土，

无佛传佛号，彼等至佛土。

如翼丰满鸟，能成熟有情，

得佛极赞叹，众生应受语。

六通及三明，八解八胜处，

十遍处等持，无量得坚力。

胜自在具慧，无主置自在，

恒唯喜利他，行有坚如狮。

大乘经庄严论中第八威力品终

第九 成熟品

喜信寂静悲，忍慧具威力，
不夺具支上，佛子成熟相。
胜友等三勤，竟妙摄胜法，
受持大妙法，悲尊成熟相。
知德心不退，速得定受果，
诚信本师故，佛子成熟相。
极禁断惑念，无碍喜乐善，
佛子除惑故，许真成熟相。
自慈见他苦，劣心尽断除，
胜进众尊身，悲他成熟相。
自坚抉择修，恒耐寒等苦，
胜进喜乐善，许忍成熟相。
报净念闻等，尽知善恶说，
可生大智慧，锐智成熟相。

二善增二界，依能生果胜，
如愿成众尊，威力成熟相。
理析妙法智，恒无魔作障，
得胜驳他宗，不夺成熟相。
积善依堪勤，现喜胜静善，
佛子之具支，真实成熟相。
九相成熟尊，能令他成熟，
法性相续增，恒为众至亲。
如疮可破漏，食可用许熟，
此依于二品，灭受说成熟。
许令离成熟，普熟极成熟，
随善证成熟，恒熟上成熟。
佛子以利心，住此成熟众，
父母友于子，及亲非善住。
慈主利乐行，慈爱他众生，
世人自不爱，何况极爱他？
菩萨身受用，无有不施他，
二益成熟他，等施不餍德。
坚性尤无害，自喜谨安他，

二益熟等流，德转成熟他。

他害作利想，重害尚耐受，

知方便忍害，令其真行善。

佛子依胜勤，成熟有情众，

为他一善心，久劫亦不厌。

自在得无上，他供定摧欲，

令他向胜教，令善真增长。

解真如密义，尽除众生疑，

故彼敬佛法，自他善德增。

菩萨悲利生，善趣及三善，

是以下中上，有际平等化。

大乘经庄严论中第九成熟品终

第十 菩提品

无量百难行，积累无量善，

历经无量时，灭尽无量障。

无有诸障垢，得一切种智，

如开珍宝器，真实现佛陀。

百劳难行积众善，大劫久时尽众障，

摧毁地属细障佛，如开大力珍宝器。

诸法本正觉，法者皆非有，

彼虽白法性，依彼非诠彼。

珍宝法因故，犹如珍宝源，

善庄稼因故，许彼如雨云。

佛具一切法，亦离一切法，

生广大法宝，故如宝法源，

于众降善说，无尽大法雨，

极增白稼因，故彼如雨云[1]。

佛陀恒普救，所有烦恼聚，

一切罪恶行，及与诸老死。

救护诸损恼，恶趣非方便，

坏聚小乘故，为第一皈处。

许佛皈处无比胜，救离众怖坏聚乘，

恶趣多苦非方便，生死烦恼诸恶途。

佛法圆满身，妙法化情智，

---

1 “佛具一切法……故彼如雨云”：此两颂在藏文中为一颂，每句十五字，因字数过多故译成两颂。

悲众至彼岸，许佛胜皈处。

尽除诸世间，众生之损害，

富足诸圆满，许佛大皈处。

烦恼所知障，种子久恒具，

断除极广大，诸相尽摧毁，

获转依白法，最胜德即佛，

极净无分别，大境智道得[1]。

佛住彼见众，如居山王上，

尚悯乐寂众，况于喜有人？

依入极入非趋入，舍离普入二不二，

平等超胜遍行性，承许如来之转依。

虚空恒遍行，许佛亦如是，

虚空遍行色，佛遍行众生。

犹如水器破，月影不显现，

恶劣有情前，佛影亦不现。

如火依他燃，亦依他熄灭，

如是亦当知，佛陀现不现。

1 “烦恼所知障……大境智道得”：此两颂在藏文中为一颂，每句十五字，因字数过多故译成两颂。

如鼓未擂击，普皆出音声，
如来无造作，普皆出善说。
犹如摩尼珠，无勤显自光，
佛陀无造作，定显诸事业。
犹如虚空中，世事不断现，
如是无漏界，佛业不间断。
犹如虚空中，事恒有坏生，
无漏法界中，佛业有生灭。
前后虽无别，无有诸障垢，
真如许佛陀，非净非不净。
空性即清净，无我得胜我，
佛得净我故，成大本性我。
是故佛非有，亦不说无有，
问佛如是语，许为无记理。
譬如铁热息，眼翳已消除，
佛陀心与智，不说有与无。
无漏界中佛，无身如虚空，
随从前身故，非一亦非多。
力等佛陀法，菩提如宝源。

于众善庄稼，亦许如密云。

福智圆满故，承许如满月。

智慧放光故，承许如大日。

犹如日轮中，无量光融合，

恒常行一事，亦能照世界。

如是无漏界，无量佛融合，

同行一事业，显现智慧光。

如出一日光，是集诸光辉，

当知诸佛智，出生亦如是。

犹如日光辉，照耀无我所，

如是佛陀智，入亦无我所。

如射一日光，能照诸众生，

如是佛陀智，顿现诸所知。

犹如许日光，云等作遮障，

如是佛陀智，众生过遮障。

犹如以结牵，染衣艳不艳，

如是引力牵，众智显不显。

说此无垢界，佛陀之法相，

处事业甚深，空中画图案。

真如于一切，无别然清净，
即是如来故，众生具彼藏。
声闻之财富，胜伏世间财，
辟支佛地者，亦胜声闻财，
彼者之财富，不及菩萨财，
菩萨之财富，不及如来财。
佛陀之财富，为何何如何，
几何何时入，无量不可思。
五根转依时，照了一切境，
生千二百德，获得妙自在。
意者转依时，则随自在行，
无分别智净，获得妙自在。
根识转依时，如愿显受用，
清净佛刹土，获得妙自在。
分别转依时，智慧诸事业，
恒常无阻碍，获得妙自在。
所依转依时，佛陀无垢处，
不住之涅槃，获得妙自在。
欲染转依时，安住佛大乐，

见女无烦恼，获得妙自在。

空想转依时，想事得降临，

行走驾驭色，获得妙自在。

佛陀无垢处，转依无有量，

成办无边事，自在许无量。

世间诸方所，如来之善说，

增善世间者，清净至最胜，

未曾积善者，增善至最胜，

如是未熟熟，恒行非无余[1]。

世间诸方所，坚稳恒诸时，

难得大菩提，胜德具足胜，

常坚成无依，依怙大稀有，

由行妙理故，亦非大稀有[2]。

佛顿时有前，转数百法轮，

有前不现生，有前异生行，

有前现证觉，有前示涅槃，

---

1 “世间诸方所……恒行非无余”：此两颂在藏文中为一颂，每句十一字，因字数过多故译成两颂。

2 “世间诸方所……亦非大稀有”：此两颂在藏文中为一颂，每句十三字，因字数过多故译成两颂。

彼处中不动，同时行一切[1]。

诸佛无是想：此为我成熟，

此当余今熟，然于诸方位，

恒常以三门，善法成熟众[2]。

如日无勤中，光芒照诸方，

无边众光明，成熟众庄稼，

如是具法日，寂灭法之光，

无边照诸方，成熟诸有情[3]。

犹如一灯燃众灯，无量无数彼无尽，

一者成熟化众熟，无量无数彼无尽。

如此大海不餍水，百川流入彼不增，

佛界趋入恒不断，不餍不增最稀有。

诸法之真如，二障清净相，

缘性缘彼智，无尽自在相。

知真如一切，由修真实生，

1 “佛顿时有前……同时行一切”：此两颂在藏文中为一颂，每句十五字，因字数过多故译成两颂。

2 “诸佛无是想……善法成熟众”：此一颂半在藏文中为一颂，每句十五字，因字数过多故译成一颂半。

3 “如日无勤中……成熟诸有情”：此两颂在藏文中为一颂，每句十三字，因字数过多故译成两颂。

诸时令有情，生二无尽果。
身语意幻化，加行方便事，
等持总持门，具足二无量。
自性法受用，幻化相异入，
此者即名谓，佛陀法界净。
佛陀身类别，自性及报身，
别者即化身，初为二所依。
报身于诸界，摄眷刹名身，
圆满受用法，事业悉相异。
自性身平等。细微与彼系，
随意示受用，许是报身因。
佛无量幻化，承许为化身。
二利圆满者，一切相住二，
恒示工巧生，大菩提涅槃，
佛陀此化身，解脱大方便。
当知以三身，摄集佛陀身，
是说三身者，自他利所依。
所依及密意，事业平等性，
自性不间断，相续恒常性。

镜智不动摇，三智依于彼，
平等妙观察，成所作唯此。
镜智无我所，恒具不偏堕，
所知皆不昧，恒非偏向彼。
诸智之因故，如智大源泉，
即是报身佛，现智影像故。
平等性智者，许修有情净，
不住而寂灭，许为等性智。
彼于一切时，具足大慈悲，
依有情信解，定示佛陀身。
妙观察智者，所知恒无碍，
唯是如等持，总持之宝藏。
于诸眷属中，示现诸自在，
斩断诸怀疑，普降大法雨。
成所作智者，诸界以种种，
无量无边化，成办众生利。
佛陀彼幻化，恒行成作别，
数刹于诸时，当知不可思。
受持平等心，尽宣真实法，

成办所作故，真实生四智。

种姓别有义，圆满无始故，

佛非一净住，无异故非多。

是无真如者，许为有之最，

不缘一切相，许为缘之最。

修行不观相，许为修之最，

无见获得中，亦许得之最。

视为上远相，我之精进胜，

菩萨我慢者，名为远菩提。

如是诸宣说，视为唯分别，

菩萨无分别，名定得菩提。

如河非地下，处异水亦异，

水少作用异，微小水生用。

入海则一切，处一水一大，

用一水群生，恒常大受用。

未入佛坚稳，依异慧亦异，

证小自作异，少众常受用。

入佛则彼等，依一大证一，

事业合为一，大众大受用。

佛具无比白法故，亦是利乐之因故，

安乐善妙无尽源，具慧应受菩提心。

大乘经庄严论中第十菩提品终

初成皈种姓，发心自他利，

真如义威力，成熟及菩提。

第十一 信解品

已生与未生，能所伴受自，

谬正现非现，音生求见夺，

杂不杂违品，下广覆无覆，

勤非积未积，坚稳远行信。

多时不作意，懈怠瑜伽乱，

恶友善法微，非理之作意，

放逸及少闻，满足少闻思，

唯寂而我慢，如是许未熟，

不厌及厌离，有覆不精勤，

以及未积资，当知信解障。

大福及无悔，意乐与大乐，

不唐捐坚固，如是胜进行，

现证一切法，得自他利最，

速通彼等即，信解之功德。

欲者彼如犬，定者彼如龟，

利自彼如仆，利他彼如王。

如犬常饥苦无餍，如龟水中蜷缩住，

如仆常惧身行游，如王以令统领域，

当知散住利自他，种种信解恒超胜，

如理明知大乘胜，坚稳恒常寻求此。

因已转为人，无量每刹那，

获正等菩提，故莫甘怯懦。

犹如施他食，福德得增长，

自食非如是，利他所依法，

传讲则获得，经说大福德，

自利所依法，宣说非获得。

如是大圣广大法，具慧恒生大信解，

广大福德不断增，无量功德大本性。

大乘经庄严论中第十一信解品终

第十二 求法品

三藏二亦可，摄故因许九。

种习了悟寂，彻证令解脱。

经对法及律，略摄许四义，

具慧了知彼，获得一切智。

说处法相法，及义故是经。

对向故反复，胜证故对法。

堕罪犯起堕，离堕数取趣，

制戒及类别，决定故为律。

承许所缘法，内外及二俱，

以二义得二，二者不可得。

依意诠说义，净信显现义，

认定唯言诠，心名安住故。

以闻等三慧，获得法所缘，

获得三所缘，真实依前宣。

三种姓行事，有无害所依，

安住于信解，别者强欲乐。

下圆二所依，有诠无诠二，

是与智相应，瑜伽因本性。

彼是间杂缘，不共而缘者，

五种及七种，此之遍知五。

具足修行相，四种三十七。

彼是二道性，二功利得受。

加行及自在，小大之本性，

瑜伽此作意，许是一切性。

恒离二迷所依者，非诠离戏真如性，

所知断净性无垢，如空金水许惑净。

众生清净别少无[1]，无余众生愚昧心，

舍弃本有耽著无，世间愚相何其重！

以如幻术说，非真之妄念，

以如幻相说，迷乱为二法。

犹如彼无彼，如是许胜义，

犹如可得彼，如是许世俗。

如彼无有时，彼因了可见，

如是转依时，可见非真念。

世间未迷者，随意享彼因，

1 众生清净别少无：此句在安慧论师的《注释》中无有。

未迷持戒者，随意享转依。

彼有彼行相，非有彼实体。

如是幻术等，说为有与无，

彼有非无有，无有非是有。

于幻等亦说，有无无差别，

如是有二现，非有彼实法。

如是于色等，说为有与无，

彼有非无有，无有非是有。

于色等亦说，有无无差别。

增益与损减，诸边所破故，

为遮入下乘，如是而承许。

迷乱因迷乱，承许色之识，

及非有色识，无故另亦无。

执取幻象色，迷乱故说二，

如实虽无二，可得二者法。

执著骨锁相，迷乱故说二，

如实虽无二，可得二者法。

迷乱法相法，如是有与无，

有无无别故，有无如幻术。

凡属对治法，如是无与有，

无故无法相，亦说如幻术。

犹如魔术王，为余幻王败，

见法之佛子，彼等无我慢。

如是当了知，佛陀觉者说，

一切有为法，如幻亦如梦，

如阳焰影像，如光影回响，

犹如水月影，亦犹如幻化，

承许六六二，二六三一一。[1]

邪分别非正，非邪不分别，

非分非不分，名为诸所知。

自界显现二，无明烦恼俱，

尽生转分别，断除二实体。

获得所缘法，具住自界故，

真如无二现，趋入如皮箭。

心者显现二，承许现贪等，

或现信心等，非有惑善法。

是心现种种，趋入种种相，

1 此两颂，在藏文中为一长颂，每句十五字。

显现彼有无，是故非法性。

佛为利有情，真实说事相，

法相及名相，一切细分类。

心及有见者，彼位不迁变，

此摄是事相，详分无有量。

依诠作义想，因与彼习气，

从中亦现义，遍计之法相。

依于名与义，显现名与义，

非正分别因，遍计之法相。

显现三三相，所取能取相，

非真分别念，依他起法相。

无有及有者，有无平等性，

非寂寂无别，圆成实法相。

缘于等流法，如理而作意，

安住心法界，见义有与无。

彼中成等性，圣种极无垢，

平等复超胜，无减无增相。

种子转依故，显现处境身，

转依无漏界，彼所依遍行。

意能取分别，转依无分别，

刹土智事业，是为四自在。

不动等三地，获得四自在，

一者二自在，余地许各一。

具慧证诸有，亦知二无我，

彼知平等已，持彼入真如。

复意住彼故，彼彼亦不现，

彼者乃解脱，殊胜离所缘。[1]

资粮基有生，得见唯名称，

见唯名见彼，后亦不见彼。

心即彼堕罪，我见之索缚，

极其而流转，内住许还灭。

自与自性无，自本体不住，

如执无有故，承许无本性。

前乃后所依，无性无生灭，

本来即寂灭，自性涅槃成。

始真实他性，自相自变异，

染污及差别，名无生法忍。

---

1 “具慧证诸有……殊胜离所缘”：此两颂，在藏文中为一长颂，每颂十五字。

法无我解脱，等同种姓异，
得二意乐化，究竟故一乘。
为引有些者，为余真受持，
于诸不定者，圆佛说一乘。
声闻不定二，见未见乘义，
见义离未离，贪者此低下。
彼二得圣道，转世驾驭故，
真具不可思，驾驭之投生。
一者以愿力，而能成投生，
另者不来故，幻化尽成办。
彼二屡屡数，具有自心生，
欢喜涅槃故，许是缓证悟。
未行义投生，无有佛陀时，
求化勤禅修，获得妙菩提。
若未勤五明，大圣不成佛，
故为折摄他，自遍知精进。
得因而欢喜，所依随念彼，
欲求共同果，信解依菩提。
是以四威力，喜悦定不厌，

违品及对治，修行有四种。

净信真得受，乐于布施他，

披甲及发愿，爱乐所为意，

布施等六种，得力与成熟，

供养及依止，真实胜踊慈。

未行造恶者，惭悔欢喜境，

厌倦作敌想，安置及诠慧。

施等圆觉依，非自在天等，

以无碍解知，二者过与功，

随念积累喜，及与见大义。

瑜伽无分别，受持欲值遇，

断七颠倒执，获得之威力。

稀有无稀有，各为四种想，

于有情平等，现见大本性。

求他功德报，愿三及相续，

为修佛说故，菩萨不住此。

彼于衰兴众，不喜极欢喜。

于修伪与真，不信及起信，

不纳受作意，授记喜决定。

现见后世故，入心观平等，
以入殊胜法，认定自胜故。
十度因所生，此等善作意，
是为能恒常，增长菩萨界。
增胜意乐大，许坚稳求法，
有断无所断，如是得自在。
菩萨之寻求，无身有得身，
圆身多我慢，细慢无我慢。
坚稳法有色，无色相无疾，
神通之财富，无尽法为因。
有无与增损，一多自差别，
如名如义执，佛子真应断。
慧善依勇勤，如实求二法，
恒成众生师，如海满功德。

大乘经庄严论中第十二求法品终

第十三　说法品

坚稳见命财，难得无实质，

极喜于苦众，恒发大布施。

法广普利众，亦非极难得，

尽施无尽增，何况非一次。[1]

各别自证故，佛陀未说法，

悲尊如巨蟒，说法如气息，

引众至彼法，寂灭如口门，

真实而安置，净广共无尽。[2]

如是瑜伽修，彼则非无义，

如是善逝说，彼亦非无义。

唯闻若见义，修则成无义，

未闻若行修，说亦成无义。

菩萨尊说法，教证自在中，

一切口色法，虚空出法音。

广大断怀疑，信受示二真，

此名诸菩萨，圆满之说法。

菩萨尊说法，文不骄不厌，

明亮种种理，解无染遍行。

1 “坚稳见命财……何况非一次”：此两颂，在藏文中为一长颂，每句十七字。

2 “各别自证故……净广共无尽”：此两颂，在藏文中为一长颂，每句十五字。

佛子句不弱，可意善说称，
如应及无染，适宜如是广。
略说及释说，随顺乘易解，
共称及如理，出离随同故，
略名菩萨尊，文句之圆满。
善逝语无边，六十支难思。
语句极合理，依辨除怀疑，
多番具能立，略说广解者，
佛陀此宣说，三轮皆清净，
此亦离八过，是所应了知。
懈怠及不解，不予说法机，
未定不断疑，离彼不解说。
厌烦与吝啬，此等许语过，
无有彼等故，佛说成无上。
诚信喜慧因，故此法为善，
具二义易受，示四德梵行。
与他不共同，圆断三界惑，
体性净垢白，具四梵行德。
令入相对治，及转变秘密，

于声闻本性，如是调过失，
讲说甚深性，秘密此四种。[1]
平等及别义，别时之意趣，
数取趣意乐，当知四意趣。
轻佛及轻法，懈怠以少足，
我慢行贪欲，后悔不定退，
众生之障碍，对治说胜乘。
彼等断彼障，一切之过失。
是以句与义，受持二偈颂，
具慧有情尊，获得十功德。
界性尽增长，命终最极喜，
如愿而受生，忆念诸生世。
值遇诸佛陀，彼前闻胜乘，
信解具智慧，二门速证觉。
妙慧无厌慈，名扬知妙轨，
菩萨之说法，众中昭如日。

大乘经庄严论中第十三说法品终

1 “令入相对治……秘密此四种”：此一颂半，在藏文中为两颂。

第十四 修法品

具慧于二者，断除邪与真，
以三遍了知，人法二无我。
知义即了悟，诸法如航船，
断以闻满足，故名遍知法。
异生之智慧，如是证悟二，
为圆彼智慧，随法尽修行。
菩萨于一地，与得彼本性，
一切皆平等，出世无上智。
真实尽见断，一切诸烦恼，
为断所知障，修行妙加行。
安住无分别，智慧俱同行，
如是诸余地，行持随同法。
具慧修行境，善得与善处，
善地善友伴，瑜伽具乐德。
菩萨具多闻，见谛善讲说，
无厌慈悯者，当知是大士。
缘善所依善，方便定生善，

加行善妙性，名为真专注。

欢喜生闲暇，无病及等持，

辨别能作因，即昔行福德。

是除法界外，无有他法故，

诸佛之密意，以贪离贪等。

是除法界外，无有他法故，

宣说染污法，具慧密意许。

是故于贪等，如理而趋入，

从彼得解脱，依彼离彼等。

为众住地狱，苦剧非害彼，

有寂视过功，入下乘念害。

具慧住地狱，不障大菩提，

余乘凉利已，极乐亦障彼。

当知无有法，可得无染净，

犹如幻术等，如是如虚空。

犹如如理画，本无现高低，

非真分别前，恒无二现二。

如水混浊清，澄清非彼生，

彼离彼垢已，如是心同理。

心性恒光明，是以客尘染，
法性心外心，非光明自性。
菩萨于众生，如母待独子，
彻骨大慈爱，恒常欲能利。
为利诸有情，生贪不成堕，
此与嗔恨众，诸时皆相违。
如鸽爱自子，怀抱自之子，
如是与嗔违，慈尊亦同彼。
因慈与嗔违，寂与害心违，
利与诳心违，令安违令畏。
如患依良药，能入于轮回，
如医于病患，能行于众生。
如调不成仆，能行于自身，
如商贾经商，能行诸所求。
亦如染衣人，能行诸善业，
如父于幼子，能行不害众。
如求火燧木，能行于恒常，
如托可信人，能行未圆定。
犹如幻术师，以慧修所知，
彼许菩萨尊，依上而修行。

恒具大精进，勤于二成熟，
渐以无别慧，修行趋无上。

大乘经庄严中第十四修法品终

第十五 教授随教品

无数劫定生，信解得增上，
如水入大海，善法真圆满。
如是积资粮，佛子原清净，
善知心善修，即是妙加行。
彼时法相续，佛前得寂止，
广大智慧故，获得广教授。
彼初勤戒者，辨别经等法，
以及不二义，心住经等名。
尔后彼依次，伺察词句类，
亦于各别内，如理析其义。
认定彼等义，复次总结法，
为得彼之义，复次彼发愿。
意诠持续寻，各自而思择，

作意无言诠，一味亦伺察。

法名总结此，当知寂止道，

当知胜观道，分析彼之义。

当知双运道，是为总结彼。

沉心极摄持，掉举亦可寂，

复于彼所缘，平等住等舍。

于彼恒常行，恭敬而修行。

专心于所缘，莫散彼相续，

散动速认知，复次安住彼。

具慧愈向上，心亦向内收，

复见功德故，等持心调柔。

由见散动过，止息不喜彼，

贪心不悦等，兴起当寂灭。

复尔勤戒者，心真实有行，

自然而获得，习彼成无行。

尔后彼身心，获得大轻安，

当知有作意，彼彼增上已，

以增上远行，彼住正行得。

希求神通者，净彼最堪能。

静虑得神通，真实成就彼，
为供无量佛，闻法往世界[1]。
依此无量劫，承侍无量佛，
于彼承侍故，心成最堪能。
是故彼等前，获得五功德。
彼成最无上，清净之法器，
一一刹那中，灭尽身粗重。
身心遍轻安，了悟诸法光，
不断真实相，未察尽得见。
如是为圆满，法身清净故，
具慧一切时，恒常摄持因。
尔后成如是，菩萨以入定，
除非意诠外，不见诸外境。
为增法光明，精进坚稳行，
法光增上已，安住唯心中。
复次诸现境，尽觉是自心，
彼时即断除，所取之散动。
尔后唯剩余，能取之散动，

1 世界：藏文版本中是三界，后文注释中是世界。

彼时速触及，无间之等持。
如是彼末际，断能取散动，
此等依次第，当知是暖等。
尔后彼获得，出世无分别，
无垢离二取，无上之智慧。
彼此之转依，承许是一地，
彼此无量劫，成为极清净。
现量得彻证，法界等性时，
恒得诸众生，与己平等心。
众生同无我，痛苦行利益，
不求报心平，与余佛子同。
三界有为法，非真分别念，
彼以极清净，无二义智见。
见无彼等性，解脱诸见断，
是故决定说，彼时得见道。
了知无空性，如是有空性，
自性空性故，是名解空者。
无相之基者，分别真实灭，
无愿之彼者，非真分别念。

佛子随觉分，一切种种相，
恒见之彼道，承许俱同得。
慧行知有为，无我苦唯增，
断实无我见，得大见大义。
无我见见我，无苦成极苦，
如自于利己，利生不求报。
解胜心解脱，缚无尽久缚，
虽不见苦际，尽行而行持。
一世自痛苦，尚且不能忍，
况累世他苦，菩萨与之反。
佛子于众生，喜慈行无厌，
世间大稀有，平等非稀有。
复彼于余地，修道之此中，
修行二种智，是故能尽净。
彼无分别智，佛法能净治，
余如所安立，成熟众有情。
圆满二大劫，修道至究竟，
获得最后修，菩萨依灌顶，
得金刚喻定，分别不可坏，

转依臻究竟，无有诸障垢。

住彼即获得，尽成利群生，

了知一切相，无上之果位。

恒见难见佛，无等闻生信，

内心恒满足，无此更大义。

安住法门中，如来常亲传，

如由罪林中，牵头引菩提。

佛陀恒赞叹，真行己事善，

谴责颠倒行，最胜勤安住，

辨别之众生，断依善逝教，

广修违顺法，如理此宣说。[1]

彼见极清净，菩提无分别，

胜世除重暗，如大日普照。

恒积善充满，佛前得大教，

菩萨得广定，趋至德海岸。

大乘经庄严论中第十五教授随教品终

众多之信解，求法与说法，

以及修行法，教授与随教。

---

1 “佛陀恒赞叹……如理此宣说”：此两颂，在藏文中为一长颂，每句十七字。

大乘经庄严论密意疏
——胜乘甘露喜宴

麦彭仁波切 著
索达吉 译

那莫曼殊师利革玛绕布达雅

无等本师释迦王，补处自在弥勒怙，
彼摄圣者无著尊，语生世亲大智者，
高徒具德安慧师，次第传承诸圣众，
直授此道具大恩，诸善知识我敬礼。
胜乘法喜宴请众，大补处之此论典，
唯怀恭敬利他心，释说胜乘甘露宴。

大祖师无著证得法相续等持后，于兜率天法宫中，直接得受补处弥勒怙主亲传《慈氏五论》之一的《大乘经庄严论》。以极其明了易懂的方式解说此殊胜论典分四：一、论名；二、译礼；三、论义；四、末义。

甲一、论名：

梵语：玛哈雅那色札阿朗嘎绕那玛嘎热嘎

藏语：特巴钦波多地坚意夏瓦策里哦雪巴

汉语：大乘经庄严论颂

具足七大，称为大乘，以圆满所有大乘经藏之密意的五种无上义理而成为开显庄严，所以此论名谓“经庄严”，因为它以偈颂阐释，故谓“颂”。

甲二、译礼：

顶礼一切佛菩萨！

大译师噶瓦拜则将此论译成藏语之初作译礼“顶礼一切佛菩萨”。

甲三（论义）分二：一、造论之理；二、宣说所造论之正文。

乙一、造论之理：[1]

知义讲义语句净，为救苦性悯苦情，

示胜乘法宣行众，圆五义理无上性。

作者了知大乘经义，为他众宣讲其义，语句无垢，必要是为了救度众生脱离痛苦。因是悲心本性，悲悯苦难的有情。宣说什么方便？是开示胜乘法的方便。对谁宣说呢？以胜乘理对以大乘道趋向果位的众生或大乘众行者宣说。如何宣说呢？以句义相联并具足大乘义善妙圆满的五种义理无上本性来

1 原文中缺少第一品的品名。

宣说。

何为五义理呢？

如金打造莲花开，如饥饿人享美食，

如闻佳音启宝箧，彼法此说亦最喜。

对于犹如高明铁匠用金子打造成耳环等、如莲花绽开、如饥饿所迫之人享用精心烹调好的美食、如同得闻能令人欢喜的佳音，好似打开奇珍异宝箱般的大乘法在此解说的论典也同样会令人生起最大欢喜。此处以圆满的五义理开显大乘经藏密意的缘故，称为“经庄严”。因此，善加认清五义是如何，这是本论从头到尾摄义的要点，下文要予以讲解。

对此，安慧大尊者的《注释》中如此讲道：“本论是开显菩萨的一切深广行为。菩萨的行为归纳有三种，即修学何法、如何修学、何者修学。其一、修学何法：以七处所摄，修学自利、他利、真如、威力、成熟自之佛法、成熟有情、无上圆满菩提。其二、如何修学：首先对大乘法有信解、求法、说法、随法修法、安住真实教授与随教、身语意业以方便摄持，以这六种方式来修学。其三、何者修学：菩萨修学，菩萨的类别归纳有十种，即安住种性、趋入、意乐不清净、意乐清净、意乐未成熟、意乐成熟、不定证悟、决定证悟、一来菩萨及最后有菩萨。菩萨的名称，菩萨、大菩萨，以及按本论所说的具慧等，论体是此。”也就是“知义讲义……”两颂。与《语言学》典籍中讲七格相应，作者、所作、能作、所为、因义、支义、专为。依次解说方式：“所为”是第四故为格的名称。《声明论》中所谓布施也说为谁布施，讲明故为格的名称。“因义”是指出处格，“支义”是第六所属格的名称。有些《声明论》中，所谓哈德，表示手或支分，如供施之手，“专为”在这里并不是第四故为格，而是指专门为了大乘行者，所以有依于某补特伽罗依存处之义。个别《声明论》中第七格之名，称谓“莫达萨达”，为第七示性依格。

其中主要就示宾格之义，在《大疏》中如此解说：若问能庄严什么作者或法本体？所谓“知义”，大乘经是所庄严的本体或基。如何庄严呢？此论以能了知所有大乘经之义的方式庄严。所作，此论如何行庄严某经之事？此论以宣讲其义来庄严。依靠什么能作？依靠“净语句”。如此作庄严为了什么？为了救苦。由何因所生？由“性悯苦情”所生。若问：与什么相关联？以“示胜乘法”说明，此论如有支与支分般与大乘经相关联来宣说。若问：依于什么行者？以“宣行众”说明是专门为了大乘行者，因此依于他的相续，如鸟依树。

《大疏》中所说显得难懂，于此简明扼要讲述了它的内容。

再者，主要就声明文法而言，造此论的作者，以“知义”说明，即如实了知并照见所有大乘经的密意、证得义无碍解的补处十地自在弥勒怙主。他所作何事？以“讲义”说明，以宣讲所有经义的义无碍解之力而造。凭借什么能作而造？以“语句净”，能诠的语清净——法无碍解，确定众生语的词无碍解无有遮障之垢。是为了什么而造？为了救度一切有情离苦。以什么等起或因而造？智慧悲心的尊主大补处由对苦难众生的大悲心而造论。

若问：由如是造论之因圆满所形成的此论属于大小乘何宗或与何宗相联呢？以“示胜乘法”说明属于大乘宗，与大乘相联。

若问：这是专为什么行者，依于谁相续？

应当了知，胜乘法理针对行者有情菩萨。

无垢语归纳而言，具足八支，1. 所谓城者，是指解脱城或通称；2. 温雅：音调悦耳，心里惬意；3. 鲜明：文句善妙；4. 能知：能完全解义；5. 应闻：具足重大利益的妙法之义；6. 无依，极其清净增上；7. 无不顺：合意欲求；8. 无际：极其广大，不可触及边际。这八种中第一种是就根本而言，其后二者是从本体而言，剩余五种是从加行而言。句无垢，也具八支：1. 文句理：名词文字次第相关联；2. 意义具理道关联：即能圆满或证成意义；3. 随同：善加释说意义；4. 相适：文句明了；5. 相应：切合内心；6. 合宜：如实合乎眷属心意；7. 相称：随法具义相合时间；8. 勤奋支聚：勤奋即精进，做到了知并做到恒常，支聚是指具足正见等，即宣说具足如此之义的语言。

若问：圆满无上义理以五种比喻说明的意义是什么呢？

虽然世亲大论师亲言是“所建立、分别所了知、所思维、不可思议证悟圆成之义各别自证、随同菩提分之体性”这五者，但它只是简要的词句，而对其密意，诸位论师也有不同的观点，安慧论师说五句是指五事、三本性，对应三种行者的三安立。归纳而言，此五事总集了大乘之所诠，因此与其对应。五事是指名、因、分别、真如、无分别智慧五种。1. 名：如诸法以名称表达一样，众生虽耽著为意义，但仅是名称表达，实际不成立。2. 因：是安立名称的理由显现为依他起所取分，它是心显现的缘起，是分别所了知。3. 分别：是显现为心心所相能取分，即八识聚真实依他起，是以抉择其自性的方式所思维的。这三者与前三种比喻次第对应。4. 真如：即真如圆成实，它无有各别自证不可思议，一地现证真如时决定获得菩提，如同得闻喜讯般生欢喜。5. 无分别智慧：成为主要的菩提同分法，是以第五种比喻说明。如《摄乘论》中云："何为圆成实？当以清净四法了知，自性清净真如；远离一切障碍的离垢清净真如；能获得它的清净菩提分法；能生起它的清净所缘是大乘法。"三本性中遍计所执性无有是所建立，依他起性有染净缘起依他起与本性依他起；圆成实有无变圆成实与无倒圆成实，这四种与分别所了知等四者相对应。就行人而言，观待不知者、怀疑者、邪知者，首先宣说建立大乘是佛语等，但于此恐繁不述。

嘉那西日论师说明所建立等之义对应名、因等五事不合理，之后又说："自宗五义理有对应上文知义讲义等句与对应下文建立大乘是佛语等两种观点，其中后一种观点是世亲论师承许的，所建立有建立大乘是佛语、建立发心之境皈依殊胜、建立近取因大乘种姓。分别所了知有发心、修行二利。所思维有深广真如二者，此处是深真如。不可思议是威力与成熟，圆成实是菩提。之所以是这样的原因，以修行品中所说及"启宝箧"的论句可知，并且总结文也是如此宣说的。如何修学：信解至教授随教授之间。以前行建立大乘是佛语而生起信解直至修行间，分别所了知是教授随教授，所思维是广大善巧方便即摄事、波罗蜜多、无量、供养、依止等及道菩提分。不可思议功德是完全成就证悟意究竟时。"

那些虽然都是大智者们的善说，但就能圆满对应本论的宗义并易懂而言，所建立是建立大乘为佛语，如同打造金子成饰品般，对佛语远离未证、邪证与怀疑，生起受用大乘的欢喜。分别所了知是大乘的特法，是指从皈依至修行之间。虽然声闻也皈依三宝、具足小乘种姓、为自利寂乐果位而发心、有相似修行道三学，但了知与那些小乘的小相比大乘超胜之差别而对大乘道获得增上的喜悦，犹如闭合的莲花绽放般，内心生起向往大乘的欢喜。

如此了知大小乘的差别后，趋入大乘者所要思维的是，大乘所说真如义、大乘菩萨之神变力、根性成熟之理，从而对真如义获得定解。能成办菩萨之二利的威力与能成办它的根基成熟之方便，自己趋入，犹如享用烹饪好的美食般，行者也是了知真如，修行大威力，相应获得自己之根基成熟的功德，生起领受的欢喜。不可思议是指菩提，总的来说，真如也是没有各别自证不可如实思维，但仅以总相的方式凭闻思来思维并不相违。如是宣说四种不可思议之一的佛事业不可思议是所有不可思议中最殊胜的，但此处抉择菩提自性，不可思议的菩提，虽然现今没有现前其功德的部分，但了知若入了大乘道有朝一日能获得，如同得闻佳音或见到佳书般，比如：听到国王等信中说“赐给你如此这般奖赏等”的消息时，虽然当时没有现前奖赏，但想到以后必定得到而生起欢喜。同样，菩提即证悟圆成实的意义，是以各别自证所为，因此不可思议。能成就真如的因一切道法就是菩提分法的自体性。因此，菩提品之后的所有品应当对应开启宝箧的比喻。

若认为：菩提品中直接宣说了打开宝箧的比喻，所以这个比喻对应菩提分法不合理。

极其合理，因为道菩提分法圆满的果就是菩提，虽然它以打开宝箧的比喻说明是究竟所为，但此处不可思议菩提以闻思抉择时，相当于听到信中说给你装满无量珍宝的大宝箧的阶段。虽然无学道如同打开装满十力等无不齐全功德珍宝的宝箧般现前成佛，但学道的行者只了知是如此而并没有现前，为此它一五一十的自性不可思议，但不可思议是所思维也不相违。

如此缘无上菩提后要获得它，首先从信解开始，实修无不齐全的深广诸道时，五道、十地阶段的功德不同程度现前时，是如同手中得到不相程度的珍宝般现前的，同样，菩萨领受地道功德越来越增上直至佛地之间的功德，如同打开宝箧成为现量行境一般，因此从信解至果法之间来宣说。

有些人会想：佛语自性就具足句义圆满的功德，何需用论典重新庄严呢？

如自具德貌美人，佩饰临镜见最喜，

佛法恒具自性德，释义智者此最喜。

比如，自性貌美之人用种种珍宝饰品装点，他们虽然本性或自性就具足功德，但自己身上佩带装饰品，映现在明镜中，见到自身与装饰品这么美的行相，众人会产生最大的欢喜。同样，佛陀的善说，初中末善妙，句义圆满，具足四种梵行功德，最为超胜，为此恒常具足无量自性功德的那些法，也是依靠此论将种种佛语的广大意义合而为一，次第编排，甚深难悟的部分通过详细辨别的途径无误解释如来的各自密意，依此，具慧的智者们也能对佛语之义容易获得定解，而在听闻此论时会生起最大的欢喜，如同镜中的影像能显示出美貌的功德一样。所以，此论成为开显诸经之密意的庄严。

乙二（宣说所造论之正文）分五：一、所建立；二、分别所了知；三、所思维；四、所获得（不可思议果菩提）；五、解说菩提分法。

丙一（所建立——证成大乘是佛语）分二：一、总说；二、别说。

丁一、总说：

如药嗅极臭，品尝则香醇，

法亦住二种，当知义与文。

比如，有的妙药，鼻子闻时气味极其臭恶刺鼻，当用舌头品尝时味道极其香醇，并且能祛病等对身体大有裨益。大乘法也有两种，是哪两种呢？即意义自性与文句自性两种。仅从词句而言，听到大乘教中所说“诸法无本性”等、在三大阿僧祇劫中布施头、肢体等行持大苦行、住于轮回等，如同因为气味恶臭难闻而放弃具有香醇营养的妙药般，信解下等的浅慧凡愚们由于害怕而舍弃，那是人的过失而并非大乘法的过失。如果依靠正理如理确定其义，则虽然诸法以自本体而空，但名言的安立极为合理，而在名言中并非说无有。或者，诸如异生凡夫遍计所执法是无有之义，依他起在名言中有，圆满实是胜义，因此并非说它不存在。虽然住于轮回难行，但具有殊胜方便智慧而无有困难修行。如果了知法义，就会对大乘更加信解，因此教诫不可仅仅耽著词句不证悟堂奥而舍弃。

再者，虽然大乘道要安忍广大苦行、积累广大资粮、长久修行，但那也是大乘的功德而非过患。为什么呢？

广深此难法，如王难欢喜，

若行令喜事，能赐胜德财。

大乘法极难获得，非正士也是难以趋入，（十）[1]地、（十）波罗蜜多等无量法为广大，甚深难以领悟，比如，世间中的大国王，以小事难以欢喜，

编者注：文中以括号形式出现的内容，是译者为了便于读者更好地理解本书所补充。括号内容与正文字号相同的文字，是因藏汉行文方式有异，译者为连贯前后文所添加。

假设如理做出令其欢喜的大事，使国王喜悦，就能得到珍宝等广大财富的奖赏。同样，此大乘，下劣的行人难以修成，但如果以方便智慧圆融来修行，则能赐予十力、四无畏等永不穷尽的殊胜功德之财。

再者，虽然大乘法具足殊胜功德，但智慧信解下劣之人不知它的比喻：

具种无价宝，不识人不悦，
如是于此法，愚非智者悦。

虽然是具足至上珍宝种类的无价之宝，但到了不熟悉它的下等人手里，由于不识它的性质，因此牧民等下层人们不会欢悦，心想“这有什么用”而扔掉。同样，对于此法，愚人不会欢悦，不执为稀有，相反，具有广大信解的智者，则如同熟知珍宝之人喜欢至宝一样，会对此大乘极其喜悦并希求。

大乘经庄严论中第一品释终

第二　证成大乘品

丁二（别说——证成大乘是佛语）分二：一、宣说能遣邪分别之正理差别；二、教诫断除于大乘邪执。

戊一、宣说能遣邪分别之正理差别：

未授记俱出，非行境成立，
有无同有无，对治别文故。

声闻宗说："声闻三藏是佛语，而大乘不是佛语，是佛入灭后诸魔为了摧毁佛教而使外道与寻思者所造。"

驳：佛陀亲口说过："需要辨别是不是佛语，黑教与大教的差别。契入经藏、律藏可见、不违论藏，是大教，如此是佛语。相反则是黑教邪魔外道之法。"

对方说："大乘中宣说蕴界处法无本体，这与声闻教义中说蕴界存在的经藏不符，声闻戒律中讲到若说佛法僧无有则犯堕罪。大乘说无有，因此在戒律中不见，声闻教义中说缘起生灭有法流转则为轮回、缘起还灭则为涅槃。大乘中说'诸法不生不灭'。再者，声闻教中说依靠见修断除所断实法后获得涅槃，大乘中说所断能断本性不存在，诸法自性涅槃等，与论藏法性相违，因此大乘不是佛语。"

"再者，声闻乘下根者为自利修行，得声闻果，中根者于百劫修习，则得麟角喻独觉果，能耐受轮回痛苦的上等行人，于三大阿僧祇劫修习，则成佛，而并没有声闻乘以外的大乘。”

答复：1.—2. 假设大乘不是佛语，有害佛教，那么佛陀先前就应当授记“未来这般出现”，由于先前没有授记，所以大小乘二者于佛在世时一同出现，你们说“大乘是后来出现”不合理。3.（十）地、（十）波罗蜜多、空性等这样的深广法，并不是寻思者与外道的行境，他们没有能力造。4. 假设是自己如实证悟（十）地、（十）波罗蜜多等的其他佛陀所造，那么由此也成立是佛语。此外，释迦牟尼佛为声闻说法时宣说了三乘，这是众所共称无有诤议的，佛陀是三乘的宣说者，成立是遍知三种姓之道的本师。5.—6. 所谓“有无同有无”，如果除了声闻乘以外另有所谓的大乘，则声闻乘也有，也就是说不依于大乘佛道追求自利寂灭的声闻乘也成立有。如果除了声闻乘以外无有大乘，那么声闻乘也成无有，因为一乘中不可能有大小两个。遍知佛陀成就之道另行无有，结果不可能有佛陀，为此他成佛宣说声闻乘也就不可能有。或者，声闻也理应成佛，那是不可能的，为此声闻乘也同等成为无有。假设有大乘，它理当是佛陀出世时为所化大乘种姓者宣说的，因为佛陀是遍知，具有摄受三种姓者的大悲。为此，出有坏理应宣说了大乘，因此大乘必然有，如果有大乘，则无误宣说十地、十波罗蜜多、空性等的此法以外其余的大乘不可得，所以大乘是佛语，并非寻思者所造。7. 此外，大乘法是二障的对治，假设它不存在，那么只是证悟声闻乘中所说的人无我，再如何修习也不能断除所知障，结果就成了无有成就遍知佛果之道。8. 所说“无佛无道无果无生无灭”等并不是依文解义世俗中遮破为无有，是别有词义或有其他意趣的缘故，大乘与法性不相违。

以上宣说了八种正理。

若认为：仅以佛陀于先前未授记并不能决定大乘不是邪法。

诸佛现量眼，亦护诸佛法，

诸时智无碍，是故不应舍。

诸佛对一切所知无碍的缘故具有现量照见诸法的智慧眼，不可能不知。为利有情护持佛法的悲心不越时，所以见到有害佛教之法出现不可能不授记而漠然置之。对于三时，也是智慧无有所见障碍而趋入。以这三种原因，佛陀不可能不授记而不置可否。

不全及相违，非方便未说，

故此声闻乘，非谓大乘法。

此外，只是长久修习声闻乘不会成佛，大乘道是能成办自他二利，声闻乘不具全成办他利之所为，自己畏惧轮回而厌离，离贪，寻求寂乐，因此相违成办他利。获得无上菩提的方便主要是证悟二无我的智慧与想救度一切有情离苦的大悲二者，那么入了声闻乘，并不是这样的方便，没有宣说如是方便的缘故，此声闻乘不是所谓大乘法，因为与大乘相违。

如何相违呢？

意乐及宣说，加行与所依，

时违故下劣，彼乘唯下劣。

作意自利的意乐及随同其意乐也仅是为获得自利寂灭而宣说它的道，精勤行持这样的道，不能趋入所依广大二资粮，故而下劣。三世等短暂时间就能获得究竟果位，为此意乐等五种比大乘低下，它在一切时分，道自本体绝对比大乘下劣，又岂能成为大乘？

契入自之经，现调自烦恼，

甚深广大故，不违于法性。

你们指责说“不契入经等”过失无义，因为与声闻有些经不符并不能证明大乘不是佛语，声闻宗的经相互也有不符的情况。所以，认为“与我们的所许经等不符”是你们自己的过失，并不是大乘法的过失，因为你们自己没有证悟经的甚深密意而执为相违，但佛语前后实无相违。三宝、蕴界处法在凡夫前仅是遍计存在或者名言中有，这一点大乘也承许，所谓“这在一切情况下成实、无欺”它们自本性在胜义中不存在，这一点你们不能证悟，为此，佛陀也是就世俗名言宣说了生灭染净所断对治等而没有宣说诸法无本性，但也并没有说不是无本性的空性，在声闻乘中也宣说了“色如泡沫等五蕴虚无如幻”。

因此，就比声闻乘更深更广的大乘自宗而言，有宣说增上三学的经藏律藏及论藏，契入自己的经，大乘明显能调伏自己的烦恼，无误宣说甚深广大之义的缘故，与大乘论藏所说的法性无有相违。

若认为：前面说“非寻思行境”并不决定，因为有智慧的寻思者能造作一切。

并非如此：

寻思依不定，不遍俗弱者，

凡夫许所依，故彼非彼境。

所谓寻思者，是指仅能寻思伺察观现世的行境而无法趋入超越观现世的深意，为此共称为寻思者。这样的寻思者只依靠别人讲说或自己见到的理由等加以分析；不能完全决定一切所知，只是思维自己分别心能接受的相似意义罢了；不遍及尽所有的一切所知；不了知如所有的甚深空性义，而以观现世者相续的根与意能知道多少，就是那么多的世俗行境；是不敢触及、无法衡量深广义理的懦弱者。他们将异生凡夫许为依附处。因此，宣说极其甚深难以证悟广大无边之义的大乘，不是寻思者的境界。佛陀所说之法，由于具足遍知的智慧而超越了上述依附他者等寻思法相，不可思议，因此，寻思者与外道法中不可能出现这样的法，他们的论典中前所未见、以后也不可能见到大乘所说的（十）地、（十）波罗蜜多、空性等。

若问：如果声闻乘中没有宣说成佛之方便，那么大乘如何宣说的呢？

广大甚深故，成熟无分别，

故此所说二，乃无上方便。

宣说了尽所有的（十）地、（十）波罗蜜多等广大法，宣说了如所有的甚深空性，依于福德资粮成熟自相续，由证悟空性而生起无分别智慧，所以此大乘中所宣说的深广二者，是成就无上菩提的方便。声闻为自利追求寂灭轮回苦，仅了知人无我，证悟如所有的智慧观待大乘，也如同昆虫所食芥子内的虚空般狭窄，证悟尽所有也只是以愿智的威力思择了知不成为时、境、行相极隐蔽的有实法，也没有证悟无量妙法，然而只是由缘起咒的一偈（诸法因缘生，佛说即是因，诸法因缘灭，是大沙门说）之义证悟无我而得果。大乘的甚深智慧，是随从一切所知的无分别般若波罗蜜多，因此如虚空般广大，是五明及内明三乘广大无量无数法的有境。如云："大乘福德资粮如大海水般无量，声闻福德资粮犹如牛蹄迹水般渺小。"

戊二、教诫断除于大乘邪执：

众于非彼处，怖畏受逼恼，
积非福大罪，历经久远时，
无种姓恶友，未积善学修，
由怖畏此法，从此大义堕。

下劣众生对于不是畏惧处的大乘畏惧，使内心受逼恼并嗔法，积累非福德大罪恶，以致后世长久受地狱之苦逼迫。

如此畏惧大乘而舍弃是由何因造成的呢？

无有大乘种姓、以外缘嗔大乘的恶友左右、以往没有积累过善根而不能信解、今生没有学修过深意的人们会怖畏大乘法、在拥有大乘法时不恭敬而从此大义中堕落。因此，教诫"应当尽量了知此理以不放逸的心态自护罪恶"。

彼外余非有，极深随行故，
种种众多门，恒常而宣说，
非如所说义，佛密意极深，

智者如理观，终不惧此法。

除大乘以外更为殊胜的其余乘在何时何地都不存在，因为大乘的密意极其甚深并随行于所化的意乐或一切所知相。（随行的意义，在大小乘同时出现时也讲解过。）宣说（十）地、（十）波罗蜜多、菩提分法、蕴界处、处非处等广大法的种种相，而且空性等一一法类也以句义不同众多经的途径屡屡恒常宣说，以意趣、秘密来阐释，多数都不是依所说词句字面解义。为此，佛陀出有坏的密意极其甚深。所以，智者们如理观察，终究不会畏惧此法，反而生起稀有恭敬之想。因此，教诫“应当观察而切莫不观察舍弃”。

此初依闻已，尔后起作意，

如理作意中，生真义境智。

从中证得法，由法尽生慧，

若无各自证，如何能决定？

虽然也有可能经过观察却没有获得定解，对于甚深义，不用说真正的各别自证，就连随同的智慧也尚未生起，就此种情况而言：趋入正法的此时，首先要依靠听闻，随之对其义生起作意，因为不经听闻不可能生起思维或作意。由如理作意中，生起以真实义为对境的信解行忍智，从中证得一地圣法，由此完全生起十地智慧或妙慧。然而，任何时候甚深真实义永远也不是以观现世心能证悟的，而是以各别自证才能证悟，如果无有这样的各别自证，那么以其他寻思智慧如何能决定呢？就像若无有见色之眼，虽有耳等也不见色法一样。

以自不了知，谓佛非知深，

甚深何以故，非是寻思境？

何故觉深义，是即成解脱？

彼为畏惧处，此者不应理。

为此，虽然自己没有通达大乘义但也不应舍弃，不应该因为自己不了知而认为“此法不真实”，自己未曾积累资粮而无有证悟深意的缘分，如同虽有太阳但天盲不会见到。认为“佛陀也不知非为我们心识境的深法”是不合理的，因为我们对真实义有遮障，而佛陀具有远离一切障的智慧，自己不知，佛陀又岂能不知？有眼翳者不见细微色法，但天眼并非不见。不应该认为“虽然甚深但为何不是寻思之境？”如果没有超越寻思之识，那么诸佛岂能现前甚深菩提？不应该以“为何觉悟无生无灭的甚深义就成为清净解脱而思维现量比量观察的寻思不成清净解脱？”以这种想法而将大乘视为畏惧处。如果仅以现量比量思择有实法就得解脱，那一切众生本来就该解脱，可那是不合理的，因为耽著万法而束缚，如果了知法无自性则可解脱。如此凡愚寻思者将自己的智慧执为正量，舍弃诸大圣者所见之甚深法义，如同井底之蛙或天盲与明目者相比一般极其愚痴，因为以自己非为正量的分别心作证而破正量。

信劣界极劣，劣伴普围绕，

正说深广法，无信成立此。

如此意乐信解下劣、因种姓或界性极其下劣、被外缘嗔恨大乘的下劣友伴围绕的人对于无误讲说深广之义的此法无有信解，那恰恰证明此法殊胜，因为不是下劣者的行境，只有精通不共之法的智者才了知。

随闻得具慧，于闻作轻毁，

余种种无量，愚昧何能定？

随从听闻而稍许获得具有观察理非理的智慧，之后自己不再思择自己前所未知的深意，而对于听闻其余大乘法不经观察便极度轻毁，这是不合理的。为什么呢？你对自己余留不了知的大乘种种无量的密意，本来愚昧不解“此合不合理、是不是正法”，你又怎能决定？因为不如理了知意义不能决定所取所舍的差别。

依文思义时，我慢失智慧，

亦舍善说故，自毁嗔法障。

经中云：“无色、无声”等凡是以文宣说，原原本本依照文字思择、决定或领会意义，不知密意颠倒受持，生起我已了知其义的慢心，由于不知真义将会退失智慧，依此也会舍弃其余善说，结果毁坏自己。为什么呢？因为以嗔恨深法而积累重重障碍。

意罪自性恶，非理色非理，

疑法何须说，等舍善无过。

嗔恨的意罪自性恶毒，不像身语之所为由动机等转异，它是本性罪。所以，对于成为不悦意、损害之缘，或者不合理的色法柴烬等尚不应嗔恨，对于尚未抉择是否为正法而怀疑之法不能嗔恨更不必说了。声闻《如锯经》

中云："诸比丘，于火烧之柴烬尚不应起嗔心，更何况于有心之身？"世尊说，如果舍弃了真实的大乘法，那么诸多世界成坏多劫中反复辗转感受无间地狱剧苦。因此，欲求自我善妙者对于自己未通达的任何法，即使没有生起信解，也不可嗔恨、轻蔑、诋毁，平等置之则善妙，自己不犯罪过。

大乘经庄严论中第二证成大乘品释终

丙二（分别所了知）分四：一、皈依；二、种姓；三、发心；四、修行。

第三 皈依品

如此证成大乘是佛语后，分别所要了知的大小乘的差别虽有许多分门别类，但宣说皈依至修行之间四者的差别，因是种姓，道之初入门从皈依开始，因为由一切意乐加行中知晓差别。

丁一（皈依）分三：一、差别；二、具彼差别之皈依自性；三、摄义。

戊一（差别）分二：一、略说四种差别；二、广说其义。

己一、略说四种差别：

遍行承诺证悟胜，以四类性义差别，

为殊胜乘皈三宝，彼谓皈依之第一。

大乘的皈依以四种特点超胜，行救度一切有情等遍行，承诺“获得佛果”，证悟二无我，胜过世间与声闻、缘觉，因为这四种分类自性总义的差别，为了胜乘义理皈依三宝，在世间皈依梵天、自在天等及声闻、缘觉为自利皈依三宝等所有皈依中，它被称为最殊胜的。

为什么呢？

是因初此决定难，彼数千劫修行难，

成就利众义重大，故此大乘皈义胜。

是因为：异生从最初立誓为救度一切有情脱离轮回，把他们安置于解脱与遍知果位，我要成就无上圆满菩提佛果，发此决定愿是难能可贵的，芸芸众生中发起这样的心愿极其罕见。如此发心后，为了获得无上菩提、普度一切众生布施身体受用等的行为，要历经数千劫修行是难能可贵的。为什么呢？因为，如果成就了无上菩提佛果，那么尽未来际能利益一切众生，因此意义重大。所以，将此大乘作为道而皈依具有殊胜的意义。

己二（广说其义）分四：一、遍行之差别；二、承诺之差别；三、证悟之差别；四、胜伏之差别。

庚一、遍行之差别：

行持救度诸有情，乘智遍行具善巧，
涅槃有寂平等性，当知具慧此遍行。

众生遍行、乘遍行、智慧遍行、涅槃遍行依次为：行持救度无边一切有情；证悟所有三乘；证悟二无我的智慧遍行具足善巧；证悟于涅槃法界有寂平等一味性，以智慧悲心不住有实之边即是涅槃或所知遍行。应当了知这样的具慧者具备此处的遍行而声闻并不具足这种。

庚二（承诺之差别）分二：一、真实宣说；二、以比喻说明其功德。

辛一、真实宣说：

数喜希求大菩提，无有厌倦真难行，
成佛等同诸佛陀，当知具慧承诺胜。

对（十）力、（四）无畏等佛陀之法诚心数数欢喜而希求大菩提，是意乐愿力的差别，从信解行至十地之间修道无有厌倦，布施身体承受痛苦等，是修持真实难行的差别，成佛后与诸佛断证无有差别、身语意平等，即果的差别。应当了知具有这三种差别的具慧者承诺或立誓是最殊胜的。

辛二（以比喻说明其功德）分二：一、王子喻；二、大臣喻。

壬一、王子喻：

善生佛陀殊胜子，具心慧资大悲心，
无等种母胎乳母，当知具慧承诺胜。

以转轮王子之比喻说明转生于佛陀殊胜种姓中：比如，转轮王子具足父亲的种子、贵族王妃的母亲、无有病等过患的母胎、抚养的乳母这四种圆满。同样，诸菩萨被称为如来种族不间断种姓之子，而声闻不能称为佛子，是语生的弟子。任何菩萨善妙转生为佛陀出有坏殊胜之子，他就具足发无上菩提心、证悟无我智慧波罗蜜多、福慧二资粮以及不舍一切众生的大悲心这四法，依次如同无与伦比的父亲之种子、母亲、胎处及乳母。应当了知从中出生的具慧菩萨承诺是最殊胜的，因为承诺修行无上菩提而生于如来种姓中，如同转轮王的具相之子。

种种妙相严其身，获得成熟众生力，
得佛无边大乐寂，知救有情大方便。

再者，生为转轮王之子具足超胜普通人的功德——身体以妙相庄严、能统治及维护诸小国、获得国政受用、精通一切君规及明处四法，与之相同，菩萨也以种种悦意的诸妙相及随好庄严其身，他也以住处、普明、圆满三功德超胜世间转轮王相；获得以慧力成熟一切众生身语意的威力；获得佛陀永不穷尽的无边大乐，寂灭一切烦恼；了知救度一切有情离苦安置永乐成为众生依怙的大方便——尽所有如所有或方便智慧无量途径。

诸佛大光赐灌顶，真具一切法自在，

知佛眷中示现相，勤以制学治惩摄。

再者，转轮王的具相太子具足得受父王赐予补处灌顶、尤为善巧观察事宜、精通身语意技能、以制服摄受而维护百姓眷属四法。同样，立誓无上菩提的菩萨，于十地蒙受诸佛以大光明赐予灌顶；依其力量使智慧无碍，于如所有尽所有法真实具足一切自在；了知于佛陀眷属中示现神变及说法相；精勤以佛制的增上戒学惩治恶行、利益善举来摄受。

壬二、大臣喻：

如大臣入波罗蜜，恒视遍大菩提分，

恒正受持三密处，恒不间断利生故。

菩萨能照见佛陀之大乘法与身语意密而声闻并非如此，比如，国王最信任的大臣具足可以进入王妃侍从等眷属之内、监管一切宝藏、商议密谈、吩咐他人这四种自在。同样，菩萨也如大臣般趋入于佛陀之法十波罗蜜多等大乘法；恒常关注或看护遍满、铺遍的大菩提分法；恒常真正受持佛陀之身语意三种密处，如《秘密不可思议经》所说“金刚手，于出有坏在菩萨位及成佛时均住其前，他者不了知佛陀之身语意密，而彼了知”；恒常不间断利益众生的缘故。

庚三、证悟之差别：

大福超三界有乐，寂灭大苦胜慧乐，
法蕴胜常身善资，尽习气得解有寂。

简略地说，就是证悟人无我与法无我，如果详细分析，则有八种功德：1. 于大乘法生起信解时，获得等同虚空与有情际的大福德蕴。2. 如此生起信解后发无上菩提心时，超胜三界一切众生。3. 为利自他随意受生轮回，感受天界人间受用圆满的世间无量安乐。4. 一地现量证悟法界，获得自他平等性之心，见到能成办自他利益而生起极喜，寂灭自他大苦蕴，当时远离无有维生、不被赞叹、畏惧轮回、堕入恶趣、死殁这五种畏惧，消除自己的痛苦并且如自己一样能止息一切有情的那五种畏惧。5. 八地获得无生法忍时，得到任运自成无分别智慧大光明，安住于胜慧安乐中。如是超越了五道十地后于佛地获得三功德。6. 无漏法或经等无量法蕴，胜过世间声闻缘觉成为最殊胜最上等。7. 乃至轮回际之间恒常的法身无余圆满善法资粮。8. 根除烦恼所知习气，获得解脱有寂二边的不住涅槃。

庚四、胜伏之差别：

具慧善广胜声闻，大义无边恒无尽，
彼善以世出世熟，自在蕴灭亦无尽。

具慧菩萨以四种善法胜伏声闻缘觉众，如此菩萨的善法：1. 住于信解行世第一法位以下的善法，不像声闻一样入于涅槃一方，而为利一切有情也作为趋入轮回之因，成为广大的缘故胜伏一切声闻。2. 从一地至七地之间的善法能获得无上菩提的缘故是大义，因此胜伏一切声闻。3. 三清净地无分别智慧任运自成，一切善根如同果熟般增长成熟，力、波罗蜜等无边功德得以增上，恒常不间断佛陀的事业与说法，因此也胜伏声闻。4. 佛地证得力、无畏、不共法等圆满究竟功德，于无余法界中也永不穷尽，因此胜伏声闻。如此大乘的皈依善根也是从世间胜法位以下以信解发心，非世间二地至七地之间以清净增上意乐而成熟一切有情，三清净地证得无分别等四自在圆满，不是像声闻缘觉一样以蕴无余寂灭而穷尽，因此超胜。

戊二、具彼差别之皈依自性：

知求彼性誓由悲，遍知利乐难无厌，

出离恒具乘证德，表法性得慧皈胜。

应当了知，1. 大乘的这一皈依是欲求佛陀真实性，自己想要成就所皈依的佛陀真实性，立誓承诺发愿“如同佛陀成为一切众生之依处一样，愿我也为寂灭一切众生之苦而成佛”，这是皈依的本体或自性。2. 声闻心想“愿我解脱轮回之苦”，为救护自我而皈依佛法僧，大乘行人立誓“愿我成佛”也是由欲求解脱一切众生痛苦的悲心所发，因此大乘皈依之因是大悲心。3. 由如此皈依，次第修行十地后于佛地获得遍知所知相的智慧，即皈依之果，也就是果皈依。4. 成佛后乃至虚空际利乐一切有情，菩萨在有学位也是为利众生而对种种难行无有厌倦，即皈依之作用。所谓“利乐”，安慧论师的《注释》等中解释为：此生以财物、善法饶益，他世安置于天人受用与涅槃果位即谓乐。也另有解释为“今生增上生安乐后世决定胜利益”。也有讲为“暂时的安乐与究竟的利益”。5. 对由大小乘道出离的各个行者，恒常具足以三乘证悟的功德，即为具。也就是，大乘的皈依遍行三乘，不偏于信仰三乘某一种的有情，以宣说彼乘与彼法而令解脱或出离痛苦，因此具有一切乘依止之功德，成为三种姓者的依怙，因为那些种姓者是依赖或信附于各自乘。6. 皈依的分类或得法：有以表示得与以法性得两种，以表示得，以自己的语言承诺及亲教师规范师等语音等表示中获得，它是粗大表示所生的皈依。以法性得，一地现量证悟法性义，自此以后不可能退失而获得，称为深细法性得。发心也同样有两种。如此具足自性或本体、因、果、作用、具足、得法六种的具慧菩萨们的这一皈依，是世间出世间声闻缘觉中最殊胜的。

戊三、摄义：

行此皈依具大义，彼增无量功德资，
悲心周遍此众生，亦兴无等大圣法。

以如此所说之理，于此大乘宗的皈依，具有重大意义。如何重大呢？为成办自他二利而皈依，自利圆满：次第修行地道直至获得力、无畏、任运自成不间断事业等佛地功德之间的无量功德资粮得以增长；他利圆满：由慈悲的意乐周遍此无量众生，加行也是将无与伦比的大圣佛陀菩萨们的大乘法于十方广泛弘扬，令受持，将众生安置于暂时与永久安乐解脱果位，具足意乐加行圆满。

大乘经庄严论中第三皈依品释终

第四 种姓品

无论是三乘任何道，首先都是皈依，诚信各自道就是永久脱离轮回苦的解脱道，为此宣说彼道者与趋入彼道者都是认定殊胜皈依处后入道，而不承认三宝是真实皈依处者无有此法的缘分。因此首先宣说了皈依。

随之，有人会想：大小乘虽然同样皈依三宝，但有些是大乘的皈依，有些是小乘的皈依，出现三类种姓的原因是什么呢？

为了遣除这种疑惑而宣说种姓品。具备殊胜种姓者发无上菩提心，因此随后说发心品。以意乐发心而实行就是修行，所以继发心后宣说修行品。修行前后出现两次，前面仅以分别所了知大小乘修行之差别总说；后面宣说修行品，是真实阐释修行所分的实修。

这般插叙后言归正传。

丁二（种姓品）分三：一、宣说有种姓；二、宣说无种姓；三、以赞叹胜乘种姓而总结此品。

戊一（宣说有种姓）分二：一、以总纲略说；二、广说彼等各自之义。

己一、以总纲略说：

有殊胜法相，相及种姓类，

过患与功德，二喻各四种。

一般来说，种姓有不同，其中大乘种姓为殊胜；种姓之法相；种姓之相；种姓之类别；不苏醒种姓之障碍或过患；种姓之功德；种姓之金喻、宝喻二种比喻。如此八义各自一一也以四种来宣讲。

己二（广说彼等各自之义）分八：一、有种姓；二、大乘种姓殊胜；三、种姓之法相；四、种姓之相；五、种姓之类别；六、种姓之过患；七、种姓之功德；八、种姓之二喻。

庚一、有种姓：

界性及信解，修行异类别，
果异可得故，定说有种姓。

若问：如何看待种姓有不同呢？

如云："众生界中种姓或界性有诸多种种。"所谓界性、种子、种姓，仅是名称的差别，一切众生界不同种种，有些行贪，如是有些行嗔、有些行痴、行我慢等严重，有些是声闻种姓，有些是缘觉种姓，有些是大乘种姓，各不相同，因此种姓必定有不同。众生贪等各自严重的差别也成为众多种种不同。《毛坷子经》中云："长宽各一由旬之毛坷子堆中，谓'此乃声闻种姓众生，此乃缘觉种姓，此乃行贪种姓……'"以如此方式计算各自界性的众生，毛坷子或丸子堆很快穷尽，而众生界尚未穷尽。所谓信解，由种姓或界性使得信解也有种种不同，对一个食物，有些人爱甜的，有些人特别爱酸的，以此为例，信解有无量。就解脱道而言也是，不管善知识宣说也好没有宣说也好，有些人对声闻乘有信心而不信大乘，诸如此类，有不同情况。同样，能不能修行波罗蜜多有差别，解脱之果也有声闻的小菩提、缘觉的中菩提与大乘大菩提的差异，如此四种理由可得的缘故，确定说有不同种姓，如果种姓或界性无有不同，那么因相同的缘故信解等后三种也理应成了无有差别，但事实并非如此，所以成立界性有差别。

庚二、大乘种姓殊胜：

彼善悉超胜，一切及大义，

无尽之因故，是谓种姓胜。

大乘的种姓：大乘的善根作为远离二障之明净因，因此超胜小乘种姓；作为（十）地、（十）波罗蜜多、最终果十力等一切善根圆满之因；成办自利及其余众生利益的缘故作为善法大义之因；即使无余涅槃，但力、无畏等善法乃至轮回际之间不会穷尽。以这四种原因，可说大乘种姓殊胜。以明净、超胜等四种特点的善法，声闻无有，声闻种姓不能作为如此善法之因。

庚三、种姓之法相：

自性与随增，彼为所能依，

当知有无性，功德度脱义。

自性住种姓与随增性种姓两种，前者是所依，后者是能依，以差别有四种。自性住种姓，按唯识宗的观点，从无始时起众生之六处的差别以法性获得，是自性如此，谁也未造未改而具有真实成佛的种子，因为具有这样的种子而承许有成就无上菩提佛果的缘分，比如，石类的有些界性中有金子，有些有铁，有些是铜等界性，为此相互不能转异。此宗承许有三乘种姓，不定种姓、永离解脱种子之断种姓五种。本论也宣说了它的安立，中观宗暂时也不遮破有这样五类种姓，声闻未获得决定寂灭一方自道之果以前，诸佛虽已策励也不能阻止。大欲望者根本不生想舍轮回之意乐时，诸佛也不行持将他们安置解脱道。这种情况必然有，如果没有这种情况，那么获得声闻缘觉的行者与轮回际无尽期间就有众生，在那些众生期间，虽然有诸多佛陀出世，可也有仍未得解脱的众生，因此唯识的观点从一意趣方面而言并非不合理。然而，众生的心本性不可能离开无生自性光明如来藏，它如同火的热性般是心的法性，这样的法性一切众生不可能没有，为此是承许不存在断种姓者。本论中也以“真如虽无别……”一偈宣说一切众生具有如来藏。“法性心外心，非光明自性。”究竟义中自性住种姓心的法性明空双运之实相，如《宝性论》中有广说。这些的意义，于此不广述。所谓随增，是真实修行的种姓，安住于自性种姓的菩萨何时遇到善知识，让他发无上菩提心，行持菩萨行，那时就称随增性种姓或真实修种姓。对这两者，仅以差别解释方式，《广释》中说：菩萨种姓者首先入大乘为自性住种姓，菩萨种姓者入声闻乘，因善知识而再入大乘，为真实修种姓。再有，决定种姓者为自性住种姓，不决定种姓者以善知识摄受而决定成为大乘种姓，名为随增性种姓。

种姓就是因之义，为此是指安住于自性住种姓时，它有仅是因的法相，无有果的法相，所谓“有无性”仅仅是从为因的角度宣说的。依于自性住种姓产生随增性种姓，因此随增性种姓观待前者是果，从中产生后面道，为此也是因。自性住种姓是佛陀之力等功德门的因，因为依于它产生道与果。种姓之定义：梵语“够札”，是“革讷”功德与“达绕”度脱的省略词，就是功德度脱之义，因为依此种姓能从发心信解行及十地次第究竟度到佛地的一切功德间。

庚四、种姓之相：

加行前悲心，信解与安忍，
真实行善法，定说种姓相。

种姓之相虽然极多，但归纳起来，任何行者若具足四相，则是大乘种姓，如同以烟能知有火。是指什么呢？1.行持或趋入大乘之前，是指没有发殊胜菩提心之前，行者见到众生痛苦自己生起悲心。2.仅听到大乘深广之法，尽管不了知其义，但自然生起信解。3.听到为利他而苦行也不会生起“这岂能做到”的怯懦想法，而感到稀有，心里能安忍。4.自然愉悦欢喜真实行持六度善法。这四种决定说是大乘种姓之相，不具备大乘种姓是与之相反的本性。

庚五、种姓之类别：

种姓定不定，诸缘夺不夺，
如是若略摄，种姓分四种。

声闻缘觉菩萨三种任意一种完全确定的决定种姓，获得各自菩提而如何行也不得其余菩提，就像石界中有金银等任意界性一样。不定种姓，遇到三乘任何一乘，都可变成那一种姓，就像石界以冶炼及药物的差别而成为金或银、铜一样。如是决定种姓以诸外缘不可夺，即使善知识宣说其他法，也以各自种姓所致就是那一菩提而不取受其余菩提。不定种姓，以外缘可夺，就像白布遇到红色染料等能染上红色一样，遇到善知识，获得决定宣说的道果。如此略摄，种姓的分类有这四种。一般而言是这样，但此处应当认定是决定大乘种姓与以不定缘入大乘两种，因为是讲大乘种姓时。

庚六、种姓之过患：

习惑恶友伴，贫困随他转，
简言当了知，种姓过有四。

虽有种姓但不趋入善行的魔障或过患是：1. 长久熏习贪嗔痴等烦恼。2. 随罪业的恶友所转而行不善。3. 资具贫乏不行善行而造罪业。4. 被国王、大臣、盗匪等他人所控制，无有断恶行善的自由。简略而言，应当了知，种姓的过患有以上四种。

庚七、种姓之功德：

久远堕恶趣，能速得解脱，
于彼受轻苦，具悲成熟众。

《注释》中解释说：1. 声闻缘觉种姓及无解脱种姓者如果造了五无间等重罪，那么死后会即刻转生到众生地狱，菩萨种姓者即使造了无间罪等业，也是间隔多劫或多年后久远时才堕入恶趣，而不会像其他种姓者那样很快成熟，其原因也是依靠大乘种姓的力量，虽然造了不善业但有惭有愧与后悔而不执为欢喜等，也难以像其他众生一样很快感受不善异熟。2. 转生到恶趣时，其他众生需要住到地狱等寿量圆满之间，但菩萨种姓者不需要住那么久，能很快就得以解脱。3．在恶趣处也是仅感受轻微痛苦便能解脱，如未生怨王造了杀预流果父亲的无间业只是感受了线团弹起般短暂的地狱异熟果。4．于恶趣感受痛苦时，也对由业力所感一切众生无有自在而受痛苦，感到悲伤并由这种因而对如我一样的其余众生生起大悲，将他们安置善法令其成熟，如匝哦之女与江布西达的故事。而感受恶趣痛苦非菩萨种姓的其他众生，感受剧烈痛苦并且当时会相互生嗔心等。

以上是大乘种姓的四种善妙功德。

庚八（种姓之二喻）分二：一、如金；二、如至宝。

辛一、如金：

当知如金类，无量善根处，

智慧具无垢，亦是威力处。

应当了知，大乘种姓如同上品金子种类或界性，比如，上品金子或优质纯金具有作为金子众多之依处或所依、作为金子光明之来源、作为金子无垢之来源、作为金子堪能之来源这四种功德。同样，菩萨种姓，也成为（十）波罗蜜多、（十）地、（十）力、（四）无畏等无量善法之依处，犹如纯金境域或来源作为产生十万两等无量黄金之处。如金子界性中能出现善妙金色、光芒灿烂一样，菩萨种姓也作为无误了知一切法总相自相智慧光明之依处或所依。如上品金类所成的金子无有少许垢染，即使被焚烧，色泽也会变得越来越好。同样，菩萨种姓无有烦恼垢，成为涅槃之依处。如上品金类所成的金子进行锤打也无有破裂、散失等有耐受性，同样，菩萨此种姓，也成为堪能一切欲妙、神通威力之依处。

辛二、如至宝：

当知如至宝，大菩提因故，
大智圣等持，群生利益处。

应当了知，菩萨种姓如同琉璃、蓝宝石、红宝石等至宝种类或界性来源一样，比如，珍宝界或处不作为产铁、碱砆等之处，而作为琉璃、金刚钻石、珍珠等丰富珍宝类之依处。同样，菩萨种姓也不作为声闻缘觉菩提之所依或依处，而是于金刚喻定后无间产生解脱一切障碍大菩提之因的缘故。如同所有至宝颜色鲜明美妙一样，菩萨种姓也以大圆镜智等四智光明成为具足广大智慧之依处。如同上等珍宝类形状圆满一样，菩萨种姓也成为首楞严、虚空藏等殊胜三摩地之依处。如同珍宝源盛产无量种种珍宝或价值无量的最极珍宝作为众生生存之因一样，菩萨种姓成为芸芸众生此世及永久安乐利益之依处。有这四种原因。

戊二、宣说无种姓：

有终定造罪，有尽灭白法，
无解脱分善，善微远离因。

所谓无种姓，也有暂时无有解脱之因而无有种姓与永不得解脱而无有种姓两种。

其一、宣说四种差别：并非永久离开解脱的种姓，但当时似乎无有种姓，不能生起解脱道，因此对低微用否定词，如同只有恶劣的儿子而说无子一样。

若问，那是指什么？

1. 有些人，虽然具有大乘种姓，但因烦恼猛烈而始终决定造无间业等罪行，尽管他们有种姓但暂时无有涅槃的缘分，因此相当于无有种姓而安立为无种姓者。2. 有些人，被外缘恶知识摄受而以认定业因果解脱不存在的邪见完全摧灭一切白法善根或断绝善根，在没有离开那种见解之前无有解脱种子，因此当时称为无种姓者。3. 有些人，唯一为了享受人天等轮回异熟安乐而行有漏善法，但无有以希求解脱意乐摄持的随解脱分善，因此于多劫中也不现前涅槃，为此称为无种姓者。4. 有些人，虽有下劣或微少随解脱分善根，但在当时不具备任何能修行福慧资粮威力上面的功德，由此称为无种姓者。以上四种都是，尽管已有大乘种姓，但以强力违缘所执受，因微薄，没有苏醒种姓的缘故，在没有得以转成其他阶段前，长久不会获得菩提，所以是对低微用否定词而称无种姓者。

其二、所谓远离因，与上面四种均不相同，因为永远离开了获得解脱之因而称谓无种姓者。

戊三、以赞叹胜乘种姓而总结此品：

于为利他说，深广之大法，

未知生大信，修行能安忍。

彼等终究时，胜二圆满者，

随增种姓知，菩萨具性德。

由宣说空性法，故为甚深，宣讲（十）地、（十）波罗蜜多、（十）力、（四）无畏等，故为广大，对于为利益其他众生而宣说的深广大乘法，虽然没有如实了知其义，但仅仅听闻便生起极其广大的信解，对修行波罗蜜多苦行能够安忍，以那些因积累二资粮究竟最终时获得超胜世间出世间声闻、缘觉二果的圆满大菩提果，那就是由真实修行善法随增性的种姓中生起，由此可知菩萨具有自性住种姓功德。

生巨德觉树，得乐灭剧苦，

利乐自他果，胜种如妙根。

因为能生长如同树干与花朵般的（十）力等极其广大功德的无上菩提妙树，以树荫灭除酷热，令身心安乐。如是为一切众生获得无漏大乐、灭除剧烈痛苦，如同妙树硕果般成熟利乐自他众生果的缘故，殊胜种姓如同妙根坚固不朽一般。

大乘经庄严论中第四种姓品释终

第五 发心品

丁三（发心）分四：一、发心之本体；二、发心之分类；三、发心之比喻；四、赞叹发心之功德。

戊一、发心之本体：

喜大加行大，义大出生大，
菩萨之思者，起具二利心。

大乘发心具足四大：1. 缘于二利以披甲精进闻思修行大乘法，为利他于无数劫中乐于修道苦行，踊跃不退，即喜大。2. 加行精进如披上铠甲般修行，即加行大。3. 能圆满自他二利，故为义大。4. 获得无上菩提，即出生果大。具足这四种功德特点。本体是菩萨心相续的思心所。

若问：它思什么缘什么而发心呢？

思维、缘于自己获得大菩提，思维、缘于能利乐其余一切众生，如此缘菩提与众生利而生起具二利之心心所相应的心，就称为发菩提心。

戊二（发心之分类）分三：地分位之分类；二、以根本等而分；三、以表示与法性所得而分。

己一、地分位之分类：

发心于诸地，信解净增意，

异熟许相异，如是永断障。

发心于信解行地等诸地阶段，信解行地资粮道加行道发心，仅是以清净的信解而发，因此称为信解所生之发心。前七地阶段，称为清净增上意乐之发心，获得自他平等心，于自利他利无有差别之心纯熟，故为增上意乐，远离所取能取之垢故称清净。八地至十地之间，称为异熟之发心，在三清净地，获得任运自成无分别智慧，无勤任运行持波罗蜜多的缘故，承许是有别于前面发心的门类。如是佛地称为断障之发心，因为是究竟果位断除二障及习气的发心。

己二、以根本等而分：

彼根本许悲，常思利有情，

于法起信解，求智乃所缘。

若问：发菩提心的根本是什么？

1. 发心的根本承许是大悲心，悲心是想除众生之苦，为利众生想得菩提，如果对众生无有悲心，则如声闻一样希求寂灭自己痛苦的涅槃。

2. 发心的意乐是什么？直至轮回后际之间恒常思维利益一切有情。

3. 发心的信解是对大乘深广法生起信解。

4. 发心的所缘是什么？为获得圆满二无我无分别智慧而以闻思修行寻求大乘法，即所缘。

欲乐上为行，大戒彼所依，

道障是违品，引发及持受。

5. 安住于某地阶段，欲求上上地而趋入，即发心之乘或行，因为以欲乐逐步向上跨越。

6. 具足严禁恶行、摄集善法、饶益有情戒的菩萨戒是发心之所依。

7. 障碍大乘道而为低劣涅槃发心，是发殊胜菩提心的违缘或违品，如果自心引发那种违品，并接受其相续，则能灭尽发心。（也见有些版本中无有此句。）

福慧乃自性，善增彼功德，

恒行波罗蜜，彼即许出离。

8. 希望一切众生超越忧苦的大悲是福德资粮，了知胜义中无有超越忧苦，证悟空性的智慧是智慧资粮，如此二资粮是发心的自性。

9. 虚空界、有情界、世间界的福德善增长是发心的功德。

10. 依靠发心如何出离轮回呢？从三界中出离获得无上菩提的缘故，恒常行六波罗蜜多承许为发心的出离。

地乃此究竟，各自彼行持，

菩萨之发心，决定当了知。

11. 发菩提心究竟是什么？此发心究竟是地。为什么呢？十地各自分位行持，一一得以圆满，称为彼彼究竟。一地布施度圆满至十地智度圆满之间，圆满十度则称十地究竟。所以，此发心完全修成波罗蜜多即是地究竟，有学道发心究竟是十地相续末际，果究竟是佛地。

应当了知以如此十一种安立解说菩萨的发心，是决定或无疑或确定的。

己三、以表示与法性所得而分：

友力因根力，闻力习善生，
不坚及坚固，说他示发心。

信解行胜法位以下的发心是表示所得的发心，因为依靠自己的善根与善知识的力量而依受发心的词句立誓。一地以上的发心称为以法性所得发心。此外，世俗发心是为获得无上菩提而发心，胜义发心是证悟自心离戏之义或证悟法性谛，无论如何说实际这两者意义相同，是无分别智慧。得地后证悟世俗与胜义发心无别双运的本体。

首先解说以表示所得或依他开示之发心生起方式的差别：1. 以善知识劝勉“当发心”而发心，称为以友伴力发心。2. 以具有菩萨种姓的威力而发心，是依因力发心。3. 依靠前世发心并行持大乘法以及积累智慧资粮的力量今生发菩提心，是以善根力发心。4. 此外，因听到大乘法而发心是依听闻力发心，诸如从前，世尊宣说大乘法时，天人、人类的众多有情发起无上菩提心。5. 今生由听闻大乘法、串习善心而发心。共有五种。第一种发心不坚固，可能退转，后面四种坚固。如此解说了这五种由他人开示的发心。

胜义之发心：

近依正等觉，尽积福慧资，

法无分别智，生故许彼胜。

信解行地，于一大阿僧祇劫间供养并以闻思修法亲近依止圆满佛陀，极度积累六度所摄的福德与智慧二资粮，依靠这种因生起对诸法不分别所取能取、常无常等二法的智慧，所以这种殊胜证悟发心承许为殊胜发心或胜义发心。由于获得一地时生起它而极度生欢喜，因此一地名为极喜地。

为什么尔时生起极喜呢？

于法及众生，彼事胜佛陀，

获得平等心，故彼极喜胜。

于蕴等一切法证得平等心，同样于一切众生、众生之利益事、殊胜佛陀之法身获得平等心，获得这四种平等的缘故，那种菩萨的极喜超胜。如是现证法、自、他、佛陀也是于法界自性中无别平等的缘故，了知法之自性而无有轮回畏惧，也不分别他利是自利之外，现见成办众生利，自己成为一切众生之依处，了悟与佛地接近，生起极度欢喜。

生大喜悦彼，意乐亦清净，

精通余出离，于此当了知。

应当了知，胜义菩提心具有生之义、广大之义、喜悦彼之义、意乐也清净之义、精通其余之义、出离之义六种。这是略说。

下面分别解说其义：

信解法种子，般若母中生，

禅定生乐胎，悲育之乳母。

1. 生之义：有四种，与世间由胎中出生同理，信解胜乘法的种子、从波罗蜜多之最——证悟一切法空性般若波罗密多母中产生、一缘心禅定中所生的轻安之乐如无过之母胎、大悲防护声闻涅槃险地的善法犹如抚育的乳母，由这四因中产生即是菩萨之生。

为成十大愿，当知是广大，

长难不厌倦，当知是欢喜。

2. 广大之义：声闻为自利发心，而菩萨为自他二利发心，为成就十种大愿的缘故，应当了知它是广大的。十大愿：供养诸佛、受持妙法、示现身体、趋入佛土、圆满波罗蜜多、成熟众生、修行刹土、随同菩萨行境、诸行有义、得大菩提，这十大愿包括了十万无数愿。那些愿也是以无尽十处之理修行，无尽十处是指众生界、世间界、虚空界、正法、涅槃、佛出世、佛智、一切众生心所缘、佛智之行境界，以及这九种所摄世间相续、法相续及智慧相续界，要了知这十种界周遍无边无穷的时空，涉及同等数的愿力神变记导。

3. 喜乐之义：声闻只是喜悦自利而已，菩萨为自他二利，于三大阿僧祇劫长久时间行持别人无法做到的种种难行也不厌倦的缘故，应当知晓是欢喜胜义菩提心。

证悟大菩提，得彼方便智，

当知意乐净，精通余地理。

4. 意乐清净之义：声闻仅是断除烦恼障获得自果而已，菩萨证悟清净二障的无上大菩提，也获得佛果之方便智慧的缘故，应当了知是意乐清净。

5. 精通其余之义：声闻仅以通达断除三界的遍计烦恼与俱生烦恼而达到预流、一来、不来与阿罗汉地而已，菩萨获得一地等，则自然精通如何获得剩余的其他地自性上上功德之理的缘故，称为“精通余地理”。

作意依安立，知彼分别故，
亦不分别彼，当知为出离。

6. 出离之义：离开前地而趋入后地之理地地跨越、出离，如此一地布施度圆满，面见百佛等十二种百数功德等世俗名言中地的法相，依照如何安立，也如是作意，了知地的那些法相也于他处无有，仅是以自心分别而安立，所以也不分别唯心唯思择的那种执著，安住于无分别智慧中，超越一地趋入二地，以此理也当了知其他地即应当了知如此由地出离至地。

戊三、发心之比喻：

当知此发心，如地如纯金，
亦如上弦月，如火大宝藏。
当知如宝源，如海如金刚，
如须弥药王，亦如至亲友。
当知如摩尼，如日寻香音，

如王如仓库，如路亦如乘。

发心如泉水，如雅音大流，

佛子之发心，宣说如大云。

是故功德富，欢喜真发心。

应当了知，信解行地发心最初发起至十地之间的发心，对应二十二种比喻，这是圆满大乘道的要点，对应欲乐等八十无尽法。

1. 希求获得无上菩提之欲乐相应的发心，是生起大乘之意乐加行增上意乐波罗蜜多至善巧方便之间的道法与力、无畏、不共法等果法的唯一所依或基础，所以如同大地成为所有草木药粮之所依一样。

2. 成为与前面有别能利乐一切众生之善贤意乐无变的发心，如同上品纯金，以烧砍磨来观察其颜色与性质也不会变异。

3. 以行持波罗蜜多增长二资粮的发心如同上弦月越来越增上一般。

4. 此外应当了知，具足能负荷他利之增上意乐的发心如同火，比如火不管有多少木柴，它都能自然燃起。安住加行道暖位，心想当获得从顶位至佛地之间，依思维能获得上面功德，其余论中也说：增上意乐如月，加行以火作为比喻。

这四种是士夫最初发心至胜法位之前。

5. 此外应当了知，具足布施波罗蜜多的发心如同大宝藏，也有说大宝藏、海螺、莲花、大莲花等四种和九种的，总之，有无尽的珍宝藏之处产生衣食等尽所有的资具也无有穷尽。同样，以财、法等布施能满足无量有情，菩萨的布施于无余涅槃法界也恒常无尽。

6. 此外应当了知，具足戒律度的发心犹如种种珍宝之源泉或来源中产生无量种种珍宝一样，菩萨具戒的发心中能产生（十）地、（十）波罗蜜多、菩提分法、力、无畏等大乘道果的一切功德之无量珍宝。

7. 应当了知，具足安忍度的发心如同大海，大海虽为船、鱼、鲸等搅扰，但不会变得混浊，深不动摇。同样，菩萨具安忍度的发心不会以苦行、他害等任何过失等变浊。

8. 此外，具精进度的发心犹如金刚，金刚宝不会被水、火、砍磨等所毁，同样，菩萨的发心也不为懈怠之刃所害。

9. 具静虑度的发心如同须弥山王无法被四方之风所动。同样，菩萨的等持也不被散乱分别所动。

10. 具智慧度的发心如同药王，只要见到或接触或闻气味、口中品尝便能止息风胆涎疾病。同样，闻思修般若能灭除烦恼障所知障的一切疾病。

11. 此外应当了知，具四无量的发心如同大亲友，大亲友三时——在人或乐或苦或等舍时都作为助伴不会舍弃，以悲心在人痛苦时能解除痛苦，以慈心在人快乐时能使快乐存留，以喜心令人不离安乐并作为欢喜助伴，以舍心使安乐者不贪安乐、痛苦者不嗔痛苦，内心无有贪嗔，心住本位。

12. 具五通的发心如同如意宝珠能出生所需，以眼通见到一切色法并了知死生而知后世，以耳通听到一切音声，以他心通了知众生种种心的差别，以宿命通了知自他的前世阶段，以神境通化现种种身体等示现多种神变，以如此神通力能成办自他一切所欲。

13. 此外应当了知，具四摄事的发心如同日轮，就像太阳能成熟种种庄稼一样，以布施摄集具悭吝者而将他们安置于善法，以爱语摄集嗔恨者，以利行摄集愚痴者，以同事摄集我慢者而将他们安置于善法中，或者也可说“总的摄受一切有情”，摄集后安置于善法中令其相续成熟。

14. 此外，具法、义、词、辩四无碍解的发心如同乾达婆的乐音。具足四无碍解，众生各自想了知某某法义，对菩萨询问，菩萨的无尽辩才以那些众生各自的语言真实宣说所问之义，使他们心满意足，就像乾达婆乐音，极其悦耳，谁人听到都会心喜满足。

15. 此外当了知，具足四依的发心如同国王，国王统辖领土，他的命令，百姓不能别行，由此不失毁。菩萨具足四依，就句与义、人与法、不了义与了义、心识与智慧而言，能不虚耗证悟无误了知如来所说一切意趣之佛语的密意，比如，对国王，如果依止的好，则赐予政权与受用等，因此成为不失毁人之因，如果依止不好，则危及政权与生命而成为失坏之因。同样，如果仅仅依人、句、不了义、心识，则成为失坏依者之因。如果依法、义、了义与智慧，则依者不会失坏佛语之义。

16. 再者，具足福慧二资粮的发心如同仓库，仓库里有无量粮食、珠宝等，与彼相应的发心也有无量的福德资粮与智慧资粮。

17. 具三十七菩提分法的发心如同大路，为三世的一切上下众生所行走。同样，三十七菩提分法，过去现在未来一切声闻缘觉菩萨都由经此道而趋至各自果位的菩提，应当了知二者相似。

18. 应当了知寂止胜观相应的发心如同乘或坐骑般，依靠马、象、车等坐骑负载重荷能达到目的地。同样，心不散乱一缘安住寂止与无误通达意义的胜观双运中所抉择的如所有尽所有诸法之义，无误通达之后能抵至究竟果地。

19. 具不忘陀罗尼与无尽辩才的发心如同泉水，众人所用的泉眼不管舀多少都不会干竭，水流无尽。同样，菩萨获得陀罗尼，永远也不忘失、不退失以前所闻之法，以辩才重新广讲多少也不会穷尽。

20. 具足所谓“诸行无常、有漏皆苦、诸法无我、涅槃寂灭”四法印或四法要的发心，如同悦意的雅音，比如，有些众生因离开亲友、财物等而不欢喜时，有人说“你将遇到亲友与财物”，或者对于担忧生命逝去者说救护生命之语，对于希求某事者说事情顺遂之语等，总之，使人从衰败中得安慰，听到快乐之事圆满的音声，是能令人满心欢喜之音。同样，听到讲说四法要的声音，寂灭涅槃之真实道的法甘露就是这样。耳闻它能远离无边轮回痛苦，得以安慰，证悟真实法的自性与获得永久安乐境，以甘露满足所有具缘之人，令他们生起稀有的喜悦之心。

21. 具足一行之道的发心如同大河流，大河流无勤作而行进自然入于大海。同样，八地获得无生大法忍，也就是入定后得一切时分获得无有勤作任运自成无分别智慧时。达到八地的菩萨相续与所为无别平等，融为一味，故称一行道。自己圆满佛陀之法，成熟众生的所为无有勤作任运自成而行。

22. 佛子具善巧方便的发心如云，大云中降雨使大地上庄稼等世间万物生长。同样，方便智慧双运的菩萨示现从兜率天降下等至涅槃相之间，出生善趣与清净解脱的种种利乐法。

如是以二十二比喻的方式说明菩萨的发心富有圆满功德，应当以最大的信心欢喜心真实发起殊胜菩提心。

戊四、赞叹发心之功德：

舍极应发心，思他利得方，

大密见最真，弃乐趋寂灭。

一、宣说远离大乘发心者失去四种安乐之理，殊胜菩提心相合于菩萨与如来，舍弃了大士应为或极应理之发心的声闻缘觉失去四种安乐：1．为将其他众生安置于断除二障的断圆满及证悟二无我的证圆满中，菩萨的安乐菩萨才有，对一个有情成办微小利益尚且比获得自利更为心喜，更何况说将他们安置于断证圆满中了？因此，为了成办无量众生圆满之利益所生的无量无罪殊胜安乐，声闻缘觉已失去，因为他们舍弃了它。2．由了知获得利乐众生的种种方便，菩萨生起殊胜安乐，而声闻缘觉仅了知自己从轮回痛苦中解脱的方便中生起相似的欢喜，没有菩萨的欢喜那么广大。3．大深密义就是大乘所说抉择诸法无生无灭自性离戏的深意，词句也是以意趣及秘密的途径宣说的深密，由如实证悟这种深密，菩萨具有殊胜安乐，而声闻缘觉不具有这种安乐，他们仅领受了知人无我与相似道的安乐。4．菩萨们如实获得现见诸法究竟或最殊胜真如空性大平等等同虚空的无尽大乐，而声闻缘觉不具有这种，仅证悟了诸有实法有的同时人无我，因此没有如实证悟真如。声闻缘觉由于没有发殊胜菩提心而舍弃了这四种安乐，趋至远离近取蕴寂灭轮回苦的涅槃，说明应当断除喜爱声闻缘觉果而发殊胜菩提心。

具慧生胜心，即护无边罪，

增二恒善慈，乐喜苦亦喜。

二、宣说若生起胜义菩提心则无有忧愁恶趣与轮回苦的畏惧：具慧也就是具有证悟无我智慧的菩萨，最初生起成为无上殊胜菩提心的胜义菩提心，即刻心完全防护损害无边众生之业三门不善品的罪行，获得此后不犯之法性戒。由获得不造罪之戒而无有堕三恶趣的畏惧。由于发菩提心的菩萨善法、悲悯有情两种相续增长，因此恒时处于善法中，具足慈爱有情的缘故，享乐也欢喜，受苦也欢喜，所以恒常无有忧愁的畏惧，也就是指由善业所感，领受天人众多安乐也欢喜，由慈心增长，为利其他痛苦有情，感受三恶趣寒热等众苦也欢喜，甘愿取受，永时欢喜，不会对轮回厌恶。因此，教诫切莫背离发菩提心而应当取受。

利他尚不惜，身命受疲惫，

岂能以他害，趋入行恶业？

三、若想：安住在此轮回中时，众生众多倒行逆施，难以忍受，为此菩萨如何不生厌烦，怎会不退失自己的善法？何时得地的菩萨悲心广大爱他胜己，为利益其他众生，全然不顾惜自己的生身性命，布施身命而为利众生，于多劫中甘受或承受布施头肢等极度疲惫剧苦的菩萨，又岂能以其他众生对他进行杀害等损害而反过来进行报复等做趋入相应恶业？永远不可能。为此，应当信解发菩提心。

悟法皆如幻，生如入乐园，

或兴或衰时，悉无惑苦惧。

四、于此轮回中菩萨不管是兴是衰，都不会退转菩提行，菩萨以证悟内外诸法如幻如梦等智慧资粮与福德资粮为利众生于天界人间如愿受生，证悟了舍弃前面身体而受生他世如同进入美丽乐园般，纵然兴盛时成为天王、人君，也如下文所说无有贪著等烦恼束缚的畏惧，如上所说现见诸法如幻的缘故。同样，到了舍弃天界身体受用的死亡衰败时，菩萨也无有离开身体受用的痛苦畏惧，因为了知如幻、生如入乐园。因此，菩萨们不管是乐是苦，都不会退道，为此教诫理应学修菩提道。

自德利生喜，故意生幻变，

严宴胜处戏，非悲尊不具。

五、证悟之义：详细解释刚刚所说“生如入乐园”的意义：比如，众生为了四种目的而趋入天界人间悦意的乐园，身体沐浴后用装饰品严饰；受用宴会种种饮食；处于赏心悦目之处；享受种种嬉戏。想领受这四种欢喜而入于乐园，义无反顾。同样，菩萨接连不断辗转投生，以自己的功德布施、持戒、陀罗尼、等持、智慧的饰品等越来越进一步严饰自相续；欢喜利益所投生之处的一切众生，如同宴席；于某处特意投生怎样的身份，都如同住于欢喜的殊胜地；以五通幻化种种神变，如同做种种嬉戏。这般屡屡受生世间的菩萨就像世间人于乐园领受四种事的欢喜般，以功德饰品庄严的欢喜，饶益他众之宴席的欢喜，处于行利他之依处最悦意乐园的欢喜，享受神变种种游戏的欢喜，这四种欢喜，不是大悲尊主菩萨的其他世人自不必说，就连声闻缘觉圣者也不具有，正因为发菩提心的菩萨功德超胜，所以理应发菩提心。

悲尊勤他利，无间亦执乐，

世间他依处，生苦焉能惧？

六、宣说不会因布施身体等痛苦而退怯之理：由证悟诸法无我而完全远离贪执自利，为了将未证悟此理的其余众生安置于今生与永久殊胜利乐果位而恒常精进于六度。以他众痛苦之因自己也痛苦，大悲尊主的菩萨，何时能利益他众，即使自己住于无间地狱也执为快乐欢喜，丝毫不生厌烦。同样，在此世间，作为饶益他众的依处，布施身体肢体等产生痛苦，焉能畏惧？说明能甘受剧苦。按照安慧论师《注释》的译文“依他生痛苦”意义相同。如此菩萨具有这般稀有功德，对此世间任何痛苦也无所畏惧，全然欢喜取受，因此永不失欢喜，无有厌倦，为此理应实修菩提道。

恒依大慈师，他苦逼恼心，

他事近在前，他劝诚惭愧！

七、菩萨作为一切有情陌生的大亲友，并不是像先前以恭敬、财物、承侍等令欢喜或者今生的亲朋好友那样以先前熟悉之因才饶益，而是自性就对他众生慈悲的本性，因此自己自然行众生利而不需要别人劝请，就像上师让弟子取舍事与非事一样。如同激励别人的上师般自相续恒常怀有大慈大悲的尊主菩萨，以他众的痛苦逼恼自心，如同病儿之母，甚至更超过的缘故，自己面前明明有能成办遣除他众痛苦、将他们安置于安乐与善法之事，自己不行持反而由别人劝请，这是极其惭愧的，不符合菩萨的风范。比如，富有的儿子明明见到极其饥饿的母亲，却一点不施予，还需要别人提醒说“这是你的母亲，要给食物”，这在世人看来也是一种耻辱。假设提醒了他还一点不给予，那会被人认定为“如此下劣之人”，是极其可耻之处。大慈大悲的上师相当于劝他者，如果没有令依止他的人慈悯行事，则是极其惭愧的。同样，菩萨们不需要其他众生作为劝请者，自己具有慈心的本质，不需要劝请而行众生利，间接已赞叹菩萨们具有不可能舍弃众生利的功德。因此，教诫行众生利。

首荷有情担，众尊缓行丑，

自他种种缚，精进当百倍。

八、教诫菩萨们需要更加精进勤奋：世间中行远路的负重担者需要励力迅速行走，如果极其松懈，则难以到达目的地。菩萨为度一切众生至无上菩提而发心获得大菩提，因此头上负荷一切有情之重担，成为一切众生之尊的菩萨需要依照所承诺而行至大菩提处，如果没有迅速发起行持其因六度的精进，而随延误懈怠所转缓慢行路，则不庄严。声闻为独自斩断业与烦恼的束缚，尚且也是如燧木燧垫快速无间摩擦生火般疾速精进，三世或七世获得自果菩提，那么菩萨需要遣除自他一切众生相续中具有的业与烦恼的束缚，如今自己与其他一切有情被业烦恼异熟障所属的种种束缚捆绑着，因此与声闻缘觉的精进相比，菩萨理当百倍地精进。

大乘经庄严论中第五发心品释终

第六 修行品

丁四（修行）分三：一、总说圆满二利之修行；二、别说修行他利之理；三、以说修行殊胜性而摄义。

戊一、总说圆满二利之修行：

处行生果大，许佛子修行，
恒诺大忍大，大义真修行。

如此具足处大、行大、生果大之本性的缘故，承许是佛子的超胜修行。处大是指由“最初为救度一切有情至无上菩提”的发殊胜菩提心中产生修行，为此修行之依处是发菩提心，所以称为处大，它是恒常承诺大，为一切众生利益而行事的缘故为初善。行大是指信解行地至十地之间，自己为圆满佛陀之法与成熟有情，以无量欢喜而行持，无有厌倦的缘故为安忍大，即是中善。获得无上大菩提果后自利圆满乃至轮回存在间真实成办一切众生大利而行，为末善。此三大声闻不具有。

戊二（别说修行他利之理）分六：一、行他利方法；二、行他利之分类；三、行他利第一；四、菩萨之修行超胜；五、修行不间断；六、不以邪行厌烦。

己一、行他利方法：

自他平等心，或爱他胜己，
他利胜己想，自利即他利。

菩萨获得其他众生与自己平等之心或者爱他胜己之心，与为自利断除烦恼痛苦、成办世间出世间安乐相比，更主要成办他利，或者具殊胜行想，自利即是他利，平等无别。信解行地，以大悲与抉择的信解修自他平等相换，对自己与众生获得平等心，得一地时，证悟法界遍行之义，获得自他平等，想到我虽证悟此理，但没有如是证悟的众生长期漂泊于迷乱显现的难忍剧苦中，现前爱他胜己之心。

悲尊为利他，自愿遭剧苦，
世人损恼事，他敌亦极悯。

为此，大悲尊者为利其他有情布施王位与身体等，自愿遭受难忍痛苦逼迫。如此对于敌人刽子手等世间人作杀害等损恼事成为自己敌人的他方，也是极度慈悯而行。

己二、行他利之分类：

下中上法性，善说令悦入，
解义成熟善，授住慧解脱，
成就胜功德，生种授记灌，
佛智无上果，利他十三性。

若问：如何行他利？

1. 对有情三类种姓中下等声闻种姓者、中等缘觉种姓者、上等安住法性的菩萨种姓者，以记说示导了知他们的心，以说法神变对贪欲者善加宣说不净观等各自对治法。2. 对不信佛教的外道等示现神变令起信趋入真实教而令愉悦。3. 令平凡众生皈依三宝而趋入持五戒。4. 遣除不知三乘种姓之义的怀疑，对各自法心生定解。5. 对善根没有成熟者，令行六度，使之成熟六度善根。6. 对想禅修但无有其窍诀者，授予传承，赐予教言。7. 令得受禅定教言者得以一缘安住等持。8. 对不具胜观者，令生起智慧后获得各乘果之智慧，或者心从怀疑等障中解脱。9. 令重新成就以前没有获得的止观双运、神通、菩提分法、遍处等殊胜功德。这以上是行持共同乘众生利益的方法。就不共大乘而言，10. 一地能生于佛陀种姓中。11. 八地获得无生法忍的缘故，彼时以法性蒙受如来授记"善男子，汝将于如此刹土如此时间成佛，佛号是此"。12. 十地十方诸佛光明授予法王佛陀补处灌顶。13. 佛地普光地获得四智，安立为如来无上智果位。如是这十三种差别的本体就是行他利的方法。

己三、行他利第一：

随众无倒说，无傲我所通，

忍调远无尽，佛子胜修行。

行他利——成为利他并不唐捐故为第一之理：1. 宣说随顺三种姓众生各自之法，利益他们。如《宝积经》云："于声闻缘觉乘者说深广法，即是菩萨之错。"若宣说不符各自界性之法，则不能利益他们，并不是殊胜成办彼等利益。2. 无倒说，是指三种姓者贪心等有大有小，因此对贪欲者宣讲不净观、对嗔恨者宣讲慈心、对愚痴者宣讲缘起义等，无误宣说对治法。3. 虽然没有获得神变等功德，但以其途径身语意无有认为"我善妙"的骄傲，是殊胜成办他利，而身体表面美观、口中自赞、心有傲慢，不能成办广大他利。

以神变说法等调化众生后将他们安置于道，但也无有“这是我调化的弟子”偏袒我所的我慢。4. 精通三乘之义能证悟别人未证悟的一切，能遣除一切邪分别，能断除怀疑。5. 为利他能安忍寒热、饥渴、邪行等痛苦。6. 防护自己身语意，具足调柔也能令他人调柔，如经中云：“自己未解脱不能令他解脱，如是自己未寂静不能令他寂静，自己未调柔不能令他调柔。”极远行、无尽是指入菩萨地者的修行。7. 得地的菩萨将他众也安置于地而行众生利，趋入一地至佛地之间，称为远。除菩萨外凡夫与声闻缘觉不能入于那些地，故称远行。如上所述，一地安住于生种姓中而能行令他众也生于佛陀种姓中之利。因为获得授记，如自己成熟无分别智慧般也能将他众安置于彼。再者，由得灌顶，自己安住于彼后也将他众安置于彼地。成佛时，获得遍知智慧能将其他众生也安置于彼。8. 所谓无尽，是指以四种理由说明菩萨的修行永不穷尽，所救度的众生无尽，为利众生所发的菩提心无尽；菩提心无尽，意乐无尽；意乐无尽，意乐所生的悲心无尽；悲心无尽，利益众生的善巧方便无尽。为此，佛子的修行因为行他利而成为最殊胜。随众生修行等这八种是能成办十三种他利差别，以“随众无倒说”说明善说，以“无傲”令悦，以“无我所”而趋入，以“精通”而解义，以“安忍”能成熟善法，以“调柔”说明教授等四种。以“远行”说明长久投生等四种，“无尽”功德是总说。

己四、菩萨之修行超胜：

欲夫入大怖，喜有倒动乐，

喜寂灭自取，悲尊恒灭取。

具五欲妙有欲望的欲界士夫，取受五欲妙，由此因而于今生或他世感受大怖畏，所以是入大怖中。上界色界无色界，修成心内收的等持，彼地与世间的欢喜不超越行苦，因此由贪爱轮回颠倒自性不稳固动摇的安乐而成就这样的禅定。欢喜寂灭轮回苦的声闻缘觉们，仅是趋入或修成完全寂灭了自相续后有近取。大悲尊者菩萨的修行，以智慧恒时寂灭自他所有痛苦近取，以悲心不舍有情恒常为他利而住，因此超过前者世间与出世间声闻缘觉的修行。

愚人勤自乐，常苦不得彼，
坚稳恒利他，行二利涅槃。

世间愚昧的异生凡夫从没想过利他，为各自的安乐而疲惫勤劳于务农经商娶妻等种种事，但并没有获得心中所求恒常无罪极其善妙圆满自利的安乐，今生中也是饱尝寒热饥渴等痛苦，由前所未得而寻觅之因与得而复失等之因使身心倍苦，他世中还会得到恶趣等众多痛苦。坚稳的菩萨恒常勤于利他，暂时行持自他二者今生来世享受众多安乐之利，究竟获得不住有寂之涅槃，即生自利圆满的大乐永远不可能失去，为利他利乐所有众生的事业永不穷尽。

己五、修行不间断：

佛子行持时，入根异行境，
如是随理词，利生彼现行。

别人在不精进时离开了修行，但菩萨不是这样，以愿行发心的威力，纵使处于睡眠等放逸时善根也不间断增长，不仅仅是身语意直接布施等修行六度利益众生的阶段，而且行住坐卧一切威仪中也以心引发的愿力利益有情。佛子不管行持任何威仪，当时趋入六根种种行境。随顺应理时的发愿词利益众生而现行宏愿，具足一切无记威仪也成为利益众生的善巧方便，依照《华严经净行品》中所说：菩萨入城时，愿一切有情入殊胜解脱城；上路时愿一切有情入大乘之道；攀梯时愿一切有情攀解脱梯；沐浴时愿一切有情业惑清净；燃火时愿以智慧火焚毁一切有情妄念之薪等。随同它的清净法以缘一切有情获得安乐解脱之愿普皆回向的他利不间断。

己六、不以邪行厌烦：

恒罪无自在，具慧不执过，
不欲倒行者，于彼反增悲。

菩萨具足无误证悟诸法之自性的智慧与慈悯众生的大悲，因此对于恒时以本来无有而执为我之根本的贪嗔痴罪而不由自主的众生，具慧菩萨不把那些众生殴打恶语邪见等执为那些有情的罪过，知晓他们就像疯子伤害别人、自尽身亡一样是不情愿中随着烦恼心所转才导致这样的邪行，从而对那些邪行众生无有嗔恨厌烦，反而使此众生从罪过中解脱的悲心更增长。

戊三、以说修行殊胜性而摄义：

此修胜有众，具足最寂灭，
种种德资增，慈心恒摄生。

菩萨的此修行，胜伏三界世间五趣众生；具足最寂灭的不住有寂之涅槃；（十）地、（十）波罗蜜多、（十）力、（四）无畏等种种功德资粮越来越增上；以慈心意乐恒时摄受不舍众生。具足胜伏众生、获得不住之涅槃、功德增上、不舍众生四种殊胜性，如前所述的意义。

大乘经庄严论中第六修行品释终

第七 真如品

如此宣说了以修行趋入不住之涅槃，而不住之涅槃，没有证悟真如无法获得，因此继修行品之后宣说真如品。

丙三（所思维）分三：一、思维所证真如；二、思维所修六通威力；三、思维得诸功德之因成熟自相续。

丁一（思维所证真如）分三：一、真如之法相；二、抉择真如之二无我；三、如何证悟胜义真如之次第。

戊一、真如之法相：

非有无同异，无生灭减增，

无净成清净，彼为胜义相。

各别自证的真如法相是远离有、无、一、异四边，指什么呢？胜义真如不是像遍计所执性与依他起性一样有，圆满成性并非无有，所谓一切法除甚深内缘起依他起法以外不存在，耽著它似现所取能取般成立是遍计所执性。如是显现，如显现般，异生凡愚耽著如是成立，但实际所取能取二法本来不成立的圆成实，是实相或胜义，名言中某法无有某法，以彼而空，空性是肯定成立的，因此有。所谓遍计所执性、依他起与圆成实它们不是一体，因此并非同性或无别，不是他体，故非异。对此，如《解深密经》中云：“诸行胜义相，远离一异相”等。遍计法是颠倒的，实际无有，依他起是显现遍计二法之基，圆成实无有颠倒，以二法而空，因此它们不是一体，它们是有法与法性。

若问：那么是他体吗？不是，依他起自性中远离所取能取遍计法，就是圆成实，此外无有任何所谓的圆成实，因为有法是依他起，它的法性是圆成实。假设这两者是他体，那么依他起需要以所取能取不空，但那是不合理的。因此，要了知就如同有为法与无常或者火与热性无有他体一样。胜义圆成实原本无生无灭，自本体本来不是因缘所生，岂能有灭？轮回与涅槃位前后无有差别，因此永远不减不增安住真如中，如虚空有云无云时无增无减一样，真如不是以染品减、净品增而减增，或者说自本体自性清净，也无有重新清净的，如同虚空、纯金、水、水晶自性清净一样。从自性侧面，无有所遣垢染，也如虚空离开骤起之云、纯金离锈、水无浊、水晶离垢般，圆成实依靠遣除客尘二障的力量得以清净垢染，那就是胜义的法相。以五义宣说胜义无二，即非有非无、不一不异、无生无灭、无增无减、非净不净。按照中观宗的观点，缘起显现的一切法在世俗名言中非无，胜义中非有，也不是有无二俱，是胜义中无、名言中有的诸法法尔，因此这两者仅以名称分类，实际上不成立异体二法，如同火的热性与糖的甜味。

若问：那么，不是世俗中有、胜义中无这二者的第三品物体就是真如吗？

并不是，不是有法与法性空性二者的第三品物体无有能立的量，这样的第三品物体在名言诸法的自性或法性中也不可能有。因此，远离有、无、是二、非二四边就是离一切戏论，法与法性无别的无别二谛，承许是各别自证。

这样的法性离戏，它远离生灭盈亏，恒常平等，无有尘许净不净等二法之相。

此唯识宗说诸法只是心的显现，除此之外无有，承许现基依他起心识自明自知实有。下面探究其观点的意旨所在：若承许识是显现一切名言的基，实有，而不承许胜义成实的实有，则与中观宗无有任何相违。如若承许胜义中成实，则与中观宗相违，虽然显现上仅以这一点就可分析与中观相不相违，但实际上弥勒的法类与大祖师无著的诸论意趣一致，任何行者于信解行地最初了知诸法唯心，之后领受它也无所取，其后，因无所取也就无有能取，加行道胜法位时证悟即刻，获得现量证悟远离所取能取之法性谛的一地。唯识宗，虽然承许显现处、境、身这二取的因阿赖耶识在名言中实有，也是这两者不成立的同时显现种种，如同幻术等。所以，此宗理应完全证悟了二空之识无有成实的实法与相状，因此应当认定中观、唯识大祖师究竟意趣一致。

若问：那么，中观的论师们为何遮破唯识宗呢？

那是声称唯识宗的增上慢者，说唯识宗里无有外境的心实有，如同绳子以蛇而空但绳子不空一样，就名言来说，没有懂得此宗承许的法理，耽著二空之识在胜义中成实，是破这样的宗派，并不是遮破如实证悟佛陀所说唯识道的圣者无著的意趣。

如此来说无有不合理，雪域的智者们有承许声闻见谛也证悟了二无我，与中观无有差别，那么大祖师无著证悟中观密意就更不用说了，他是圣者的缘故。一般，中观宗抉择缘起的诸法无生即可，而唯识宗并不是非得承认，但缘起也有辨别本性的缘起及辨别净不净的缘起两种。辨别本性的缘起，是讲阿赖耶中起现一切现相之理，因此是细微内缘起，这是精通细微甚深之义的菩萨所证悟的。辨别净不净是粗大外缘起十二相，所说深意在圣者无著的《摄乘论》等中有宣说。与之相同，了义经与甚深密续中也说不属于心的法无有，轮涅二者归根到底是心，由心主宰产生轮涅之法，如果无有心，那么它们都成无有之理：由心主宰以烦恼而造业，形成染污的轮回法，以心生起证悟无我的智慧与悲心修行大乘道，成就八识连同阿赖耶转依五智自性的佛果。声闻缘觉们也以证悟人无我的心而成就近取有的涅槃。因此染法净法根本依赖于心，这是内道佛教徒谁都必然承认的。而且，如果抉择了心无自性，那么不费力就将现证大乘道，是道之大要点，这是《普明现前菩提续》中宣说的。印度众所周知的大智者巴夏论师在摄集一切中观要点的《中观宝灯论》中明确说："瑜伽行中观称为细微内中观，承许外境的中观称为粗大外中观。实修时，瑜伽行中观甚深，因此具德月称菩萨也是如此实修。"为此，唯识宗所承许的这个"二空之识自明"，如果理解成具二取之识究竟不可言说其所取能取是此的识自本体不空成实存在，那绝对是所破；如果理解成真如本来无生的自性自证现量领受无有二取之智慧自明，则绝对是所立。这一点中观与密宗都需要承认，如果各别自证智慧或光明心不存在，那么学道证悟法性谛的心存在就不合理，如果无学无余涅槃时，佛陀遍知智慧不存在，则小乘涅槃与灯火熄灭无有差别，由此如何承许佛陀的身智与事业无尽呢？为此，中观与唯识的大祖师们开创深广法道轨方式的安立虽然表面现似不同，但究竟意趣同一趋入智慧界，可见了知此要点，极其善妙。总之，诸法的实相真如是现空无任何偏颇之方双运各别自证所了悟的，如果证悟了它在基道果位无有变异，则解脱一切边执恶见险地。

戊二（抉择真如之二无我）分二：一、建立人无我；二、建立法无我：

己一、建立人无我：

我见非我相，非恶处相异，
唯二迷乱生，解脱唯迷尽。

所谓人我，只是在未经观察分析的情况下颠倒执取，实际不成立，我见、蕴以及它以外的任何法均不是我的缘故，萨迦耶见或我见并不是我，我见是心之法，因此是有为法、无常、不遍一切、造作善不善无记三种业，与外道们所假立的我具有无为法、常有、周遍、不造业的法相不同。宣说成为萨迦耶见之所依五蕴也不是我的法相或自性，安慧论师的《注释》中说：所谓恶处，恶是指一切烦恼根本的坏见，它成为见之依处，或者由取烦恼之习气所生故名恶处，称为蕴。按照有些翻译中说“恶住”，是烦恼与痛苦之处，所以恶住称为蕴。不管怎样，五蕴不是我，因为按照刚刚所讲，无常、有为、不遍、造业、众多，与承许我以本性产生不是因缘重新造作，周遍、常有、不造业、唯一的法相不同。有境坏聚见、对境五蕴这两者以外所谓的我不存在，因为这两者以外另行有我以现量比量都不可得。于此，遮破了外道遍计的我，依此也遮破了俱生我执的耽著境，众生执著我是唯一，不是众多，它从无始以来至尽头始终是一个，这样的我，以刚刚所讲的三种分析可通达仅是增益。

若问：假设我不存在，那么一切有情为何认为有我呢？

那个我并不是因有而分别它的，是由本来无有而迷乱或错误认为有的颠倒心产生分别为有的，比如，执著绳子为蛇或见到梦中的少女等。

若说：如果有我，就会以烦恼束缚在轮回中，如果斩断束缚，则解脱，这才合理。如果无我，那谁解脱？因此为了我而精勤就不合理。

并不是为了存在的我解脱而精进，比如，若将绳子误认为蛇而害怕，见到无蛇会心安。同样，虽然我不存在，但因分别为我而以烦恼积业接连感受轮回痛苦；以真实的智慧证悟无我后灭尽业惑而得解脱。为此，所谓解脱仅是自相续的错误或迷乱心灭尽，并不是有我才解脱，如果有我，则永远不能去除我执，如果没有断除我执，就不会灭尽业与烦恼，会因贪爱我而连续入轮回。

己二、建立法无我：

唯依迷乱士，常苦不证悟，

痴明苦无苦，法性非彼性。

所谓有我有法，只是依颠倒心迷乱的众生，由迷乱因中连续处于生老等种种痛苦自性中，那也仅是自心处于迷乱中，不得证悟，按照下文所讲，被不见有实法有而颠倒见无的大黑暗所遮蔽的缘故。因为不具备通达如此轮回的这些法是痛苦与迷乱的无漏智慧，所以称为无明或不知真实。以颠倒执著有漏之识领受乐苦舍受之理有明觉。如此感受三受任何一种也不超出痛苦，苦受是自性苦，乐受是变苦，舍受是行苦。真实中，无有感受痛苦，因为感受者我不存在、所感受的法在真实中也不成立。如何不成立呢？蕴界处所摄的法自性或本体虽然有如是显现许，但也是如梦如幻如阳焰，胜义中法的自性或本体并不存在，不管如何显现实际都并非如是成立，安住于无我空空中。

为什么呢？

现入缘生法，众生依他作，

是因不见有，见无黑暗相。

因为外在的一切法是由四大种与种子等因缘所生，内在有法有情之蕴是由无明、行等因缘聚合产生，因此内外的法是依各自因缘聚合而产生一切法的，明明是现量之行境趋入或显现，可愚昧的众生却执著这一切法依靠自在天、我等他者所造而产生。是因为没有见到诸法自有缘起之义，却见明明不存在的我、自在天等其他作者，这种黑暗并不是世间共称的黑暗不见有的遮障而见无有，众生心相续中存在的无明黑暗不见法存在于自法性中明显的缘起生，而见不存在的他生，因此称谓前所未有稀奇的黑暗相。所谓我也说为补特伽罗的异名，我、众生、命、补特伽罗、人、劫初之人等。法的自性也运用其名，所谓法我的本体与自性，运用它的名称。

此以胜义理，有寂无少别，

然说行善业，灭生得寂灭。

外道耽著人我而承许束缚解脱，成为颠倒；声闻耽著法我而承许法本体束缚解脱，也没了知法之自性，因此也是颠倒的；大乘法理中宣说诸法无二故是平等，轮涅与缚解具有合理性，如此显现为轮回之法，就胜义本性或实相而言，无明灭至老死灭之间的寂灭涅槃，无明之缘产生行等至老死之间的轮回，这两者无有任何差别，因为轮涅一切法自本体平等无生无灭，因此轮回自性涅槃。

若问：异生凡夫住于轮回、圣者获得涅槃的差别是如何呢？

那是说轮涅二者并不是我与法的实性在胜义中存在而成为异体，而是由有没有如实证悟我与法的本体不存在成为如此的，虽然胜义中轮涅是平等的，但依靠修习证悟有实法实相无常、苦、空、人无我的善法究竟而灭尽轮回投生，为声闻缘的寂灭，行持无分别智慧摄持的六度善业道究竟时，连意性身之生也灭尽，因此也寂灭轮回的习气，获得不住之涅槃。

戊三、如何证悟胜义真如之次第：

菩萨善积累，无边福慧资，
思法决定故，悟诠具相境。
证彼唯诠境，正住现唯心，
尔后现量证，法界离二相。

大乘菩萨以证悟诸法无我的无分别智慧由资粮道、加行道、见道、修道中得果之理：菩萨于一大阿僧祇劫供养如来、闻思修正法，圆满一阿僧祇之间善加积累六度所摄的无量福慧资粮自性，或者，善加积累能至圣地彼岸的资粮，对经等佛典之诸法的教义无常、苦、空、无我之义，如理思维，以寂止之等持与无有怀疑抉择的胜观完全决定。这以上三句讲解了资粮道。如此积累资粮及思维决定正法的缘故，了悟色声等、瓶子柱子等以名称诠表的所有具行相的外境，只是以意分别认定为所取，除此之外义本体无说离名，就称为暖位明得之智。菩萨了知仅是以名称诠说或仅是分别某某法，尤其觉悟意义，现见由心显现外境，即称顶位明增等持。了知显现为所取分的诸法于心前显现，犹如梦境，心以外的外境并不存在，心真正安住于唯心自性中，即称为忍位一向真如等持，因为证悟了真如远离所取能取一方所取自性不存在。之后现量证悟法界远离所取能取二相，获得见道。

是怎样呢?

慧知心外无，复证心亦无，

具慧知无二，住无彼法界。

忍位时，以分别心认知心以外的所取或外境不存在后，证悟若无所取则能取它的心也不存在，所取能取相互观待的缘故无有所取则能取也不存在，即是世第一法无间等持。其后，具智慧者了悟所取能取二者无有自性后现前无分别智慧，以现量各别自证安住于无有所取能取二法之相的法界中，断除了见断烦恼与所知障。

具慧无念智，恒成普平等，

依彼重罪净，如剧毒除毒。

之后在修道，具慧者依靠无分别智慧的力量，从二地至十地间，恒常于内外诸法或一切的一切趋于平等，不分别所取能取法，成为无二平等，依存于菩萨相续或阿赖耶识依他起性从无始时以来积累难知难断如莽莽密林般的烦恼障及所知障、所取能取的习气重重罪过得以清净。比如，剧毒的药只是几滴注入毒瓶里，所有毒都变成药，只要闻味、品尝就能消除所有毒，就像大毒药攻毒一样，以无分别智能从根本上遣除修道所断如毒般的细微障，现前佛地无分别大智慧。

佛说妙法善安立，慧住根本法界中，

念相续知唯分别，坚稳速至德海岸。

能永久防护三门所有罪行的佛陀所说妙法十二契经等初中末均善妙的缘故，智慧安住于一切善妙安立所说义的根本究竟法界中，这是所有经义合一而作为所缘，为此也称根本心。如此入定中，思维法界的正念相续越来越上进，后得时，了知仅仅是自心分别念外无有他法存在——唯心，并且心也无有自性，这样的坚稳菩萨不久迅速趋至力、无畏等果法功德大海彼岸而成佛，称为无学者。此处“念相续”，多数版本中说“正念因”是不正确的，因为安慧论师的《大疏》及《摄乘论》中引用教证也说是正念相续。

大乘经庄严论中第七真如品释终

第八 威力品

继宣说所证真如之后，宣说修行能成熟他众的殊胜功德威力品。

丁二（思维所修六通威力）分七：一、威力之本体；二、威力之因；三、威力之果；四、威力之作用；五、威力所具功德；六、神通或威力趋入或分类；七、以赞叹六通等威力功德殊胜性而总结。

戊一、威力之本体：

生语心善恶，彼处出现量，

神通遍行类，无碍获坚力。

所谓“生”，间接包括了死，了知一切众生由此死殁投生何处，没有涅槃之前生过多少，即以天眼了知死生通。所谓“语”，是指了知一切有情的语言，即天耳通。所谓“心”，了知众生八万四千等心行，即他心通。所谓“善恶”，是宿命通，一切众生从无始轮回以来造作或生起善不善的习气为主，前世投生于何处积了什么业，感受什么苦乐，寿命达多少等。所谓“彼处”，是指佛陀、菩萨、声闻缘觉与众生所住的世间界，为供养佛陀、饶益众生，无碍趋入彼处等即神境通。所谓“出”，是以某种方便出离轮回，即漏尽通。如此六通如同新鲜庵摩罗迦果置于手掌般现前，即现量获得自在拥有六通的威力。菩萨的神通超胜世间仙人与声闻缘觉的神通，因为普遍行于十方世间界，一切时都能趋入，六通每一个也有扩增多个的无量类别，无碍真实趋入即是神通获得自在或坚稳菩萨之威力的特点。宣说完神通自性或本体后，接下来说明神通之因。

戊二、威力之因：

四禅得极净，无分别智摄，

作意遍住中，可成第一力。

威力之因有三种：1. 依于某地四静虑等持无有爱、见、我慢、怀疑占多数的过失，顺逆超越等至得以自在而随心所欲堪能，获得极其清净。2. 以助伴无分别智慧摄持，如是修法。3. 如理作意各自神通之遍住或能获得某某神通的因安立相。“遍住”是指经中所说：获得眼通者以意愿可无碍见到诸方光明周遍一切色法；神境通者以意愿身体轻便，可转变一切；天耳通者以意愿心专注于声音所属众多类可现前一切声音。他心通，缘于他心众多处，现前一切心行。此外，缘于前世后世、真谛解脱，如是信解并作意各自处。从中可成就六通微妙力菩萨的殊胜神通，因为以无分别智慧摄持等。

戊三、威力之果：

圣者天梵住，无比广恒住，

行处真供佛，令众生清净。

圣者之安住是以三解脱门及四谛、（十）地、（十）波罗蜜多之安住法而住，尤其安住于空性及灭尽定中。以天住四禅四无色等至而安住，尤其是以四禅而住。梵住四无量等持中，尤其是安住悲梵住。菩萨之安住无可比喻，广大恒常安住，菩萨依靠神通力去往十方殊胜处，真实供养诸佛，以神境通等欲乐使众生生起清净善根，这三种超胜声缘等神通之果。

戊四、威力之作用：

成坏及有情，世界视如幻，
如愿而自在，真实示种种。

1. 眼通所见作用：见到器世界产生形成、最终坏灭处有多少众生的十方诸世间界皆无自性如幻如梦如阳焰等。2. 示现神境作用：六通随意获得自在，或者具有十自在的菩萨调化众生的方便依其所愿，或者随众生如何希求或信解而示现燃火、飞行、地动、三千世界进入芥子中等显现种种威仪，或者不定真实示现种种相。

放光令极苦，恶趣升善道，
撼魔妙高宫，令魔生畏怖。

3. 放光作用：菩萨于诸方放射光芒，光芒接触，即刻止息极其痛苦的地狱、饿鬼、旁生恶趣之苦，他们获得信心即刻从彼处死殁趋至善趣天界、人间。4.（撼魔作用：）那光芒震动魔境由多种珍宝庄严的妙高无量宫楼阁及住于该处的魔眷属，使他们畏怖，震慑造魔业的气焰。

彼于胜会中，游戏无量定，
工巧生胜化，诸时利有情。

5. 游戏作用：是指获得威力的菩萨于殊胜会众如来菩萨主尊聚集之中，入定于首楞严三昧、如幻等持、虚空藏等无量等持中，示现无量种种游戏，如经中记载文殊与观世音等如何示现等持游戏。6. 化身作用：以工巧、投生与殊胜化身不是相似时而是诸时安住为利十方一切有情。其中，工巧化身：诸如，为了调化乾达婆极喜而示现弹琵琶的乾达婆等。投生化身：受生为帝释天等天人、夜叉、旁生等以某趣的形式，示现与那些众生相同的身体。殊胜化身：示现从兜率天降下等现前成佛至涅槃的佛陀是殊胜化身本师。关于工巧化身，安慧论师的《注释》中称“事业化身”，它是指化作工巧师、陶师、琵琶师等而幻化种种工巧明形象而饶益有情。神通的六种作用在《大疏》中说：所见作用，示现作用，放光作用分引导恶趣、震慑魔众两种，游戏作用，化身作用，共六种。

智慧自在故，随意现净土，

无佛传佛号，彼等至佛土。

再者，具六通的菩萨能清净佛刹：具十自在者智慧自在的缘故，能随所化众生意愿示现佛土水晶纯金等种种颜色、形状、面积等布局，获得这种清净刹土，称为器世界清净。任何世界，不闻佛号正法僧众之声而令真实传布佛号正法僧众名号或名声，使他们生起信心后到有三宝的其余佛土，这是讲有情清净。

以上宣说了作用，接下来讲神通所具功德。

戊五、威力所具功德：

如翼丰满鸟，能成熟有情，

得佛极赞叹，众生应受语。

神通所具功德有三种，1．具有能成熟众生之威力的功德；2．具有被极度称赞的功德；3．具有语言值得信受的功德。如同羽翼丰满的鸟欢心喜悦无有困难飞翔于空中一样，获得六通的菩萨能轻易以四摄事摄集有情，将他们安置于善法而令成熟，得此殊胜能力。这样的菩萨也如理请问佛陀，也得到佛以“善男子，汝所询问善哉。”作种种称赞。具神通了知他心而随其趋入，由于众生喜欢神境通等菩萨的功德，所以菩萨如何吩嘱众生的语言都值得信受，为此，众生谁也不违背其语。

戊六、神通或威力趋入或分类：

六通及三明，八解八胜处，

十遍处等持，无量得坚力。

神通眼或天眼通至漏尽通之间前面所说的六通是第一部类威力。三明，前际明、后际明与漏尽明了知过去、未来、现在时之事，此是第二部类。有色观色解脱、无色观色解脱、妙色解脱三种，空无边等四无色解脱，加上灭尽定解脱，此八解脱是第三部类。八胜处，以内有色想观外色少胜处，以内有色想观外色多胜处，以内无色想观外色少胜处，以内无色想观外色多胜处，青黄白红胜处，共八种，这是第四部类。十遍处：地水火风、青黄白红八种，加上空无边处及识无边处，这是第五部类。解脱、胜处、遍处是以等持幻化纯熟之道，以解脱先行，以胜处修习，以遍处更进一步成就，这一切都是威力的分类。此外，大乘的首楞严、如幻、虚空藏等无量等持也是菩萨的威力，这是第六部类。如此宣说了六种类别，这一切是获得坚稳的菩萨成熟众生的威力，因为一切都是具有能力或威力的自性。

戊七、以赞叹六通等威力功德殊胜性而总结：

胜自在具慧，无主置自在，

恒唯喜利他，行有坚如狮。

宣说大自在、大欢喜、大无畏三种，获得威力的菩萨有十种自在或清净智慧得以自在，因此称为得到殊胜自在的具慧者。由此原因，对于随业惑所转的众生，今生也是随业力牵引而无有丝毫自在，他世不愿意也要前往业惑感招处，因此永无自在，菩萨依靠神变调化他们作为菩萨本身的自在，将他们安置于善法中逐渐像菩萨一样获得自在，这就是大自在。菩萨不思自利恒常唯一欢喜利他，这是大欢喜。如同狮子安住、出没于林间或森林附近洞穴与山坡等处时，不畏任何野兽而住一样，获得自在坚稳的菩萨，为利众生住于三界轮回中时也不畏任何邪魔外道等，丝毫无有担忧烦恼所染及痛苦怖畏，因此以极其稳固的定准无所畏惧行于此轮回。

大乘经庄严论中第八威力品释终

第九 成熟品

丁三（思维得诸功德之因成熟自相续）分二：一、自成熟；二、令他成熟。

戊一（自成熟）分三：一、略说；二、广说；三、摄义。

己一、略说：

喜信寂静悲，忍慧具威力，
不夺具支上，佛子成熟相。

欢喜大乘法；对宣说它的善知识有信心；烦恼轻薄而具足断除的威力即是寂静；慈悲众生；为自他利安忍苦行；信解行地以闻思能无误受持大乘法，智慧锐利或敏锐；积累大资粮不为烦恼所害，具足能证悟空性的威力；道中不被邪魔外道所夺；断除烦恼的分支——信心、无谄、无诳、无病、依处或所依具力，具全五支（为上等）。如此欢喜等九种成熟即是佛子的成熟相。

己二（广说）分九：一、喜成熟相；二、信成熟相；三、寂静成熟相；四、悲成熟相；五、忍成熟相；六、锐智成熟相；七、威力成熟相；八、不夺成熟相；九、具支成熟相。

庚一、喜成熟相：

胜友等三勤，竟妙摄胜法，
受持大妙法，悲尊成熟相。

欢喜成熟之因：殊胜友伴，也就是说善知识，“等”字包括闻法、如理作意，共有三种。持续精进于闻思修大乘法，如经云：“众生之业、咒语妙药之功效、如来之智慧、瑜伽士之行境四者称为不可思议四处。”以此为例对大乘深意不可思议，无有怀疑，称为究竟胜妙，它和精进这两者说为成熟的本体或自性。作用：摄集并不失而护持最殊胜的大乘法，保护自己讲修及他众讲修使正法不隐没。欢喜成熟的密意归纳起来，就是受持大乘广大妙法，为此承许是大悲尊者菩萨欢喜大乘真实成熟的法相。

庚二、信成熟相：

知德心不退，速得定受果，

诚信本师故，佛子成熟相。

信心成熟之因：了知本师佛陀的功德。对本师获得不退转信，对本师佛陀信心不会改变、退失。真正的不退转信，获得一地时才对三宝获得不退转的解信，获得不退转信是信心的自性。信心成熟的作用：迅速获得大乘的首楞严等持，能领受等持之果神通，必要：对殊胜本师有真实的诚挚信，为此承许是佛子信心真实成熟的法相。

庚三、寂静成熟相：

极禁断惑念，无碍喜乐善，

佛子除惑故，许真成熟相。

寂静成熟之因：以正念正知摄持极其禁止诸根趋入对境。不作恶行。断除烦恼分别念，是寂静成熟的本体。作用：无有违缘修行烦恼、不善的对治法，欢喜乐于行持六度等善品，佛子的寂静成熟有遣除烦恼的必要。为此，承许是真实成熟的法相。

庚四、悲成熟相：

自慈见他苦，劣心尽断除，
胜进众尊身，悲他成熟相。

大悲成熟之因：由种姓所牵自然对众生十分慈悲，见到所缘缘其余众生的痛苦。真正完全断除了欲求声闻缘涅槃的小乘之心，大悲也越来越超胜，即是大悲成熟之自性或本体，与资粮道、加行道相比，得地者的悲心更为殊胜，二地菩萨的悲心又超胜一地菩萨的悲心，如此类推。作用：获得成为众生之尊的身体，得到功德超胜众生的身所依。从得一地起也获得相好，这就是佛子慈悲他众成熟的法相。

庚五、忍成熟相：

自坚抉择修，恒耐寒等苦，
胜进喜乐善，许忍成熟相。

安忍成熟之因：由种姓力甘受痛苦等心不怯懦，具足自性坚固的安忍特性，闻法后分别抉择其义，遭受他者损害时观修由自己业所感、他者无有自主、诸法由因缘所生、无有我与作者、诸法无自性如幻等。恒时能耐受寒热、别人邪行等极度痛苦，不会为其所害或退转，即是安忍成熟的本体。作用：功德越来越超胜，义无反顾欢喜实行六度善法。承许这些是安忍成熟的法相。

庚六、锐智成熟相：

报净念闻等，尽知善恶说，

可生大智慧，锐智成熟相。

锐智成熟之因：由前世闻思妙法等行善的异熟果报具足智慧并得到诸根齐全的所依身体，称为异熟清净。具足正念而不忘失闻思等之义，具足能辨别的智慧而有完全了知如理善说与非理恶说的正知，即是本体，以正念正知这两者使意无颠倒，即名锐智。作用：以世间知念锐智作为因而使智慧增上，可以生起圣地的大智慧，即承许为锐智成熟的法相。

庚七、威力成熟相：

二善增二界，依能生果胜，

如愿成众尊，威力成熟相。

威力成熟之因：行持广大福德智慧资粮的两种善。这两种善的界性或种子存在于阿赖耶上，由它们二者增长如同种子遇到湿度则能生长一样，二界性增长的所依中能直接产生大乘圣道果之最，即自性或本体。安慧论师的《注释》中说："堪为生果所依之最"，所依是指获得圣道的身所依。无论如何，于某个所依上能获得圣道即是威力成熟。作用：如果具足威力成熟，就能随意成办众生利益等，因此心想事成，以福德获得殊胜身体受用，以本智获得超胜的妙慧而成为众生之尊。具足如是因、体、作用就是获得威力成熟的法相。

庚八、不夺成熟相：

理析妙法智，恒无魔作障，

得胜驳他宗，不夺成熟相。

不夺成熟之因：真实宣说深广大乘法义，以四理分析善妙密义而抉择意义，获得无有怀疑的智慧。本体：恒时无有魔制造违缘，由于对甚深法义获得诚挚定解，邪魔外道不能转变其道。作用：对大乘等教义获得较他殊胜的定解，能树立正法宗旨，能破斥非真实相似法的他宗。安慧论师的《注释》中也说，得胜是指智慧越来越超胜。具足如是因、体、作用，就承许为不夺成熟的法相。

庚九、具支成熟相：

积善依堪勤，现喜胜静善，

佛子之具支，真实成熟相。

首先现量证悟法界后断除所取能取，名为断。其助伴的信心等前面所讲的五种称为断分支。那五种以因、自性、作用相成熟之理：断分支成熟之因是积累福德智慧善根，此对应信心。“依堪勤”，所依是指身所依，行善时身体无不堪能，这是断分支的自性，对应五支中的无病。极为欢喜断除一切愦闹的寂静与远离作意自利菩萨的殊胜寂静，极为欢喜闻思修大乘法的殊胜，即是喜善业，这两者是作用。喜静，对应无谄无诳，喜善，对应智慧。如此五断分支成熟，即是佛子具分支真实成熟的法相。

己三（摄义）分二：一、自成熟；二、成熟之比喻。

庚一、自成熟：

九相成熟尊，能令他成熟，
法性相续增，恒为众至亲。

以上所说喜等九法堪为成熟本性佛陀之法的主尊，他具足能成熟其他众生的功德，因为自成熟才能令他众成熟。六度诸法的自性相续越来越增上的主尊，他能成熟其余众生，因此恒常作为众生之至亲，说明自成熟具足能成熟他众之所依与增上自法身的功德。

庚二、成熟之比喻：

如疮可破漏，食可用许熟，
此依于二品，灭受说成熟。

若问：所谓成熟是怎样的呢？如同疮可以破脓、食品可以享用时，世间中就承许为成熟。肿核等脓没有成熟，不可破脓，否则对病不利，当脓成熟时，重新结痂，可以破脓，因此时机已到称为疮熟。葡萄等果实没有成熟或食物没有烹饪等时不可享用，如果已成熟到量，则可享用。同样，五蕴的这个所依，按所断与对治品的次第可寂灭与受用，即说为成熟，如同肿核病等脓成熟成疮、脓漏出后能除病一样，身体这个所依，能断除贪等烦恼，因此能寂灭。如同食物熟后享用一样，那个所依平常能修行善法，则称为彼行者成熟。对大乘法有欢喜心，但如果没有成熟，就无法依止善知识、以闻思修法而实行，如果欢喜心得以成熟，就能受持妙法，同样也可了知其它八种，如若已经成熟，就能够直接行持相应之事，因此菩萨信等根成熟越来越增上，自相续中圆满大乘道法果法，并能成熟众生的缘故，菩萨时时称为根成熟。由于根性下中上可以改变，越来越向上修炼根性，是大要点，如果修炼根，则以前没有证悟可证悟，没有获得可获得，直至佛地间广大功德将得以增上。

戊二（令他成熟）分三：一、分类；二、意乐；三、加行。

己一、分类：

许令离成熟，普熟极成熟，
随善证成熟，恒熟上成熟。

1. 离成熟：承许能令一切众生远离贪等烦恼而成熟。2. 普成熟：令三乘种姓者普皆成熟。3. 极成熟：世间道境界向上成熟，还是会退转，而以三乘成熟者不复退转，因此令极度成熟。4. 随成熟：随顺所化相续，对具贪者相应说不净观等法，使之随后成熟或随应成熟，与前面不同。5. 善成熟：无有堕品并对他者有恭敬心策励勤勉，使之善妙成熟。6. 证成熟：自己得地后将他众安置于彼，令殊胜成熟，或者以证悟令成熟。7. 恒成熟：恒常为一切众生无误宣说佛所说之法，由此令恒常成熟。8. 上成熟：从信解行地至十地之间越来越向上成熟。

己二、意乐：

佛子以利心，住此成熟众，
父母友于子，及亲非善住。
慈主利乐行，慈爱他众生，

世人自不爱，何况极爱他？

佛子们以欲求将一切众生安置于暂时与究竟安乐的利益意乐而行住于此世间成熟众生，世间父母友人对各自之子与亲人并不具有这样善妙的意乐，为什么呢？父母等虽然对自己的儿子等有慈爱心，可那也只是暂时今生能作少许利益，却不会生起将他安置于永乐之因善法中的意乐，而且有些也让他们造罪。慈心的尊主为利他众行持时，有欲求其他众生能暂时与永远安乐的慈心，而世间人对自己尚且不求仁慈爱心，更何况说对心里极爱的其他人呢？也就是说，虽然凡夫异生对自己慈爱，但以愚痴所牵为今生的安乐而杀生、不与取等以不善之因，在今生也受到王法制裁等，后世会得到诸多痛苦。同样，以自杀、持狗牛禁行恶劣苦行使自己今生后世痛苦，不知永乐之道，因此不会趋入。菩萨慈爱一切众生，是希望他们随时随地行善永久安乐的慈爱。

己三（加行）分七：一、布施；二、持戒；三、安忍；四、精进；五、禅定；六、智慧；七、摄义。

庚一、布施：

菩萨身受用，无有不施他，

二益成熟他，等施不餍德。

菩萨以怎样的布施能成熟众生？以布施一切、平等布施、不厌足布施三种，菩萨自己的身体与受用，若见到对他有利，则没有一点或根本没有不布施的，而施舍自己所拥有的一切事物。布施也并不仅仅是以施物饶益，今生以布施圆满对方的意愿，是今生饶益，将他们安置于其因善法中令成熟，是后世饶益，播下解脱种子安置于永远安乐中的缘故，以暂时长久两种饶益而成熟众生。布施也是无有贤劣、高低、亲疏偏堕而于一切以平等心平等布施的自性，不以施舍个别事物及在个别年劫中布施为满足，而是至轮回际之间施授也不厌足布施的功德。

庚二、持戒：

坚性尤无害，自喜谨安他，

二益熟等流，德转成熟他。

1．“坚”，指不是偶尔而是于一切众生际之间恒常持戒，是恒常戒，安慧论师《注释》的译文为“恒”。2．由以前的串习力自性就警惕不善，行持善法，是自性戒。3．尤其不会恼害有情，连梦中也不行十不善，圆满戒律在二地获得。4．自喜，是指一地证悟真谛而获得法性所得圣者欢喜的戒律，自然断除不善品，欢喜善法，是增上证悟戒。5．所谓谨（即不放逸）[1]，指一切威仪连细微堕垢或迷乱也不产生，是无迷乱戒。自己具足这样五种殊胜戒律而安置其他众生于这样的戒律中。行持今生后世或暂时永久的二利。如此守戒连续获得转生天界人间等悦意异熟所依，戒律的等流功德于后世中辗转受戒，能成熟他众。

庚三、安忍：

他害作利想，重害尚耐受，

知方便忍害，令其真行善。

编者注：文中以括号形式出现的内容，是译者为了便于读者更好地理解本书所补充。括号内比正文字号稍小的文字，是对个别专业术语的解释说明。

其他众生对菩萨直至害生身性命之间进行种种大小损害，菩萨则想到这就是我安忍圆满之因，如同善知识般，认为那个众生有利于我。纵使是将身体的骨肉砍成一块一块等极其严重的损害，尚且也能安忍耐受，更何况是小的损害？如此修安忍的方便，不仅仅是刚刚所讲的及分别抉择等的方便，而且了知以暂时永久利益的方式成熟作害的对方，因此安忍那些损害使作害者真实行善而令成熟。

庚四、精进：

佛子依胜勤，成熟有情众，

为他一善心，久劫亦不厌。

佛子依于披甲精进与加行精进利益有情无有退转、无有知足具有殊胜性，通过这样的精进能成熟无边有情众，如果照见对方何时能生起布施等一刹那成熟的善心，为此于千俱胝劫中需要如何精勤，也不生少许厌烦心。

庚五、禅定：

自在得无上，他供定摧欲，

令他向胜教，令善真增长。

菩萨心得自在，是以等持使心自在，如所讲神通的六部类别，其中尤其是获得首楞严等佛菩萨的殊胜等持时，获得无上意自在，获得后具有其功德，他众也对自己恭敬、扬名等供养，必定摧毁一切欲望，能使无有如此静虑的他众向往希求殊胜的佛教，也能真实增上他们相续的善法波罗蜜多，以神通力而示现神变，以他心通相应他相续而说法。

庚六、智慧：

解真如密义，尽除众生疑，
故彼敬佛法，自他善德增。

以智慧力无疑抉择而定解真如甚深密义之理，如理通达一切不了义、了义、密意非密意，精通真如，也能完全根除众生怀疑真如密意非密意的疑惑。由于具有这样的智慧，所以菩萨自己恭敬佛法，也将其他众生安置于这样的智慧中，以恭敬佛教而令成熟。使自他相续的善法功德增上。

庚七、摄义：

菩萨悲利生，善趣及三善，
是以下中上，有际平等化。

如是菩萨以大悲利益一切众生，使众生暂时获得人天善趣而令成熟，断种姓者如果遇到菩萨，则安置于十善，暂时成熟于善趣。三善，指安置于永乐解脱三菩提之善，将三种姓者安置于各自之道。分别宣说安置于大乘之理：二资粮微薄者成熟于信解行地，二资粮殊胜者成熟于三清净地，中等者成熟于一地至七地之间。

若问：乃至何时成熟？乃至世间际平等趋入而调化，也就是说，尽虚空界周遍众生，等同虚空界与众生界未来际存在间，菩萨以成熟调化众生无有穷尽。

大乘经庄严论中第九成熟品释终

第十 菩提品

虽然以上九种成熟主要是针对信解行地而言的，但一般来说菩萨地与根性成熟究竟十地末际获得大菩提，因此继成熟品后宣说果大菩提。

丙四（所获得——不可思议果菩提）分三：一、略说；二、广说彼之自性；三、摄义——缘无上菩提而教诫发心。

丁一、略说：

无量百难行，积累无量善，
历经无量时，灭尽无量障。
无有诸障垢，得一切种智，
如开珍宝器，真实现佛陀。
百劳难行积众善，大劫久时尽众障，
摧毁地属细障佛，如开大力珍宝器。

无量百般勤于布施身体受用等六度的难行，所谓“百”是多数词，这样的难行声闻缘觉不具有。佛在经中说：“我为利有情所施眼睛若积累，则高过须弥山，所施血液多于四方海洋”等。同样，如经中提及以持戒安忍等行持无量难行。以波罗蜜多、地、菩提分法等积累无量善法，于无量的长久时间中精进，灭尽无量的障碍。因此，无有一切障垢，获得了知一切所知相的智慧，如同打开装满种种珍宝的器具时直接显现种种珍宝般，真实显现究竟果位的佛陀。如果归纳其义，则以他者不能做到的百般艰辛，极其众多种种苦行，为难行无量。地、菩提分法、波罗蜜多并没有相似数量，圆满积累超越声缘之善根无不齐全善法的缘故为善无量。时间无量是怎样的呢？并不是小劫、中劫而是大劫，大劫也并不是一大劫、百大劫等，而在三阿僧祇劫中修行，时间漫长，平凡人的分别心不可估量。障碍无量是怎样呢？一切众生相续中具有的缘故为众生之障，从无始生世以来烦恼障与所知障以所缘境等来分无边无数无量，这一切障碍均已灭尽的缘故。无有诸障垢之理：依靠十地智慧次第摧毁诸地各自所属的所断障碍，细微所知障、无明习气障也以金刚喻定摧毁而成佛，断圆满、证究竟，那就如同开启具所需功用之大力的种种珍宝器一般，现前力、无畏、不共法等果法的究竟功德。

丁二（广说彼之自性）分二：一、以十功德差别总说；二、以具彼功德之菩提体因果等六安立而宣说。

戊一（以十功德差别总说）分十：一、不可思议之功德；二、二利圆满之功德；三、成第一皈依处之功德；四、转依之功德；五、周遍之功德；六、事业无分别任运自成之功德；七、甚深难测之功德；八、法界真如无迁变之功德；九、无量财富之功德；十、成熟有情之功德。

己一、不可思议之功德：

诸法本正觉，法者皆非有，

彼虽白法性，依彼非诠彼。

佛陀无有所取能取或者无有有无二法，因此不可思议。成佛时，断除所取能取，所取能取遍计所执性并不存在，以圆成实法相存在，因此超离有无。也就是说，所谓佛陀，是远离二我的真如客尘清净，如《智光庄严经》云："恒无生法即如来，一切诸法如善逝。"佛陀法身远离生灭，因此《金刚经》中说："若以色见我，以音声求我，是人行邪道，不能见如来。视佛即真如，引导为法身，法性非所知，彼等不了悟。"若就真如实相来衡量，则一切显现法自性本是佛，因为真如法界以外的法均不存在，原因是：假设有，那诸法就不是无自性无生了。或者也可说，如异生凡夫遍计的任何法都不存在。佛陀以（十）地、（十）波罗蜜多、菩提分法修行所生，成佛时，虽然是地、波罗蜜多、菩提分法、力、无畏等无漏白法的自性，但并不能依靠波罗蜜多等具所取能取二法遍计缘取的那种行境来诠说"佛陀就是如此"。比如虽是布施的自性，但缘于施者佛陀、受者、所施之物此三者那样二法的相状是不存在的，所以佛陀并不是遍计二现心识思维之境。如此佛陀是以无二之法相不可思议的。

己二、二利圆满之功德：

珍宝法因故，犹如珍宝源，
善庄稼因故，许彼如雨云。

佛陀的威力任运自成圆满二利，是怎样呢？因为佛陀宣说教法，证法有十力四无畏等无量珍宝法之因缘的缘故，佛陀如同种种珍宝之源泉或来源般获得自利圆满。能使一切众生善法的庄稼成熟的缘故，承许佛陀如同雨云，具足他利圆满的威力。

解说上面之义：

佛具一切法，亦离一切法，

生广大法宝，故如宝法源，

于众降善说，无尽大法雨，

极增白稼因，故彼如雨云。

佛陀具足一切所知法，也远离一切法，因为与诸法法性真如无别，所以具足一切法，这是从尽所有侧面衡量。再从如所有侧面衡量，远离一切法，因为真如无有任何所取能取二法之相。如是无二的佛陀能出生珍宝般极其博大的大乘教法与（十）地、（十）波罗蜜多、（十）力、（四）无畏等无量广浩的证法，因此如同珍宝法之源泉或来源。为一切众生降下初中末皆善妙的善说，如果一次证悟其义，则至轮回际也不穷尽，或者降下法门无穷尽的大法雨，是极其广大增长一切众生大种如庄稼般无尽趋至彼岸纯净善法种子的因，所以如同雨云。

己三（成第一皈依处之功德）分三：一、成就自利；二、成办他利；三、由彼二因证成无比皈处。

庚一、成就自利：

佛陀恒普救，所有烦恼聚，

一切罪恶行，及与诸老死。

如果皈依了佛陀，那么并不是偶尔时间的救护，而是恒常普皆救护无明、爱等烦恼聚，十不善五无间等一切有漏业恶行及老死。佛陀根本不会产生烦恼、业与寿或生三染污法，因此皈依他时便获得果皈依，圆满自利，说明了自皈依。被世间畏怖所逼者逃到高山、洞穴等处寻求救护，皈依世间君王、世间小天神、梵天、自在天等都不能如是救护。

庚二、成办他利：

救护诸损恼，恶趣非方便，
坏聚小乘故，为第一皈处。

佛陀对众生有五种救护：1.救护世间中凡有的一切损恼，如来的加持中使盲人复明、聋人听声、疯人获得正念，种种疾病天灾等只要趋至佛城就会止息，谁如若祈祷佛陀，也能灭除一切罪过。2.如来放光接触地狱等恶趣，即刻能止息他们的一切痛苦，使他们转生到善趣。在地狱等中忆念佛陀或听闻佛号也能从中解脱。3.外道等行非解脱方便的恶劣苦行及禁行，将他们从其道中唤醒，安置于善趣解脱道。4.对视为我与我所的坏聚见者，宣说人无我而将他们安置于声闻缘觉涅槃中来救度。5.欲求趋入声闻缘觉道的不定种姓者，令入大乘，从小乘中救护，因此佛陀是他众之第一皈依处。

庚三、由彼二因证成无比皈处：

许佛皈处无比胜，救离众怖坏聚乘，
恶趣多苦非方便，生死烦恼诸恶途。

上述的意义归纳，承许佛陀与世间皈依处及声闻缘觉寂灭一方涅槃的出世间皈依处相比更为超胜，佛陀这样的皈依处无有其余可比，是一切皈依处之最，为什么呢？因为佛陀在此轮回成为永久救离种种畏惧损恼、坏聚见等种种恶见、小乘、恶趣众生痛苦、趋入非解脱方便、生死及其因烦恼业的皈依处。按有些版本中提到业之代替用恶趣，必须理解转生恶趣的无间业及十不善业等是业之染污。

佛法圆满身，妙法化情智，

悲众至彼岸，许佛胜皈处。

佛是殊胜皈依处的原因：自利他利究竟的缘故，如此成佛时，是力等一切果法功德极其圆满的三身，自利究竟。为利他而相应界性、根基、意乐宣说十二契经等妙法能令他众相续解脱的智慧无碍，即智慧，何时也不舍弃一切众生的慈悲达到彼岸，即大悲，由这两者使他利究竟。具足二利究竟功德的缘故，承许佛陀是此轮回中最殊胜的皈依处。

尽除诸世间，众生之损害，

富足诸圆满，许佛大皈处。

佛陀是大皈处：完全遣除及永久寂灭时方所摄的所有世间界中一切众生的所有损害，富有世间出世间一切圆满的威力，为此承许佛陀是大皈依处。

己四（转依之功德）分二：一、解说转依；二、宣说彼超胜之理。

庚一、解说转依：

烦恼所知障，种子久恒具，

断除极广大，诸相尽摧毁。

心识相续中烦恼障、所知障及习气或种子，从长久轮回无始时以来未曾离开而恒常连续具有。断除：从一地至十地之间出世间微妙智慧由广大二资所生，无分别等同虚空极其广大，每一地也有上上品智慧等九类，具足一切相之自性，以这样的一切相完全摧毁或断除三障，对境五蕴转依为法界极其清净的自性，有境心识转依成无分别智慧之自性，或者，诸法转依成空性真如清净法界，八识聚转依成四智，这五者称为转依。总之，显现处的器、显现外境的八识聚连同显现身体的不清净一切显现本来自性安住于真如中，但由二障所遮而没有如实见到其自性，以道断除，以清净为差别的浩瀚无边显现就称为转依，就如所有而言，无有所取能取法而于平等性中不动的同时，以尽所有无杂显现一切所知如幻，但无有偏颇相而平等。

获转依白法，最胜德即佛，

极净无分别，大境智道得。

如此转依力、无畏等无漏白法的功德，声闻缘觉不具有，因此，获得具最极殊胜者就是所谓佛陀的体性，菩萨入定中以无分别最清净或极清净证悟诸法如虚空般无缘，后得中虽然显现无边所知，但见如幻等大对境智慧，或清净世间智，这两者是凭借修道获得。成佛时入定后得无别，以自然本智或不可思议大智慧一时照见一切如所有、尽所有诸法。

庚二（宣说彼超胜之理）分二：一、解说佛之转依超胜声缘之理；二、解说彼之十分类。

辛一、解说佛之转依超胜声缘之理：

佛住彼见众，如居山王上，

尚悯乐寂众，况于喜有人？

以如实安住如是通达或趋至法界如来佛陀安住地转依无漏的法界中，如同须弥山王高于一切山川，在它的上方看十方，可见近远好坏一切色法。同样，如来超胜高于声闻缘觉的转依，佛陀的圆满转依如同处在高高的山王上，以大智慧照见一切众生，对于喜乐自利寂灭涅槃的众生声闻缘觉也起悲悯或生大悲心，因为那些声闻缘觉不利益从无始轮回以来成为亲人的众生舍弃了大悲心，远离了证悟法无我的大智慧而不能断除所知障，由此未获得遍知智慧，所以佛陀对他们尚且也生起悲心，那么对于喜爱痛苦之处三有的其他轮回众生悲悯就更不必说了，因为他们没有脱离三苦。

辛二、解说彼之十分类：

依入极入非趋入，舍离普入二不二，

平等超胜遍行性，承许如来之转依。

所谓依——佛陀的圆满转依有超胜的功德，是什么呢？1. 佛陀恒常唯利众生，为此趋入他利。2. 佛陀的转依是世间出世间声闻缘觉转依等一切法之最，因此是极入。3. 异生凡夫生烦恼之因是对境在近前、非理作意及没有断除烦恼的随眠三者，佛陀的转依何时也不趋入生烦恼之因。4. 获得那种转依后永远不可能趋入烦恼与不善行，因此为舍离。5. 一次获得转依，乃至轮回际之间不可能退失，一切时不间断而趋入，因此为普入。或者，趋入染污之对治的一切法，故称普入。6. 所谓二，是指趋入初始真实示现证觉及最终示现涅槃二者，因为成佛后于十方一切世间以佛陀殊胜化身调化，一切时示现大菩提相。7. 胜义中无有趋入彼二者，证悟轮涅二者平等性而趋入不二。8. 从仅断除烦恼及种子之解脱的角度与声闻缘觉同分或平等。9. 分别而言，佛陀的转依以断除所知障与具足力、无畏等功德超胜声闻缘觉。10. 遍行是指相应一切众生各自的种姓、根基、信解而宣说三乘法，因此是乘遍行的本性。如是所解说的十种差别之理，承许为如来的圆满转依。由此可知，佛陀的转依，具最上功德，趋入一切对治法，因此趋入广大。

己五（周遍之功德）分二：一、真实；二、遣除疑惑。

庚一、真实：

虚空恒遍行，许佛亦如是，
虚空遍行色，佛遍行众生。

周遍时方一切法之理：如同虚空三时恒常随行瓶子柱子等一切事物。同样，法界无漏佛陀的转依也是于过去未来现在时恒常随行彼时的一切法，三时所摄的一切法均不超越真如，并且法界是自性清净，因此成佛时及前面分位从本体而言无有差别。犹如虚空无别周遍普行远近白红贤劣中等一切色法，同样，佛陀的法界也周遍贤劣中等一切众生相续，并随行其法性的自性，因为佛陀是法界客尘最极清净的自性，一地证悟法界普行的法相时就获得了自己与一切众生平等心，是自己也是众生，是众生也是自己，因此通达无别等性，于十地次第修行圆满至获得佛地时，圆满通达一切众生与一切法本性是真实圆满菩提的自性。为此，称遍行一切众生。

庚二、遣除疑惑：

犹如水器破，月影不显现，
恶劣有情前，佛影亦不现。

若问：如果佛陀的自性随行一切众生无有差别，那么一切众生自心的法性也应恒常见到佛陀的自性，为何却不见佛陀色身呢？

那是因为众生相续由障碍所遮蔽而不是见佛的法器：比如，空中虽然已有月轮，但水器破了无有水时，月影不会显现。同样，众生的相续未积累福德智慧资粮，具有烦恼不善业障碍的恶劣者，如同水器破裂无水般无有信心等持的净水，就不会显现佛陀自性与色影，梵语“热巴”涉及自性与色影二者。

如火依他燃，亦依他熄灭，
如是亦当知，佛陀现不现。

为此，见不见佛陀色身并非因为佛陀不遍一切，而是何处有积累见佛资粮的所化，佛就显现，若无有这种所化，则不显现，如同火当其他燃料存在就燃烧，无有其他燃料火则熄灭不燃。同样可知，佛陀色身也是于有些所化众生前显现成佛及住世，于无有所化之境与时间则涅槃不现。

己六、事业无分别任运自成之功德：

以四偈说明说法、示现种种事业、不间断、显现生灭相：

如鼓未擂击，普皆出音声，
如来无造作，普皆出善说。

声闻们精勤于自利，至涅槃时所为相续中断，佛陀行他利是无有勤作分别念任运自成不间断，因此超胜。如同天人福报所形成的天鼓，何时帝释天要享受五欲妙，谁也未曾擂击，而发出随应欢喜享受五欲妙的声音，何时要从五欲妙中退出，它就会发出退出五欲妙的声音，克胜非天时发出胜利的声音，于放逸者前发出无常等声音。同样，圆满的佛陀也是安住于无漏法界中，无有分别念，无有想“对此人宣说此法”之分别念的造作或勤作，普遍传出随应各自意乐的种种正法善说。

犹如摩尼珠，无勤显自光，
佛陀无造作，定显诸事业。

如同如意宝珠无有勤作而显现自光遍照诸方，同样，佛陀也无有当行此等众生之利益的动机造作或分别，而如宝珠般以任运自成利益所化的方式必定显示身语意的种种事业。

犹如虚空中，世事不断现，
如是无漏界，佛业不间断。

如同虚空中，器世界成住坏、有情的行住等事不间断显现，同样，佛陀虽然安住于无漏法界清净处，但于其中如如不动而于十方未来际间他的事业一直连续不断。

犹如虚空中，事恒有坏生，
无漏法界中，佛业有生灭。

虽然是不间断，但以所化众生的原因，佛陀的事业显现入不入的生灭，就像这个虚空中恒时显现内外事物生住，有些事物坏灭，诸如森林、房舍等失火焚烧、有情死亡之类以前有的毁坏，也有内外事物重新产生。同样，无漏法界中，佛陀色身于世间幻化等事业也因所化而有显现重新产生，以前有的毁灭。

己七（甚深难测之功德）分三：一、法相甚深；二、处甚深；三、事业甚深。

庚一（法相甚深）分四：一、清净之法相；二、胜我之法相；三、非应授记法之法相；四、解脱之法相。

辛一、清净之法相：

前后虽无别，无有诸障垢，
真如许佛陀，非净非不净。

自性清净的真如，从异生凡夫位至佛陀之间，前后虽然无有差别，因为空性自性光明何时自本体也无有变化，但将无有一切客尘障垢的真如，承许为佛陀，具有客尘时，不称为佛陀界，自性清净原本清净，既不是重新清净也不是因客尘而不清净，因此清净之法相甚深。

认为“如果原本无垢清净则众生为何不成佛？如若后来垢染清净时才是佛那就不是原本自性清净”的智慧浅薄者难以通达此理。

辛二、胜我之法相：

空性即清净，无我得胜我，

佛得净我故，成大本性我。

空性自性光明就是自现客尘清净时，获得无有人法二我，因此获得诸法的自性或实相殊胜的我或自性或体性，诸佛获得了最极清净的本性，因此名为诸法无误实相真如本性大我。执著二我的耽著境不是我，有实法上无有的缘故，无有二我的真如远离有无边，即无误实相，因此现前它就是最殊胜的我，称为大本性我。

辛三、非应授记之法相：

是故佛非有，亦不说无有，
问佛如是语，许为无记理。

因此，佛陀不是以人、法之自性相而存在，真如超越戏论的自性中也不说无有，依于二法之心于名言中将补特伽罗相似相续执为佛陀，向佛询问佛灭度后再生不再生？佛灭度后有还是无？如此分别二边，对此承许是佛未授记之理，因为佛陀超离有无二边，无有生不生的名言。

假设问化身再不再现世间？在有所化的地点时间会反复出现，乃至众生际都存在，但与众生死后出生形式不同，对方是像询问众生死亡后生不生想成普通众生死后受生那样询问佛陀再不再生的，佛陀无有真正自相的生、现，因为是真如本性。

辛四、解脱之法相：

譬如铁热息，眼翳已消除，

佛陀心与智，不说有与无。

以真如本体安住，解脱也与之相同甚深，如同火烧之铁的热性消失、眼翳消除一样，不会说凉铁有要消的热性，铁凉的同时，如果当时热性先前已灭而无有，那又怎会有它消失呢？如同石女儿一样，不会说热性无有消失，因为如果当时热性没有消失，那就成了有热性。再者，有无眼翳也与之相同。与比喻类似，佛陀之解脱的心如铁，贪欲之火如热性般寂灭，佛陀慧解脱之智如眼，无明如翳般寂灭，既不说有也不说无。何时，心解脱、慧解脱，则贪欲之热与无明之翳先前已灭现今无有的缘故，不说有寂灭，也不说无，因为心解脱与慧解脱随前而有。从不清净清净阶段心相续的角度而称为断除、解脱，但以真如本体衡量，本来解脱在佛地现前时，无有重新解脱的。以见修远离了所断烦恼，称为心解脱，对解脱真正了知是解脱，称为慧解脱。这是《注释》中宣说的。也可说断除所知障名慧解脱，实际就是解脱二障的本智。

庚二、处甚深：

无漏界中佛，无身如虚空，
随从前身故，非一亦非多。

安住于无漏界中的佛陀，如虚空般唯是真如法身，无有偏颇各自的身体，也无有我所执的缘故，佛陀并不是不同多体。随从先前信解行至十地之间行持菩萨行时有的各自不同多种身体而安立得果的佛陀名言，为此佛陀也不是一体。由于佛陀安住于无有一多漏法的法界中的道理难以证悟，因此是甚深。

庚三（事业甚深）分十一：一、菩提分法如宝源事业；二、成熟众生事业；三、趋于究竟事业；四、说法事业；五、幻化等事业；六、智入事业；七、无分别事业；八、顿知种种相事业；九、智不入事业；十、相应解脱也属智慧事业；十一、甚深之摄义。

辛一、菩提分法如宝源事业：

力等佛陀法，菩提如宝源。

起到十力、四无畏等佛陀之法其源泉的作用，因此大菩提如同种种珍宝之源泉。

辛二、成熟众生事业：

于众善庄稼，亦许如密云。

能使众生相续中成熟六度善法的庄稼，也说如同从密云中降雨一样。

辛三、趋于究竟事业：

福智圆满故，承许如满月。

佛地福德与智慧资粮圆满究竟的缘故承许如同满月，就像满月无有丝毫不圆满的部分而完全圆满一样趋至究竟的事业。

辛四、说法事业：

智慧放光故，承许如大日。

佛陀遍知一切所知的智慧放射说法的光芒，照耀十方众生心相续见真实义的缘故承许如同大日，一个四洲世界中只有一个太阳，它无有大小，但佛陀的日轮能普照十方无量世间界，因此说这样的大日是前所未有的比喻。

辛五、幻化等事业：

犹如日轮中，无量光融合，

恒常行一事，亦能照世界。

如是无漏界，无量佛融合，

同行一事业，显现智慧光。

犹如日轮中出现的无量光辉无二无别而融合为一，恒时无二无别而行成熟庄稼、干燥淤泥等同一事，那光芒也能照耀世间界。同样，安住于无漏法界清净随顺前身说法的无量佛陀于真如法身本体中无别一味而相融合，行持调化所化的同一事业，作为显现十方一切众生智慧的光明。一位佛陀幻化并行持成熟有情的事业等时，因为于法身中无别，就是无量诸佛行持同样的事业，这就是融合，能作所作智慧一切是一体无别，依此说明幻化、说法成熟所化、示现神通等佛陀的一切事业也是一切佛总集的事业。

辛六、智入事业：

如出一日光，是集诸光辉，

当知诸佛智，出生亦如是。

犹如出现一束阳光时，照亮其他方向的一切光辉无有前后同时出现。应当了知，一切佛陀中，一位佛陀起现随应利益所化所问而授记的智慧时，其余无量佛陀的一切智慧同以那一智慧无有前后同时趋入、出现为同一意义。

辛七、无分别事业：

犹如日光辉，照耀无我所，
如是佛陀智，入亦无我所。

犹如日光照耀何处，无有“入此照此”的我所。同样，佛陀之本智为利乐所化众生而趋入，也无有我与我所，因为于无分别中任运而趋入。

辛八、顿知种种相事业：

如射一日光，能照诸众生，
如是佛陀智，顿现诸所知。

犹如一日光射于某地，能顿时照亮彼地所有的一切色法。同样，佛陀之智慧能顿时显现三时十方所摄的一切所知，一时了知一切，并不是像前面了知一些后面了知一些、了知有些时不知其他那样的相似智慧，而是一刹那间了知一切所知，如同明镜中顿然映现处于行境中的一切色法而无有先后。

辛九、智不入事业：

犹如许日光，云等作遮障，
如是佛陀智，众生过遮障。

如同人们认为太阳光虽然放射，但以云、舍宅、洞穴等作遮障而不显现光芒。同样，佛陀的智慧光芒虽然普照，但以众生罪过作遮障而不显现，不堪为见佛化身及闻法等之器那些过失导致佛智不入。

辛十、相应解脱也属智慧事业：

犹如以结牵，染衣艳不艳，
如是引力牵，众智显不显。

虽然声闻缘觉现前了解脱轮回苦的无漏法界，但就像把白衣打结煮在染料里，没有打结之处以染料改变，打了结之处白色图案更鲜艳，所以一件衣服有色彩鲜艳不鲜艳之别。同样，由以往学道中宏愿与二资粮的引力所感，于解脱界中智慧也有明显不明显，虽然声闻缘觉灭尽了轮回苦的根本烦恼，是解脱，佛陀也是灭尽烦恼障及习气而解脱轮回，但由于获得了永断所知障及宿愿、二资圆满的大智慧，因此不间断示现能成熟众生界的智慧事业幻化等，而声闻缘觉不具有这种。

辛十一、甚深之摄义：

说此无垢界，佛陀之法相，
处事业甚深，空中画图案。

安住于无垢法界一味，佛陀的法相四甚深、处甚深、事业十甚深，如同用染料在虚空中绘画难以办到一样，寂灭戏论的法界如同虚空，以分别表示如此就像用染料在虚空中绘画不会染色一样，但是应当了悟对不可思议处诚信，如同于虚空能画上色彩图案一般极为稀有。以上解说了甚深的功德。

己八、法界真如无迁变之功德：

真如于一切，无别然清净，

即是如来故，众生具彼藏。

一切法的法尔真如法界于一切众生的心中无有差别本来具有，但客尘清净的真如就是如来，为此一切众生也都具有真如自性光明藏。如来藏无漏法界三时远离迁变盈亏，因此如来智慧身完全清净究竟就是恒常稳固寂灭无有迁变，以此理由也可成立。

己九（无量财富之功德）分二：一、财富之差别；二、彼之分类差别。

庚一、财富之差别：

声闻之财富，胜伏世间财，

辟支佛地者，亦胜声闻财，

彼者之财富，不及菩萨财，

菩萨之财富，不及如来财。

声闻的福德、智慧资粮与神通之财富，超胜世间人的二资与仙人的神通等财富，缘觉地者的财富又胜过声闻的财富，也就是比声闻超胜广大。缘觉的功德财富又不及菩萨的二资、神通等财富的百千分之一等。以比喻、数量与因都比不上。菩萨之财富又不及如来二资圆满与神通、力、无畏等无量功德究竟财富的一分。菩萨的功德财富虽然极其无量，但与佛陀的功德财富相比，如同一微尘与无边世间界的差别一样有悬殊差异。

为什么呢？

佛陀之财富，为何何如何，

几何何时入，无量不可思。

因为真实圆满佛陀的财富，行持补特伽罗利益也是无量，并不是为了一个百个等有数的补特伽罗，是为利一切众生而行。趋入处也是无量，趋入周遍虚空的世间界，因此无量。趋入方式也是无量，因为工巧、投生、殊胜化身与种种方便游舞依于所化界性无有限量。趋入多少，也是无量，利乐一切众生其饶益不可定数为多少。何时趋入也是无量，只要众生无尽，就行持他利，众生不可能有边际。如此承许佛陀的财富为何趋入、趋入何处、如何趋入、趋入几何、何时趋入，均超越声闻缘觉之境界，甚深的缘故不可思议，广大的缘故不可分类或无量无数。

庚二、彼之分类差别：

五根转依时，照了一切境，

生千二百德，获得妙自在。

眼等五根转依即清净时，每一根都能照了一切根的对境，生起见一切境相的十二种百数功德，获得微妙自在。以前根没有转依时，眼根只能见色法而不能确定声等其他根的行境。已经转依时，眼根能取色声香味所触一切，因此能照了一切根境。对于一千二百功德，安慧论师的《注释》中说：一根也具有一千二百功德，参阅《陀罗尼王经》《妙法白莲经》中所提及。有些人承许妙相、随好合计一百一十二，有些人承许是地的功德等而不是根的功德。这些说法与此处无关联，决定要按照前面所说的观点。再者，从分为六方而言，一一也分为十方的五境，以眼为例，眼见色法，非差别法，不算它，取声香味触者，因此眼根有二百四十功德，五者合计共一千二百功德，显然也可算成十二百。虽然《妙法白莲经》中有受法之福德所生肉眼取诸方色等一切的说法，本该再详细根据经而分析，但因此时忙于入座而没有写成。

有人说：对此按照唯识宗的观点有色根、对境色等如果没有两个，则根如何转依？

如云："于自之种子，识起彼显现，处者有二种，佛说彼彼等。"阿赖耶识中有所取能取的习气，从中显现外六外及内六处，成为生眼识之所依的内种子，所谓眼是能取，眼识中起现所取境色相，称为色，其余根也是如此。如是从显现侧面分为内外二处，何时无有颠倒的智慧断除了颠倒贪执就是转依。

意者转依时，则随自在行，

无分别智净，获得妙自在。

所谓意，声闻宗说是六识灭尽无间的阶段，为意根。但大乘不把它叫意，承许染污意称为意，它是意识的所依，如眼识的所依是眼根。这样的染污意没有转依时，是有我见，一旦远离了我与我所执而转依成平等性智时，随着转依的五根自在而行，意没有转依时，也像根共同趋入一切对境一样。

不分别所取能取的智慧无有烦恼障所知障之垢，获得微妙自在。

根识转依时，如愿显受用，
清净佛刹土，获得妙自在。

取色等五境的有境能取五根识转依时，根识的行境随心所欲显现受用，随其意愿显示极乐世界等清净刹土，获得微妙自在。安慧论师的《注释》中说：“色至法之间六境及五根识转依。”不清净各个根识只认知自境，当转依时一一都认知一切对境。

分别转依时，智慧诸事业，
恒常无阻碍，获得妙自在。

分别即意识转依时，一切时分恒常对一切所知无碍的智慧与示现幻化等一切事业无有阻碍，获得微妙自在。

所依转依时，佛陀无垢处，
不住之涅槃，获得妙自在。

所依阿赖耶识转依时，安住于佛陀无垢之处，不住轮涅之边的涅槃，获得这样的微妙自在。

欲染转依时，安住佛大乐，
见女无烦恼，获得妙自在。

男女根交合的欲染转依时，安住于佛陀无戏等持安乐中，见到女子也无有贪爱的烦恼，获得微妙自在。

空想转依时，想事得降临，
行走驾驭色，获得妙自在。

虚空之想转依时，获得如其心想的一切事物从虚空中得以降临的虚空藏等持，能无碍行走于虚空、山岩等处。驾驭色，是指如果想显现，则能从虚空中显现任何色法，如果不想显现，则以灭身等持使一切如虚空般不现色相，获得这样的微妙自在。

佛陀无垢处，转依无有量，
成办无边事，自在许无量。

以如此宣说为例，显现处所、显现身体、心识、对境色等无边无际尽其所有显现完全清净转依也是尽其数无量的缘故，佛陀无垢之处，有无量转依，成办利乐所化众生不可思议之所为，承许功德或威力的自在无量。

以上宣说了佛陀证得无量自在之功德。

己十（成熟有情之功德）分七：一、成熟之所为；二、所成熟之补特伽罗；三、成熟之种种方便；四、成熟无分别；五、无偏堕成熟；六、辗转成熟；七、无厌足无增减不间断之理。

庚一、成熟之所为：

世间诸方所，如来之善说，
增善世间者，清净至最胜，
未曾积善者，增善至最胜，

如是未熟熟，恒行非无余。

若问：成佛时如何于众生所化界成熟有情？于无边无际世间而不是个别方所，是于十方一切浩瀚方位。是谁来成熟呢？佛陀。以什么方便成熟？以善说经典妙法。如何成熟呢？对于从信解行至十地之间六波罗蜜多善法增长的诸世间者，以令越来越清净至最上大涅槃来成熟。对于没有发心没有入道的众生——以前没有积累善根的世间者，以令他们发心入道直至善根越来越增上到最殊胜的方式来成熟。如是未成熟的众生令成熟，如此成熟众生的事业永时不间断恒常行持或行进，但也并不是无余成熟众生后穷尽，因为众生无边故无减、法界无生故无增，诸法虽无自性但有显现，因此染净现相不可能灭尽。

庚二、所成熟之补特伽罗：

世间诸方所，坚稳恒诸时，
难得大菩提，胜德具足胜，
常坚成无依，依怙大稀有，
由行妙理故，亦非大稀有。

如是成熟无量众生使所有世间处处成熟的补特伽罗坚稳菩萨们每一天中当时刹那间也恒常不间断于一切时获得极难得的无上大菩提，具足力等殊胜功德，超胜世间者与声闻缘觉，乃至轮回存在之间恒常永时无有退失，故为坚稳。得以作为被轮回痛苦所逼迫无依怙者获得寂灭一切痛苦之涅槃的依怙，如刚刚所讲，许多补特伽罗平时次第每一天的刹那中获得那种功德，实是大稀有的,成熟的菩萨行者由从发心起行持六度所摄的二资深广道妙理中获得这样的果位,也没有什么大稀有的,因为由殊胜因中生殊胜果是自然规律。

庚三、成熟之种种方便:

佛顿时有前,转数百法轮,
有前不现生,有前异生行,
有前现证觉,有前示涅槃,
彼处中不动,同时行一切。

佛陀顿时无有前后于有些对境前转不同数百种法门的法轮,蕴界处缘起真谛、(十)地、(十)波罗蜜多等所诠义多种,能诠句偈颂等数百种。与其同时,在有些刹土,示现从兜率天降下投生到赡部洲。在有些刹土不显现,不示现十二相而示现菩萨相;在有些刹土示现生世之种种行,菩萨本生行为,布施种种身体受用成办他利。如是示现行持持戒安忍精进禅定智慧波罗蜜多,示现贤劣中等种种生处。于有些刹土示现无上大菩提,于有些刹土也示现获得缘觉菩提,有些也示现获得声闻菩提相。由调化所化示现所有三菩提。安慧论师的《注释》中说:所谓“示现大菩提”是指于有些刹土示现涅槃相。那所有事业无有前后一时示现,但佛陀于无漏处真如清净法界中如如不动,无勤任运自成行持这一切。

庚四、成熟无分别:

诸佛无是想:此为我成熟,

此当余今熟，然于诸方所，
恒常以三门，善法成熟众。

诸佛并没有此种想“这个有情是我以前成熟的”或“这个有情是未来要成熟的”“另外这个是现在成熟的”现行勤作分别念，但于不是相似方位而是无边诸方所中，乃至未来际时间中，恒常以三乘门无漏之善法成熟无量众生。

庚五、无偏堕成熟：

如日无勤中，光芒照诸方，
无边众光明，成熟众庄稼，
如是具法日，寂灭法之光，
无边照诸方，成熟诸有情。

犹如太阳无勤中光芒照耀一切方位而不是照一方，以无边光明成熟众多庄稼。同样，具足十二契经无量法的佛陀日，指示寂灭一切痛苦之涅槃道的法光，浩瀚无边照耀无量诸方，无有偏堕成熟众生。

庚六、辗转成熟：

犹如一灯燃众灯，无量无数彼无尽，
一者成熟化众熟，无量无数彼无尽。

犹如一盏灯点燃的众灯极多，以分别心无法估量，无可计数，但前面的那盏灯并不会因增多而穷尽。同样，成熟究竟的一位佛陀成熟的会众菩萨极多，每一位菩萨也成熟诸多有情，他所成熟的他们也接连不断辗转直至未来际之间成熟，虽然出现无量无数成熟的众生，但佛陀成熟无有穷尽，如此成熟相续永不穷尽。

庚七、无厌足无增减不间断之理：

如此大海不餍水，百川流入彼不增，

佛界趋入恒不断，不餍不增最稀有。

犹如外界的大海，虽然各方的种种大江小河恒常不间断流入，但大海不厌足水，恒常为百川流入提供机会，也不会因为许多大河尽情流入而变得越来越增多。同样，佛陀界或无漏真如法界，虽然清净障碍的无量声闻缘觉菩萨涅槃者恒时不间断趋入，但它既不厌足也不增长，这是最稀有最稀奇的。

以上以十种功德差别宣说了大菩提。

戊二（以具彼功德之菩提体因果等六安立而宣说）分二：一、真实；二、别说分类之义。

己一、真实：

诸法之真如，二障清净相，

缘性缘彼智，无尽自在相。

这（一科判）四颂的意义归纳，是讲极其清净的法界，因此首先宣说此，其后宣说大圆镜智等四智，圣者佛地中，佛地由五法归摄，即所说法界清净与大圆镜智、平等性智、妙观察智、成所作智，本论中归纳其义作抉择。

也就是说，如此所知有为无为有漏无漏的一切法自性空性远离一切边，称为真如，这是无误实相真实际与胜义的缘故。真如自性虽然无有任何差别，但以种种有法而称为法。佛陀众生的真如虽然无有不同差别，但自现颠倒具有客尘众生相续的真如称为有垢真如，是可断除的客尘障碍，法性是永无迁变的，一旦各自众生相续中的烦恼障与所知障完全清净时，就是法界极其清净之法相，称为佛菩提。以此说明真如转依。菩提也是于入定中，缘于清净法界真如实性无分别智慧获得无尽自在，以后得智慧缘于无分别智慧获得无尽自在，也就是说，后得无误了知无分别智慧之理。按照安慧论师《注释》的译文说："'知实性缘彼'，实性阿赖耶识依他起法相转依的无分别智慧，以后得智慧真实了知，'缘彼'是指无分别智慧缘于法界。"虽然字面解释方式不同但意义相同，因为获得两种无尽自在，即是讲入定、后得的智慧。总之，佛地，无有入定后得轮番，以一智慧照见如所有是无分别，照见尽所有是一切种智，因此是获得这二者无尽自在的法相。如此由于法性与有法无别，究竟转依时，如实照见法性不动摇的同时也无勤任运了知尽所有的二智自在的本性身或法身即是大菩提的法相，所以是大菩提的本体。

知真如一切，由修真实生，

诸时令有情，生二无尽果。

能获得或能现前大菩提之因：依照大乘经中所说空性，以闻思修抉择真如后于信解行地通过积累二资粮修行，从而现量了知真如，最初生起出世间智获得一地后，至十地相续末际之间，以一切种种方便门修行，从中真实产生。菩提之果：使无边一切众生一切时分产生暂时与长久利乐二者，也就是乃至轮回存在之间，具足无尽之果。

身语意幻化，加行方便事，
等持总持门，具足二无量。

如是身体显现一切、以语言说法、以智慧加持的幻化事业或加行方便的事业，在佛调化者前示现佛陀，直至幻化天龙等种种身体。如是以语言直接说法，或从虚空、墙、树等中传出法音，或者以意加持愚者也证悟甚深法义，或加持舍利子、须菩提等令说般若。所谓加行，是指幻化事业，所谓方便是指能幻化的方法，或者方便是指幻化事业，调化众生的方法。具足首楞严虚空藏等无量等持、无尽宝箧无边门等无量陀罗尼门及无量福慧资粮，就是具足之义，具足无量总持等持二资粮。

自性法受用，幻化相异入，
此者即名谓，佛陀法界净。

菩提之分类：从本体而言为自性身或法身，从显现而言为圆满受用大乘法之身，从行他利事而言以幻化身相异趋入，以六安立宣说，这是说明佛陀法界清净，因为法界清净的大菩提以本体等六种来抉择。

己二（别说分类之义）分二：一、解说所依三身；二、解说能依四智。

庚一（解说所依三身）分二：一、略说；二、广说。

辛一、略说：

佛陀身类别，自性及报身，
别者即化身，初为二所依。

佛陀身的分类，自性身即法身，断除了阿赖耶识上具有的二取之垢成为如实照见法界的大圆镜智时。从真如分而称自性身或本性身，从智慧分称为法身，因为这两者是有法与法性无别，所以不管如何说都需要认定为现前最为清净的双运实相，而不可理解成现分空分脱离，就是一切经论的密意胜义。受用圆满身：染污意转依成平等性智、意识转依成妙观察智、入地的菩萨圆满受用大乘法之时。与它们不同的是化身，五根识转依示现从兜率天降下等成熟赡部洲的有情等时。初者法身是后面二色身的所依或根本，因为由最清净的大菩提中显现清净不清净两种身。

辛二（广说）分二：一、分说三身；二、宣说归摄平等恒常三者。

壬一、分说三身：

报身于诸界，摄眷刹名身，
圆满受用法，事业悉相异。
自性身平等。细微与彼系，
随意示受用，许是报身因。
佛无量幻化，承许为化身。

一、受用圆满身：于诸清净世界，摄集眷属菩萨不同，也就是菩萨相众多相异的眷属不同；刹土也是有水晶、纯金、琉璃等不同颜色、不同行相；名号也不同，如毗卢遮那佛、无量光佛等；身体也不同，有些是白色、有些黄色等；圆满受用法也是不同，有些讲般若、有些讲十地等种种大乘法门；相也是不同，以所化的意乐，有些见身大，有些见身小，还有颜色等；法也是宣说随同所化意乐的大乘法。诸如此类显现不同相，而不完全固定。

二、自性身法身：一切无别一味平等，具二清净法界最清净自性中无有不同显现。所谓细微，不成为声闻缘觉等的行境。报身与其相联，因为法身是显现报身之因。是怎样的呢？由法身等流因中产生报身，令入地菩萨随意受用大乘法，为报身，承许法身是菩萨们自在或能够圆满受用大乘法之因，因为眷属菩萨们之意圆满受大乘法的报身由它造作。随意享受外受用刹土清净及内受用大乘法二者之义，以报身而行。

三、佛陀化身：应机无量幻化的一切都承许为化身，不仅仅指殊胜化身，幻化为天等众生各自的形相也称化身。

二利圆满者，一切相住二，

恒示工巧生，大菩提涅槃，

佛陀此化身，解脱大方便。

自利圆满与他利圆满，如是二利圆满，一切行相或一切种相住于报身与化身二者中，佛陀的自利究竟后于清净刹土清净眷属中散布大乘法喜宴的行相恒常安住，色身究竟就是报身，化身能成熟其他不清净众生，所以行持圆满他利，这是就主要方面讲的。法身是自利他利不可分割为异体，因为是出生二利圆满的二身之所依。化身行他利之分类：恒常示现工巧、投生、大菩提、涅槃四种，尽未来际示现，佛陀此化身是一切众生解脱于涅槃法界的大方便。安慧论师说："示现工巧，指木匠、陶师、乐师等工巧师；示现投生，是从兜率天降下投生到国王种姓与婆罗门种姓等中；示现大菩提是成佛；究竟示现涅槃。"

壬二、宣说归摄平等恒常三者：

当知以三身，摄集佛陀身，
是说三身者，自他利所依。
所依及密意，事业平等性，
自性不间断，相续恒常性。

应当了知，以三身可摄集一切佛陀之身，也就是说，三身，行持自他利的是报身化身二者，它们的所依是法身，因此归集于诸佛的一法身中，无量报身均归集于报身中，无量化身均归集于化身中，无不集于三身中。

宣说一切如来平等之义：佛陀有三平等，所依或依处平等是指法界清净法身中平等无别；密意平等是指一切报身密意无有大小贤劣，一切均是利乐有情的一密意；一切化身事业调化有情平等，一切均由佛陀的一幻化中出现，如前所说。

宣说一切如来身恒常之义：有三种恒常，法身是自性无生无灭，故是本体或自性恒常；报身永不间断说法故为恒常；化身相续恒常，在有些众生前虽然不显现，但尔时于有些众生前显现，以这种方式乃至众生存在期间相续出现故为恒常。为此，佛陀三身是恒常性。

庚二（解说能依四智）分四：一、略说；二、广说各智；三、宣说能得此等智之因；四、宣说一切道究竟为佛智。

辛一、略说：

镜智不动摇，三智依于彼，
平等妙观察，成所作唯此。

阿赖耶识转依的大圆镜智，是于清净法界中恒常不动摇，乃至轮回存在之间无有出入而安住。三智安住于或依于大圆镜智，有出入故为动摇。三智是指什么呢？染污意转依的平等性智、意识转依的妙观察智、五根识转依的成所作智。如此八识聚转依的智慧唯有这四种。

辛二、广说各智：

大圆镜智：

镜智无我所，恒具不偏堕，
所知皆不昧，恒非偏向彼。
诸智之因故，如智大源泉，
即是报身佛，现智影像故。

大圆镜智虽然显现一切所知相，但无有所取能取分别、我与我所分别及现行勤作，因此无有我所。比如，镜中虽然映现许多影像，但它们不成立，对它们不会有分别与现行。它并不是像于有些境域趋入有些不趋入一样，而是不偏趋入一切对境，故为不偏堕。它是三时中均产生，故为恒具，远离烦恼障所知障故为于一切所缘所知均不愚昧而如实证悟。行相，恒时于彼彼所知，不以分别耽著执著为如此，因此于所缘中无有偏向，虽显现但不分别偏颇相，它是其余一切智之因的缘故，如同一切智慧珍宝源泉大海，它被称为报身佛，因为是它的究竟设施处。为何名为大圆镜智呢？犹如明镜中映现一切影像般，此智中显现凡所有的一切所知相，证悟它们如所有等性，证悟尽所有法不相混杂，任运利益所化众生的三智影像或行相的法相事相均依于它而出现，因此名为大圆镜智。

平等性智：

平等性智者，许修有情净，

不住而寂灭，许为等性智。

彼于一切时，具足大慈悲，

依有情信解，定示佛陀身。

一地时证悟我与众生平等性，至十地间修行，我与我所的细微习气也于断除后承许成为清净佛地的平等性智。不住有寂方或边轮涅无别等性，也就是寂灭缘于有寂二者承许为平等性智的本体。一切时分，具足大慈心与大悲心，随众生各自如何信解而必定示现佛陀的身色形状等种种，此为作用。

妙观察智：

妙观察智者，所知恒无碍，

唯是如等持，总持之宝藏。

于诸眷属中，示现诸自在，

斩断诸怀疑，普降大法雨。

妙观察智是对一切所知的所有自相与共相恒时无碍了知的智慧。唯有它如同无量等持与无量陀罗尼门的宝藏一般。其作用，于佛陀的眷属坛城中，示现外妙欲圆满、大地由珍宝所成的净土、如意树、甘露河流、无量宫布局庄严，无漏色声香味触聚合的云层密布等一切圆满自在。内法圆满，无误真实宣说深广一切法自相共相，斩断一切眷属众的所有怀疑，普降大乘大法雨。

成所作智：

成所作智者，诸界以种种，

无量无边化，成办众生利。

佛陀彼幻化，恒行成作别，

数刹于诸时，当知不可思。

成所作智于无边一切世间界，以身语意不同种种幻化——无量无数不可思议的幻化成办一切有情之利。刚刚所讲佛陀的幻化是种种无量、不可思议的理由：由恒时行持不同界性、根基、信解的众生之利或成办所作的差别而显现各种各样，于佛陀能调化者前幻化为佛陀相，如是幻化成声闻缘觉菩萨等一切众生而利益有情等，总之示现千差万别的无量幻化，所以为种种。幻化也超越了百千等计数，所以称无量。所谓刹土，调化的刹土不是一个百个等相似刹土，而是示现幻化超越恒河沙数的十方浩瀚无边刹土的游舞，应当了知佛陀的幻化一切时处均不可思议。

辛三（宣说能得此等智之因）分二：一、异熟之因；二、清净能得之因。

壬一（异熟之因）分二：一、真实；二、引申义。

癸一、真实：

受持平等心，尽宣真实法，

成办所作故，真实生四智。

异生位，依止善知识以闻思修行而受持大乘法等，是获得大圆镜智之因，因为依靠此因次第使阿赖耶转依成大圆镜智，应当了知由受持正法的缘故生起大圆镜智，其余三智也依此类推。异生位修炼对一切众生与自己平等慈爱之心，由修习平等心的缘故生起平等性智。信解行位，依照所听真实法无误为其他众生宣说的缘故生起妙观察智。如是自己成办众生之所作的缘故生起成所作智。由这四因真实产生四智。为此，在异生位，为获得此无上四智，发殊胜菩提心尽力修行四因并为获得彼等而回向，则以因果无欺的缘起必定成为终有一日获得彼智之因。

癸二、引申义：

若想：如此不同众生获得这样的无上智时，如果成了多种不同自性的多位佛陀，那么佛陀就成了自相的补特伽罗，他的蕴界处成了多种自相的法，由此就成了有为无常的法，这样一来，说圣者以无为而安立、不是以有为而安立如何合理？假设成佛时无有不同，那么各个有情修道得果难道不成了无义吗？

乃至有人执与法执之想，期间不同相续的人与其蕴界等法就现为不同多种，而胜义中法与人体性不存在，是二无我自性空性光明，因此现前真如时，远离执著人、法自性，于佛地诸佛法界自性智慧身是不可思议一切种相，因此也无有任何以平庸的心所执取自相的法、人这样的相状，所以说诸佛胜义无别，名言安立有不同。

种姓别有义，圆满无始故，

佛非一净住，无异故非多。

有些人说：于一个世界一位佛陀现前成佛，当时十方其余世界中其他佛陀不生不现，因此一切世界只有一位佛陀，他于其他世间以幻化行利益。

有些人说：从无始时以来只有一位佛陀，这一位佛陀于一切佛刹利益有情而行佛陀的种种事业。

有些人说：获得究竟地的佛陀也不是一位，断除分别我与我所远离二障的法身也有多种不同。

实际一概而承许佛陀是一是多这两种情况都不正确，原因是什么呢？世间界中有可成佛之种姓的无边有情，由于种姓有差别的缘故果不应该唯有一尊佛，比如一大堆粮食中不应该唯有一粒可生苗芽而其它不生苗芽。如同烹调好的食物谁吃饱谁有利一样，谁积累二资粮都有获得佛果的意义，假设只有一位佛，那么许多人为获得佛果而积资粮就成了无义，但那是不合理的，因此佛陀非并只有一位。诸佛最初发无上菩提心时立誓“我得大菩提而将一切有情安置于菩提”至佛地圆满。如果唯有一位佛陀而无有其他众生成佛，那么那位佛陀就连一个有情也没有安置于佛地，因此最初立誓就成了未圆满，但那是不合理的，因为诸佛利益有情的誓言已经圆满，佛陀并非仅有一位。

以上遮破了声称世间界只有一位佛陀而其余世间无有其余佛陀的说法。

所说转轮王与佛陀二者不会同时出现在一个世界，那是指一个四洲世界，诸如殊胜化身释迦王，他一位佛在具有百俱胝四洲世界的一个三千大千世界，同时于尽其所有的世界中幻化尽其所有数一一示现入胎等化身佛，这是《摄乘论》中宣讲的。那是就时间而言，遮破声称从无始时以来只有一位佛陀的说法。

没有积累福慧资粮不可能成佛，那二种资粮也是无有其他传教的佛陀而不会随便产生，因此在前前佛陀之前，有其他佛陀，如同轮回无始一样佛陀也是无始的缘故，从无始以来只有一位佛陀的说法不合理，成立接连不断相继有许多佛陀出世。

以刚刚所讲的理由，说明佛陀不是仅有一位，佛陀有众多无量。

然而，由于获得法界无有二障之垢最极清净无漏的微妙界时，安住那种境界中也丝毫无有异体的缘故，佛陀是以具二清净真如的无为法而分或安立的，为此佛陀也不是众多，因为一切于法界真如无相自性光明中一味，如前文也已宣说。

壬二、清净能得之因：

是无真如者，许为有之最，

不缘一切相，许为缘之最。

修行不观相，许为修之最，

无见获得中，亦许得之最。

能获得具无二法相的大菩提自然本智一切种智之因是，五度尤其是能清净其余波罗蜜多最主要的般若波罗蜜多，因此说能获得究竟大智慧的因是般若波罗蜜多。无有所取能取等遍计二法相所缘的它就是胜义圆成实或真如谛，承许为真实实相中有之最，这是从对境侧面讲的。一切时处不缘任何戏论相，无分别智慧承许是缘之最，因为是如实抉择真实际的智慧，真正的无缘智慧在一地时获得。无缘远离一切戏论相，就是大乘的清净见，也就是般若波罗蜜多中不见任何所缘即是见之最的意义。修行不观所取能取相的缘故承许为修之最，随同实相与真如而修行的缘故，真正不缘修者、所修与修行三轮，从二地至十地间生起，随同的修在信解行地也有。因为果位佛陀之诸法也是自性无缘，所以不见以真正成实相获得的得也承许是得之最，乃至没有断除执著所得法的耽著期间不得佛果，由了悟无得的法相才得成佛。《般若经》中也说：不住是第一住，无得是第一得。

视为上远相，我之精进胜，

菩萨我慢者，名为远菩提。

如是诸宣说，视为唯分别，

菩萨无分别，名定得菩提。

如是宣说以了知基道果一切法于远离一切戏论相的真如中一味平等而获得佛果之大智，如果行有相想，则远离而不会获得果般若，如果证悟无相，则不久迅速获得之理：对最上佛法执为实有与相状，或者革日一词涉及沉重，按照安慧论师的《注释》，视为沉重、久远、以相状精进，认为具有无上菩提力等稀有法也是难以修行，因此视为（上）沉重。需要于三大阿僧祇劫之间修行，视为漫长久远，所修的对境相，认为我为无上菩提的精进超胜他人，有这种见的菩萨是住于所缘的我慢者，称为远离无上菩提者，因为没有离开所缘与我慢之前不会真正获得菩提道。

如刚刚所讲，一切有缘的见，仅是假立，只是自己的分别念外，真实本体不成立，由此证悟诸法唯自心，那个心也视为或见为不分别有实与相状，这样的菩萨无有相状耽著的分别，称为必定获得无上菩提者，因为依靠无分别将迅速获得无生法忍。

辛四、宣说一切道究竟为佛智：

如河非地下，处异水亦异，
水少作用异，微小水生用。
入海则一切，处一水一大，
用一水群生，恒常大受用。
未入佛坚稳，依异慧亦异，
证小自作异，少众常受用。
入佛则彼等，依一大证一，
事业合为一，大众大受用。

众生，以各自分别念所感显现不同相续及不同种种法，这是无可否认的，但诸法仅是以分别念安立或者分别念假立，实际各自本体或自性无有任何成立，分别念以无分别智慧次第净化，寂灭法、人等种种相戏论的真如清净所取能取障越来越超胜时，获得真如法界中无有不同平等性之理：比如，河流不是行于地下入于大海，当时东方等境域各自所分，依处不同，河水也有恒河、信度河等大河及小河的不同类别，观待大海，那些河流的水也是少量，各自所起作用也不同，有些产生风、有些产生胆、有些产生涎等、有些可灌溉田地、有些用于清洗等，对种种不同众生起到所享用的不同作用，成为住于水中的青蛙蝌蚪等细微或微小含生的受用。如果水流入于大海，则一切于一大海中融合而依于金地，所有依处均无不同而是一体。海水也是广阔无垠、深不可测，所以同是广大，所有海水同为咸味，水流散收同一所行，成为居于海水中体积庞大的巨鳖、大鲸鱼等及种种小生灵——众多含生恒常的大受用。与此比喻相同，没有入于佛地的坚稳菩萨们各自的五蕴所依也是不同，智慧利钝贤劣也是不同，未断除所有障碍而无有遍知智慧，因此证悟观待佛陀也是极其渺小，各自的布施等何时相应趋入多少的所为也不同，他们利益成为各自所化的少量众生，因此为那些所化所受用。而并非像佛陀一样利益十方无量无边众生。所有菩萨最终趋入佛陀之清净法界具足大圆镜智等四智自性真如时，所依或依处也是一个，因为一个清净法界中以蕴相续所分，所以所依无别。全部都是现量了知一切所知相的大证悟，无有根基利钝等不同分类，同为遍知智慧。一切事业无别合一，永不间断故恒常，也就是利乐尽十方虚空际的广大众生无量无边不可估量事业的大受用无有穷尽。所谓大众，是指最大量的众生。

丁三、摄义——缘无上菩提而教诫发心（以赞叹大菩提教诫发心而总结本品）：

佛具无比白法故，亦是利乐之因故，
安乐善妙无尽源，具慧应受菩提心。

如是所说的佛陀从自身而言具足波罗蜜多、菩提分法、力、无畏等无比无漏白法的缘故，也是利乐其他众生之因的缘故，果是永久解脱痛苦的安乐，是永久解脱痛苦恶行之善妙永无穷尽的源泉，为此教诫具智慧者自相续理应真实取受发无上殊胜菩提心的善法。

大乘经庄严论中第十菩提品释终

总结：

初成皈种姓，发心自他利，
真如义威力，成熟及菩提。

总结归纳上面几品，初者是成为经庄严之理品，共五颂；证成大乘是佛语以十五颂宣说；其后，皈依十二颂；种姓十三颂；如是发心二十七颂；修行自他利中，三颂宣说自利，六颂宣说他利；真如或真实义以十颂宣说；威力以十颂宣说；成熟自己与众生以二十颂宣说；菩提以八十七颂宣说。如此十品之后宣说了它们的总结，即五无上圆满义理中前四理，以证成大乘是佛语、基种姓、道之根本皈依、大乘道之差别意乐发心、加行修行、殊胜能修的威力与成熟，修行之果菩提的总类别说明。了知所修学大乘道果差别后，首先解说道奠基之理，接下来宣说如何获得所修学果无上菩提真如的方便菩提分法体性，第五无上圆满义理，这以下宣说，首先总结科判，以上以总类别宣说了所入大乘之理，从而使道无歧途，如奔驰的马一般无有怀疑而趋入的缘故，宣说所建立等四者，菩提不可思议如开启宝箧，但五义理中，也是所获得所思维，因此如喜讯之理。如直接打开宝箧是佛地，但能现行如直接打开般的方便或因是菩提分法道，所谓菩提分法，是总称别用，而不要执为单指三十七道品，需要理解成信解至行为之间。为了知菩提是什么，其同品是什么，菩提是证悟圆成实究竟义各别自证，以第十品宣说了，十品以下是能修它的方便或道，因此是菩提同品的体性，实修菩提分法经行十地获得功德差别，直至现前佛陀的四无量、解脱、尽处、胜处、十力等究竟功德之间，即第五义理，因此应当了知。如此宣说菩提分法的体性时，以信解至行为品之间剩余的十一品宣说。于此表示，相似对应瑜伽五地，从信解至教言之间五品是基，方便至菩提分间四品是发起，功德品如镜，行为品的十地连同总结偈，是显现，究竟果法偈是所依。

丙五（菩提分法之体性）分二：一、宣说前行；二、宣说正行。

丁一（宣说前行）分五：一、信解品；二、求法品；三、说法品；四、修法品；五、教授随教品。

第十一 信解品

作为因的是信解，实地行持是求法、说法、修法三品，彼等胜进是教授随教品，这五种品首先宣说信解。

入道之初需要生起信解，如经中云："佛说诸善法，根本为信解。"一切善法之初始依靠生起信解而成就善妙，若无信解，则根本不会出现行持彼彼善法的情况，因此必须生起信解。《宝灯经》中云："信心先导如母生，能护增上诸功德，遣除疑惑渡瀑流，信心能表安乐城，无浊诚信能净心，断除我慢敬根本，信如宝藏宝珠足，如手乃摄善法根"等。又云："信心能越魔之道，能示殊胜解脱道，功德之田种不坏，信心生长菩提树"等。下面先讲信解品。

戊一（信解品）分二：一、总说信解差别；二、别说信解大乘。

己一（总说信解差别）分三：一、信解之二十六差别；二、信解之十六障碍；三、信解之十一功德。

庚一、信解之二十六差别：

已生与未生，能所伴受自，
谬正现非现，音生求见夺，
杂不杂违品，下广覆无覆，
勤非积未积，坚稳远行信。

一般而言，对业果、四谛、三宝之义，诚信“这是如此”为真实的心所法，称为信心或信解。具体来说，就像过去、现在、未来、远近等一切色法安立谓色蕴一样，于此宣说信解所缘的对境、时间与行相等差别：1. 先前、现在产生的信心，称已生信解；2. 未来的信心称未生信解；3. 能取信解是指心所信解本身，这叫内信解；4. 所取信解是缘以前产生的信解品味“这是善妙”，对其欢喜，因为是由其他信解作为对境故称为外信解；5. 依靠善知识宣讲而信解学处，称为伴受信解，它是粗信解；6. 自己具有信解的种子、由种姓力产生信解，称为自信解，也立名为细信解；7. 诚信并信解外道所说的法、我、众生存在，称为错谬信解，是恶劣信解；8. 对佛经中所说的无常、苦、无我诚信，称无谬信解，它是善妙信解；9. 生起信解的所有因缘聚合真实生起信解称为现量信解，这叫近信解；10. 生起信解的因缘没有聚合致使现在没有真实生起，称为非现量信解，仅仅从一旦因缘聚合则可生起的角度与前面的信解不同，立名远信解；11. 由听闻有信心的法生起的信解，是音生信解；12. 对如是获得的意义以理抉择生起信解，称为思求信解；13. 由修行力了悟意义所生的信解是见解信解或见义信解；14. 虽然已生信心，但被邪魔外道等引入其他道中而改变信心，称为可夺信解，这是小信解；15. 虽然起信，但偶尔也生起不信，是间杂性的，称为间杂信解，叫中信解；16、持续唯生信心而不生不信，称为不杂违品信解，是大信解；17. 为自利寂灭而信解声闻、缘觉之法称为下信解或小信解；18. 对任运自成二利不住之涅槃道大乘法信解，称为广大信解；19. 对从信解行暖位开始一切道位也是获得越来越向上的殊胜功德信解，有以贪等烦恼障碍的情况，称为有覆信解；20. 无有那些障碍，称为无覆信解；21. 具足恭敬加行与恒常加行精进不间断生起的信解，称为精勤信解或具足信解；22. 不具足如此的信解，称为不勤信解或不具信解；23. 成为一地证悟法界之因的信解行地，积累并具有一大阿僧祇劫二资粮的信解，称为积资信解；24. 不具这样资粮的信解，称为未积资信解；25. 一般，因具不具资粮导致对大乘信解有大有小有稳固不稳固，从一地至七地之间菩萨的信解称坚稳信解，因为他们的信解无有减退；26. 从八地至十地间住清净地菩萨的信解，称远行信解，因为具足任运无别智、远离行相与勤作而如此得名。

以上以两颂宣说了信解的差别，接下来宣说信解之障碍。

庚二、信解之十六障碍：

多时不作意，懈怠瑜伽乱，
恶友善法微，非理之作意，
放逸及少闻，满足少闻思，
唯寂而我慢，如是许未熟，
不厌及厌离，有覆不精勤，
以及未积资，当知信解障。

1. 多时不作意诚信正法，它障碍已生信解，以前及现在多次产生信解，但如果没有作意护持其相续，则信心就会消失。2. 懈怠障碍未生信心生起，已生起信心后不精进的懈怠者不会再生信心。3. 所谓“瑜伽乱”，是指缘于过去生起的信心而贪执为所取事，执著它而对现今的信解贪执为能取事，由它导致障碍不耽著所取能取事的如理作意等持瑜伽，因此说为障碍所取与能取信解。4. 恶友即罪恶友伴恶知识，是伴受信解的障碍，以前具有由善知识处得受的信解因恶友宣说非法而失毁，由恶友摄持，不会生起由善知识教授中所生的信解。5. 积累善根微薄，障碍自性信解，自己本来具有种姓与信解的种子，但如果没有广积善法，那么自己不会对大乘法等产生信解。6. 以常、乐、我、净的非理作意障碍无谬信解，因为没有如理证悟无常等法义。7. 放逸障碍现前或现量信解，因为现量信解是由无贪、无嗔、无痴与精进之缘所生，这四种缘称为不放逸，贪、嗔、痴、懈怠四者称为放逸，所以由它导致如此障碍。8. 诸如仅仅听了不了义经而没有听受了义空性法等，以宣说相似意义的少许听闻障碍音生信解，因为没有听闻不知其义，对它不会起信解，没有听闻了义法而对空性等深义畏惧而不信解。9. 认定不需思维与修行仅满足于听闻，认为不需要广闻，如何听闻都可以，以少许听闻为满足，障碍寻求信解，由它导致不生思所生慧引发的信解，或者虽然生起少许这种信解但不能广大究竟圆满。对所闻之义思维或少许思维，但不广泛思维，满足于少许思维，也如前一样障碍思生信解或寻求信解，总之，满足于少许闻思，不会生起思生信解，或者稍稍生起也成为善妙圆满信解的障碍。10. "唯寂而我慢"，是指唯以寂止执为满足，不生胜观，以止息外散乱的分别念为满足而生我慢，它障碍见解信解或修生信解，因为没有胜观仅以寂止不能证悟真谛。不仅如此，而且仅满足于思维而不事修行也是见解信解之障。所谓"见"，梵语"哲夏"也用于观。因此，心入定的修行中见真实义。11. "如是许未熟"，如前一样，信解在自相续没有反复串修娴熟，或者不纯熟，障碍可夺信解与间杂信解二者，因为信解在自相续没有再三串习纯熟导致，已生信解也会被外缘夺取，信不信间杂生起，没有纯熟会从中退失，而极其纯熟串习强大的信解难以被外缘夺取，也难有产生偶尔不信的情况。为此，这二者的障碍承许是信解在自相续没有纯熟。12. 不厌离轮回障碍小乘信解，如果不厌离而贪恋轮回，则不追求寂灭安乐。13．应当了知对轮回始终厌离，是信解大乘的障碍，因为由厌离轮回而欲求完全舍弃，如声闻一样勤于自己寂灭。14．有覆即前面有覆信解时讲的那些遮覆，是无覆信解的障碍。15．不勤障碍精勤信解。16．未积资障碍生起积资信解。

如此只宣说了十六障碍，错谬、非现量、有覆、不勤、未积资五种信解是违品所摄，因此不需要另说它们的障碍，不杂、稳固、远行三种信解是远离违缘的对治，因此它们的障碍不存在，所取与能取二种信解是一个障碍、可夺与间杂二者是一个障碍，如此减去十种信解，结果就归集为十六障碍。思生信解，以闻满足、以少闻满足分为两个，修所生信解，以思维为满足、唯寂之我慢分开，也可算为十八障碍，但从所障碍的角度算为十六为好。如此没有分开对应各自信解而总的以这十六法不同程度障碍信解，因此是所断。

庚三、信解之十一功德：

大福及无悔，意乐与大乐，

不唐捐坚固，如是胜进行，

现证一切法，得自他利最，

速通彼等即，信解之功德。

1．现在的信解，诚信正法的无量大福德增上。2．过去的信解，以前信解大乘法是善妙，现今也无有后悔。3．获得对所取法不贪执为实有的一向真如证悟所取无自性的等持，因此心意安乐。4．证悟能取无自性的信解，具足胜法位或无间等持的大乐。5．如果伴受信解没有以外缘间断，则获得不唐捐善法的功德。6. 自性信解如果没有违缘，则不失善根而稳固。7. 如前一样，无谬、现量、音生、寻求、见解、可夺、未熟七种信解，如果没有被违品障碍，则各自的信解将获得越来越胜进的功德，由中等无谬信解生起上等无谬信解等。8. 不杂违品信解如果没有违缘，则将现证诸法获得一地。9. 小乘信解如果没有其余障碍，则获得自利寂灭涅槃。10. 大乘信解如果远离违缘，则成为获得自他二利之最。11. 无覆、精勤、积资、坚稳、远行五种信解如果远离了逆缘，则获得速神通的功德，以前三者获得利根的神通，以后两者迅速获得遍知智慧。以上宣说的十一种差别，是信解的功德。错谬、非现量、未来、有覆、不勤、未积资六种信解没有说功德，因为它们可能有的功德都相应摄于信心的功德中，未来信解还没有产生等，错谬信解有违缘。如此信解的这些功德没有分开，也应当了知总的信解功德后生起信心。

己二（别说信解大乘）分二：一、宣说信解大乘；二、教诫不怯懦趋入大乘。

庚一、宣说信解大乘：

欲者彼如犬，定者彼如龟，
利自彼如仆，利他彼如王。

以比喻说明信解大乘的殊胜：贪恋外在的五欲妙并享受它的欲界有欲望者的信解如狗；以世间（四）禅、（四无）色等持断除外散乱而于内入定者的信解如同乌龟；声闻、缘觉为利自我解脱轮回苦的信解如同仆人；菩萨利益一切其他众生的信解犹如国王。

广说其义：

如犬常饥苦无餍，如龟水中蜷缩住，

如仆常惧身行游，如王以令统领域，

当知散住利自他，种种信解恒超胜，

如理明知大乘胜，坚稳恒常寻求此。

就像狗，恒常饥肠辘辘，为饥饿的心与缺少食物的痛苦所逼迫，对食物无有餍足心。犹如乌龟在水里担忧他者损害，而将自己的所有肢体向内蜷缩而住。犹如国王等的仆人常常担心违背主人的心意与言语而畏惧害怕，身体为主人之事奔波。犹如国王以自己的命令随意统辖所属的领域而住。应当了知它们的意义，依次是指：像狗一样恒常散乱于外欲妙者，无有自由随欲望漂泊；以上两界之味散乱者仅是以畏惧而使自己的所有心所内收安住，心不趋向所知深广自性之法，这是如乌龟蜷缩般的信解者；声闻为自利唯一策励于利益自己之事，极度畏惧轮回苦，害怕“少许违越解脱轮回之方便——法王如来所制戒也障碍解脱道并得到不悦意的异熟果报”，而十分精勤于迅速从轮回中解脱的方便，他们的信解与仆人信解类似；菩萨的信解，如国王具足以往的积资，自在富有国境，菩萨以智慧大悲的力量住于轮回而不被轮回过患所染，不住于寂灭一边，超越寂灭果位，自在驾驭轮回涅槃，因为行持自利他利一切众生今世与永久利益之圆满事，如此与欲界、上两界世间者、声闻缘觉出世间者的信解相比，菩萨的信解最为超胜，为此，应当了知，众生界种种不同的信解中，唯有信仰大乘菩萨的信解超胜。了知这一点而如理认识到佛所说大乘超胜其他真实性，在以信解趋入之此时，坚稳菩萨才能信解大乘法进而恒常寻求。

以上以比喻说明了信解差别，接下来教诫不怯懦而欢喜趋入大乘。

庚二（教诫不怯懦趋入大乘）分三：一、不怯懦趋入大乘；二、生大福德故欢喜趋入；三、此品总结偈。

辛一、不怯懦趋入大乘：

因已转为人，无量每刹那，

获正等菩提，故莫甘怯懦。

有人会想：大乘道位需要布施头颅肢体等，不畏轮回痛苦，甘受苦行，如此而行，能成就殊胜功德佛果，但那是个别大士夫的行境，像我一样普通的人岂能获得？

不应有这样的怯懦心，为什么呢？因为："已转成人，是成就菩提的所依，人比天人更殊胜。人获得佛果也不是仅仅有些个别人或少数人而是无量众多人获得佛果。他们也不仅仅是偶尔时间，而是现在的每一刹那中十方无边世界有无量菩萨获得无上圆满菩提。为此，我不应该甘心'我不能获得菩提'的怯懦。要想到，我也已转生为人，别人也同样转生为人，他们从大乘道信解行次第修学，具足智悲的强力，了知轮回苦如幻，不舍一切众生的大悲力不仅无有菩提行困难之想而且极其欢喜无有烦乱，世间的任何安乐也不能与之相比，通过行持而获得大利佛果，如是我为何不能获得？那些菩萨最初是像我一样的普通众生，也是因为趋入了大乘法才变成这样的。"

辛二、生大福德故欢喜趋入：

犹如施他食，福德得增长，
自食非如是，利他所依法，
传讲则获得，经说大福德，
自利所依法，宣说非获得。

对于大乘法最初仅仅信解也是无量功德之源，更何况说如理实修？为什么呢？因为是宣说利他之法，如同施予其他众生食物的福德增长一样，而自己吃食物并非获得福德，同样，具有利益他众之所依的大乘法为他众传讲，与自己生信解相比，经中说能生更大福德，比如与无量佛土遍满七宝供养一切如来相比，宣说一偈大乘法功德更为超胜，而宣说自利所依小乘法虽有善妙功德，但并非获得宣说大乘那样的功德。

辛三、此品总结偈[1]：

如是大圣广大法，具慧恒生大信解，
广大福德不断增，无量功德大本性。

对于如是大圣者的大乘道甚深广大法，具慧菩萨恒常生起大信解，则不间断产生广大福德，那种信解越来越向上增至十地之间，究竟成为无量功德之无上大菩提本性。

大乘经庄严论中第十一信解品释终

1 此品总结偈：前面总科判为以说三功德趋入而结尾。

第十二 求法品

如此宣说完信解品，而仅有信解尚不足够，必须要以闻思修慧寻求所信解的大乘深广法，积累多闻，对其义获得定解，因此宣说求法品。

戊二（求法品）分五：一、所求之法；二、以如何作意寻求；三、宣说寻求之分别；四、求法之果；五、摄义偈。

己一（所求之法）分二：一、寻求所说教法；二、寻求所证义法。

庚一（寻求所说教法）分三：寻求所缘经典；二、寻求获得所缘所说义；三、寻求能求作意。

辛一、寻求所缘经典：

为说明三慧缘于什么对境：

三藏二亦可，摄故因许九。

种习了悟寂，彻证令解脱。

所缘是佛经藏法，梵语“毗支迦”，译为藏，因为其中包含众多所知义而取名，印度中部的大斗也用其名称，如大斗中包含、容纳众多小升。此处也因为藏中包含众多所诠所知义。法藏之分类，经藏、律藏与论藏三藏，或者也可归摄为大乘菩萨藏与小乘声闻藏两种。藏之定义：如上所说，其中含摄众多义的缘故。经典广分有十二部，如云：“契经应颂记别及讽诵，自说因缘譬喻与本事，本生方广希法与论义。”其中，方广与本生是菩萨藏，剩余基本上是声闻与大乘共同有的，也有大部分属于声闻藏，这十二部也归集于三藏中。

安立三藏之因，承许有九种，即观待所断安立三种、观待所学安立三种、观待所知安立三种，首先从遣除三烦恼的角度宣说了对蕴界处等一切法能遣除怀疑之烦恼的对治——经藏，由于不知蕴界处缘起真谛、（十）地、（十）波罗蜜多等自相与共相之义是如何而怀疑，对此宣说它们是如此这般，从而无疑了知真实义后无有怀疑。

律藏，是能遣除随行于纵情享乐边与苦行折磨边之随烦恼的对治，遮止如在家人的行为一样贪爱妙欲而恣意受用种种有过患的资具，由此对产生为世间恶行所击败的他胜、僧残、堕罪、恶作等的行为均不开许，予以遮止。钵盂、法衣等自己维生的无罪资具是开许的，它成为外道那样严重苦行以睡在灰荆棘丛里、赤身裸体、绝食及狗牛等苦行折磨自己的身体的对治，维生之缘的无罪资具对出家人共同开许，对具戒与具功德的比丘，享用百味食品、价值百千的衣服、庄严多格局美宅也开许。如果拥有那些善妙受用也无有贪爱与骄矜，那他就无有罪行，即使吃粗茶淡饭、穿粪扫衣等，但如果有贪恋与骄矜，那也是有罪行，因此断除罪过的资具而使用无罪资具，是遣除二边的对治。

论藏：是我见傲慢的对治，仅以少许听闻而贡高我慢，执著破戒而不于善知识前寻求多闻，称为见慢。无误抉择对法的自相共相，听闻它能断除颠倒执著见与戒的种种慢与种种见。

再就三学而言，增上戒学是指共同别解脱圆满戒，或者大乘的严禁恶行戒、摄集善法戒与饶益有情戒。增上定学，指共同四禅四无色定——八定，菩萨不共的首楞严三昧等等持。增上慧学，是指共同四圣谛、不共大乘的无分别智慧，也就是经藏宣说三学，律藏宣说戒学与定学，因为如果按照律藏中所说而行，则戒律无过，具足戒律则无悔等，次第获得禅定。论藏，抉择诸法的自相与共相，从而生起真实了知诸法法相的智慧。

再者，观待所知而言，所谓“经说法与义”，法是指宣说名义所诠，或者宣说蕴界处等是法，四种意趣四种秘密谓义。再者，能获得善趣的十善名为法，能获得涅槃三十七菩提分法等名为义，这些是经藏所说。所谓“律修法与义”，精进调伏烦恼而现行或实修法与义，即是修。论藏能无误宣说并了达法与义。

若问：寻求三藏法有何必要呢？以三慧寻求并实行，通过以听闻在自相续播下解脱道的习气、以思维对其意义获得定解的方式了悟，以修行依靠寂止寂灭散动分别念，依靠胜观完全证悟真如，而令自相续解脱。

若问：三藏以几种意义安立，它们的定义是怎样的？

经对法及律，略摄许四义，
具慧了知彼，获得一切智。
说处法相法，及义故是经。
对向故反复，胜证故对法。

经、论、律三藏，简略而言，每一个承许有四种意义，具慧菩萨善加了知大小乘所有三藏而修道，将获得一切智。声闻们不求一切智，不知三藏仅了知宣说人无我的一偈意义，也将获得自道的尽智、无生智。

若问：三藏略摄之四义是什么？在舍卫城等某地宣说，是出有坏宣说，为利请问者等而宣说，这三者名谓处，是形成三藏之处或因缘。简略宣说如此之处、二谛的法相、蕴界处缘起等法以及分辨其意趣非意趣及秘密等意义的缘故称为经，因为由梵语“素旦”引申，那些意义归纳包含或略摄具足。

“阿毗”一词，称为对法，它也就是阿毗达磨，为对，即对向之义，因为由无误抉择菩提分缘起等谛实义而能真实趋向涅槃。同样，对一一法，也是再三辨析并真实宣说是有色非有色、有漏无漏等种种差别，具足正理，以研讨与辩论的途径能真实胜伏反方，以正理及决定的方式抉择经藏之义而现证，故称对法。

堕罪犯起堕，离堕数取趣，

制戒及类别，决定故为律。

“毗奈耶”，是律。1. 堕罪五篇，即他胜、僧残、粗罪、恶作及向彼悔，或者他胜、僧残、堕罪、向彼悔及恶作。2. 生堕或犯堕之因：有不知那些堕罪之法相、烦恼、放逸及不敬学处四种。3. 起堕或出堕：以意乐后悔并严禁今后再犯，从罪中立起。4. 摈堕或离堕：有七种，（1）分别忏悔，于一位或四位比丘等前发露忏悔。（2）承诺处治，无有覆心而犯他胜，后来生起后悔而忏悔，让他承诺处治：处于一切之列最末，最后施食等，再予以传戒。（3）以变异而摈堕，诸如，世尊没有开许过午食，但行途时开许。（4）所谓解，从前世尊对阿难说：“我涅槃时，莫忘问开解细微戒。”但当佛涅槃时，阿难因为忧伤而没有请问。后来大迦叶等作结集，指责他“为何不问？细微戒应当有所开解”。依靠他所说，一切有部共称僧众聚会开解细微戒。但安慧论师的《大疏》中说：所说僧众聚会开解细微戒前所未有，现在也无有。（5）所谓变性或变依，比丘或比丘尼相互变性，他们的堕罪，对比丘来说四他胜，对比丘尼来说八罪，他胜与堕罪有变多变少的情况，如果比丘变性成比丘尼，则即使犯了比丘时的堕罪，但那种堕罪不是共同的，是比丘所忏，所以转成女性后，未作悔罪等仪轨也从罪业出离。比丘尼变性也是同样。（6）由现证而离堕：思择四法印之义无为无常等，以智慧见义而从小罪中出离。（7）由得法性而离堕：如果见谛，既从微细罪中解脱也获得今后不犯的法性，由此将离堕。以如是四义安立律藏。

再者，也有以其他四种差别安立的：1. 依于某人而制戒，诸如最初依于妙授而制定遮不净行戒。2. 以人造某某罪业，诸比丘请问世尊，佛陀于僧众如是告言“诸比丘，从今以后比丘不开许如此行法”而制戒。3. 制戒的分类，以如此差别详细解说。4. 堕罪五篇一一也以“仅此成为堕罪、仅此不成堕罪”作抉择或决定，是故为律。

以上宣说了所缘教藏之法。

辛二、寻求获得所缘所说义：

承许所缘法，内外及二俱，

以二义得二，二者不可得。

所谓获得所缘，是指所缘成了现量，是怎样的呢？寻求所缘法，获得后抉择其义，了知“如此这般”之义。所缘境也有四种，大乘藏法是以闻思修慧所缘取的对境，承许是内自相续的蕴或能取内六处、外在非自相续所摄的所取外六处，以及外内二俱所摄的染污清净法。其中，以如理缘取外所取与内能取法的二义，获得不缘内外法的二义，何时证悟外真如就是获得外所缘，何时现量了知内真如即为获得内所缘。也就是说，证得心外的所取境不存在是在忍位时，胜法位证得无有能取。

如何获得二者的真如呢？

由于不缘所取能取二者而现前真如，获得一地时，获得二者所缘即证得不缘诸法的真如。暖位与顶位并非现量获得法性，因此不称为获得所缘，现量获得也是以义共相的方式无有怀疑与现量相似。空性虽无差别，但观待有法而证悟，命名为获得外所缘、内所缘及二俱所缘。

依意诠说义，净信显现义，
认定唯言诠，心名安住故。
以闻等三慧，获得法所缘，
获得三所缘，真实依前宣。

获得法所缘之理：所谓“依意诠”，是指以有分别意，按照法藏典藉中所说的意义，获得欢喜清净信心后如是受持其义，就称为以闻慧获得法所缘，耳闻亲教师、规范师说法，思维意义，例如，以词句宣说“这所有名句文字的自性”都浮现在心里时，如此了知与诚信。以思慧，认定只是依靠意诠习气而思择柱子、瓶子等这些法以外，真实外境的本体不可言说，因此认定除自己的分别念外无有其余外境。修慧之心——名色所分的名基心和心所，总之一切法显现于心，以心假立，只是由心安立，除此之外无有他法，安住于唯心、心也不缘所取能取的空性光明真如中的缘故，是以修慧获得法所缘。如此以闻等三慧，获得法藏的所缘，首先依照听闻，心里明白名称所诠表的意义，之后以思维对其义获得定解，随后以修行领受，是以这三慧获得妙法之义或所缘。获得外所缘、内所缘与二俱所缘三种所缘，依前面开头所宣讲，称为真实依止获得法所缘，闻法思义后如果不修行，则无法证悟不缘外内二俱法的真如。

辛三、寻求能求作意：

如此获得所缘后，必须通过反复作意获得等持，为此宣说作意，瑜伽作意有十八种差别，三种姓作意及行事作意等十八种中首先“三种姓”是略说，其余是广说它的差别。

三种姓行事，有无害所依，

安住于信解，别者强欲乐。

1. 种姓作意：所谓“三种姓”，即声闻、缘觉、大乘三类种姓，声闻决定种姓者，缘于四谛法而作意；缘觉决定种姓者，缘于它的道缘起法而作意；菩萨决定种姓者缘于二无我而作意。

2. 行事作意：以“行事”宣说，是指行积累资粮之事，是获得一地之因——在信解行地一大阿僧祇劫中积累福德智慧资粮的作意。

3. 所依或依处差别作意：以“有无害所依”宣说，有害所依或依处是住于俗家，以作意世间繁多琐事有害。出家，与之相反，具足无害之所依。

4. 安住信解作意：以“安住于信解”宣说，通过随念佛而安住于信解，随念佛陀的广大功德，依照经中所提及，或者简略按照《摄乘论》中所说，以七相随念佛——随念佛陀出有坏具有无碍趋入一切世间界的神通而驾驭万法；随念如来具有恒常无垢的恒常身；随念如来断除一切烦恼障所知障的缘故无过；随念如来一切事业任运自成无有间断；随念如来具足清净佛土无漏大受用威力；随念如来不为世间八法过患所染；随念如来以示现菩提及涅槃的方便令有情成熟、解脱，因此是大义者。

5. 欲乐作意：与前面有别，以“强欲乐”宣说，随念佛后对佛有诚挚的强烈欲求，诚信佛陀是究竟的皈依处，具足尽除一切过患、圆满一切功德、任运自成二利的三身，诚信法是能现前道谛与灭谛的真实正法，诚信僧众是入于真实道越过轮回淤泥的真实福田，有这样的强烈欲乐心。

下圆二所依，有诠无诠二，

是与智相应，瑜伽因本性。

6. 禅定作意：以“下圆二所依，有诠无诠二”宣说。依靠初禅未至定是下劣所依，一禅至四禅间正行等持所依称为圆满所依或依处，有这两种所依。正行等持也有两种，未至定与初静虑粗分正禅是有寻有伺，称为有诠，由语引发的运行是寻伺，因此是有诠。初静虑殊胜正禅无寻有伺，也属于前者范畴。二禅以上的正行等持远离寻伺，称为无诠。安慧论师的《注释》中说：“未至定与一禅有寻有伺，二禅与中禅为无寻有伺，三禅四禅无寻无伺。”

7. 具慧作意：以“是与智相应，瑜伽因本性”宣说，安慧论师的《注释》中是：“真实具智慧，瑜伽因自性”。也就是说，相应或真实具足修所生慧或智，称智慧作意。智慧，是瑜伽或止观的自性，它的因是闻思智慧的自性或本性。总之，由无垢闻思之因所生的修行止观瑜伽就是具慧作意。

彼是间杂缘，不共而缘者，

五种及七种，此之遍知五。

8. 间杂缘作意：以“彼是间杂缘”及下文中“五种”宣说，间杂缘有五种，即间杂缘经藏、间杂缘自说或总纲偈、间杂缘因缘、间杂缘受持、间杂缘传讲五种。（1）间杂缘经藏：诸如，将《十地经》等教义归纳后总体作意；（2）间杂缘自说或总纲偈：将每一品教义归集于某种意义中总结起来这般作意；（3）间杂缘因缘：将因缘、正文及结尾的总纲之理摄义而缘取；（4）间杂缘受持：将自已所受持归纳为“所修义仅此”；（5）间杂缘传讲：为他传讲也如此归纳。总之，将经义、其间的自说或摄义偈、因缘概括起来而作意，讲法、闻义也如此归纳而作意。诸如：大乘的所有经的教义如果归纳，则是深广两种，甚深义如果归摄，则归于无有所取能取、自他等二法戏论的真如中，了知以行相而宣说广大最终也归于它，一切广大法摄为基道果三种，归集为基二谛、道二资、果二身而间杂缘取。

9. 别缘或不共缘作意：以“不共而缘者”及后面“七种”宣说。不共缘有七种，（1）缘名称：诸如缘所谓瓶子、柱子。（2）缘词句：诸如长柱子、新瓶子，对应名称及它的差别而宣说。（3）缘文字：缘于一切名称的组成基础阿、嘎等字母，这三种能诠分为三种，缘于经中宣说的词句、名称、文字之义，世间及出世间的一切论典不超离名称、词句、文字的自性，虽然借助这些指明意义，但是以心表示，因此一切名、词、字都只是由心所生、以心假立，进而趋入不可言说。就所诠而言，圆成实有（4）缘于人无我；（5）缘于法无我。依他起有（6）缘于显现所取分的依他起诸多有色法、无常、身体不净、是苦所依；（7）缘于显现能取分的依他起非有色心心所、苦、无常。

10. 遍知定解作意：以“此之遍知五”宣说，等持的遍知有五种，是哪五种呢？所遍知基四谛、所遍知义无常等十六相、能遍知见修二道、遍知果解脱、了知解脱真如照了见解脱之智。再者，缘于基近取五蕴，了知它是苦、无常、无我、空性义，能如此完全了知是八圣道，于见道修道中生起，依靠此道的果是断除烦恼，心得解脱，生起见解脱真如之智，实际是遍知四谛。

具足修行相，四种三十七。

彼是二道性，二功利得受。

11. 修行作意：以“具足修行相，四种三十七”宣说，修行人无我行相、修行法无我行相、修行见行相、修行智行相四种。证悟五蕴无常，声闻们也修行。诸法无自性，菩萨修行。十六刹那智慧中八忍是见相，八智是智相。或者，寂止称为见，胜观称为智。修行相三十七是指三十七菩提分法：了知身不净、受痛苦、心无常、诸法无我之行相的四念住。修行增上三学未生令得以生起相，为第一正断；所谓修行能依相，是指三学法已生起令增上圆满为第二正断；所谓修行断除相，是指三学之违品，已生起为断除而精勤是第三正断；所谓修对治相，罪恶不善法未生起者，为令不生而修不净观、慈心与缘起义，是第四正断。之后是四神足即欲神足：作意执为满足的对治；勤神足：作意、思维散乱与怀疑的对治；定神足：是以极度持心作意掉举的对治；观神足：作意昏昧与沉陷的对治。

五根中的信根作意诚信行相；勤根是作意精勤相；念根作意不忘失相；定根作意住心相；慧根修行辨别相。这五根不被违品击败，即作意五力。

何为七觉支？尽智无生智的本性是觉，成为它的分支，是念等七种。或者，获得见道的无二智是觉，成为它的分支有念等七种。这些极其明现真实菩提，称为修行。即不忘失的念觉支；无误了知的择法觉支；欢喜善法的精进觉支；意乐自性的喜觉支；堪能的轻安觉支；平等安住的舍觉支；心安住的定觉支。

八圣道，正见，修行无疑行相，一地无疑或确定已经证悟法界，所有修道中反复更进一步修行真如。正分别：修行分别修治地的行相，从信解行开始闻思修次第增上，于一地现量证悟法界，称为修治地。从入定中起定后了知我以修治如实证悟了法界。正语：修行令他者真实了悟的行相。正业际：修行向往圣者之戒的行相，因为是圣者欢喜之戒。正命：修行减少威仪的行相，削减资具，断除邪命。正勤：观修先前修行获得之道进行串习的行相，从信解行至一地之间修行，一地获得超胜的精进，至十地间能胜进串习精进。正念：观修不忘失安住法之相的行相，法是指言说及一缘安住法界时如果出现昏沉、掉举，则以三相对治遣除，即观修不忘失行相。三相是指寂止相、受持或高昂相、等舍相。如果掉举，则修寂止相来止息。如果出现昏沉昏昧，则受持高昂相而能止息。如果无有沉掉，则作意等舍相，心不动而安住本位。正定：观修无相转依的行相，远离沉掉，不需要依靠三相，获得无勤转依成修行的大悲。

12. 二道自性作意：以“彼是二道性”宣说，这种观修是寂止与胜观二道的自性，依于不散乱的寂止能如实证悟抉择法之胜观义的自性。

13. 善妙或功利作意：以“二功利”宣说。以某种作意遣除恶业、遣除见而安立为二种善妙功德利益。恶业也有两种，身之恶业，即造杀生、不予取、非梵行、妄语不善业。心之恶业，心动摇于行不善之因贪嗔痴。若问：由什么作意能遣除它呢？以作意并通达法无我能遣除。以通达人无我能除坏聚见、边见、邪见、见取见、戒禁取见五见。

14. 真实得受教授随教作意：以“得受”宣说，安住大乘种姓者发起菩提心，于信解行地获得法相续等持，于佛菩萨前得受获得一地的等持教言，称为真实得受作意。

加行及自在，小大之本性，

瑜伽此作意，许是一切性。

15. 加行作意：以“加行”宣说，得受教言之果在道位有五种加行之加行，其一、解数加行：了解《等持行境经》等十二契经的教言，自己得受的名称、词句、文字数及偈颂等数目有多少。其二、解安住或趋入二相加行：了解能诠之实相，文字是所有名称、词句的根本或本源，它是阿勒、嘎勒五十个字母，因此通晓文字有量，而名称、词句无量，如《般若十万颂》等中有大量名称词句，并不是十万，因此了解安住或趋入它无量。其三、解分别之加行：任何人或以任何作意，无有颠倒证悟“所谓瓶子之类的名称、它的意义是能装水的大腹器具，名义相联而说此法名称是这个，意义是这个”所得受教言的名义，依靠名称的名言共相在心中浮现外境自相的行相，耽著为外境自相，由名解义，而通达意义，见到外境自相时，领悟到义共相由名称安立，此法的名称是这个，完全通达名称。其四、次第解加行：世间中，瓶子、氆氇、人、马等种种命名，按照名称顺序无误表达时，在生起耽著某某外境是此是彼之前，它的名称浮现在心里，由它通达意义。解数等四种加行是在资粮道由闻法而获得法所缘的方便。其五、证悟加行：在加行道等时，有十一种差别，了悟了它们就称为证悟加行。是哪十一种呢？加行道有四种、见道有一种、从所证角度有两种、胜劣两种、后得分类有两种。加行道的四种是，（1）暖位，证悟名义本体无关联而以名立义，以义立名，这些只是分别心增益假立为名义，称为证悟名义客生；（2）顶位，了知显现为所取能取的这些法并非于所取能取的本体中存在，但以心心所依他起而如是现前或真实显现似乎实实在在的相似相，如同捏着眼睛显现二月等一样，称为证悟真实显现相。所谓“相”是对显现之因称呼的。领悟如是显现的因是心，为此得名；（3）忍位，对色至法之间的六境或六义不加分别，完全通达所取不可得，称为证悟义不可得；（4）胜法位，缘六境，通达能取之六识聚无有自性，称证悟能缘不可得。（5）如此证悟所取能取不可得即刻获得见道一地时，证悟远离所取能取的法性普行法界，称为证悟法界。（6）声闻的见道，称为证悟人无我，仅是现量证悟五蕴无人我，获得预流果。（7）菩萨的见道，不仅是人无我，而且五蕴也是如幻现而无自性，称为证悟法无我。（8）证悟小意乐是声闻预流等四果及缘觉，他们仅行自利没有证悟法无我。（9）证悟广大本性意乐是十地菩萨及如来行自他利的证悟，因为圆满证悟了二无我。（10）证悟如所通达之法安立，是指见道一地时通达法界的缘故，一刹那中见百尊佛等证得十二种百数功德，即证悟法安立，那也是以正见而证悟的。（11）证悟安立法，是指从二地至十地间也证悟所修之诸法，从中自己通达并证悟自类所属的十二种百数千数等功德越来越增上的安立，这是修道的真实证悟。虽然藏传佛教的注释中后六种唯一对应修道，但显然不符世亲论师与安慧论师的意趣。

16．自在作意：以“自在”宣说，自在作意有三种，自在清净烦恼障、自在清净烦恼障所知障、自在成就殊胜功德。其一、贪等烦恼障碍解脱涅槃，它们是以证悟人无我见修道断除，不复再生，仅这一点声闻、缘觉阿罗汉也具有。其二、耽著所取能取法有自性的所知障障碍获得遍知智慧，以大乘道断除烦恼障所知障后永不再生。其三、断除获得六通、力、无畏等那些殊胜功德之障而现前那些功德，自在真实成就功德极其清净。

17．作意小乘声缘道。

18．作意广大本性菩萨大乘道。

以上这十八瑜伽作意，承许是摄集一切大小乘的所有作意本性。

庚二（寻求所证义法）分十一：一、寻求真如；二、寻求如幻；三、寻求所知；四、寻求染净；五、寻求唯识；六、寻求法相；七、寻求解脱；八、寻求无本性；九、寻求无生法忍；十、寻求一乘密意；十一、寻求五明。

辛一、寻求真如：

恒离二迷所依者，非诠离戏真如性，

所知断净性无垢，如空金水许惑净。

众生清净别少无[1]，无余众生愚昧心，

舍弃本有耽著无，世间愚相何其重！

寻求染净法的真如，应当以遍计所执性、依他起与圆成实三本性来了知。虽然是恒时远离所取能取二者，但显现为所取能取，这就是遍计所执性；如此所取能取不存在的同时成为显现二取迷乱之基或所依是依他起，不能以语言诠表无有分别念戏论的本性是圆成实，也就是诸法的实相真如，它远离所取能取法，是离戏自性，各别自证。如是遍计所执性，如绳子上无蛇一样并不存在，是所知，不清净依他起性是所断，依他起上有的所取能取显现是所净，承许自性无垢圆成实上客尘是所净。自性无垢是指就自本体而言如虚空自性清净、金子自性纯净、水自性澄清般自本体本来无有不清净，但就像虚空被云遮蔽、金子被淤泥覆盖、水被混浊所障蔽一样由暂时的烦恼所遮障而不现前，承许当远离烦恼时就现前清净。若以胜义实相衡量，则有法众生界清净，就是法性圆成实，除此之外尘许也不存在所取能取法。虽然一切都这般安住于法性本性中，但三界众生无余没有证悟法性而以对实相愚昧之心耽著所取能取法，以执著而舍弃诸法自本相中本来明明有的圆成实，真实耽著本来无有的遍计法，世间极其颠倒的愚昧相是何等严重。

辛二、寻求如幻：

以如幻术说，非真之妄念，

1 众生清净别少无：此句在安慧论师的《注释》中无有。

以如幻相说，迷乱为二法。

犹如彼无彼，如是许胜义，

犹如可得彼，如是许世俗。

真如中无而显现，有领受而显现所取能取的一切法现而无自性如同幻术的显现一样。犹如幻术师依靠咒语加持的威力使小石子等真实显现为马、象等形象，以如同这种幻术的显现说明显现所取能取的因是不真实的妄念显现为所取能取的心心所依他起自性。以如同马、象等虚幻的显现它的行相身体支分颜色等现似真正的马、象来说明迷乱为所取能取二法是遍计的本性。无有的同时迷乱为所取与迷乱为能取的本性，是遍计所执性，如同将绳子误认为蛇一样。犹如幻术的咒语加持的小石子、木块等某事物上面没有马、象等某事物。同样，所取能取本来不存在的法性，承许是胜义或实相，是诸法无倒自性，称为圆成实。犹如幻术的事物依靠咒语的力量可见为马、象等某法，同样，显现为所取能取的一切承许是世俗。

如彼无有时，彼因了可见，

如是转依时，可见非真念。

如同依靠幻术的咒语引起的迷乱显现马、象等相不存在时，显现它们的因小石子、木块等真实明显可得。同样，一旦断除了所取能取的习气，阿赖耶识转依时，则如马、象的显现不存在一样，不缘所取能取的圆成实真如以入定智慧可见。如同直接见到小石子、木块一样以它的后得智慧见到显现所取能取的因是非真实的妄念分别依他起，将证悟三界唯心。

世间未迷者，随意享彼因，

未迷持戒者，随意享转依。

彼有彼行相，非有彼实体。

犹如世间幻术的事物在没有被咒语蒙蔽眼睛的人前不显现虚幻的马、象等，而了知仅是它的因小石子、木块，没有迷乱而随意受用。同样，获得迷乱之对治道的未迷乱持戒者，随意受用二取迷乱显现转依的清净依他起，即见到如幻而无有贪执、无所畏惧等自在行持之义。虚幻的马、象等，虽然它的因小石子、木块上有它的形象显现许，但它根本没有马、象等真实的事物。

如是幻术等，说为有与无，

彼有非无有，无有非是有。

若想：如此梦幻等，因为有显现许而不说是无有。明明显现的同时称为无有，为此也不说为有，不可能是有无二俱及非二的法，那到底需要如何承许呢？

显现幻术，有显现许就不是无有，如果无有，则不会显现马、象等，虚妄安立也不存在，因为根源不存在。彼彼显现的事物不存在，就永远不是有，如果有，则不成虚妄，如真实的马、象一样。

于幻等亦说，有无无差别，

如是有二现，非有彼实法。

如是于色等，说为有与无，

彼有非无有，无有非是有。

于色等亦说，有无无差别。
增益与损减，诸边所破故，
为遮入下乘，如是而承许。

为此，对于虚幻的显现等，也说有无二者在同一基上无有差别或不相违，现空二者聚合，同样，虽然在依他起上存在二法显现，但并非有如其有实法显现一样成立的二法。同样，外界的色声等，说有显现许，无有如显现般成立。为什么呢？某某法有显现许，并非无有，无有如显现般的色等成立，何时也不成立有，如显现二月。所以，正如刚刚所说，对于色等，它的上面，这样的有无二者，不堕任意一方二者聚合无有差别，也如同幻术比喻中所讲。如此有无无差别，有显现许，但并非如显现一样存在，即中观道，因为增益遍计法有与损减显现基依他起无有之边是所破，如《辨中边论》中云："非真妄念有，彼非有二法"等，"彼即中观道"。如果证悟了此理，就会了知所取能取法虽然显现，但自性不成立，犹如幻术，进而不畏惧轮回，不贪执涅槃。为了遮止因畏惧轮回苦而寻求速得寂灭涅槃以趋入小乘寂乐而入寂灭边，是以离二边的方式如是承许。

迷乱因迷乱，承许色之识，
及非有色识，无故另亦无。

所取能取虽然不存在，但迷乱为二者的因与迷乱承许为色识与非有色识，迷乱因是指呈现出现似与心不同的色五根与五境行相的识，梦中自根行境中显现马、象、女人等色法，这些显现为自己识的所取分，不了知这一点而认为是与心识他体的真实所取境。同样，显现外境是迷乱的因，迷乱的本体承许是非有色的识，因为是眼识等六识聚执取为所取能取。如此迷乱二法也并不存在与能取他体的所取，因此它也不存在另一个能取，因为这两者相互观待成立，如果一者不存在则另一者也不存在。实际成立以所取能取而空。

执取幻象色，迷乱故说二，
如实虽无二，可得二者法。
执著骨锁相，迷乱故说二，
如实虽无二，可得二者法。
迷乱法相法，如是有与无，
有无无别故，有无如幻术。
凡属对治法，如是无与有，
无故无法相，亦说如幻术。

若问：如果眼等有色根不存在，对境色等不存在，根识不该是无因产生，但是，显现所取能取不可否认，这怎么合理呢？

虽然不存在所取能取二法，但显现二法合理，世间共称的比喻及论中所出现的比喻均可证明。其一、见到虚幻的大象色法后由眼识取，实际是无而显现迷乱的缘故，说为迷乱境所取大象色法与取它的识二法。虽然所取能取如实不存在所取能取，然而以迷乱的心识可得所取能取二法，这在世间是有的。其二、就论典中出现的比喻而言，修不净观的瑜伽行者成就明相，直接显现骨锁，不存在真实的骨锁，只是由于迷乱故称为所取能取二法，执著骨锁之显现者前虽然并不存在如其显现般的所取能取二法，但产生可得两者的心是有的。如比喻一样，虽然依他起识显现染净法，但所取能取并不存在，然而有二者显现许，其中违品染污迷乱法相的法——业烦恼异熟所摄的一切也如刚刚所说的比喻一样只是迷乱显现存在，凡愚遍计所执那样并不存在，为此有与无二者无有差别或无有相违的缘故，显现许有与实际无有如同幻术。所说经等法、念住、波罗蜜多等道法及力等果法凡属于对治法，也是凡夫遍计执为所取能取如是不存在，显现许如是显现存在，但如显现那样并不存在的缘故自本体或法相不存在，因此也说明如幻。《般若经》中说："诸法如梦如幻，涅槃亦如梦如幻。"

犹如魔术王，为余幻王败，

见法之佛子，彼等无我慢。

若问：假设染品也是如幻，净品也是如幻，那么以如幻的清净品如何能断除如幻的染污品？

如同一位了知幻术的小力幻术王及眷属，被另一位具力的幻术王及眷属击败，被驱逐出境。同样，住于如国境般的阿赖耶识中的我见等烦恼心如小力幻术王，其从属心所如小力王的眷属。乃至没有生起对治前，染污法自在生起，因此如王，比它力大的幻术王证悟无我的智慧与信心等善法自性的清净心与其从属心所根除染污品，获得由无漏诸法统治阿赖耶转依之处的国政。如是见到清净的诸法以所取能取而空的显现如幻的那些佛子断除染污，生起清净法，他们也无有"我已做到如此"的增上我慢。

如是当了知，佛陀觉者说，

一切有为法，如幻亦如梦，

如阳焰影像，如光影回响，

犹如水月影，亦犹如幻化，

承许六六二，二六三一一。[1]

现在解释佛陀所说诸法如幻化八喻：佛陀也就是了知真理的至尊觉悟者，超胜声闻、缘觉。按照安慧论师的《注释》译文中说“智尊佛陀言”称为觉者，因为从无明睡眠中觉醒、了知所知智慧圆满，梵语“布达”是觉悟之义。因此理解成最殊胜的觉悟者。如果将佛陀、觉者理解成前面是差别基、后面是差别法之理，则不成名词重复。

如此应当了知本师真实圆满的佛陀在经藏等佛典中说一切有为法如幻、如梦、如阳焰、如影像、如光影、如回响、如水月影、如幻化，虽然这些也可以作为总的一切法无实显现的比喻，但分别分析，内六处如幻，为什么呢？因为显现虚幻的人、马、象等虽然没有根、我、有情、生命，但就像有根有命有心的有情一样显现，由此说明显现具有内在的眼等六根六处的有情也无有命与人等。外处色等六境如梦显现，应当了知就像梦中显现领受男女等色及声香味触法，但无有其余外境一样。所谓“二”，是指心与心所二者如阳焰，阳焰虽无有水，但身处远距离者对蓝色动摇等的事物会生起水想，然而跑到跟前却一无所有。同样，心与心所对柱子瓶子、男人女人、青黄白红种种法以是此是彼之想耽著，但如果对那些法剖析，则是众多、无常等的缘故整体的耽著境一无所有。所谓“二六”，上面的比喻影像与光影二者，对应内外两类六处。内六处如影像，如同面容在镜面上映出影像，现在的六处虽然显现但不真实，犹如影像，这是从面容般的前世六处所成的业习中显现的。外六处如光影，所谓光影，是以外缘迷惑眼睛而照了的诸显现，如假

1 此两颂，藏文为一长颂，每句十五字，分成两颂。

人显现为人，捏着眼睛显现二月，自己的影子显现为其他生灵，及毛发等的显现，上船感觉山动摇等，虽有多种，但此处应当理解是影子。如同由伞与身体等所致而出现影子一样，外六处也如同内六处的影子般由它产生，阿赖耶识中产生眼等内六处，从中以对境的形式显现外六处。“三一一”，所说的法、心安住于等持、故意受有的身体这三者，一一对应回响、水月与幻化的比喻。所讲的一切法如回响，就像回响声的自性虽不存在但耳中能听到，所说的一切法与之相似。或者澄清的水中映现月影，虽已明明呈现，但无有实法，安住一缘等持不为其余散动分别所扰如同净水，修行四谛、随念、遍处、胜处等任何法，也会显现所修义的影像。“故意受有”如同幻化，虽然显现由一处到一处但无有贪嗔，同样，菩萨为利众生，由一世到一世连续受生但无有贪嗔。

辛三、寻求所知：

邪分别非正，非邪不分别，

非分非不分，名为诸所知。

所知归纳起来，假立为世间法与出世间法两种。“邪分别”，是指不是真正随同获得法界与无分别智慧的三界所取与能取一切妄念分别。“非正，非邪”，是指异生位认真闻思妙法开始，如理思维世第一法以前的信解行地之法，那时是有所取能取分别，故非正；随同所证法界与出世间智慧，成为它的因，由此称为非邪。所谓“不分别”，指对境法界与它的有境出世间无分别智慧，因为这两者无有所取能取等分别。所谓“非分非不分”，指入定无分别智慧的后得清净世间智慧，它缘于法界，无分别智慧缘于它，因此无有所取能取，或者其后得对它的所取能取无有耽著，因此也不是分别。因为有诸法自相与共相不混杂如幻如阳焰火的分别，也不是无分别。这四者包括一切所知，唯心以外的法不存在，因为以心的这四种阶段与法界摄集一切所知。

辛四、寻求染净：

自界显现二，无明烦恼俱，
尽生转分别，断除二实体。
获得所缘法，具住自界故，
真如无二现，趋入如皮箭。

烦恼、业与生之异熟三者所摄的染污法相与圣道涅槃所摄的清净界，它与界、种子、因意义相同。阿赖耶识及所取能取的习气，称为自界，从中显现所取与能取二法，显现当时没有了知法自性的无明与贪等其他烦恼一起，完全产生对境色等所取与取之识的分别，反复投生流转轮回中。有如此二现时，也断除所取能取两种实体，本来这两者并非异体存在，但以迷乱心所致显现二法，耽著二法而形成流转。了知这一点就是寻求染污法相。

寻求清净法相，信解行获得如上所述所缘法之差别的行者，一地具有安住依他起心自法界或者实相法界，修道诸地修行具有这种证悟的胜观瑜伽，为此真如无有所取能取二法显现，越来越向上直至佛地之间而趋入。如何比喻呢？众生的心显现所取能取由迷乱耽著而欺惑的缘故心不能从烦恼中解脱，智慧不能现前从无明中解脱。菩萨证悟所取能取不存在并以入定于其义的寂止与胜观力现行这两者，如被雨淋的坚硬如皮革般的心，依靠水与油般的寂止能软化，我见与常断等恶见不符合心的实相，如同弯曲的箭一般，用如火般的胜观烘烤可使它抻直。同样，颠倒的心以正道改造后成就不颠倒，究竟于佛地心解脱与慧解脱永远不可能退失。

辛五、寻求唯识：

心者显现二，承许现贪等，

或现信心等，非有惑善法。

是心现种种，趋入种种相，

显现彼有无，是故非法性。

所谓唯心，是承许仅是心与心所而已，外境并不存在，“唯”一词有两种，一种不破色的心所，有些唯识宗承许破除唯心以外的心所与色法。此处按两种承许，按照第一种承许，所谓心，是说阿赖耶等八识及心所，显现所取能取二法，除心外的所取外境不存在。按照后一种观点，仅是心本身显现所取能取二法，除它以外的心所与所取能取并不存在。关于这两种观点，安慧论师的《注释》中说：很明显，按照第一种，是承许心与心所异体的宗派，按第二种，是承许心与心所非异体的宗派。如是承许心显现贪、嗔等烦恼法或信心、精进等，除心以外的烦恼法与善法并非另外存在。如此心阿赖耶显现种种所取法，趋入能取的种种相。心显现所取能取，显现许存在，如显现般实际不存在。因此，并非存在与心他体的种种法的自性。一切法只是在心中显现，为此成立唯心。

辛六、寻求法相：

佛为利有情，真实说事相，
法相及名相，一切细分类。
心及有见者，彼位不迁变，
此摄是事相，详分无有量。

佛陀为利益众生，使之生起对所知不愚昧的智慧，真实宣说了事相、法相及名相所有详细分类。那是什么呢？成为法相这三者所表示自本体或自性的基是所知五事，仅此而已。五事即色、心王、心所、不相应行与无为法。色：五根、五境十有色处。心王是指八识聚。心所指五十一心所。不相应行是得与未得等二十三种。无为法是指抉择灭、非抉择灭、虚空、真如四种。其中，所谓“心”是说心王事。“有见”，心见对境，境、根、作意需要具全，因此是讲心所、五根与五境，作意对境的行相，是讲心所事。五根与色声香味触五境这十种是讲色事。“彼位”是心、心所与色的分位，安立得、未得、同分、命、补特伽罗等，既不是心识也不是色法属于有为法部分的不相应行事。“不迁变”是指不以因所造作，远离生住灭，因此是讲其本体永不变化的无为法事。这五事摄略而言是事相，一切所知法无不包括在此中，因此三相，承许为建立某法的事相。安慧论师的《注释》中说：“所谓‘心’是说心显现所取的五根五境，显现能取是六识聚。‘有见’是讲心所，以明显、跃起的自性趋入对境之义。”有些译文中于事相也称名相，是所表三相，因此这两者可以理解成一个。它们内部事相的详细分类有无量，一一也有无量差别，以心、色等有情的相续及种种时间对境所分，因此等同所知数量，无有边际。

依诠作义想，因与彼习气，
从中亦现义，遍计之法相。
依于名与义，显现名与义，
非正分别因，遍计之法相。

五事相的法相，归纳来说有遍计、依他起与圆成实三种。这三者从那些法显现二者的部分、显现之因与不成立二者的部分而有三种法相或体性。那是什么呢？

遍计的法相：外境不存在的同时，依靠柱子瓶子等名称表达仅是分别念显现许，作某某事物想，由执著“这是柱子、这是瓶子”等实际成立之想的因中产生遍计所执，名与相想是遍计所执法相的一方面。如是它们的戏论习气也归于遍计中，是非真实分别念的因。无始以来串习的习气成熟中产生真实显现柱子、瓶子、马、象等某某外境，熟悉名言者将它与名称混合而执著，对不知名言者虽然没有命名，但也可将那个事物与名称混合而显现，这也是遍计所执。总之，显现二者的种种法戏论的习气苏醒，从中对显现二者的种种法，执取名相依如显现般而耽著，就是遍计所执的法相。所谓遍计的定义：依于名义是什么，就说显现什么名与义。以瓶子等名称，生起意义大腹部事物的分别，虽然没有见到真实外境事物，但只是说瓶子的名称并没有执著大腹的事物存在，它是不真实分别念的因，见到大腹事物时，认定这就是有瓶子名称的事物，那种外境成为非正确分别念的因。虽然在真实性中名、义无有任何本性相属，但对于显现相状的那个事物有暂时分别念增益的名称，一想到名称，心里就会浮现外境，也是将名称增益为意义。因此名、义相互混合执著，偏向执著各自的种种法成了非真实分别念的因，是执著种种所取能取不同二法的分别心，承许为遍计的法相。

若问：依他起的法相是什么？

显现三三相，所取能取相，
非真分别念，依他起法相。

“显现三三相”，第一个显现三相是指显现处、境、身三种，即所取色法方面。后面的显现三相，是指意、能取与分别三种，这三种显现是能取心心所方面。其中处是指显现器世界，境是指色、声、香、味、触、法六境，显现身是指眼、耳、鼻、舌、身、意六根，显现意是指染污意，缘于阿赖耶而视为我，能取是眼识至身识间的五根识，分别是指意识，因为它可肯定种种对境并分别某某法。承许后三相是能取的法相，前三种是所取的法相，这六种显现都只是由阿赖耶识上存在的习气界苏醒中如梦显现而已，不成立异体的所取能取，但似乎存在般显现二法的缘故是非真实分别念三界的心心所，即依他起的法相。《楞严经》中也说：“如身受用处，唯心我所说。”成为显现外内一切法之基阿赖耶及七识聚从属的心心所称为依他起，因为由染污习气的依他起缘起中显现所取能取法，故得名依他起。

若问：圆成实是什么？

无有及有者，有无平等性，
非寂寂无别，圆成实法相。

法界空性的法相，它无有所取能取实性遍计的法相，有二空的法相、真如的法相，无有所取能取的真如存在，由于有真如，所以无有所取能取，虽说有与无二者，但实际一义无有差别，是平等性，否定遮破所取能取，而肯定成立真如，如果肯定成立真如，则以否定的方式遮破所取能取，因此这样的有、无无别同义。从与客尘相杂的侧面而言没有寂灭，从自本体分而言是自性清净光明，因此是寂灭，不是寻思的对境而远离所取能取一切戏论，因此无分别是圆成实的法相。

这三相存在于五事上，能知或能表是表诠瑜伽五地——基、能生或安住、如镜、显现、处或所依，仅以这五者增益一切法，所知是遍计部分如其有，显现所取能取非真分别念是所断依他起如其是，所净之基圆成实的法性如其住，是能明了表示在心的境界中。

若问：如何承许这五者？

缘于等流法，如理而作意，
安住心法界，见义有与无。
彼中成等性，圣种极无垢，
平等复超胜，无减无增相。

佛陀通达二无我而如实宣说其义，因此十二契经称为等流法，因为与佛陀所了悟的证法等同，或者是能得它的因，为此称等流。1. 想证悟真如的任何行者，首先于资粮道认真听闻而能缘证悟法界等流之佛法，并思维修行它们的意义，称为基。趋入佛法初始的因或表示瑜伽后面地生起的基础是此，所以缘于经义而如理作意，宣说了安住或生起的基础。2. 加行道如理作意的修所生领受于暖位时，通达诸法以名称无可表诠，顶位时通达诸义如幻，忍位时证悟无所取，胜法位证悟无能取，次第对真如的定解越来越妙、越来越明显增上，称为能生基，因为能生起见道。或者，心安住如理作意的缘故也称为安住，因为依靠它在心中安置证悟出世间法的习气。3. 如镜，以"安住心法界"说明，依他起心的法界是二空真如，因此现量安住它中就是见道一地时，因为犹如镜中明显映出影像，以那种智慧能现量明见一切所知真如的自性。虽然有些人讲如镜智慧是指大资粮道至胜法位之间以义共相证悟空性而安住，但安慧论师的《注释》中解释为一地，是正确的。4. 显现以"见义有与无"说明，以二地至十地间出世间智慧见义有，见无为无，即无倒显现诸法自性，故称显现。义有是指依他起世俗法相中存在，圆成实胜义法相中有，这两者如是见为有，遍计是以迷乱心执取如同兔角般见为无。5. 处或所依是以"彼中成等性"等一颂说明，究竟佛地诸法成为等性，通达了趋入无漏法界的诸佛身语意成为平等性，一切法也如是于大平等本体中一味。也就是说，一切法的实相真如法界自性清净，称为圣者种姓，也称如来藏与真实际。法界远离二障之垢，因此转依为极其无垢，仅断除烦恼障的解脱声闻、缘觉也具有，就这一点而言平等，又以五差别超胜声闻、缘觉，无有以染污灭尽使法界损减，无有以清净法增上使法界增长，因此恒常无增无减无盈无亏平等性中寂灭不动，称为处或所依。解脱是指遍行所依者，声闻、缘觉也是从轮回中解脱，他们这样的解脱佛陀也有，因此为平等，但佛陀的解脱有五种超胜，即清净超胜、刹土清净超胜、获得法身超胜、圆满受用大乘法超胜、以化身利益有情及事业不间断超胜五种。其一、声闻、缘觉，由于没有断除所知障而并非像佛一样清净，而且，他们尽管断除了烦恼障的种子但没有断除细微习气，所以即使获得阿罗汉也会由以往转成猴子的习气而跑跳，因以往转成妓女的习气为看自己的容颜而照镜子或钵盂等，虽然没有烦恼但有它的习气部分，而佛陀连二障的细微习气也没有，因此清净超胜。其二、佛陀的刹土清净，显现珍宝大地、如意树、甘露河庄严刹土，而声闻不能，所以刹土清净超胜。其三、佛陀由证悟二无我而获得真如大平等法身，而声闻、缘觉只有证悟人无我的解脱身。其四、佛陀证得乃至轮回存在间不间断与十地菩萨眷属一起圆满受用大乘法之报身，声闻、缘觉不具有这样。其五、佛陀以殊胜化身等身语意幻化游舞乃至未来际利乐一切众生的事业不间断，而声闻、缘觉不具有这样。能表瑜伽五地前四种是因瑜伽，后一种是果瑜伽地。所谓瑜伽是止观双运之义，瑜伽五地在三法相五事相上能表示，因为能了知五蕴、无为法真如的一切法，凡夫假立为所取能取、显现二法及无二之义。虽然有人说色、不相应行是遍计法、心心所是依他起、无为法是圆成实分别对应五事，但稍不正解。五事每一个也都有三种，遍计之色、依他起色、法性差别色或色之法。依此了知一切。

辛七、寻求解脱：

种子转依故，显现处境身，
转依无漏界，彼所依遍行。
意能取分别，转依无分别，
刹土智事业，是为四自在。

以圣道断除烦恼痛苦、现行涅槃就是解脱，思择依靠什么方法获得涅槃，就称为寻求解脱。烦恼障所知障的种种习气或所取能取的种种习气存在于阿赖耶识上，它称为一切之种子。成为这样种子的阿赖耶远离所取能取之垢转依的缘故，从中显现的三种法也转依，显现处器世界、显现境六境、显现身六根转依时，并不是有悬崖、深谷、荆棘等不清净的器世界，而显现珍宝自性的器世界，外境是如意树、甘露池等悦意受用无漏的六欲妙，身体如佛身般，每一根也能做一切根之事，具足十二种百数功德的清净圆满身体如同金刚般力大无穷。阿赖耶转依无漏法界是解脱之处或所依，因此能遍行一切转依功德。或者也可解释为，解脱法界，一切声闻、缘觉、菩萨均趋入，故为遍行所依。染污意、能取五根识及分别意识三者转依的缘故，依次是指：染污意转依无分别获得自在，没有转依时，缘阿赖耶为我，但转依时，它缘阿赖耶转依无分别，所以无分别得以自在；能取五根识转依时，平庸不清净的行境不再显现，清净刹土获得自在；分别意识转依时，智慧与事业得以自在，由于获得四无碍解，智慧自在，以神通力，事业获得自在。前文转依中也与此相同有宣说。如此是获得四种自在。

不动等三地，获得四自在，
一者二自在，余地许各一。

这四种自在，在八地不动地等三地获得四自在，“一者”是指第一八地获得无分别自在与刹土自在两种自在，此外九地获得智慧自在，十地获得事业自在，这两地承许各有一种自在。

具慧证诸有，亦知二无我，
彼知平等已，持彼入真如。
复意住彼故，彼彼亦不现，

彼者乃解脱，殊胜离所缘。[1]

解脱的差别，具慧菩萨对属于或存在于三界轮回的一切法，通达人无我、法无我这两者也是一味，因此了知遍计二我不存在而遣除增益常边。证悟无我，也并不是一切时处唯无的单空，而是了知如幻依他起与以二我而空的圆成实真如无别平等，即遣除损减断边。如此了知中观道后，菩萨以受持其道是如此的唯识而趋入真如，以这样的分别再三串习。这是以唯识作意真如，在暖位至忍位间。之后，意安住于唯心明觉中的缘故，证悟如所取虽显现但所取本体并不存在，同样唯识能取虽显现，但能取也如所取一样不存在，进而获得胜法位等持，不显现能取。现见所取能取二者平等圆成实不存在后不显现所取能取一切戏论相，就是解脱了所有分别妄念，即圣者殊胜智慧远离一切所缘无误圆成实。

资粮基有生，得见唯名称，

见唯名见彼，后亦不见彼。

再宣说解脱的其他差别：以往在一大阿僧祇劫中积累二资粮，今生以闻思修大乘法的资粮基础，信解行地如理作意无常、苦、空、无我，如果有了能生的这两者，那么由此因中获得加行道暖位与顶位时，得以见到诸法唯是以心以名称假立，真正的外境并不存在仅是分别念。了知如此所假立的法不存在只是以分别念假立名称，仅是名色所分的名基蕴心心所，而外界的事物不存在，是获得加行道忍位时。于忍位见到外境不存在后，执著唯名或唯心的能取于后面胜法位也不见。如此不见所取能取，生起如镜、显现，究竟获得佛陀平等性，就是解脱。

1 此两颂，藏文为一长颂，每颂十五字。

心即彼堕罪，我见之索缚，

极其而流转，内住许还灭。

再宣说解脱的其余差别：所谓心是指阿赖耶识等心与心所的诸法。心即彼堕罪，身堕罪是杀生等不善业，心堕罪是贪嗔痴。或者，是指烦恼障所知障二种习气罪恶。罪恶之因是将补特伽罗视为我、将法视为我的我见之索极度捆住心而完全流转轮回。总之，以两种我执积累烦恼障所知障习气相联的心存在期间，就没有断除二我执，心上积累习气并转入轮回。心向内安住的缘故承许为还灭，心如何向内安住呢？耽著所取与散乱的心向内收于心，真实安住内在的寂止与证悟无有所取唯有能取心并证悟心也不存在后远离所取能取，就不再积累堕罪习气，心从转入轮回中脱离出来，就是解脱。以上所说这四种解脱的差别，仅是从其余差别的角度说明解脱的，安慧论师的《注释》中没有宣说其他意义。第一种差别是从转依的角度宣说解脱的本体；第二种是从解脱道的侧面宣说；第三种是从生起解脱的次第方面；第四种是解不解脱依于心。如果束缚，是心束缚，如果解脱，是心解脱，而外道所认为的那样自在天主宰等得解脱、裸体派以有色解脱而解脱等不合理，因为没有断除心的束缚，永远不可能解脱，如果断除了二我执的束缚，则是解脱，以上是以四种差别寻求解脱。

辛八、寻求无本性：

自与自性无，自本体不住，

如执无有故，承许无本性。

经中云："诸法无本性，自性涅槃。"宣说其义是如何对应三本性的道理：所谓诸法归纳而言，就集于遍计、依他起及圆成实三本性或法相中。依他起是心心所显现所取能取刹那相续法，此中，有为的法相有生、住、灭三种，过去已灭，现在那个法的自本体不存在，未来于现在时自本性没有产生而不存在，正安住的现在是自本体已经成立，不住第二刹那的缘故承许无有实性或无本体。从生灭的角度抉择无有本体，这是声闻在讲空性无本性之义时也这样讲。再者，宣说依他起生无本性之义，所谓"自"，是指依他起缘起的这些显现自本性不生，由因缘聚合的依他起中产生，因此生无本性，说无本性那是为了破数论派声称"由主物中产生其他法"或者"果在因位时存在才产生，而不存在则不该产生"的观点。"自性无"，是指有实法灭了以后先前的自性无生之义，此依说明灭仅是有实法灭，指出并不是像数论派所说"有实法灭是隐没于始终不会变成无有的主物界中安住"那样。"自本体不住"是说现在已生的一切法也是不住第二刹那的缘故，依此说明无住，指出并不是像外道所说"不是刹那毁灭，产生之后安住一阶段方毁灭"那样。"如执无有故"，显现遍计的二法，这样假立二法，颠倒抉择所取能取与常乐我净等，就像将绳子执为蛇一样仅是迷乱分别心的耽著境，而如分别心执取那些丝毫不曾有，因此称为无本性，这般承许依他起与遍计无本性。

前乃后所依，无性无生灭，

本来即寂灭，自性涅槃成。

无本性与无生等前前成立是后后成立的所依，由如此无本性证成无生，因为何法无本性不会有产生，因此成立无生。无生则无灭，任何法无生无灭，那就成立它不曾有谁重新造作，原本寂灭，原本寂灭不可能有苦集，由此成立自性涅槃。

如此，以依他起无本体之三相与遍计无本体一相说明显现所取能取的一切法无本体的缘故诸法无生无灭原本寂灭自性涅槃，这就是圆成实。为此，依他起显现生灭也是由因缘聚合的缘起中显现生，但自本体无生，遍计自法相无生或无本性，圆成实胜义的自性本来安住无有生灭的本体，要知道是考虑到这三者而说无本性及无生灭等的。

辛九、寻求无生法忍：

始真实他性，自相自变异，
染污及差别，名无生法忍。

经中所说“获得无生法忍”的名称是怎样的呢？心中接受堪忍八种无生法，称为无生法忍，八种是指什么？1. 初始无生法忍：是指所谓仅在轮回的这一开始产生，认定轮回有始不合理，也并不是自在天与梵天等造物者重新造出轮回，从无始时以来缘起十二支环环相扣、一一辗转产生的缘故它的初始不可得，因此轮回无有初生。如果堪受这一点，那就是对其义获得忍，为第一差别。2. 真实无生法忍：在这个轮回中，以前已经产生的真实法，它不复再生，因为已生已灭就是无有，因此无有就不该再生。已生不复生的忍，为第二差别。3. 他性无生法忍：所谓“他性”，是指在这个轮回，先前共称的蕴界处这样的法反复产生，而前所未有的有情无有新生，为第三差别。4. 自相无生法忍：遍计是以自法相无生，如同兔角无生一样它也无生，对此堪受，即第四差别。5. 自性无生法忍：依他起自性不生，由因缘他者所起才生的缘故，对此无生堪忍，为第五差别。6. 变异无生法忍：圆成实，无有转依之生，它如虚空般何时也不可能变异，这是第六差别。7. 染污无生法忍：圣者阿罗汉断除见修所断的所有烦恼后获得尽智，此后烦恼永不复生，了知此而堪忍其义，为第七差别。8. 差别无生法忍：尽智、无生智差别或分别——佛陀的法身，二障不复产生，或者诸佛的法身是一自性而无有异体，以前有些佛的法身如何产生，未来的有些佛陀法身如何产生，法身之生无有不同产生的缘故，对这样无生之理堪忍，即第八差别。如果对所说的八种无生差别之义堪忍，就是所说无生法忍的差别。

一般来说，无生法忍获得忍的差别有小、中、大三种，获得加行道忍位时，对无生义以共相的方式堪忍，为小忍；见道一地现量证悟无生的忍为中法忍；八地以无分别智慧成熟，于诸法本来无生之义中入定后得不动摇，是无生大法忍。由于获得忍不退转的菩萨，得成佛授记，尤其是八地，也称为授记地。但若有某种必要则对安住种姓及初发心者也有予以成佛授记的。所谓无生法忍，主要是讲除法界以外的法不存在而堪受诸法本来无生之义。

辛十、寻求一乘密意：

法无我解脱，等同种姓异，
得二意乐化，究竟故一乘。

若问：有些经中说三乘，有些说一乘，它们的密意是什么？

经有了义与不了义两种，唯识宗认为说三乘了义、说一乘不了义是有密意的。就此而言，究竟只有一乘，它有什么密意而如此说呢？有七种密意：

1. 虽然三乘道与三菩提果并非无有，但趋入三乘者与一切道法果法除一个法界外是不存在的，这是同法密意。2. 趋入三乘的所有行人，也相同是人无我。3. 三乘之果，解脱业惑痛苦等同的密意。4. 不定种姓者乘不同，有趋入声闻、缘觉道，有趋入大乘道。5. 佛陀考虑我与一切众生平等的意乐，声闻、缘觉决定种姓者先前想舍弃菩萨行，由如来的安慰而萌生我也想成佛的意乐，获得这两种意乐的缘故，是得二意乐密意。6. 佛陀以方便调化众生而宣说以声闻乘涅槃，由此密意而说我数百次以声闻乘涅槃。佛陀的幻化与普通声闻二者显现上是以声闻乘涅槃，密意指唯有一乘的缘故。菩萨虽幻化成声闻相，但不现行声闻涅槃，佛陀出世也是如此。7. 究竟乘是唯一的大乘，而非其他，考虑到此而说是一乘而非三乘。虽然《大疏》中对此作了广说，但担心太广反而更难理解，因此在此简明扼要简单易懂地讲解了。

为引有些者，为余真受持，

于诸不定者，圆佛说一乘。

宣说一乘的必要：为了引导有些声闻不定种姓者及缘觉不定种姓者入大乘。还有其他菩萨种姓不定者虽然入了大乘，但在此轮回中见到饶益他众反遭损害，虽没有加害他众也遭受损害、无有必要也害众生等有情的罪业后对轮回厌离，想趋入声闻涅槃，为了使他们不退大乘真实受持，对不定种姓者，圆满佛陀宣说是一乘。依靠这样宣讲，有使他们想到趋入声闻道获得自果后无论如何还需要入大乘，因此觉得最初就不应放弃入大乘，从而不退菩萨道。

声闻不定二，见未见乘义，

见义离未离，贪者此低下。

声闻不定种姓者，是指由以前行持声闻行所感的声闻种姓，其余两种也与之相似。声闻不定种姓者入大乘后成佛有两种情况，现见自乘之真实义的预流、一来、不来三者与没有见谛的异生信解行的行者。见谛实义者也有离欲贪的不来者与没有离欲贪的预流者与一来者。见谛离未离贪的这两者，虽入大乘，但因根基钝，时间久远获得佛果，因此比入大乘的异生凡夫还低下。

彼二得圣道，转世驾驭故，

真具不可思，驾驭之投生。

若问：声闻圣者背离轮回后不转生世间，获得圣道趋入大乘，要转生轮回后需要在三大阿僧祇劫间修行圆满、成熟、清净，既然获得了能灭尽世间的道，那他们为何还转生轮回呢？

见谛离贪与非离贪者这两种，获得了三界世间的对治圣道，以无漏的事业而不现行声闻果，再度投生转世的因是以愿力驾驭的缘故，真实具有寻思者不可思议驾驭的投生，以这种方式辗转投生轮回而行持圆满、成熟、清净。

若想：圣道是能背离轮回、灭尽世间的对治，它如何会成为投生轮回的因呢？

的确，虽然依靠清净的圣道不是投生轮回，但不来者具有上界烦恼，预流者与一来者没有灭尽欲界烦恼修断，有上两界的烦恼者，以圣道回向投生轮回的力量而迟缓，作为烦恼的因而投生轮回。这是《注释》中宣说的。于此，获得圣道，无漏业永远不会转成有漏，因为无漏不可能变成有漏、善不可能变成恶。但是，由以往依此无漏道而断除了轮回，放弃了自己寂灭涅槃的意乐，而以现在投生轮回的愿力摄持的力量不现行声闻果，具有不可思议的驾驭投生，就是以其心的愿力受生，也是无漏业的主宰，并不是像普通的投生一样，所以要理解其是获得了不可思议驾驭的投生。佛陀让未离欲贪的声闻不定种姓者以胜观道观修轮回痛苦与涅槃寂灭，随同获得涅槃等舍行持，进而修现观轮回的大悲之道，结果他们以大悲受生轮回，称为回向转世。他们是见谛实义的圣者，并不是像普通人一样以业、烦恼牵引无有自在反复转生轮回，称为不可思议驾驭受生。

如何投生呢？

一者以愿力，而能成投生，

另者不来故，幻化尽成办。

未离欲贪与离欲贪二者中，一者未离贪，是指预流与一来者。他们以慈悲苦难众生发愿“愿为利众生而投生欲界”，以这种发愿力能成办真正投生某某处，投生后利乐有情，积累二资粮，最终成佛。另一者是远离欲贪不再来欲界者，他们自己虽然不投生欲界，但以等持的幻化成办示现投生轮回积累资粮，最终成佛。

彼二屡屡数，具有自心生，

欢喜涅槃故，许是缓证悟。

以声闻道见谛离未离欲贪的这两者，反复以先前串习力而具有欢喜自利的心态产生，因此喜爱涅槃，为此承许迟缓证悟大乘果。

未行义投生，无有佛陀时，

求化勤禅修，获得妙菩提。

没有做到见谛实义的声闻乘者与种姓不定的凡夫或安住信解行地者成为佛陀的声闻入大乘，从欲界人趣中死殁后转生到欲界长寿天。如此屡屡住在长寿天，一旦本师佛陀不住世间，他的教法隐没无有时，再度转生欲界。投生欲界后心不欢喜对境，依靠以往由佛语中串习力，无有阿阇黎而现行圣道，如独觉一样。之后以想求幻化的意乐而为获得色界禅定精进修禅，由此获得禅定，依靠它而屡屡幻化，于三界利益众生，圆满福慧资粮，最终获得大菩提。关于这些，《吉祥鬘经》中所说的“初如火焰盛，后燃附近境”的比喻，“初”指声闻，“后”指缘觉，最终圆满佛陀之三处而说。

如是承许究竟三乘的宗派如此认为，不定种姓者入大乘后可成佛，而声闻、缘觉决定种姓者永不成佛。断种姓者暂且不论成佛，就连声闻、缘觉菩提获得的缘分也根本没有，声闻、缘觉阿罗汉趋入无余涅槃时，五蕴完全中断而不可能趋入大乘。中观宗认为一切众生均有如来藏，所以没有不可成佛的种姓者，心的自性是光明，客尘是可以离开的，因此暂时获得二乘果菩提的声闻、缘觉入于无余涅槃，也会以如来光芒劝请而从灭尽法界中起定，以不可思议驾驭受生圆满、成熟、清净达到究竟而成佛。依此观点究竟意义就是这般成立，《宝性论》中也如此宣说。这两宗随同补特伽罗的界性、根基、意乐，经中也宣说了这二理。就暂时而言，有三乘各自道与果，这一点何时也不能否定。断种姓者也与之相同，此处如是解说。

辛十一、寻求五明：

若未勤五明，大圣不成佛，

故为折摄他，自遍知精进。

大乘菩萨，对如所有、尽所有的一切所知断除增益而通达，能获得遍智，因此需要认真研学一切所知。声闻求寂灭安乐，以证悟斩断轮回根本之道的一偈意义也能获得自果，因此不学广大所知。世间出世间所有所知的意义归纳起来，就包括在此五明中。首先，吠陀派等一切也需要依于能诠词句而知义。宣说名、句、字自性的语言以名称、词句、连接词等组合无误安立的语言学或声明论典；宣说能真实无误辨别所说义的因明或现量比量之理的论典；依世间工巧身技、书写绘画等手工艺，依靠语言的歌音七品，佛法世法寓言，以心了知世规与非规，以八种观察等为例世间种种工巧的论典；精通病因、病本体、祛病的对治与不生病四支而总说一切众生身体自性存在风胆涎界，能平衡依靠食行等外缘增长、灭尽、紊乱的种种病患，养生之道，分别治愈儿童、妇女特殊病，治疗毒、兵刃、邪魔等外缘骤起导致的所有病，治愈精液增长领受欲乐的阳亢，为得身体无病之安乐而以摄生术等方便仪轨延年益寿，医方明或养生学的八支论典；无误了知尽所有、如所有所知自性并指示永乐解脱与遍知之道的内明真实妙法的论典。这五明中，包括小五明等所有论典。因此，如果没有精勤通达这样的五明，则超胜小乘圣者的大乘大圣者，也永远不会成为遍知，为什么呢？因为遍知是了知一切所知，一切所知以五明所摄，不知五明的遍知不可能有。为此，大乘种姓者自性利根，意乐与智慧广大，所以于信解行地也要精进研学五明所摄的一切所知，并回向成为获得遍知之智的因，由此等流果经多生累世串习。得地后，以等持、智慧不费力就能通达尽所有的所知，于无量生世中自然串习。需要懂得，大乘圣者更应该精勤通达五明，而不可能是愚昧不知，不应误解为“成了殊胜圣如果没有精勤者后还要从头新学五明”。研学时，对五明的智慧不愚昧的智慧圆满，比如，凡所需要的药齐全就说“所有的药都全了”、要聚集的人都来了就说“所有人都齐了”，同样，可安立遍知明处的因达到究竟的佛地现量了知五明所摄的所有意义，就获得圆满遍知的名称。菩萨精勤利他，如果通达五明则能成办他利，成为遍知。因此，为了以句义折服其他颠倒引导的外道等而学习声明、因明，为了总的分别摄受众生学习工巧明、医方明，为了自己真实了知如所有、尽所有的一切法，应学习内明或妙法。菩萨要极为精进于如此所应学的五明，《报恩经》中分别宣说了需要学妙法十二契经、因明或逻辑、声明、医方明、世间工巧明，之后又云：“假设未学五明，则菩萨何时亦不得无上真实圆满菩提遍知之智，是故为得无上菩提当学五明。”

己二、以如何作意寻求：

得因欢喜作意、随念所依作意、欲求共果作意、信解菩提作意、究竟欢喜作意、不厌倦作意，断违品作意、修对治作意七种，极净作意等直至执我胜作意之间，思维这些作意后使自相续的波罗蜜多界增长。

得因而欢喜，所依随念彼，

欲求共同果，信解依菩提。

1. 得因欢喜作意：“得因而欢喜”，是指安住种姓的菩萨一开始观察我有没有佛的种姓能修六度的种姓或种子，之后得到具有想成佛及行六度之因，便想到我有成佛的缘分而数数欢喜，以这种作意能使阿赖耶上具有的波罗蜜多种子增长。

2. 随念所依作意："所依随念彼"，是指安住于种姓者随后发无上菩提心，即波罗蜜多之依处或所依，心想我发心将圆满波罗蜜多，不忘失欢喜与所依发心的正念及以智慧随念作意也能使波罗蜜多界增长。

3. 欲求共果作意："欲求共同果"，是指行持六波罗蜜多，成熟波罗蜜多之果并不只是专为自己而欲求与他众共同拥有，如此回向的作意也能使波罗蜜多界增长。

4. 信解菩提作意："信解依菩提"，是指依如过去、现在、未来的一切佛陀行六度后现前无上菩提一样，愿我也以行持六度而真实成佛，这种信解也将使波罗蜜多界增长。

如是得因之欢喜、随念发心行波罗蜜多、欲求与众生共有果位、信解获得无上果这四种作意能使自己阿赖耶识界中具有的六波罗蜜多种子越来越增长。下面一切作意也能使六波罗蜜多增长，需要了知上下顺序也依次出现。于此简要讲了论句。

是以四威力，喜悦定不厌，

违品及对治，修行有四种。

"是以四威力，喜悦"是指下面要讲的那样，以见到自己具有四种威力后欢喜愉悦作意。"定不厌"，是指如果具有威力，那么就会作意自己圆满佛陀之法与成熟众生必定无有厌倦。“违品及对治”，是指依靠不厌倦，为成就无上菩提，断除波罗蜜多的违品悭吝等及修行对治的布施等，有四种。

5. 喜悦作意：四种威力，是指具有断除波罗蜜多违品的威力或能力；以波罗蜜多对治法成熟的威力；饶益自他的威力；未来时以异熟与等流果能成就波罗蜜多的威力。

若问：断违品的威力是怎样的？见到以布施能遣除悭吝等，其余波罗蜜多能断除各自违品——破戒、嗔恨、懈怠、散乱、邪慧。

资粮成熟是指见到积累并成熟六度的福慧资粮，布施、持戒、安忍三者是福德资粮，慧定二者是智慧资粮，精进属于福慧两部分。

如何饶益自他呢？乐于布施不悔，现今及未来饶益自己，以施授饶益他众。同样，以持戒、安忍不害他众，以精进成办他利，以禅定力遣除他人的疾病、灾难等，以智慧说法饶益他众并利于自己，这无需说明。

若问：未来产生什么异熟与等流果？布施感得大受用，持戒获得天、人身，安忍感得庄严、眷属圆满，精进感得成办一切事业，以禅定感得身无病、心堪能，以智慧感得通达一切明处，这是异熟果。等流果，无论转到任何生世，都欢喜成办布施等并行持，以此能行自利并成熟他众。这是四种威力。

6. 不厌作意：以四摄事成熟众生无有厌倦；依止善知识后听闻妙法等，能成熟或圆满自己的佛法，对此不厌倦；自己安住波罗蜜多后，将他众安置于此，尔时，不管遭受任何众生的倒行逆施、寒热饥渴疲惫等痛苦，都不生厌烦而不厌足法行。

7. 断违品修对治作意：有四种差别，即忏悔、随喜、祈请、回向。波罗蜜多的违品悭吝至邪慧之间是不善罪品，一旦出现这些，就要分别忏悔；随喜自他所行布施等六度对治；祈请如来转深广波罗蜜多法轮；忏悔、随喜、祈请这三者为例自他的一切善根为无上菩提回向。如经中也说："忏悔一切罪，一切善根悉随喜，劝请一切佛陀，愿自他获得无上殊妙智慧。"

净信真得受，乐于布施他，
披甲及发愿，爱乐所为意，
布施等六种，得力与成熟，
供养及依止，真实胜踊慈。

8. 净信作意：思维所说这些作意的差别可使波罗蜜多界增长，所谓"净信"，是指对波罗蜜多法与义生起极其清净的信心，就是净信作意。"法与义"，是指能诠波罗蜜多之法与义波罗蜜多，或者因波罗蜜多是法，它的果称为义，总之，诚信作意六度成为一切圆满、成熟、清净之基及无量功德果。

9. 得受作意："真得受"，如是寻求并真实得受所宣说的从信心至波罗蜜多法，就是真实得受作意。

10. 乐施作意："乐于布施他"，是指欢喜或乐于将法布施给他众。

这三种作意是指讲法时。

11. 披甲作意："披甲"是指披上盔甲修行无量波罗蜜多。

12. 发愿作意："发愿"，是指祈愿生生世世中完全具足能圆满六度的助缘善知识及亲友、身体、受用等而不间断广泛传讲波罗蜜多。

13．爱乐作意："爱乐"，是指生生世世修行成为获得无上菩提之因——波罗蜜多，十分欢喜乐求。

这三种是依照波罗蜜多教授及随教而趋入之义。

14．方便作意："所为意"，是指不仅唯是自己真实修行波罗蜜多，而且对他所作，心里随喜、欢喜、品味的方式是圆满波罗蜜多的所为作意。

踊跃作意有四种，以"布施等六种"至"真实胜踊"之间宣说，何为四种？获得六度之威力踊跃作意、成熟众生踊跃作意、供养如来踊跃作意、依止善知识踊跃作意。

15．威力踊跃作意：布施等每一度也有布施之布施至布施之智慧间的六种，共三十六，以此获得能趋入波罗蜜多的威力，是第一踊跃作意。布施等六度一一都有六种，各自布施之布施等，当时以利他而布施，从严禁恶行、行持善法、饶益有情的方面是持戒，从安忍作害的侧面是安忍，精勤于它的部分是精进，不被违品所夺、心一缘的侧面是禅定，名言中无误了知波罗蜜多之因与果，胜义中以三轮无缘摄持，为智慧。

16．成熟踊跃作意："成熟"，是指以四摄事的方式行持六度成熟有情，是第二踊跃作意。

17．供养踊跃作意："供养"，是指六度中，布施度以利养、恭敬供养如来，其余五度以修行而供养如来，即第三踊跃作意。

18．依止踊跃作意："依止"，是指依止无误宣说波罗蜜多法的善知识，即第四踊跃作意。"真实胜踊"，是指如此对波罗蜜多、摄事、供养、依止四种，真实殊胜踊跃作意，可使波罗蜜多界增长。

19. 慈悲作意："慈"是指慈悲作意，它也有慈悲喜舍四种，依照下文讲四无量时所说，悲心，是对住于六度的违品或以其因而痛苦者生起悲悯，不仅只是悲悯而且尽可能遣除他们的痛苦，并将他们安置于不受苦之因断除悭吝等波罗蜜多中。慈心，是欲求一切众生安乐，不仅只是仁慈，而且将他们安置于安乐之因波罗蜜多中。喜心，是对具足布施等安乐因或安乐果的众生，诚心欢喜他们具有安乐，并将他们安置于不离安乐之因波罗蜜多善法中。舍心，是无有贪嗔，愿具安乐者不生贪心，愿受用被他人所夺具痛苦者不生嗔心，为令远离贪嗔而宣说波罗蜜多法。

未行造恶者，惭悔欢喜境，

厌倦作敌想，安置及诠慧。

20. 羞惭作意："未行造恶者，惭悔"，是指根本没有行持波罗蜜多及没有圆满等持，作意悭吝劣道而行，称为下劣者或造恶者，如此惭愧后悔。

21. 喜境作意："欢喜境"，是指平时行持波罗蜜多时，一心不乱欢喜对境，这种欢喜作意也称稳固作意。

22. 厌作敌想作意："厌倦作敌想"，是指在行布施等波罗蜜多时，生起不愿意的厌烦心，要想到这是获得无上菩提的障碍，是怨敌，安住敌想，这是不厌作意。

23. 安置作意："安置"，是指想到应当以宣说六度相关之法而救护众生，将所化安置于与之相关的经论中，当以菩提分品中所说来了知。

24. 诠慧作意："诠慧"，是指相应众生各自根器的差别而传讲的智慧，这是了知世间人的相续，下文菩提分品是了知出世间的真谛，是了知胜义。

施等圆觉依，非自在天等，

以无碍解知，二者过与功，

随念积累喜，及与见大义。

25. 所依作意："施等圆觉依，非是自在等"，是指了知布施等六度是圆满菩提之所依，而自在天、梵天等并不是获得菩提的所依处，即所依作意。这是以具四依的智慧所生。

26. 思择作意：所谓"以无碍解知，二者过与功"是指悭吝等违品有成为贫穷等过失，对治等有与之相反的功德，以义无碍解了知违品与对治这两者有过失与功而作意。

27. 随念欢喜积资作意：以"随念积累喜"宣说，如此随念积累布施、持戒、安忍——福德资粮和智慧、禅定——智慧资粮及与之相关的精进，称为随念欢喜积资作意。

28. 见大义作意：以"见大义"说明，无分别智慧是究竟大菩提，布施等波罗蜜多是大菩提之因，波罗蜜多圆满而获得大菩提。为此见到它们是具大义。

瑜伽无分别，受持欲值遇，

断七颠倒执，获得之威力。

29. 瑜伽作意："瑜伽"是指为圆满六度而修行止观双运。

30. 无分别作意："无分别"，是指无分别智慧是能圆满波罗蜜多的方便，因此具有无分别智慧而行，称为欲求无分别作意。或者，加行时发愿"愿以无分别趋入波罗蜜多"，由此成就，称为欲求无分别作意。

二资粮至无分别作意之间按次第对应菩提分品。

31. 受持作意："受持"是指不忘失能受持波罗蜜多能诠法与义，即受持作意，这是由陀罗尼力所生。

32. 遇缘作意："欲值遇"，是指无论生于何处都欲求并发愿遇到圆满波罗蜜多的助缘——善知识等，是遇缘作意，这是愿。

33. 断颠倒执作意："断七颠倒执，获得之威力"，是指对修行波罗蜜多，有七种颠倒执著，断除它的威力，即获得作意，以三等持及四法印能断除七种颠倒。七种颠倒执著：法无有而执为有；轮回法有过患执为常有等功德；有功德的涅槃凡愚担心我断灭而视为非功德如深渊般。这三种颠倒执著的对治依次是空性、无愿与无相三等持，依此能断除它们。有为法执为常有、有漏执为安乐、诸法执为我、涅槃执为不寂灭四种颠倒执著的对治依次是诸行无常、有漏皆苦、诸法空性无我、涅槃寂灭四法印，依此能断除它们。

如此一切作意能增长波罗蜜多界，从净信作意至爱乐作意之间六种的广说是对应信解、求法、说法、修行品、教授、随教六者。"所为意"对应方便品，"布施等六种，得力"对应度摄品中的六度，成熟有情对应摄事。"供养与依止，慈"，依照供依无量品中所述。羞惭至断七颠倒执之间，依菩提分法品中次第出现。

再者，宣说稀有无稀有两种作意：

稀有无稀有，各为四种想，

于有情平等，现见大本性。

以“稀有无稀有，各为四种想”说明：稀有想作意有四种，无稀有想作意也有四种，这些作意也能增长六波罗蜜多界。如是一切作意能增长十波罗蜜多界，按照结尾“十度因所生”等一颂所说而了知，于此不需要一一说明。

若问：何为四种稀有想？

34．稀有作意：（1）如功德品中以“自身持戒故”等说明，波罗蜜多难舍能舍想也是稀有，为了自己的布施而施舍或舍弃身体，如是为了戒律而施舍身体亲人等圆满，至无分别智慧之间。（2）长久稀有：于三大阿僧祇劫间行广大波罗蜜多想也是稀有。（3）虽行六度但不求自利今生回报也是稀有。（4）不求后世异熟也是稀有。其余差别，按论中所说也有转生种姓等四种。

35．无稀有作意：四种无稀有（1）诸如种稻生稻是因果缘起规律，并不稀有，同样，行持无量波罗蜜多之因而获得无量功德菩提果也并不稀有；（2）如是将自他执为不平等而像利己一样利他，则是稀有，然而长久修行断除我想，视自他平等性者如自己一样利他并不稀有；（3）菩萨利益超胜普通众生的梵天、帝释等而受到梵天等供养恭敬，尚且不接受而远离贪心，思维如唾液般，又怎会求普通利益回报？因为是以慈悲众生而饶益，所以只是不求回报并不稀有；（4）不求异熟果也不稀有，菩萨不求世间异熟果，因为必定获得出世间三身无漏大乐。

36. 修行作意："于有情平等"，是指对众生无有远近以平等心将他们安置于波罗蜜多中，是修行作意，这（在本论功德品中）以"于求无偏堕"等宣说。

37. 缘大本性作意："现见大本性"，是指行六度时，唯一是利乐众生而无有丝毫损害事，菩萨以六相见到唯以利乐饶益有情的大本性，即缘大本性作意，按照功德品中以"堪当作法器"等饶益的颂词及饶益方式以父母亲友等七种比喻所说。

求他功德报，愿三及相续，

为修佛说故，菩萨不住此。

38. 求报作意："求他功德报"，是指将他人安置于波罗蜜多后，如果他人具足六波罗蜜多的功德，则菩萨会想这些众生实现了我的意愿，这些众生利益了我。仅是希求他众功德利益的回报，不求其余回报，是以众生具足波罗蜜多功德该有多好的想法而成熟众生，如果众生得以成熟，那些众生就是满了菩萨的愿。这就称为求报作意。将众生安置于波罗蜜多，如果谁具足波罗蜜多的功德，那就是回报菩萨恩德，其余任何回报也报不了恩，因为菩萨没有其余所求回报。这是以"不贪诸受用"至"如是报饶益"宣说。

39. 希求作意："愿三"是希求作意或欲求作意，欲求什么呢？希求或欲求一切众生究竟菩萨地、希求究竟佛地、希求利益有情这三种。其一，欲求从一地布施度圆满的布施地究竟至十地智度圆满而究竟菩萨十地；其二，欲求经过十地而获得究竟佛果；其三，欲求于菩萨位与成佛利乐有情，在本论中以"恒常增"等一颂宣说。

40．相续作意："相续"，是指行波罗蜜多并不是有时行持、有时不行持，而是如河流般不间断行持，即称相续作意，这是不失毁教授随教之义而实修，以"断畏真发起"至"佛子恒不失"一颂宣说。

41．加行作意："为修佛说故，菩萨不住此"，依佛所说而修行清净波罗蜜多，首先从发心起进行闻思至没有最终得佛果之间不散不舍精进修行波罗蜜多，即真实加行作意，本论中以"无求之布施"至"坚稳真实行"之间宣说。因此"菩萨不住此"，虽行持布施等，但不求其果轮回受用，不住此世间人行境，这一句在《注释》中没有，没有对应何者，但我认为需要向上对应，请作分析。

彼于衰兴众，不喜极欢喜。

于修伪与真，不信及起信，

不纳受作意，授记喜决定。

"彼于衰兴众，不喜极欢喜"是讲不喜作意与欢喜作意。

42．不喜作意：如果见到以波罗蜜多退失的下劣众生失毁波罗蜜多行为，则不欢悦，即不喜作意。

43．欢喜作意：如果见到增上广兴布施等行为的众生，则对他欢悦，即欢喜作意。

这两种作意在本论中以"贪受用"等两颂宣说。

"于修伪与真，不信及起信"是指：

44. 不信解作意：对于形象上或伪装修行六度者不信，即不信解作意。伪是指布施不清净或表面假装布施等，至智慧不清净之间。

45. 信解作意：对于修行真实波罗蜜多者起信，是信解作意。

这两者依“幻化”等两颂所说。

46. 不纳受作意：“不纳受作意”，是指自他相续中如果出现波罗蜜多的违品悭吝等，则以具智慧的对治进行调伏而不纳受，即不纳受作意。对此，依本论“具慧于诸地”等一颂所说。

47. 欲授记作意：“授记”，是指欢喜或欲求获得如来授记说“善男子，你一旦圆满波罗蜜多后成就无上菩提佛果”，即欲授记作意。或者，八地时获得授记，因此欲求获得八地。如何授记呢？依“以行人时别”等三颂所说。

48. 欲得决定作意：“喜决定”，是指欢喜或欲求获得安住决定地作意，它有欲求受用决定、欲求投生决定两种，其一，一地获得布施度圆满，具有一刹那间现见百尊佛陀、震动一百刹土等十二种百数功德，地地增上，至智度圆满十地时，获得不是语言、心识行境等同刹尘数之间的威力不可思议的自在与精通五明自在；欲求投生决定，是指得十地后希求证得一生菩萨。本论以“具慧一切时，生圆满”等一颂半宣说。

现见后世故，入心观平等，

以入殊胜法，认定自胜故。

49. 趋入作意：“现见后世故，入心”，是指以现见未来后世的缘故而作意趋入，也就是指，现见如果发菩提心欲求无上菩提，则无论转生何世都要行持波罗蜜多后，今生以相续趋入六度的心态或作意行六度行，现见它的等流果后世也入波罗蜜多的缘故如此思维而趋入波罗蜜多。

50. 平等作意："观平等"，是指思择我持续修行波罗蜜多与其他菩萨身语意平等即思择平等作意。

51. 胜取作意："以入殊胜法，认定自胜故"，是指行持殊胜道六波罗蜜多而获得菩萨地及佛地果位，以趋入殊胜道法果法而认定自己比包括声闻、缘觉在内的众生超胜。

十度因所生，此等善作意，

是为能恒常，增长菩萨界。

如此缘于十度或以它们所摄的法之因所生的这些善妙作意，恒常能增长菩萨相续中十波罗蜜多界。后面这三种对应宣说无疑所应为、恒常所应为、度胜或为主的五颂。这以下没有宣说作意，在功德品法、谛、种姓、乘四种安立已经包括在求法等中。在它之后是菩萨赞，行为品之相至地之间仅仅是道的阶段，果法的颂词是菩萨的功德，因此作意不需要单独对应这些，因为上面已涵盖。从"得因"至"欢喜作意"，直至"胜取作意"之间内部的一些类别没有分别计算，只是总的有五十一差别作意。这所有作意能增长波罗蜜多界，也视为如同本论上下品的纲要一般，"得因"等七种，也总摄了从皈依至菩提品之间的十品（藏文是十品，但实际皈依至菩提之间有八品）意义，"得因"讲种姓，"所依随念彼"，包括道的所依发心内所依与受发心的对境或外所依三宝后皈依，"依菩提"，归摄真如及菩提，剩余四者间接摄集威力与成熟，很显然，尽管没有按品的次第对应，但意义具全。它以下至信解等有相应次第，上面已经解说。

己三、宣说寻求之分别：

增胜意乐大，许坚稳求法，
有断无所断，如是得自在。

如何寻求所说教法与所悟证法，分别分析以十三种差别宣说。

异生位，从闻思妙法开始至世第一法位之前求法，能增长解脱的种子，故谓“增”。信解行世第一法位，获得法门相续等持开始，一地至七地间，称为具殊胜意乐，因为证悟二无我并获得自他平等之心。八地至十地之间的证法，称为“大”，因为获得了无分别任运自成的智慧。如此由证悟分的三种差别，承许是坚稳菩萨的求法。

再者，那些菩萨于世第一法之前信解行地，有所断违缘，意乐不稳固，以善恶伴改变，没有断除二障；一地至七地间，无有所断违缘法，无有违缘；八地至十地间的证法称为自在，因为无分别、神通、清净佛土任运自成获得自在。如此是从所断方面的三种分类。

菩萨之寻求，无身有得身，
圆身多我慢，细慢无我慢。

再者，菩萨的求法，从获得角度而分有四种，异生资粮道、加行道忍位之前，没有获得法身同类因无分别，因此无有法身；世第一法位断除所取能取而证得法身的部分，由此称为有身，这是《大疏》中宣说的。也有些人说，信解行中资粮道之前无身；大资粮道获得法相续等持，于四加行道次第证得随同法身之因无分别智慧，称为有身；一地至七地间获得现量见到谛实义的有勤无分别智，证得法身；八地至十地间无分别智慧无有功用任运自成，为圆满身。

再者，有无我慢也分三：世第一法位以前异生位，我慢占多部分；一地至七地间称细微我慢，因为断除了遍计部分，从二地起也不同程度断除了俱生部分；八地至十地间无分别智慧完全成熟，因此承许无有我慢。

己四（求法之果）分二：一、成就功德；二、断除所断。

庚一、成就功德：

坚稳法有色，无色相无疾，

神通之财富，无尽法为因。

坚稳者的求法之果，有色身体与非有色心依次成就色的功德三十二妙相及其分支八十随好，因为以闻思修法而成就相好；如是非色受想行识四蕴，无有贪嗔等烦恼疾病的因也是法，因为了知法后实修能永久寂灭见修所断一切烦恼；获得神通财富也依法而生；即使无余涅槃但是力等功德无尽也是由精勤正法所生，为此求法并实修而获得有色功德、非色功德寂灭烦恼之疾、富有、无尽四者的缘故。

《梵天请问经》中云："若具四法，则菩萨成就求法。四法者：稀有故作珍宝想；为无病之因故作药想；富有神通故作宝珠想；无尽之因故作涅槃想。”所谓的正法，除偶尔时间外难以值遇，如果遇到，则意义重大，所以就像珍宝一样能满足所求，此处，如美妙清净珍宝般的相好在世间也是稀有罕见，因此于法作珍宝想；如同依靠药能除病一样以正法甘露能止息其余药无法治愈的烦恼疾病，对它作妙药想；世间宝珠少之又少，有穷尽毁灭，而依靠正法能获得神通等圆满威力无尽的大财富，因此作宝珠想；正法是能永久灭尽生死等一切痛苦的对治，获得永久安乐，是无尽寂灭清凉安乐善妙的本性，当作涅槃想。

庚二、断除所断：

有无与增损，一多自差别，

如名如义执，佛子真应断。

求法所应断除的十种所断是什么呢？《般若经》中宣说的证悟真实的违品十种散动分别念：“佛子求法，有、无、增、损四分别，如是分别一、分别多或异、分别诸法自体性、分别彼之差别、如名分别为义、如义耽著为名，这十种分别，从了知法义角度真实应当断除。”《般若十万颂》中云：“菩萨，明明有同时，菩萨真实不随见。”所谓空性之义，执著诸法在名言中不存在，即断空，因此是所遣，依他起缘起显现存在，胜义圆成实法性中存在，是对有真实分别为真实有，因此不是边，遣除无边，菩萨以所谓“依如有”而宣说名言缘起显现补特伽罗有。但是，异生凡夫遍计那样执为人我存在，则是有边，因此说能遣除它的对治，菩萨真实不随见。补特伽罗虽然显现，但所谓我的有实法不存在，因为我与蕴既不是一体也不可得异体，依此说明人无我。以下是讲法无我：遣除增益与损减边的对治，色以本性而空，非以空性而空。色等诸法虽然显现，但其本体不成立，故称本性空，仅以宣说色遍计而遣除胜义有的增益。“非以空性而空”，遣除损减空性圆成实无有，没有善加鉴别有无而执为一切不存在，是损减之见。念及这两种情况而说“非有亦非无”遮破二者、无有任何承许，而随随便便破一切，则承许是此宗特别所破的前宗。分别一体的对治，所谓“色是空者彼非色，是色者彼非空”，是指色等有法与法性空性。遍计与圆成实也不是一体，前者是经不起观察迷乱心之境，后者是经得起观察未迷乱心之境。分别异体之对治，“色即是空，空即是色，色不异空，空不异色”，显现有法或所取能取，安住真如空性中，而除它外另行无有所谓的空性，如火的热性，因为那些法的自性就是空性。如《解深密经》中也说：“行界胜义相，远离一异相，分别一异者，彼者入非理。”宣说了承许一体、异体各有四种过失。诸如分别瓶子自本性及分别瓶子无常的差别法这两者的对治，“色者唯名”等，仅是以名称表示安立，除此之外无有任何义自本体有变碍及领受等、地坚硬、水湿润等法相或体性或自性。分别差别之对治，按照所说的色亦无生，亦无灭，非染污亦非清净等一切法如此类推。胜义中法无有任何本体也无有其生等一切差别。当说瓶子的名称时，人们将名、义混合依名分别义，义为瓶子等事物，如是分别为名称的对治，所说“名称是虚妄”等，名义二者本体虽然无有关联，但人们为了知道那个事物而暂时表示，凡夫依名执义，当见到事物时，如事物一样执著说这是此名称，这是凡夫的分别心增益为名义，真实中不成立任何所诠义，由此能诠名称也不成立，诸法以名称不可诠说，远离名称，所以说虚名也不可得。

己五、以宣说求法殊胜而摄义[1]：

慧善依勇勤，如实求二法，

恒成众生师，如海满功德。

具足缘于本品所说深广诸法的智慧及波罗蜜多方便的广大善根，求法依靠无有懈怠怯懦及迷乱的勇猛精进，通过无误如实决定或真实证悟而寻求世俗、胜义所摄二谛法。按照安慧论师的译文，“缘具二谛法”。如此求法，恒时成为众生的导师，因为无误为他众传讲善说之法，菩萨如大海中盈满水与珍宝般，相续中充满道法果法的功德。

大乘经庄严论中第十二求法品释终

1 以宣说求法殊胜而摄义：前面总科判是摄义偈。

第十三 说法品

戊三（说法品）分五：一、宣说应无悭吝为他说法之合理性；二、说法之必要；三、如何说法之方式；四、所说法之自性；五、以赞叹说法功德而摄义。

己一、宣说应无悭吝为他说法之合理性：

坚稳见命财，难得无实质，

极喜于苦众，恒发大布施。

法广普利众，亦非极难得，

尽施无尽增，何况非一次。[1]

菩萨依靠求法而得法并已无误证悟时，应当无有悭吝为众生讲法，由此能圆满自己的波罗蜜多并成熟其他有情，没有比这更殊胜的其余方便，因此要尽量传讲。坚稳菩萨，了知以往昔积善的大资粮获得的身体或生命及去往大海等以大艰辛而获得的受用，均难以得到，成为我所，最终也将穷尽，无有可依赖的实质，而以极其欢喜布施的心于对境苦难众生发放财布施，如此一来能满足对方的意愿，恒时能施舍王位、大受用。妙法广阔博大永无穷尽，今生他世能普利众生，因此与财布施不同，有永久性可信赖的实质。佛陀出世、佛法住世时，求法者自己也并非像赴海等求财那样极其艰难才能得到，容易成办，并尽可能发放法布施，这样自相续的法不仅不会穷尽，反而会越来越增上，更何况说由他传布于他不是一次布施。如是菩萨求法后必定为他宣讲。

1 此两颂，藏文为一长颂，每句十七字。

己二、说法之必要：

各别自证故，佛陀未说法，

悲尊如巨蟒，说法如气息，

引众至彼法，寂灭如口门，

真实而安置，净广共无尽。[1]

虽然究竟的证法，是圣者各别自证超越言词文字之境，但要获得这种境界，不闻思文句所说的教法永远不能获得，因此成为闻思对境的教法，是世尊宣说证悟各别自证的方便。为什么呢？圣者心相续的证法各别自证，对无有各别自证者不能直接宣说，正因为这样的证法是现量各别自证所为，佛陀出有坏才没有宣说有言词文字相的法，以词句文字无法如实表示各自所了悟的意义是此是彼，因为超越了世间言诠分别比喻与推理而称为各别自证，并不是像了知世间中柱子、瓶子等有为法与虚空等无为法一样，所以真如是具圣者智慧各别自证所了悟的，获得世间禅定者的行境，对于没有获得禅定者来说尚且无法思维，那么出世间智慧的行境不是以世间听闻等可思维之境，就不言而喻了。

若问：那么，甚深经中为何宣说“佛陀所悟的了义法各别自证之义”？

“慈悲众生的尊主佛陀出有坏如同巨蟒”，所谓的蟒，梵语“安匝嘎”，背上具有耕田、流水的范畴，从它的口里出水，远看好似大河般流淌，野兽认为是江河前去饮用，结果被毒水毒死，蟒以口里的气息（将野兽）引入口里。因为具有四种道理，所以佛陀如大蟒极为合情合理，无倒宣说一切义的

---

1 此两颂，藏文中为一长颂，每句十五字。

经典如同蟒的气息，引导他众是以十二契经引领如野兽群般的所化众生趋至佛陀本身的真实道法，最终寂灭苦谛、集谛的涅槃法身佛陀，如同口门，真实安置于清净二障——妙净、具足力等广大功德的妙乐、与一切佛陀共同的大本性妙我、永不穷尽的妙常波罗蜜多中。

如是瑜伽修，彼则非无义，

如是善逝说，彼亦非无义。

唯闻若见义，修则成无义，

未闻若行修，说亦成无义。

各别自证的究竟佛陀法身，真正依靠词句宣说而证悟真如成佛的众生一个也不存在，但依靠无颠倒闻思修行无误宣说能获得究竟真实性法身之因的甚深真如及方便分的教法之道能无欺获得圣者智慧各别自证是存在的，这种智慧不可思议，是各别自证的行境，无误了达真如，最终现前佛陀智慧法身。因此各别自证的境界，直接以言词无可宣说，依靠教法间接宣说，所以是具止观的瑜伽修行，它并非无义，因为依靠修行可生起各别自证的智慧。既然修行有义，那么为了无有颠倒而修行，善逝讲经等说法也并非无义，因为远离修真如之道，外道修我等并非解脱道，而听闻无倒宣说修无我等诸法真如并思维其义获得定解而修行才能生起见真如的各别自证。否则，假设只是听闻无我等就能现量见到真如义，那就该解脱于真如中，而修行其义就成了无有意义。假设没有听闻宣说无我等法，众生自己就可以修行其义，那讲经说法就成了无义，不需要宣讲，可事实不可能这样。要获得圣者的智慧如实证悟法性的各别自证，首先需要听闻正法，之后思维其义，获得定解，接下来再一缘修行其义，所以最初必须生起闻慧，为此，讲闻教法意义重大，大有必要。

己三（如何说法之方式）分二：一、菩萨说法之方式；二、佛陀说法之方式。

庚一（菩萨说法之方式）分三：一、讲法之差别；二、意义善妙；三、词句善妙。

辛一、讲法之差别：

菩萨尊说法，教证自在中，
一切口色法，虚空出法音。

菩萨至尊说法有三种差别：信解行地依照在善知识佛菩萨前如何听闻而传讲是依靠圣教来传讲；一地至七地之间依靠证悟法界的威力传讲；三清净地以无分别智慧神通任运自成而自在传法。再者，八地等自在的自加持中，从自己的口里及他人的口里歌声及乐声等中传出讲法之音，墙壁、乐器等一切色法也传出法音，虚空中都传出讲法的声音。

辛二、意义善妙：

广大断怀疑，信受示二真，
此名诸菩萨，圆满之说法。
菩萨尊说法，文不骄不厌，
明亮种种理，解无染遍行。

1. 以多闻与法、义相联而广泛宣讲或开显。2. 自己对法无有怀疑，能遣除他人的怀疑。3. 自己安住于正法，他人信受其语，语言悦意，也称为合意。4. 开示染污清净两种真实性。具足这四种，称为菩萨圆满的说法。这是按照《梵天请问经》中所说。通过多闻为使正法长久住世而宣讲广大法；能使自己讲法修法的智慧越来越锐利，斩断他人的怀疑；自己安住于法，行持大德之事业，别人也重视他的语言；宣说四谛自性的世俗胜义，所以意义重大。

再者，说法圆满的九种差别：菩萨至尊的说法，1. 对于别人反驳也不出粗语，故为文雅；2. 虽拥有称赞恭敬等也远离骄矜；3. 说法不以劳累而厌烦；4. 无有吝惜而传讲，意义完整而传讲，故为明亮；5. 种种意义，无有再三重复而传讲；6. 与正量不相违而依理传讲；7. 以世间共称的文句表达，便于别人理解；8. 断除欲求利养恭敬，故为无染；9. 精通一切乘而宣讲三乘之义，故为遍行。具足这样的功德，是讲意义善妙，由此称为说法圆满。

辛三、词句善妙：

佛子句不弱，可意善说称，
如应及无染，适宜如是广。
略说及释说，随顺乘易解，
共称及如理，出离随同故，
略名菩萨尊，文句之圆满。

佛子的讲法语句，1. 不低或不弱：并不是小声，有人能听到有人听不到，而是一切眷属普遍听到。2. 可意：指语句文雅、悦耳、合意、善妙。3. 善说：善说或庄严讲解是指能解义的语句分明。4. 共称：如果讲世间不共称的词语，别人不理解，以世间共称的语句与语言来表达，能使人理解意义，故为“共称”。5. 如应：相应所化相续而宣讲，称为如理或如应，这样宣讲也会受听。6. 无染：无视利养恭敬，故为无染或不存染心。7. 适宜：如果语句过多，则令生厌烦，语句多少适度，容易记住，即“适宜”。8. 广大：“如是广”是指详细解说，则能无穷尽传讲。与经中所说“周遍、善妙、明了、令解、悦耳、不依、合宜、无尽八德”相对应。不依利养恭敬虽是心的功德，但不是若有利养恭敬则传讲、赞扬；若无利养恭敬则不传讲、诋毁，从这些词句不会因此而有过失的角度需要传讲或思维。

言词讲法的功德也有八种，1. 略说：归纳意义而宣说，容易受持含义；2. 广说：如是由细致解说彼等意义而对意义获得定解；3. 随乘：于所化三种姓各自宣说他们的乘，是随乘而讲；4. 易解：词句、文字、意义次第或不紊乱而宣讲容易听闻；5. 共称：以共称的文句宣讲；6. 如理：相应所化相续如理或如应宣讲；7. 出离：宣说出离三界之圣道法；8. 随同：宣说随同八圣道之法。简略来说就是所谓“菩萨至尊的文句圆满”。经中所说“文字功德即具理文字、词句、随行、随顺、承许、相应、随应，智者加行圆满资粮”八种对应前面：以具三量之理的文句略说；依略说而广解；随乘对应随行；易解，是指文句讲法无有紊乱不悦耳、文雅，对应随顺心意；共称对应承许，因为能令如实理解；如应即相应彼法器；宣说圣道随应涅槃，随同对应智者加行资粮圆满，智者加行资粮圆满涉及两种，智者是指从预流向至阿罗汉向之间的七种行者，他们的见修道称为圆满资粮，它随应什么？随应于八圣道。这是《大疏》中讲的。

庚二、佛陀说法之方式：

善逝语无边，六十支难思。

善逝说法之语无量妙音不可思议，但归纳而言，依照《佛说不可思议秘密经》中所说六十梵音来了知。其每一分支也出生无量妙音，因此不可思议。

何为六十梵音？

1. 流泽声：比如，水能使草木生长，同样，佛语能使众生的善根增长，故称流泽声或润泽声。

2. 柔软声：如柔软的天衣触及身体十分舒适一般，对佛语，仅仅是听到，今生会令人悦意，故为柔软声。

3. 悦意声：宣说二谛、缘起、菩提分法等义，故为悦意声。

4. 可乐声：没有宣说放牧等之类的平庸文句，而宣说天人与圣者之文句，故为可乐声。

5. 清净声：以出世间大智慧断除二障，由无分别智慧后获得，故为清净声。

6. 离垢声：远离烦恼随眠，故为离垢声。

7. 明亮声：世间共称的文句鲜明，故为明亮声。

8. 甘美声：具足遣除外道等恶见的力量，故为甘美声或具力声。

9. 乐闻声：若依教奉行，则出离三界，故为乐闻声。

10. 无破坏声：反方的攻击不能摧破其语，故为无破坏声。

11. 可意声：令听者的心生起欢喜，故为可意声。

12. 调顺声：能调伏贪等一切烦恼，故为调顺声。

13. 无涩声：制戒也并非像外道依于五火等粗暴苦行那样，而容易实行，为无涩声。

14. 无恶声：宣说真实离堕的方便忏悔及防犯等，因此并非不能做到，故为无恶声。

15. 柔善声：宣说三乘使种姓者调柔，为柔善声。

16. 悦耳声：语言动听文雅，令闻者不愿舍弃，想听闻而不生散动，故为悦耳声。

17. 适身声：依靠佛语而生起等持，以轻安使身体舒适，为适身声。

18. 心生勇锐声：以胜观令心满意足，为心生勇锐声。

19. 心喜声：能斩断一切怀疑之痛楚，故为心喜声。

20. 悦乐声：断除不知及邪执，依次产生喜悦与安乐，故为悦乐声。

21. 无热恼声：若依教奉行，则无欺得果，不会产生听闻佛语无义之后悔心，故为无热恼声。

22. 善了知声：是圆满闻慧的依处，故为善了知声。

23. 明解声：成为能产生圆满思慧之依处，故为明解声。

24. 显示声：无有吝惜而宣说，故为显示声。

25. 令生欢喜声：随得自利是预流等八种行者，十地菩萨及如来，声闻菩萨圣者也是见到通过如来语而随得自利，便对佛语生起欢喜，故为令生欢喜声。

26. 喜爱声：未得自利的凡夫为得自利而欲求入于如来语，故为喜爱声。

27. 令他善了知声：甚深的各别自证、法界无分别智慧与菩提分法不可思议，能真实宣说这些法而使他众普皆了知，故为令他善了知声。也有解释为形成外界种种事物之业、瑜伽等持之行境、如来之行境、妙药咒语之力四者普通人不可思议，宣说它们不可思维，故为令他善了知声。

28. 令他明解声：宣说蕴、界、处、地、波罗蜜多等所思广大法令他了悟，故为令他明解声。

29. 如理声：具足三量而宣讲，故为如理声。

30. 相应声：相应所化根器而宣说，适合其相续，故为相应声。

31. 离重复过声：以多种差别宣说一义，但有从各自名称而理解的必要，如经中以差别宣说，无有重复，故为离重复过声。

32. 如狮子音声：如同狮子吼声能令群兽惧怕一样，佛语能令反方及外道畏惧，他们无法忍受宣说无我等的威力，故为如狮子音声。

33. 如大象声：佛语周遍于眷属中，故为如大象声，这里的大象并不是人间的大象，而是诶瓦绕那等天界的大象，他们的声音无有哽咽、嘶哑，同样如来之语音也断除这两种过失。

34. 如云雷吼声：音声深厚，近听不过大、远听不过小，远近等同，称为如云雷吼声，这是《注释》中讲解的。

35. 如龙王声：龙宫的龙王言语，悦耳稳妥，众龙听从，同样，对佛语，天、非天、人等一切众生听命，故为如龙王声。

36. 如紧那罗妙歌声：有情语音之中，乾达婆的声音最为柔润，佛语善妙悦耳，故如紧那罗妙歌声。

37. 如迦陵频伽鸟音：迦陵频伽鸟的声音，是与前面动听音声不同的另外悦耳声，无有间断发出。同样，佛语不间断传出另外的优美声。有些人说：迦陵频伽的动听音声入众生心中，连续听许久，一旦那声音中断时，由于它极为动听令人又想再听。同样，佛语若闻一次，又想再闻。

38. 如梵王声：梵天的妙音柔润远播，并非断断续续，同样，佛语无有呼吸短促之过，因此悠远或远播。

39. 如共命鸟声：共命鸟的声音是吉祥的象征，如果去寻觅而听到它的声音会万事顺遂。同样，听闻佛语成为世间出世间一切事成功的吉祥象征，闻声后诸事皆成。

40. 如帝释美妙声：帝释天出言稳重，大众如实听受不会违越，同样，佛所说的言教他者不会违背，故如帝释美妙声。

41. 如振鼓声：天鼓传出击败非天、天人得胜的音声，使非天自行溃退。同样，佛陀克胜恶魔反方，初转法轮，听闻者也能克胜魔等。

42. 不高声：天等世间赞叹佛陀也无我慢，故为不高或不傲声。

43. 不下声：即使邪魔外道等诋毁说“此讲法不好”，也不怯懦，故为不下声。

44. 随入一切声：所谓“贝嘎绕纳”藏语，是指语言学或教授，此处指佛陀教授过去未来现在之事，一切均如其实现，或者如实讲说一切所知明处，如是确定，或者也涉及语言的法相，具足语言之规，故为随入一切声。

45. 无缺减声：由于不失正念，因此无有残留个别所诠言词不全或者一切所说义无有忘失，因此无有言词缺减。

46. 具足声：利益所化的善根生起增长究竟的一切所为无余宣说，故为具足声。

47. 无贪声：远离贪爱利养恭敬，故为无贪声。

48. 无怯声：于眷属中说法无有魔等反驳的畏惧，故为无怯声。有些版本中将此称为无惊怖声。

49. 令众生心意唯喜声：对于说法无有心厌烦、身不适的疲惫，故为令众生心意唯喜声。

50. 广博声：一切明处无余通达，询问任何所知，均无碍讲说，故为广博声。或者周遍宣说的缘故称为广博声或周遍声。

51. 无染污声：饶益未生善根、有染污的众生并通达而利益无有染污的众生，故为无染污声。

52. 持续声：恒常不间断说法，故为常流声或持续声。

53. 庄严声：以种种名称、词句、文字严饰或美化，故为庄严声或严饰声。

54. 圆满一切音声：一语也能圆满天、龙、人、旁生、饿鬼等众生各自听闻的一切音声，故为圆满一切音声。

55. 诸根适悦声：一语能使众生各自通达自己想要了知的意义，能令那些众生诸根舒适、愉悦，故为诸根适悦声。

56. 无讥毁声：最初承诺的誓言直至究竟何时也不会舍弃，无有舍弃或唐捐，故为无讥毁声。也可理解为，诸如说“若入于此道则得此果”，必定得到其利，因此众生不会讥毁说“并非如此”。

57. 无轻转声：于所化众生调化时机成熟时传授，无有忘失其利，迅速利他不会动摇或改变，故为无动摇声或无轻转声。

58. 无疾卒声：不会非理或不妙过快急卒宣说，故为坚稳声或无疾卒声。

59. 随入一切会众声：处于近前者声不过大过小，明了善闻，处远方者及其他所化世间界极多之他处者也如同住近前者所闻相同听到，故为随入一切会众声。

60. 诸相具足声：说法无碍，能以有实法为例圆满宣说一切意义，故为诸相具足声。

语句极合理，依辨除怀疑，

多番具能立，略说广解者，

佛陀此宣说，三轮皆清净，

此亦离八过，是所应了知。

佛语说法之方式有八种，1. 宣说事物本体：依靠柱子之类的名称或语言及意义的差别柱子无常之类的词句来宣讲。2. 具正量宣讲而极其合理：颇具意义或根本而讲。3. 简略而讲。4. 广解或辨别其义而讲。5. 依理斩断怀疑。6. 反复多次运用能立。7. 对略说能理解者宣讲。8. 对广说能理解者宣讲。关于此等意义，经中云：“讲说，传授、安立、辨别、解释、开显、阐示、真实阐示。”1. 宣讲名称的本体及词句其差别即讲说。2. 对随信者以“一切有为法皆无常”的词句传讲；对随理者，依理证成无常，称为具根本或意义或以正量传授。3. 简略而讲，是指安立论体。4. 广讲是辨别其义。5. 斩断怀疑，是解释。6. 为了无倒证悟意义传讲的多种差别多次宣说，是开显意义。7. 对略讲能理解者简略宣说要义，是阐示。8. 对广说能理解者详细广讲，即真实阐示或演说。其中前两者指说者，随后宣讲等四者是如何解说，后两者是对何者解说。如此佛陀这八种说法方式，说者、如何说、于谁说三轮清净，虽然佛陀以究竟的无分别智慧说法，但不缘三轮，因此是极其清净。而且要了知，佛陀说法也远离语言八过。

何为八过？

懈怠及不解，不予说法机，

未定不断疑，离彼不解说。

厌烦与吝啬，此等许语过，

无有彼等故，佛说成无上。

1. 耽执躺卧等不喜说法的懈怠；2. 虽讲法但自己没有如实证悟或不能明确宣说词句或意义，令听者不能理解所证之法；3. 因为不愿意说法而不提供说法机会；4. 未决定或非了义，是指不讲了义法而讲不了义，或者不详细广说而使他人对其义不解；5. 虽然宣说但不能斩断所化者三心二意的怀疑；6. 对远离怀疑者不再三以种种差别抉择解说；7. 对说法以艰难之想而厌烦；8. 于法吝啬隐藏。这些承许为说法的过失，因为根本无有这八种过失，佛陀的说法是至高无上。后面这八种也是从断除前八种的违品侧面对应，无懈怠而宣讲；结合正理令理解意义；提供机会而略讲；详细广说；断除未决定；斩断怀疑；多次宣讲；对广说理解者无厌宣讲；对略说理解者无吝宣说，意义上可以对应。安慧论师的《大疏》中没有这样对应。

己四（所说法之自性）分二：一、法共相；二、别说秘密意趣。

庚一、法共相：

诚信喜慧因，故此法为善，
具二义易受，示四德梵行。
与他不共同，圆断三界惑，
体性净垢白，具四梵行德。

所谓“妙法”是如何承许的呢？具足三善、二妙、四功德，就是所谓如来语妙法。指什么呢？

听闻妙法时，是生起诚挚信之因的缘故，法是初善。思维时，获得定解，是心生欢喜之因的缘故为中善。修行时，作为真实智慧之因的缘故为末善。如是微妙法初中后三时善妙。

二妙，是指具足以二理无误真实宣说所知世俗谛与胜义谛二谛之义，即义妙；随顺世间共称语言的定义文句圆满宣说，容易理解或容易受持，即文妙。

具四功德的梵行圣道以教法阐示，所谓“梵”，这里是指涅槃，如经中说：“成梵净、成清凉，成涅槃也。”能获得涅槃的圣道称为梵行。圣道具有四种功德，圣道真如唯有此法中有，而与除此以外的其他外道等不共同，为纯一；圣道能圆满断除三界所有烦恼，故为圆满，世间道趋至有顶也会复返，永久断除三界所有烦恼的道圆满；圣道如虚空与水晶般是自性清净无漏的体性，因此为清净；以其道遣除客尘后不复再生，使心达到无漏的自性，因此为鲜白。承许具有梵行的这四种功德。

如来随顺所化众生的界性、根基、信解而说法，念及意趣与秘密之理而宣说也有许多，因此没有如理了知他们的密意而依文执义，不会证悟真实了义反而依于有密意的不了义及句义颠倒受持，因此辨别这一点极其重要。

庚二（别说秘密意趣）分三：一、解说四种秘密；二、解说四种意趣；三、宣说八障之对治胜乘法。

辛一、解说四种秘密：

令入相对治，及转变秘密，
于声闻本性，如是调过失，
讲说甚深性，秘密此四种。

四种秘密是指令行者趋入秘密、法相秘密、调伏所化相续过失的对治秘密、以文句宣说意义由世间共称转变为其他意义的秘密。

依次说明彼等意义：

1. 令入秘密：考虑到令不能悟入法无我的声闻趋入解脱道而宣说人我不存在而蕴等法存在，密意是指遍计人不存在、依他起缘起法在名言中存在而如此宣说。

2. 相秘密：所说无本性与无生等，并不是说名言中有的法根本不存在，现似生灭不存在，而是指胜义的法相或本性，比如说遍计、依他起、圆成实三本性中，遍计的本体或法相根本不存在，故为无法相，依他起心心所显现为处、境、身体，而自本性无生无灭，故生无本性。圆成实是自性涅槃寂灭空性胜义无本性。

3. 对治秘密：如前一样为了调伏行者相续的过失，如下文要讲的“往昔我成为毗婆尸佛”等八种。

4. 转变秘密：并非依文解义，而宣讲是有甚深密意的，如云“无实知实质，极住于颠倒，烦恼最烦恼，获得妙菩提”等，虽然依字面文句似乎是说不能获得菩提的因，但实际“萨绕”涉及散乱与实质两者。它前面加上否定的短阿，“阿萨绕”是指证悟或了知无有散乱增上定学为实质，常乐我净四种分别，是真实颠倒执著，与之相反，安住于了知无常、苦、不净、无我的增上慧学，为利众生以长久的苦行烦恼而极度烦恼，则获得殊妙菩提。《大疏》中前三句对应信解行、见道、修道也是可以，没有分开对应而对应定慧精进也可以。如是秘密有这四种。

辛二、解说四种意趣：

平等及别义，别时之意趣，

数取趣意乐，当知四意趣。

1. 平等意趣：诸如，念及诸佛法身平等，本师释迦王说“我于当时成为毗婆尸佛”。2. 别义意趣：念及胜义的别义而说一切法无本性、不生不灭本来寂灭自性涅槃。3. 别时意趣：对不行少许善根的懈怠者说无量光佛土只要发愿便能往生，密意是指他时有朝一日能往生。4. 补特伽罗意乐意趣：对于能行广大布施者，赞叹布施；对于仅以少许布施执为满足的有些人，贬低布施或说无有稀奇；对于仅以一种布施为满足并唯一执著它为殊胜者，赞说观待戒律布施低劣而赞叹戒律超胜。应当了知以上四种意趣。经论中有密意的语句极多出现，部分在《摄乘论》中也有宣说。

辛三、宣说八障之对治胜乘法[1]：

轻佛及轻法，懈怠以少足，

我慢行贪欲，后悔不定退，

众生之障碍，对治说胜乘。

彼等断彼障，一切之过失。

1. 轻佛障之对治：对于认为人寿百岁时出世的释迦王身量小，寿命也仅住世八十年，器世界也不清净，所化众生也具五浊，而毗婆尸佛等于贤劫具圆时出世，他们殊胜，我等大师与之相比低下。为了对治轻佛，释迦佛说

1 宣说八障之对治胜乘法：前面总科判中为宣说对治八意趣及所说之功德。

“我于彼时成为毗婆尸佛”，密意是指诸佛法身平等无有贤劣，使所化众生认为毗婆尸佛就是释迦佛，从而认定无有胜劣。

2. 轻法障之对治：轻法者分辨梵志种族的婆罗门与王族等种姓高贵，不是贱种等所行，而佛法包括贱种在内均可行持，所以认为容易得到而加以轻视，为了对治他们而宣说“若承侍恒河沙数佛陀方可通达大乘法”，如果不具足这种积累资粮，则难以证悟，由此能断除认为佛法容易获得的轻视。

3. 懈怠障之对治：对于少许善根也不能生起的懈怠者宣说“极乐世界仅以发愿便能往生”及“仅持无垢月如来的名号便可获得无上菩提”等，“仅诵某某陀罗尼咒可清净五无间业”等，依此，懈怠者也通过这样发愿、持诵名号、诵陀罗尼咒而积累善根，由此因有朝一日必定如佛所说往生极乐、成佛等，并且仅以此因也将越来越精进，从而断除懈怠。

4. 少足障之对治：仅以少许善根便满足的对治，例如，对唯以布施为满足者赞叹戒律，布施与之相比低劣而贬说，赞叹无漏善法超胜世间有漏善法。

5. 我慢障之对治：为了对治有些众生以自己的身体、受用骄慢而赞说佛菩萨的身体与受用广大，使之听后会想到世间的身体与受用再如何妙也并非广大。

6. 行贪障之对治：为了对治行贪世间低劣受用五欲妙而赞叹“佛净土有如此这般的无量安乐受用”，使他们将有漏痛苦自性轮回的欲妙视如呕吐物般生起厌离。

7. 后悔障之对治：有些众生由于无知而加害佛菩萨，后来回想觉得自己极不应理，我会堕入恶趣，以后悔搅扰内心而成为如理行善的障碍，为了对治这种而说“若加害佛菩萨则升善趣”，使之放下后悔，心想既然加害他们也能转生善趣，那么利益他们更不必说了，逐渐增上信心与善根。尽管加害佛菩萨会感受苦果，但考虑到以佛菩萨的愿力终究结上得善趣等安乐缘，为了对治此种情况才如此宣说的。

8. 不定障之对治：菩萨不定种姓者先前行持菩萨行，后来声闻等善知识让他行声闻乘，于是想舍弃菩萨行退失大乘，为了对治此种情况而说声闻最终也成佛，宣说一乘，使希求声闻乘涅槃者也精勤大乘。

如此轻佛轻法等八种均是众生之障，这些障碍的对治就是宣说殊胜大乘，殊胜乘中刚刚所讲的八种对治，能断除行者之障碍与阻碍入大乘的一切过失。

是以句与义，受持二偈颂，

具慧有情尊，获得十功德。

界性尽增长，命终最极喜，

如愿而受生，忆念诸生世。

值遇诸佛陀，彼前闻胜乘，

信解具智慧，二门速证觉。

宣说断除八障之八对治的句义，在《二偈陀罗尼》中所说“轻佛与法”等两颂。受持这两偈颂的文句，分析作意意义为此，具慧有情至尊将获得十种功德。何为十功德？1. 信解一切大乘法，增长大乘种姓或界性；2. 命终时心得最极欢喜。这两种是现法今世获得。后世获得八种：3. 死后如自所愿而投生；4. 一切生世中忆念宿命；5. 值遇本师佛陀；6. 于佛前听闻胜乘法；7. 信解大乘并具解义智慧；8. 获得首楞严等等持门；9. 获得无尽宝箧等陀罗尼门；10. 最终速得无上菩提。

己五、以赞叹说法功德而摄义[1]：

妙慧无厌慈，名扬知妙轨，

菩萨之说法，众中昭如日。

如此具备能无误讲法的善妙智慧、持续讲法无有厌烦、不是为了利养恭敬、对众生慈悲、具足六度、在世间美名远扬的正士智者，理应对众生说法，具足了知本师等讲法的方便或仪轨的菩萨善说妙法，为他解说妙法，于众生之中宛如太阳般昭然照耀，如同阳光温暖、成熟庄稼等一般利益众生。

大乘经庄严论中第十三说法品释终

如此以求法具足多闻，必须修行。

1 以赞叹说法功德而摄义：前面总科判中为如是宣说之摄义。

第十四 修法品

戊四（修法品）分三：一、总说；二、别说；三、摄义。

己一、总说：

具慧于二者，断除邪与真，

以三遍了知，人法二无我。

按照经中所说修行分类，以“遍知义、遍知法、随法修法、顺入法、行同法”五句宣说。

1. 遍知义：信解行的具慧菩萨，于二谛或遍计不存在、依他起圆成实存在两者，断除颠倒与真实，即信解行者证悟二无我随同真如，因此观待世间的其他心识是无倒，所以也不是颠倒，因为是世间者，观待出世间的智慧也不是真实，是断除这两者的自性。如此以信解行的空性、无愿、无相三等持，遍知人、法二无我。以空性等持通达人、法仅是以名、相、表示、名言假立的，从而了知遍计本体不存在是空性，人我也无所取本体与能取本体，色声等法我也无有所取本体与能取本体，因此遍知二我如同兔角般实际本来未曾有。显现所取能取之基依他起心心所不真实的分别在名言中有，因为染污法与轮回种种痛苦不可否认、无欺成立，谁也不该说没有，如果它没有，那么也本来不可能安立染污与清净，但实际轮涅存在谁也无可争议，了悟通达依他起虽然存在，但它是非真实的分别，是痛苦之处与贪等烦恼染污法，并非希愿之处。以无愿等持，如实了知它的自性。圆成实是以所取能取而空的自性，它对于一切法来说如同火的热性与水的湿性般本来存在于法性中。如果它不存在，那么二我与所取能取就成了存在。如此法性圆成实虽然有，但无有任何所取能取的戏论相，因此寂灭言思分别，以无相等持能了知。所以说，遍知有无之义或遍知遍计、依他起世俗谛与圆成实胜义谛如是无与有之义。

知义即了悟，诸法如航船，

断以闻满足，故名遍知法。

2. 遍知法：知法是指什么呢？了知经等教义：经等名称、词句、文字聚合相的一切能诠法，比如过河者不可没有船，但渡过河以后船的作用已经完成，不需要一直依靠它。同样，为了理解、了知所诠义，安立的名称、词句、文字相的一切法也如同航船一样，了悟这一点而断除仅以听闻词句为满足，主要生起思维名义的思所生慧，就称为遍知法。

异生之智慧，如是证悟二，

为圆彼智慧，随法尽修行。

3. 随法修法：依靠信解行异生位的闻慧与思慧，了知义与法，如前所说那样断除真实与颠倒，以影像或共相的方式证悟二无我，为了圆满、清净那种智慧，使之成为出世间智慧的法相，从暖位至胜法位之间越来越向上修行，即随法修法。

菩萨于一地，与得彼本性，

一切皆平等，出世无上智。

4. 随入修行：之后菩萨于一地极喜地，与获得见道本性的一切菩萨平等，获得超胜声闻、缘觉出世间最无上的无分别智慧，即现证法性义，因此与无过完全趋入菩萨地随同，故称为随入修行。

真实尽见断，一切诸烦恼，

为断所知障，修行妙加行。

5．随行法：指修道的修行，先前获得见道而真实灭尽见所断的一切烦恼，之后为了断除所知障，从二地至十地间修行，即妙加行。

能断除障碍的智慧是怎样的呢？

安住无分别，智慧俱同行，

如是诸余地，行持随同法。

后得以安住清净世间智慧能了知尽所有的所知法，入定无分别智慧如实了知如虚空般的如所有法性，这两种智慧是以一个接一个的方式一起轮番而行，次第相续产生。如是二地等所有剩余的地，行持已见随同之法。

以上顺应经中所说五种修行而以信解行至修道十地间总说了修行方式。

己二（别说）分三：一、修行顺缘；二、修行本体；三、以比喻说明修行方式。

庚一、修行顺缘：

具慧修行境，善得与善处，

善地善友伴，瑜伽具乐德。

修行顺缘是指四大轮，安住顺境、依止正士、自我善愿、有前积福的缘分，如果具足这四种，则修行将圆满，因此宣说。

1. 处境：具慧者修行的地点，轻易善得维生资具；无有野蛮人与猛兽等，善妙处境；水土相符，不生疾病，无有脓疖、麻风等的善妙合意土地；有戒律见解相同的善良道友；无有障碍禅定瑜伽白天人的来往夜晚喧嚣噪声等禅定的扰乱，具足悦意的功德。处于如此之境会增上瑜伽，而相反的一切违品阻碍修行，因此首先要慎重观察处境，不应草率修行。

菩萨具多闻，见谛善讲说，

无厌慈悯者，当知是大士。

2. 依止助伴正士，是一切功德的殊胜缘。正士的法相是怎样的呢？入大乘的菩萨具备多闻教法；通达证法真谛而见谛实义；精通为他讲法或说法；慈悲利他；利益他众无有厌倦。应当了知这样的正士就是所当依止的大善知识。

若问：那自我善愿是指什么呢？

缘善所依善，方便定生善，

加行善妙性，名为真专注。

3. 能修行的行者自己追求大乘法以三慧缘取，即能缘善妙；不以微薄善根为满足而尽量积累福慧资粮，为所依善妙；心掉举散乱时以思维其过失作意寂止而断除，当心怯懦昏聩时思维佛菩萨的功德、等持的利益及诸法的自相、共相，提升心力，修行胜观相能断除怯懦，当无有怯懦、掉举时于其状态中修等舍相，如如不动安住那种境界，这般修寂止、胜观、等舍三相瑜伽，是方便善妙；不以具此及自地阶段功德为满足，越来越向上，为定生或入地、道善妙；以止观道恒常趋入即是加行善妙之自性。具足以上五种善妙的本性义，真实使心一缘专注中具足愿力铠甲，即自我善愿。

欢喜生闲暇，无病及等持，

辨别能作因，即昔行福德。

4. 以往昔造福德感得住于顺境，值遇善知识与正法等，心得欢喜；转生为远离八无暇的闲暇者；身体无病而堪能行法；具足心堪能的等持；具备辨别二谛义的智慧。这五种的能作因即是前世造福，现今显现它的果报，如同由烟推知火一样决定是以前的福德。

庚二（修行本体）分二：一、略说；二、广说。

辛一（略说）分二：一、宣说不视轮回为过患刻意断除烦恼之无缘智慧；二、宣说不舍众生之方便是获得大菩提之方便。

壬一、宣说不视轮回为过患刻意断除烦恼之无缘智慧：

是除法界外，无有他法故，

诸佛之密意，以贪离贪等。

劣道者认为烦恼有自性，依靠道断尽烦恼后获得涅槃，以耽著轮回与涅槃为过患与功德的强烈心态断除轮回、趋入寂灭，菩萨善巧烦恼无自性而以烦恼赐解脱的方便，具足无分别智慧，虽然不舍轮回但也不为轮回过患所染而行菩萨行，最终获得不住有寂之涅槃，由此宣说了以无分别的无缘智慧证悟轮涅等性之理。如《般若十万颂》中云："除贪外出离贪我未宣说。"同样也宣说了嗔、痴，密意是说以贪出离贪，并非以他法出离，除了法界以外无有其余法，一切法的实相或体性或自性决定是法界真如，除它以外的法尘许也不存在，为此佛陀考虑到是以贪等出离贪等才如此宣说。

是除法界外，无有他法故，

宣说染污法，具慧密意许。

是故于贪等，如理而趋入，

从彼得解脱，依彼离彼等。

这般了知烦恼自性本来清净，如果了知烦恼以烦恼自解脱，则不需要寻找其他对治。假设自本性未解脱的一个烦恼存在，那么谁也无法解开，也无可断除。因此，因相乘的了义经中说诸法本来无缚无解。果密乘也是如此，《喜金刚续第二瑜伽清净品》中说："决定一切法，清净真如性"等，又云："自证性清净，非以他净解"等，这些是同一密意要点而无有差别。同样所说无明与菩提相同，也是指除法界外其余的法不存在，因此说烦恼自性是菩提的本体，具慧菩萨了知佛陀的密意是如此后这般承许。如经中说"烦恼即菩提金刚基"等。

若有人想：如果以烦恼本身出离烦恼，那感受烦恼的一切众生为何没有出离呢？

那是没有如理了知密意，他们不知贪等是真如性，耽著某某相状而受束缚，菩萨证悟贪等是真如法界自性而如理趋入，因此从平庸自相的贪等中解脱。所以，以贪等解脱贪等，不缘贪等有实性与相状也不生任何贪、嗔。证悟了贪等自性，将现前原本灭尽或原本无生之义，获得尽智、无生智的大菩提。理解为贪等存在同时有朝一日灭尽它而在自相续中不再生起的声闻菩提对真如愚昧，如《现观庄严论》云："若有余实法，而于所知上，说师尽诸障，吾以彼为奇。”圣者无著在《摄大乘论》的甚深法身偈中说：“具足大方便，烦恼菩提支，轮回寂法性，如来不可思。”宣说了轮回即涅槃，烦恼成为菩提支或道。因相乘中也明显宣说了，没有以智慧证悟此理无法获得不住有寂边的大菩提。果乘中直言不讳指出随同证悟的殊胜方便之道，因此成立是成佛之捷径。

壬二、宣说不舍众生之方便是获得大菩提之方便[1]：

为众住地狱，苦剧非害彼，

有寂视过功，入下乘念害。

具慧住地狱，不障大菩提，

余乘凉利己，极乐亦障彼。

为了众生，纵使住于地狱界，烧煮等痛苦再如何剧烈，但对佛子们来说，并不是有害身心及障碍大乘道的加害，因为依靠此因，会对如幻的众生披上极其悲悯的铠甲。而以执著寂灭涅槃为功德、世间轮回为过患而趋入下乘道的分别念种种相似善法，才是障碍菩萨道的作害者，为什么呢？因为具慧菩萨住于地狱只是当时受苦，不是一切时或永久对无有二障垢的力等广大功德的大菩提作障，如匝哦之女与迦布西达的传记一样。声闻、缘觉其余乘的道果，分别为自利而完全解除烦恼痛苦获得清凉，唯一追求利益自己，纵使当时住于极其安乐中也障碍大菩提，如趋入大乘道者依靠他人邪行而舍弃发无上菩提心现前声闻的涅槃那样。

辛二（广说）分二：一、宣说无缘智慧；二、宣说大悲。

1 宣说不舍众生之方便是获得大菩提之方便：前面总科判中是宣说舍弃众生独自趋入寂灭与大乘修行相违。

壬一、宣说无缘智慧：

当知无有法，可得无染净，
犹如幻术等，如是如虚空。

将诸法于胜义中无有与显现许可得执为相违的凡愚没有通达其义而畏惧，认为自性染污法不存在也与客尘清净相违而畏惧，不信解大乘，也是由不知甚深密意导致，如果了知，则无有那些相违。为什么呢？虽然显现许这些法存在，但并非如显现般真实成立，而是如梦幻等，所以应当了知名言中有可得，胜义中相不可得如虚空般，为此可得与不可得并不相违。

犹如如理画，本无现高低，
非真分别前，恒无二现二。

如同精通唐卡的画家，以串习工巧的方便或依仪轨而以种种染料如理绘画的种种色相，画中本无真实高低不平，但眼前却显现手、足、面部等高低不平。同样，在没有如理证悟法义非真实的分别念前，尽管所取能取无有二相别体，但现似有二法，实相与现相不同而现为有，实际无有，如是显现有也不相违。

如水混浊清，澄清非彼生，
彼离彼垢已，如是心同理。

虽然自性清净，但后来离开垢染时才显现清净也不相违，就像水自性是不杂尘埃的澄清物，但混杂泥土而混浊时，水的自性并非因杂有土尘不可分开，虽然是水却也显现为有混浊，后来变得澄清，就是现前原先水的自性，它的澄清并不是先前没有而由混浊中重新产生，澄清只不过是离开了暂时泥土所染的垢秽而已。虚空自性清净有云与离云，金子脱离了淤泥，虽然先前无有垢染，但显现有垢的阶段与离垢的阶段，如是自心显现清净不清净也与此同理。

心性恒光明，是以客尘染，

法性心外心，非光明自性。

也就是承许，心的本性或实相恒时自性无垢光明，贪等罪恶在那颗心自本性中并不成立不可离开，而是以非理作意的客尘烦恼造作成有垢染的，垢染无可染污的法性光明心以外其他分别心或非真实的分别念不是光明，无垢的法性心或光明本智称为心的自性或明空双运的本性。

壬二、菩萨不舍众生之慈悲[1]：

菩萨于众生，如母待独子，

彻骨大慈爱，恒常欲能利。

菩萨对一切众生，如同母亲对待自己心爱的独生子一样不是虚伪而是透心彻骨的大慈爱，以这种意乐恒常想能利益众生，何时也不会舍弃众生。

为利诸有情，生贪不成堕，

此与嗔恨众，诸时皆相违。

菩萨因为利益众生而对对境有情生起贪爱不会成为堕罪或成为罪恶，以那种贪爱将众生执为我所而并非舍弃，但住于这样的慈心中发菩提心与嗔

1 菩萨不舍众生之慈悲：前面总科判是宣说大悲。

恨众生一切时处都相违，原因是：如果生起嗔心，则会舍弃他们并加害。为此经中也说菩萨于多劫中起贪心罪比不上一刹那生嗔心罪大。以慈心摄受众生，说爱众生，并不是烦恼性，比如在家菩萨爱自己的妻儿等也与慈心不相违，因此以那种爱不会产生菩萨堕罪。

如鸽爱自子，怀抱自之子，
如是与嗔违，慈尊亦同彼。
因慈与嗔违，寂与害心违，
利与诳心违，令安违令畏。

就像鸽子比其它鸟贪心大，对自己的幼子最慈爱，因此从孵蛋时开始到它羽翼没有丰满之前一直将其抱在怀里，用身体与翅膀覆盖，不会生嗔恨。同样，慈悲尊者菩萨对其他有情如子般也与之相同，因为是欲求他众安乐的慈悲者，为此与生害心之因的嗔恨相违；因为希求寂灭众生的烦恼与痛苦，与给众生造成痛苦的害心相违；因为希望以自己的身体、受用利益众生，为此与想欺骗众生的谄诳心相违；因为菩萨是以喜乐令众生安宁，以见闻菩萨也能救离怖畏与以殴打等令怖畏害怕相违。因此，以诚心不是谄诳虚伪心的大慈悲心不舍众生，以无分别智慧断除耽著有寂他体就是菩萨的殊胜修行。

庚三、以比喻说明修行方式：

如患依良药，能入于轮回，
如医于病患，能行众生利。

1. 菩萨为无上菩提故意受生轮回，不贪轮回而消除众生的痛苦并成办利乐，如同病人策励依靠治病的良药一样，明知轮回的痛苦也甘愿取受。就像明知药苦但为了除病而勤于依药一样，以取受轮回而获得消除二障之疾任运自成二利的大菩提，能趋入轮回而不会舍弃轮回。

2. 就像慈悲的医生对于可怜痛苦的病人，以善心指出病因并予以配药。同样，菩萨为了消除众生的烦恼疾病，施予他们正法的妙药，行持众生种种利益。

如调不成仆，能行于自身，

如商贾经商，能行诸所求。

3. 如同对于不听派遣行事等不成办意愿之事的野蛮仆人，通过殴打等能够役使他，同样，菩萨对于利益众生生起厌倦等而通过如理作意能做到策励制服惩治自己的恶心，如《宝积经》中以驯伏马的比喻所宣说。

4. 如同为了养活子孙眷属以少量财物转成大利润的商人经商一样，菩萨能做到以自己拥有的欲妙受用之财成办众生所欲求的五欲妙与圆满受用，布施一切有情利乐而修行。

亦如染衣人，能行诸善业，

如父于幼子，能行不害众。

5. 如同染色工人努力洗衣并再三用染料着色一样，菩萨自己能做到清净身语意的十不善业并行持十善业，即持戒。

6. 如同父亲对于发育未成熟的幼儿造作种种不严禁的细微恶行，不会嗔恨反而生慈心。同样，菩萨具足安忍，对于众生因愚昧所转而作种种罪行，能够做到不仅不报复损害他们而且悲心更为增上。

如求火燧木，能行于恒常，

如托可信人，能行未圆定。

7. 如同为了求火而摩擦燧木，没有生火之前励力不间断而精进，同样，菩萨没有究竟善法之前能够做到一直不舍弃而以最大精进恒常修行。

8. 如同将仓库及一切资具托付给可信赖的人，虽然他可以自由取受，但丝毫不会为自利以贪爱取受，同样，菩萨能做到使没有圆满的增上定学等持圆满而不会享受禅味。

犹如幻术师，以慧修所知，

彼许菩萨尊，依上而修行。

9. 如同幻术师了知依靠幻术的咒语与实物聚合幻化显现马、象等种种事物，但这仅是虚幻的显现，不成立真实。同样，菩萨虽然修行波罗蜜多但以遍知一切所知自性的智慧修行二谛双运。如此对应比喻所讲的这些，承许是菩萨依上面比喻所说意义而修行。

己三、摄义：

恒具大精进，勤于二成熟，

渐以无别慧，修行趋无上。

如上所述，恒常具足广大精进行持无量波罗蜜多，加行极其精勤于二资粮或自他二成熟，即是从资粮道起渐次以无有烦恼障所知障之垢三轮无分别智慧至十地末际间修行，那就是趋向获得无上菩提。

大乘经庄严中第十四修法品释终

第十五 教授随教品

戊五（教授随教品）分四：一、如何获得教授之理；二、如理作意教授；三、经行地道之理；四、宣说教授随教之殊胜功德。

己一、如何获得教授之理：

无数劫定生，信解得增上，
如水入大海，善法真圆满。

信解行地一大阿僧祇劫积累资粮必定生起出世间一地，对大乘道信解越来越得以增上，如同四方河流入于大海般，以福慧资粮所摄的善法真实圆满自相续的功德后于胜法位末际趋入无过圣地。

如是积资粮，佛子原清净，
善知心善修，即是妙加行。
彼时法相续，佛前得寂止，
广大智慧故，获得广教授。

如刚刚所讲，积累资粮的佛子原本多劫之前相续完全清净，戒律清净。多闻大乘深广法，如实善加了知意义，以心不依五障的堪能善法修行加行道，就是妙加行。由于先前圆满资粮，具有领悟一地智慧的缘分。那时，获得法门相续等持。所谓法相续等持是怎样的呢？依靠入定于无数佛陀前得受无量正法教授，并且能相续不断受持其句义。如此利根者于大资粮道获得这一等持，有些于胜法位获得。获得之后那一等持功德差别越来越增上。如此安住于法相续等持中，于最殊胜的善知识佛陀出有坏前获得能证得一地圣者智慧之极其圆满或广大的寂止与广大的胜观智慧的缘故，得到具数十万经藏之义无量广大教授。

己二（如理作意教授）分二：一、以思维作意；二、以修行作意。

庚一、以思维作意：

彼初勤戒者，辨别经等法，
以及不二义，心住经等名。

1. 根本心：得到教授后，首先或最初精勤持戒菩萨辨别经藏十二契经法与无有二取或远离有无二者的不二真如义，心安住于明确宣说的《十地经》《楞伽经》《月灯经》经典等名称，心安住于所谓此经的名称仅此而已，是根本心。

尔后彼依次，伺察词句类，
亦于各别内，如理析其义。

2. 随行心：之后勤戒者次第伺察某某经的词句分类，无余分析“我听闻的此法直至最终圆满之间”的词句，此经有这么多品，这么多颂，字数有这么多，这称为随观或随行心。

3. 观察心：所谓“亦于各别内，如理析其义”，各自经之内，逐字逐句精读也无有不当之处，按照安慧论师的《注释》中说：以智慧如理对各自内逐字逐句精读如理分析，实际就是分析经的词句后，要了知“此句的意义是这个”。思择所诠义，寻思能诠文字，思择意义分为计数、衡量、思择、妙观察四种。其一、计数：诸如，五蕴十八界十二处之数，色蕴十处，加上法界一部分无表色，共有十一。受有眼根之缘所生受至意根之缘所生受六种，诸如此类，总之，以计算数目来思择意义。其二、衡量：数目也是不增益多，不损减少，断决为定数，分别衡量其法相并思维。其三、思择：这样的法，安立为色等的原因，具正量道理而寻思伺察。其四、妙观察：分别寻思前三者意义的自相与共相。总而言之，思维意义有多少数目，随后无误计算数量，以理伺察固定为多少的原因，之后辨别那些数目每一意义的自相与共相。能诠文字阿（ཨ）等零散的一字一字不能表明意义，若干文字聚集成名称，名称聚集成词句，众多词句聚集成文，由此表明意义。所以，应当思择文字无义与有义两种，这称为观察心。

认定彼等义，复次总结法，

为得彼之义，复次彼发愿。

4. 认定心：所谓“认定彼等义”，以智慧无误确认句义的相、实际的数目等、其分类与法相，即认定心。

以这四种心不是笼统而是极其细致地确定抉择经等法句义。

5. 摄集心：其后“总结法”，了知此经从头到尾之间的教义合而为一归集就是仅此摄要，比如，《十地经》中广说十地安立都集于解说十地范畴里，因此认为十地名称的意义仅集于此，归摄于根本心，一法之义普皆总结就是摄集心。总之，经藏中虽然有广说，但有些是从道的功德、有些是从次第、有些是从果、有些是从所断等角度而言，尽管一切都需要了知，但现今自己要实修意义的心要，就是仅此瑜伽要点总纲。

6. 愿心：如果对经所说教义无有怀疑，那么为了自己要获得的经中所说诸如十地的意义，之后瑜伽行者以猛烈的希求心发愿我当获得此义，即愿心。

通过以上六种心如理作意经等妙法的意义，有十一种作意：

意诠持续寻，各自而思择，

作意无言诠，一味亦伺察。

1. 有寻有伺作意："意诠"是指意分别，以意识将名、义混合而了知意义是此，它是有分别意，它持续探寻、寻思、伺察经典的句义，即以获得有寻伺一禅未至定与第一静虑粗分正禅之心而为。

2. 无寻有伺作意：以获得所谓"中禅"——第一静虑殊胜正禅与二禅之心各自加以思择。

3. 无寻无伺作意：如果获得了三禅与第四静虑正行，则无有寻伺二者的缘故，以寻伺作意无可言说的一味等持也可伺察。

有寻有伺作意等这三种是分别心本体的三种分类。

法名总结此，当知寂止道，

当知胜观道，分析彼之义。

当知双运道，是为总结彼。

4. 寂止作意：应当了知，六心中仅仅心专注于法的名称，也包括受持词句，以单单名称总结某经的所有教义，诸如宣说智慧波罗蜜多的意义，与十万等多数词的意义摄集于般若波罗蜜多的名称之义中，应当了知心专注于此，就是寂止道。

5. 胜观作意：应当了知胜观道是指以计数、衡量等四种分析经义。

6. 止观双运作意：应当了知止观双运道是指总结名、义二者，止观没有双运时，以寂止缘名称、词句，以胜观缘意义，一旦止观双运时，不分别缘名、义而是将这两者合一止观平等相合而缘取。

寂止作意、胜观作意、双运作意这三种是从道侧面的三种分类。

沉心极摄持，掉举亦可寂，

复于彼所缘，平等住等舍。

于彼恒常行，恭敬而修行。

以所缘分三相，即寂止相、受持相、等舍相。

7. 寂止相作意：心如果散射掉举，则思维散乱与轮回的过患不复外散，心向内平等安住，即寂止相作意。

8. 胜观相作意：如果心昏聩昏沉，则作意胜观相，作意佛陀及等持的功德或者法的自相与共相，从昏沉中尽量持心，做到心情昂然。掉举时随同胜观，因此以胜观不能遣除，要作意寂止。昏聩昏沉随同寂止，因此需要以胜观遣除，昏沉的心，以作意胜观相尽量持受，掉举也是以作意寂止相来寂灭。

9. 等舍相作意：如果无有沉掉而平等，则于其状态中作意等舍相安住等舍。

10. 恭敬加行作意、11. 恒常加行作意：如是修行，都必须以恭敬加行作意与恒常加行作意连续不断实修，所以，前面那些作意并不是偶尔时间行持，而是恒常作意，作意要有欢喜心与恭敬心而修行其道。

庚二、以修行作意：

专心于所缘，莫散彼相续，
散动速认知，复次安住彼。

仅以思慧不能现前道的功德，因此必须专心修行。具体而言，最初欲界心没有向内入定，刹那不住留，如闪电、风、浮云般动摇，如海浪般难以阻止的分别念以九种住心方便次第调伏，向内真实安住之等持修法：

1. 安住：自心一缘专注任意一种所缘而安住。

2. 相续住：如果这般安住也刹那安住不了而动摇于其他状态，则不要从前面所缘相续中散动而以正念护持相续，尽可能安住。

3. 数数住：假设这般安住也不能持续安住长久而散动于他处，则要迅速知晓我在散动，之后心再度安住于前面的所缘。

具慧愈向上，心亦向内收，
复见功德故，等持心调柔。

4. 近住：这样再三串习护持相续，如果能够稍微持续安住，则具慧者极其策励越来越向上心向内收摄于前面作意的所缘，称为近住。

5. 调伏住：之后，心能较前少许安住，则自己见到心向内安住的功德，心想但愿我获得住心等持，欢喜希求等持而使自心调柔，称为调伏住。

由见散动过，止息不喜彼，

贪心不悦等，兴起当寂灭。

6. 寂静住：以散动分别未能调伏心而以欢喜等持能调伏。以这般欢喜希求等持使心不同程度安住所缘，但如果因先前散动串习力而散动，则想到这种散动如同夺取等持的盗匪般极其有害。由于见到散动之过失故心想不随它转而精勤于一切功德根本的等持。止息以散动之因不喜等持，即第六住心寂静。

7. 寂灭住：如此精勤，使心较前更好安住，但偶尔贪心不悦意等、沉掉等随烦恼兴起，也如前一样，要想到如果随这些所转，就不能成就等持，所以过患严重，如果没有随它们所转，就能成就神通等殊胜功德之根本的等持，因此尽可能不作意这些恶分别念，应当分别思择或依对治或置之度外来寂灭贪心等，即寂灭住。

复尔勤戒者，心真实有行，

自然而获得，习彼成无行。

8. 有行住：在此之后，精勤持戒者通过勤作串习力自然产生或获得现行的第八住心，依靠勤作策励，则不会被其他分别念中断而安住所缘，称为有行。

9. 无行住：有行的住心通过串习使相续延长，从而不需要勤作策励心自然安住所缘，任运自成，获得无行，即最后的第九种住心。

关于九种住心方便，经中云："安住、真实住、摄集住、近安住、调伏住、寂静住、寂灭住、一相续、等持或入定"。

尔后彼身心，获得大轻安，
当知有作意，彼彼增上已，
以增上远行，彼住正行得。

获得无行而自然安住之心后，如果串习其境界，则瑜伽行者的身体轻安堪能及心轻安，身体轻巧，极其舒适，堪能修行善法，心有明澄无浊欢喜周遍的感受，获得堪能善所缘的小中轻安后，获得如影子般极薄澄清的广大轻安，进而能获得第一静虑，应当了知是有寂相、粗相作意。依靠那种作意次第断除欲界上中下品烦恼，使等持增上后，那种增上从下地远行，如是安住第一静虑正行的瑜伽行者获得。越来越向上，以有寂相、粗相作意至第四静虑正行间修行。

这以上解说了等持修法。

希求神通者，净彼最堪能。
静虑得神通，真实成就彼，
为供无量佛，闻法往世界[1]。
依此无量劫，承侍无量佛，

1 世界：藏文版本中是三界，《注释》中是世界。

于彼承侍故，心成最堪能。

接下来，宣说由此向下获得等持的功德：获得四禅正行时，希求神通者获得禅定正行净化自地的爱、见、疑占多数不清净的烦恼，而达到最殊胜的堪能时，真实成就由堪能清净的静虑中获得的神境通等五通，这种瑜伽行者为了供养无量佛陀、听闻正法而前往十方世界，依靠这种方式于无量劫供养承侍无量佛陀。此处所谓“无量劫”，并不是三大阿僧祇劫之义而是超越了数目的无量劫，因为获得了心自在等持。于十方净土的佛前作无量承侍，意乐清净的瑜伽行者之心达到最堪能，能随心所欲趋入。

是故彼等前，获得五功德。
彼成最无上，清净之法器，
一一刹那中，灭尽身粗重。
身心遍轻安，了悟诸法光，
不断真实相，未察尽得见。
如是为圆满，法身清净故，
具慧一切时，恒常摄持因。

为此，那些菩萨在证得一地之前，获得得地之相的五种功德，是哪五种功德呢？

心堪能，堪为生起超胜声闻、缘觉一地无上智的无上法器，所以，此菩萨每一刹那也会灭尽未严禁之心及如猴子般跳等、身体沉重不适而不能行善的一切身粗重，能清净阿赖耶上有的身心不堪能的粗重习气，是第一功德。身心诸时遍满轻安，是第二功德。这两种如同洗涤人用肥皂水能清净布等一样，以寂止的水净化身体的不堪能，身心遍布轻安的安乐。

并不是对殊胜经藏等有些了知有些不了知那样，而是一切时分通晓了知妙法之义的光明不间断，即第三功德。获得真实圣地的真实相，身上不生昆虫等，梦中沐浴身体，得佛授记等获得《十地经》中所说的十地的梦相，此等得地的表相或征相是未刻意观察也完全得以见到，即第四功德。这两者是胜观所生的验相。

再者，为了圆满究竟证悟法身，清净所断二障，具慧者入定、后得一切情况恒时都能摄持断证究竟这样的因，即第五功德，这是止观二者的部分。

安慧论师的《注释》中将灭尽身心粗重、身体遍布轻安之乐、心周遍轻安之乐、法光不间断及见到真实相这五种说为五功德，摄持圆满法身与获得清净之因是能摄持。《摄乘论》中所说五功德如上所述。从教授品开始至宣说五功德，这以上宣说了如何获得住异生信解行地菩萨之法与功德。

己三、经行地道之理：

尔后成如是，菩萨以入定，

除非意诠外，不见诸外境。

为增法光明，精进坚稳行，

法光增上已，安住唯心中。

之后于资粮道获得殊胜止观的菩萨一缘入定于等持，除了意之言诠或分别念以外，全然不见一切外境除心外另行存在，即暖位明得时。为了使获得的法光明越来越增上，精进即坚稳菩萨精勤行持，即明增或随增顶位。如此精进而行，法光明大部分增上后，远离真正外境等的显现，安住于唯心中。如何安住唯心中呢？

复次诸现境，尽觉是自心，
彼时即断除，所取之散动。

其后，显现色等一切外境如同认识梦时的显现一样，完全觉得那一切只是自心的显现而无有真正的外镜。那时就断除了色等外境所取散动而不显现。

尔后唯剩余，能取之散动，
彼时速触及，无间之等持。

随后，瑜伽行者唯一剩下认为心存在的能取分别或散动没有断除，即忍位一向真如等持。当时，迅速证悟无所取则能取它的心也岂存在，二者同理，不久速疾便证得与见道无有间隔的等无间等持，即胜法位无间等持。所谓等无间是指什么呢？

如是彼末际，断能取散动，
此等依次第，当知是暖等。

如此证悟无所取的忍位末尾断除能取散动，紧接着就能趋入一地，所以胜法位称为等无间。应当了知刚刚所讲的这些依次是暖位等四种加行道。

宣说胜法位无间获得见道之理：

尔后彼获得，出世无分别，

无垢离二取，无上之智慧。

彼此之转依，承许是一地，

彼此无量劫，成为极清净。

之后，见到出世间超胜声闻、缘觉三轮无分别的无上智慧而远离所断烦恼，因此无垢，断除所取能取，获得远离二取，经中称为获得无尘法眼离垢。由断除所取能取，故称无尘，由远离见断故称离垢，或者忍位是无尘，烦恼障的对治是无间道，智慧是解脱道，故称无垢。所谓法眼，是如实见到诸法法性真如之眼或智慧眼。如是生起无分别智慧的这位菩萨阿赖耶转依，承许是第一圣地。

若问：一地要多长时间才能获得？如是转依安住一地者，于信解行地一大阿僧祇劫行无量菩萨行而得到圣地，从此之后根本不会产生轮回过患，因此是极其清净。

现量得彻证，法界等性时，

恒得诸众生，与己平等心。

众生同无我，痛苦行利益，

不求报心平，与余佛子同。

得地的功德差别：由完全现量证悟法界对于异生法与圣法等一切法无别平等性而得地时，恒常获得一切众生与自己无有丝毫差别平等或等同之心，为此证悟五种平等性：1. 证悟众生平等无我；2. 由愚昧感受痛苦的一切众生之苦平等当断；3. 平等而行断除那些众生业惑之集；4. 如同使自己趋入道而获得灭谛利益自己者也不求回报一样，将其他众生安置于灭谛道谛而饶益也平等不杂自利求众生回报；5. 这样的佛子心平等，与获得圣地的其他佛子断证等同或相同。

如此宣说完行他利之理，接下来说明以智慧证悟之理：

三界有为法，非真分别念，
彼以极清净，无二义智见。

获得一地的菩萨见到欲界、色界的五蕴及无色界的四蕴等三界的一切有为法仅是众生相续非真实的分别念心与心所而已，以后得清净世间智慧见到除心心所以外任何法均不存在——唯心，如《十地经》中云：“奇哉佛子，此等三界唯心。”

是以什么智慧见到的呢？它是以极度清净障碍、无有二取的无分别智慧见到，入定以无分别智慧连自他唯心也不缘，犹如虚空般清净无有所取能取，但所谓“证悟义”以后得智慧现见唯心外无有他法，心本身显现种种法也如梦如幻显现般。

见无彼等性，解脱诸见断，
是故决定说，彼时得见道。
了知无空性，如是有空性，
自性空性故，是名解空者。

获得见道的菩萨现量见到无有所取能取的圆成实本性而解脱见所断，决定可说当时称为得见道。

此外，说获得见道者了知三种空性，以后得清净世间智慧或辨别所知的智慧了知：遍计是如绳上无蛇般无有的空性，如是了知依他起虽然像凡愚们思择所执取的法相那样并不存在，但现基依他起法相有的空性，圆成实本来远离二取的缘故是自性空性，所以见道者名为解空者。以上讲了三等持中的空性等持。

无相之基者，分别真实灭，

无愿之彼者，非真分别念。

佛子随觉分，一切种种相，

恒见之彼道，承许俱同得。

接下来是无相等持之基或所缘，对于从色至涅槃间的一切法，真实灭尽某某相状分别称为灭谛，如《摄对法论》中也说："灭谛法相为何？灭即真如。以何而灭？以道谛灭。灭何者？灭分别念。"

无愿等持之基或所缘是非真实的分别不清净依他起，非真分别念是指烦恼障与所知障种子之所依，生、老等种种苦之因，不是所愿之处。

任何佛子欲求恒常不远离随菩提分念住等三十七道品等菩提分道法与忍智十六刹那自性见道一同获得，最初获得出世间无垢道时，先于信解行修行四正念、四正断等均得以成熟清净，又获得所修上道现行的一切能力。

赞叹一地者稀有功德：

慧行知有为，无我苦唯增，

断实无我见，得大见大义。

以智慧力而行者了知这一切以二我而空但由无明之缘由行等缘起的依他起造作的有为法，进而认识到尽管领受的我不存在，可是由业烦恼力成熟的三苦自性增长，由此断除实际无有、迷乱自性的我见，获得自他平等性的大本性见解及利益无边众生的大义。

无我见见我，无苦成极苦，

如自于利己，利生不求报。

这种菩萨虽然无有我见，但其他众生见为我，虽然菩萨自己现行二我不成立，但如同没有证悟此理的众生由迷乱自现所感有二我一样，将他们感受种种痛苦自我取受，对于遣除如梦般迷乱显现之痛苦的方便，乃至尽未来际不舍精进，由于自己解脱了有漏法而无有痛苦，但因其他众生的痛苦而极度痛苦，就像病儿的母亲一样，自己承担遣除无边众生痛苦之重任。自己得地后远离五种畏惧、甘受他众的痛苦而不厌倦。五处畏惧指，无有维生之畏惧、无有称颂等名声之畏惧、眷属邪行等之畏惧、投生恶趣之畏惧、死亡之畏惧。就像自己利益自己不求回报一样，成办其他众生之一切利不求他回报。

解胜心解脱，缚无尽久缚，

虽不见苦际，尽行而行持。

解脱者以殊胜大乘超胜的证悟境界一地的智慧使其心解脱所有见断，立誓承担他利的束缚等同无边众生尚且不尽，尽未来际间不舍誓愿之任，时间无边，长久束缚，虽然永远不见一切众生痛苦有穷尽的边际，但只要有痛苦，就诚心诚意尽量行持或精进遣除他们的痛苦。为此投生轮回，自己精勤于波罗蜜多，将他众安置于波罗蜜多，直接行持这样的所为是极其稀有的。

一世自痛苦，尚且不能忍，

况累世他苦，菩萨与之反。

世间人，不必说一切世间无量生世，就是一生一世中遭受的自苦也不能承受，如果连忍受自己痛苦的能力都没有，那么不能直接承担住于那么多世间界其他众生无余合集起来的痛苦就更不必说，心里刹那间也不会有这种想法，菩萨们与之相反。

佛子于众生，喜慈行无厌，

世间大稀有，平等非稀有。

虽然不需要为自利受痛苦，但为利众生有堪受无量痛苦的威德力，因此佛子们对无边众生彻骨透心欢喜慈爱，为利益他们精勤行持，不以他者邪行等而厌烦，那就是世间中最大的稀有，获得了众生与自己平等之心，因此也并非那么稀有，与自己利益自己不稀有同理。

宣说修道与究竟道：

复彼于余地，修道之此中，

修行二种智，是故能尽净。

彼无分别智，佛法能净治，

余如所安立，成熟众有情。

获得一地之后，菩萨于剩余的二地至十地的九地修道中修行入定无分别智慧与后得清净世间智慧两种智的缘故能净化烦恼障与所知障。无分别智慧，是以修行佛陀的十力、四无畏等能净治的佛陀之法成熟自己。他智后得即以十地的法相与功德等尽所有安立与如所有安立成熟有情，通过示现成佛为众生说法。

圆满二大劫，修道至究竟，
获得最后修，菩萨依灌顶，
得金刚喻定，分别不可坏，
转依臻究竟，无有诸障垢。
住彼即获得，尽成利群生，
了知一切相，无上之果位。

两大阿僧祇劫圆满，即修道完成或究竟，十地究竟就是修道究竟，从二地至七地间，称为有行修，期间历经一大阿僧祇劫。八地至十地间称为无行修，期间历经一大阿僧祇劫。得以安住最后的修道十地，菩萨依靠十方佛陀以大光明赐予法王补处灌顶，获得不为相执分别念所坏的金刚喻定，连显现二取的细微习气也予以根除，获得远离二障及习气的最究竟转依，具足无有一切障垢的大断、安住于十一无学地乃至尽虚空界成办利益一切众生种种的大事业或者成为众生之尊的大悲与一时无碍了知一切所知相的大证这三大的无上果位。

己四、宣说教授随教之殊胜功德：

恒见难见佛，无等闻生信，
内心恒满足，无此更大义。
安住法门中，如来常亲传，
如由罪林中，牵头引菩提。

按照教授品中所说这般积累资累，能恒常得见相续不清净众生极难见的能仁佛陀，于佛前听闻无等法也就是如理听闻无比大乘教授所生极其清净信心力，对心相续恒时满足的菩萨来说教授随教无疑是最大利益，因为能不费艰辛获得大菩提，故没有比它更有意义的。安住于法门等持中，如来恒常亲自传授教言，好比陷在淤泥里或沉在水中依靠自力不能逾越，依靠其他大力之人抓着他的发或头能轻易牵到干地，同样，依靠如来的加持、教授及大悲力量将某行者从轮回过患的稠林中引领安置于无上菩提。

佛陀恒赞叹，真行己事善，
谴责颠倒行，最胜勤安住，
辨别之众生，断依善逝教，
广修违顺法，如理此宣说。

所谓教授与随教的差别：新宣说断除所断获得所得的殊胜方便要点，为教授，即佛陀了知所化众生的界性、根基、意乐而相应宣说，因此决定有利。随教是指已经得到教言，为了再三决定而再度细致随后传授其义。所以，诸佛对菩萨恒常真实行持自利的所为或所行的严禁恶行、摄集善法、饶益有情所摄的增上戒学宣说功德“善男子如此善哉”而高度赞叹，对于破戒颠倒行，则指出其过患，予以谴责。对于勤行心不动安住增上定学、辨别法的增上慧学的胜解行众生宣说能断除定慧违品的过患及依止成为同品的功德，善逝教法此教义中广大止观瑜伽的违缘法与顺缘法是如此这般，一切时处佛陀如理传授的教言在此作了宣说。

彼见极清净，菩提无分别，
胜世除重暗，如大日普照。
恒积善充满，佛前得大教，
菩萨得广定，趋至德海岸。

如是无误宣说增上戒、定、慧学的本体与它们的违品及随同之诸法的教授随教说明，菩萨依靠趋入三学及断除其违品与依止同品法，获得广大止观瑜伽后逐步得地，以智慧所见使烦恼障清净，证悟无分别本性成为分别三轮之所知障的对治出世间殊胜菩提道而胜伏声闻、缘觉在内的一切世间，获得普遍驱除烦恼障所知障大黑暗的威力，如同大日升起一般照耀众生。世间的太阳不能照亮由其他有实法所遮障的孔穴，但以此说法能遣除任何人的无明黑暗，因此如同前所未有的大日或能普照十方世界的大日升起般，朗然昭然照亮世间。如此恒常积累二资善法如同百川盈满大海一样充满自相续，于能仁真佛前恒时获得广大教授的殊胜菩萨获得具足胜观极其广大的禅定等持，趋至一地至佛地之间无量功德海岸。

大乘经庄严论中第十五教授随教品释终

总结：

众多之信解，求法与说法，

以及修行法，教授与随教。

对于宣说圆满五义理菩提分法的本性，首先生起广大信解，寻求深广经典法句及其所说之义，得法后为他众传讲，实修法义即修行，修行胜进之因是得受教授随教授，趋入圣地，这五品相当于菩提分法方便、度摄、供依无量及菩提分品的总纲，所以在此论的中间作了总结。

大乘经庄严论释

（下）

弥勒·著

麦彭仁波切·注释

西藏藏文古籍出版社

图书在版编目（CIP）数据

大乘经庄严论 / 弥勒编著 .
—拉萨：西藏藏文古籍出版社 ,2019. 12

ISBN 978-7-5700-0379-2

Ⅰ . ①大…　Ⅱ . ①弥…　Ⅲ . ①大乘—佛经—研究　Ⅳ . ① B942. 1

中国版本图书馆 CIP 数据核字 (2019) 第 272962 号

大乘经庄严论

作　　者　弥　勒　著　麦彭仁波切　注释
责任编辑　郭晓斐
策　　划　天利文化
出　　版　西藏藏文古籍出版社（拉萨市色拉路 4 号　邮编：850000）
第二编辑部（北京）：北京市朝阳区东土城路 8 号林达大厦 A 座 13 层
邮编：100013　电话：010-64462318
打击盗版：0891-6649998　13908990085
印　　刷　北京盛通印刷股份有限公司
经　　销　全国新华书店
开　　本　16 开（710 × 1 000）
印　　张　38. 5
彩　　插　12 页
字　　数　462 千
版　　次　2019 年 12 月第 1 版
印　　次　2020 年 5 月第 1 次印刷
标准书号　ISBN 978-7-5700-0379-2
定　　价　98. 00 元（全二册）

目 录

大乘经庄严论释科判

大乘经庄严论

弥勒菩萨 著
索达吉 译

第十六 方便品

林众生山河，所依终是地，
智者三种业，是施等善依。
极难业众体，累劫竟勤尊，
佛子身语意，性业净无厌。
如欲利己身，离毒刃雳敌，
佛子三业性，能遮二下乘。
恒时不分别，作者业所作，
此真方便摄，业净至彼岸。

大乘经庄严论中第十六方便品终

第十七 六度四摄品

数法相次第，定义修功德，
分摄违品德，互定当了知。
受用身眷行，圆满增上生，
恒不随惑转，所为不颠倒。
精勤众生利，施不害忍行，
处解脱俱基，是行诸自利。
不贫不恼害，忍害行不厌，
令喜善说故，他利即自利。
不爱诸受用，极敬不厌二，
瑜伽无分别，大乘仅此已。
于境不贪道，得彼禁散乱，
不舍众生增，余者净障碍。
是就三学言，佛真说六度，
初三末二者，二学一属三。
布施断违品，具不分别智，
满足诸所愿，成熟有情三。
持戒断违品，具不分别智，

满足诸所愿，成熟有情三。

安忍断违品，具不分别智，

满足诸所愿，成熟有情三。

精进断违品，具不分别智，

满足诸所愿，成熟有情三。

禅定断违品，具不分别智，

满足诸所愿，成熟有情三。

智慧断违品，具不分别智，

满足诸所愿，成熟有情三。

依前而生后，下劣殊胜故，

粗大细微故，如此说次第。

能令离贫穷，获清凉灭嗔[1]，

胜行及持心，了知胜义故。

是说一切修，依实依作意，

依思依方便，以及依自在。

能舍一切事，依于根本心，

圆满身受用，摄二能圆满，

彼亦具无吝，法财无畏施，

1 灭嗔：本人所用《弥勒五论颂词》中是忍嗔，安慧论师的《注释》中颂词是灭嗔。

遍知施如是，智者真实行。

六支寂意摄，善趣赐安住，

所依灭无畏，具足福德资，

表示法性得，安住戒者具，

遍知戒如是，智者真实行。

堪害耐苦知，悲悯依法故，

真说五功德，彼能行二利，

具诸难行首，承许彼三种，

遍知忍如是，智者真实行。

真实喜善法，依信及欲乐，

念等功德增，烦恼之对治，

具无贪等德，彼等有七种，

遍知勤如是，智者真实行。

心于内安住，依正念精进，

能生诸安乐，驾驭神通住，

位居白法首，彼等具彼三，

遍知禅如是，智者真实行。

正辨诸所知，依于三摩地，

解脱诸染污，善说续慧命，

一切法之最，彼等具彼三，

遍知慧如是，智者真实行。

当知诸白法，散乱入定俱，

是以二二二，波罗蜜多摄。

菩萨施未贪，非贪无贪著，

亦非贪未贪，非贪无贪著。

菩萨戒未贪，非贪无贪著，

亦非贪未贪，非贪无贪著。

菩萨忍未贪，非贪无贪著，

亦非贪未贪，非贪无贪著。

菩萨勤未贪，非贪无贪著，

亦非贪未贪，非贪无贪著。

菩萨定未贪，非贪无贪著，

亦非贪未贪，非贪无贪著。

菩萨慧未贪，非贪无贪著，

亦非贪未贪，非贪无贪著。

佛子遇乞命亦舍，悲不图报所欲果，

施将众置三菩提，智摄世间存无尽。

佛子恒受禁勤戒，不求善趣得不贪，

戒将众置三菩提，智摄世间存无尽。

佛子忍极难行害，非求善弱畏见利，

忍将众置三菩提，智摄世间存无尽。

佛子铠行勤无喻，摧自他惑得妙觉，

勤将众置三菩提，智摄世间存无尽。

佛子众定成静虑，妙禅乐住悲生下，

定将众置三菩提，智摄世间存无尽。

佛子知如尽所知，不著涅槃况轮回？

智将众置三菩提，摄众世间存无尽。

广大及无染，大义与无尽，

当知是施等，一切四功德。

乞见圆满喜，不喜及慕求，

施者具悲悯，超胜恒胜伏。

慈悲于众生，性命受用妻，

恒施极欢喜，何不护断彼？

圣不惜心平，无畏悲普施，

岂能以害他，言说颠倒语？

悲欲平等利，极畏他生苦，

心勤调众生，远离语三罪。

普施具悲心，精通缘起法，

如何能甘受，意之诸烦恼？

悲尊受害时，利他于自苦，

恒得益想喜，于何何所忍？

于他离他想，恒爱他胜己，

难行故悲尊，勤非难极难。

三定小安乐，自乐执退失，

穷尽许有痴，菩萨定反之。

如夜手摸触，罩灯三种慧，

悲尊之智慧，无比如日光。

布施所依事，缘由普回向，

因智田及处，承许最殊胜。

持戒所依事，缘由普回向，

因智田及处，承许最殊胜。

安忍所依事，缘由普回向，

因智田及处，承许最殊胜。

精进所依事，缘由普回向，

因智田及处，承许最殊胜。

禅定所依事，缘由普回向，

因智田及处，承许最殊胜。
智慧所依事，缘由普回向，
因智田及处，承许最殊胜。
菩萨之布施，为一众生乐，
累劫受害喜，何况实反之。
众生为求财，坚稳施众生，
众为身求财，坚稳百番施。
施身尚心乐，轻物何须说，
彼喜出世间，是为最无上。
具慧施一切，求者喜而喜，
乞者得所乞，欢喜非如是。
具慧施无财，思自具财富，
乞者圆受用，不思自富有。
具慧施如理，满愿思大益，
乞者得多财，不感施者恩。
如享路边果，有情受广财，
无虑自受用，乐施唯菩萨。
首因作用别，相别所依别，
四违对治别，知精进佛说。

善资精进胜，依彼随得彼，
精进胜乐住，成就世出世。
精进得世愿，精进净成上，
精进离坏聚，精进证大觉。
减增之精进，解脱断违品，
入真如转依，大义许别词。
初善如理行，不怯及不退，
不满之精进，诸相佛尽宣。
依勤三乘士，意慧具弱广，
下中上精进，承许小大义。
精进财不败，精进惑不败，
精进厌不败，精进得不败。
互摄类别故，法性故因故，
六度一切时，决定当了知。
承许布施同，说彼令行持，
自随行爱语，利行及同事。
能利之方便，令持及令行，
如是能随行，当知四摄事。
初者令成器，第二令信解，

第三令行持，第四令清净。

财摄及法摄，所缘之法等，

是以二种摄，许为四摄事。

当知以相别，分下中上摄，

多无义有义，一切皆有义。

相应摄眷属，真实依此理，

普成一切利，佛赞妙方便。

已摄及将摄，现今正摄受，

如是彼一切，成熟众生道。

恒不贪受用，寂禁勤住性，

不分有境相，依彼摄群生。

大乘经庄严论中第十七六度四摄品终

第十八 供养依师无量心品

具足清净心，为圆二资粮，

佛前以衣等，现非现量供。

发愿佛出世，自他皆有义，

不缘彼三轮，是圆满供佛。

余者能成熟，无量诸有情，
是以物内心，信解与发愿，
悲悯及安忍，真实行持门，
专注基证悟，解脱真如别。
缘由普回向，所依事与因，
智慧以及田，处供尽宣说。
因果及自他，利养恭敬性，
修行彼分二，小大有无慢，
加行与行趣，以愿许远近。[1]
自心供养佛，信法思自在，
无别方便摄，普入一义胜。
所依依止事，缘由普回向，
因智净佛土，及处尽宣说。
依师当调柔，寂灭功德胜，
勤富教悟真，善说悲无厌。
恭敬利养侍，修行依上师，
依事具慧者，知法意敬往。
彼无求利养，为修普回向，

1 此一颂半，藏文为两颂。

坚稳依教行，真令师心喜。

通三乘慧悟，精勤修自乘，

成熟无量众，修行佛净土。

为享法缘德，依止非为财。

具慧因与果，法门随行外，

闻思及瑜伽，有无慢依师。

具慧以行趣，加行愿依师。

自心依上师，信法思自在，

无别方便摄，普入一义胜。

坚稳梵断违，具无分别慧，

趋入三所缘，成熟诸有情。

坚稳缘求乐，苦逼具乐者，

具惑彼等法，悟入彼真如。

彼义真如故，得寂清净故，

二业灭惑故，乃无缘慈心。

彼等动不动，著味不著味，

菩萨不动摇，善住离贪中。

非入定本性，小中及下地，

意劣有我慢，皆下余为胜。

具慧住梵住，恒常生欲界，
圆满诸资粮，成熟众有情。
悉不离梵住，远离彼违品，
放逸彼之缘，猛烈亦不变。
菩萨具害心，损恼不欢喜，
嗔心及贪心，招致众过患。
惑毁自他戒，有失利养微，
护神师责罚，恶名转无暇，
失得未得故，心生大痛苦[1]。
善住慈心等，不生此诸过，
非惑为利生，不舍于轮回。
佛子于有情，慈等心生此，
众生于有德，独子非如是。
炽盛随敌转，苦逼暗遮覆，
普入难行道，真具大束缚。
贪杂剧毒食，舍道入歧途，
弱势之有情，是生悲心境。
断害大觉种，生乐恼欲因，

1 此六句藏文中是一长颂，每句十三字。

本性依五法，佛子近菩提。

大悲胜慧知，轮回皆苦性，

无我而不厌，亦不为过损。

世间苦视己，悲尊如实知，

彼苦净方便，爱怜亦不厌。

悲尊此悲悯，自性妙抉择，

先前具串习，除违得清净。

非等恒胜意，非行非离贪，

非无缘非悲，无悲非菩提。

悲忍及思维，愿生成熟众，

初根终胜果，此是悲妙树。

若无根本悲，不能忍苦行，

具慧不耐苦，不思利众生。

离思不发愿，清净之投生，

不得善妙生，不能成熟众。

悲润是慈心，彼苦以乐广，

如理而作意，树枝繁茂增。

愿力不间断，舍受叶二缘，

成就故花果，得生当了知。

大悲功德源，谁不悯众生？

为此纵痛苦，悲生无量乐。

悲摄慈悯尊，尚不住寂灭，

何言贪世间，安乐及自命？

彼慈非无罪，亦非出世间，

具慧慈悲心，无罪出世间。

痛苦汹涛中，痴重暗世间，

引导之方便，岂不成无罪？

世菩提缘觉，罗汉无彼慈，

其余何须言，岂非出世间？

菩萨无痛苦，悲悯成痛苦，

彼初普畏怖，证得极欢喜。

悲生苦胜伏，世间一切乐，

行利尚不具，何有更稀奇？

坚稳悲布施，布施令安乐，

享用三界乐，不及彼一分。

利生以悲悯，不舍苦轮回，

悲尊为利他，何不甘受苦？

悲尊悲布施，受用彼生慈，

摄受生彼力，成乐恒增长。

以悲广行增，以施成熟乐，

一切普引领，如教懦弱者。

悲苦成痛苦，苦者未得乐，

悲尊何能乐？他乐自方乐。

悲尊教自施，不求自安乐，

受用令他乐，不异自非乐。

彼乐乐己施，及果施众生，

汝于我有作，果皆予彼等。

施者不求财，财丰遇善妙，

我非求安乐，如此辗转施。

我常以悲悯，一切皆施舍，

待彼汝当知，我不求彼果。

得果若不舍，不成乐布施，

刹那有不施，非是乐施者。

未作不生果，希报非我宗，

无视汝回报，果报尽施他。

佛子悲悯施，无罪清净物，

引乐予随护，无寻无染污。

佛子悲悯施，一切广主常，

欢喜无染净，向觉亦向善。

三乐心意足，悲尊普施喜，

享用受用者，非有如是喜。

悲贫悲恶劣，悲乱悲放逸，

悲悯随境转，悲执颠倒者。

由乐苦彼因，菩萨生悲心，

由因师自性，菩萨生悲心。

菩萨之悲心，当知是平等，

意乐行离贪，不缘清净故。

自心修慈等，信法及思维，

自在无分别，合一故最胜。

于佛生净信，物敬持续供，

依多德益师，悲众得成就。

大乘经庄严论中第十八供养依师无量心品终

第十九 菩提分品

知惭断违品，具无分别智，

无罪下劣境，熟众坚稳相。

菩萨于六度，违增对治减，

生起大惭愧，坚稳依六度，

懈怠随惑法，享用更惭愧。[1]

非入定本性，小中及下地，

意劣有我惭，皆下余为胜。

具慧无惭愧，非理纳烦恼，

嗔舍及我慢，摧毁众生戒。

后悔及丧失，恭敬利养微，

具信非人众，本师亦置之。

同行佛子责，于世间人中，

现法得恶名，他世生无暇。

是故失已得，未得诸白法，

由此处痛苦，心亦不正住。

有惭诸佛子，不生此诸过，

1 此六句，藏文为两颂。

智者常真实，受生人天界。

具慧以有惭，速圆正觉资，

佛子不厌倦，成熟众有情。

彼恒离违品，不离对治法，

有惭之佛子，得彼等功德。

凡愚著妙衣，离愧有罪垢，

佛子知惭衣，无遮离罪垢。

佛子具惭愧，如空法不染，

佛子内集聚，知惭妙庄严。

菩萨以惭愧，如母慈所化，

惭愧于轮回，能防一切罪。

能受于一切，亦不受一切，

不行行一切，愧者愧成相。

自心修惭愧，信解法思维，

自在无分别，合一堪首位。

菩萨之坚稳，较彼其余众，

以法相分类，不变而超胜。

精进定与慧，许为勇耐稳，

菩萨以此三，无惧尽趋入。

怯懦动摇痴，诸事生畏惧，

故知三本性，是为坚稳名。

自性及宏愿，无所顾惜性，

众生颠倒行，听闻[1]深广法，

所化难调化，佛身不可思。

种种诸难行，轮回皆不舍，

无有烦恼性，坚稳生坚稳，

其余无伦比，许具坚稳最。

飞蛾飞禽海，不能动须弥，

恶友苦闻深，不能动坚稳。

菩萨不厌最，三事闻不足，

精勤耐受苦，依于惭坚稳。

欲求大菩提，具慧之不厌，

诸地未圆满，圆满极圆满。

坚稳知论典，基所为业相，

无尽成果胜，等持总持摄，

能成熟有情，亦能持妙法。[2]

1 听闻深广法：麦彭仁波切的此《注疏》中是信解深广法，安慧论师的《注释》中是听闻，也有其他版本中是信解。

2 此一颂半，藏文为两颂。

坚稳知世间，是以身语意，
知谛无伦比，超胜彼其余。
坚稳常含笑，诚实而言语，
为众堪法器，为令修妙法。
因许以二谛，令世间恒生，
以二令隐没，了此知世间。
为寂为获得，具慧修真谛，
具慧知谛故，定称知世间。
依于经典法，彼义具密意，
了义具正量，获得彼无诠。
是为遮舍法，依文倒执真，
获得有言诠，于此说四依。
于信解分析，他前如实闻，
无诠智慧中，坚稳不退失。
异门及法相、词智了知故，
菩萨无碍解，四种无伦比。
极其精进说，说何以何说，
所说法与义，唯以词智说。
法即略广说，诸时得二者，

答复辩方故，无碍解为四。

等性各自证，复次尽了知，

能断一切疑，名为无碍解。

菩萨之资粮，福慧无伦比，

福得增上生，依慧无惑转。

施戒为福资，智慧乃慧资，

余三属二资，五度皆慧资。

平时得修行，反复行持善，

坚稳之资粮，能成一切利。

是为趋入地，无相任运成，

灌项及究竟，坚稳修资粮。

具慧修念住，是以十四相，

无等故胜余，所依对治入，

所缘与作意，获得观修胜。

随应及随行，遍知与受生，

广大殊妙性，修行真成就。

坚稳之正断，有情无伦与，

是为修念住，过失之对治。

轮回享受用，为除诸盖障，

为舍劣作意，为入一地等。

为住于无相，为获佛授记，

为成熟有情，是为得灌顶。

为净佛刹土，是为究竟性，

具慧诸菩萨，修违品对治。

依于欲乐已，瑜伽有相修，

一切诸正断，决定称对治。

坚稳四神足，法相具超胜，

是为成自他，一切利益生。

所依与分类，方便及修行，

安立具慧者，神足一切相。

依于禅定度，是说四类别，

以及四方便，六种真成就。

一是能精勤，第二饶益性，

第三能专注，第四为对治。

能见及教言，安住行游戏，

宏愿与自在，得法成就故。

菩提及行为，闻胜与止观，

当知信等基，能成利益时。

信等趋入地，许为有染污，
违品薄弱故，彼等称为力。
承许入地者，安立为觉支。
证悟一切法，众生等性故。
了知克胜故，正念即普行，
此之择法慧，能摧分别相。
此之精进支，为速证悟入，
正法光明增，欢喜恒长养。
脱离一切障，轻安获得乐，
由定自在得，心中所想事。
等舍于一切，随意而安住，
后得无分别，安住恒住胜。
此德之菩萨，安立如轮王，
常以如七宝，觉支所围绕。
自性安住支，第三出离支，
第四功德支，三种无惑支。
其后则随行，如实所证悟，
如实证安立，趋入所安立。
三业皆清净，修行诸所知，

正道胜功德，障碍之对治。

依于正安住，住心为寂止，

尽辨一切法，是故为胜观。

止观即遍行，一分非一分，

许因证出离，无相及无行。

清净极清净，止观之瑜伽，

遍行一切地，能成一切利。

圆满佛陀法，成熟诸有情，

速得成所为，精通道不断。

菩萨一切地，方便无伦比，

依彼巧方便，能成一切利。

异熟闻串习，等持之总持，

小品及大品，大品亦有三。

具慧未入小，入地不清净，

诸地为中品，净地总持大。

如是诸菩萨，反复真依彼，

常宣及受持，微妙之正法。

坚稳之宏愿，具思维欲乐，

彼依智劝勉，诸地无伦比。

当知彼为因，唯心成就故，

由心即具果，彼成未来利。

种种大菩提，诸地愈向上，

彼愿愈清净，菩萨成二利。

三等持行境，乃为二无我，

执我之所依，恒常善寂灭。

所取能取体，当知有三种，

无分别背离，具足极欢喜。

是为遍了知，断除及现前，

普宣空性等，三种等持义。

欲利诸有情，三种等持因，

四种法印义，说于诸菩萨。

坚稳四法印，无义分别义，

唯是遍计义，寂灭分别义。

不容因生故，相违自不住，

无故相定故，随行泯灭故，

变异可得故，彼因与果故，

执受主宰故，清净随众故。

初生渐大生，随增所依事，

变异及成熟，如是劣与胜。

光明不光明，行余境具种，

无种之本体，以及影像生。

于此十四生，以因及量别，

增无义非理，所依不容有。

安住不容有，初存终不变，

如是劣与胜，光明不光明。

无行住非理，末者不容故，

随行于心故，有为皆刹那。

大种与六境，说为刹那性，

干涸与增长，性动增减故，

相系彼大故，四种变化故，

色香味及触，同故与彼同。

依柴运行故，渐大可得故，

随心问难故，外亦刹那性。

说人假立有，而非实体有，

不得及颠倒，染法烦恼因。

因有二过故，不说一与异，

诸蕴应成我，彼应成实体。

若说我实有，亦需说必要，
不可说一异，无需非应理。
相世见论言，犹如薪与火，
不可说一异，非理是二故。
有二生识故，彼非缘无义，
故不成见者，直至解脱者。
是主则不令，无常不欲求，
彼需立法相，妨害三菩提。
三过故见等，能作非自生，
亦非彼之缘，无有能见等。
非作无常故，同时恒行故，
见等之能作，自生非应理。
如是住与灭，前无无常故，
亦无三品故，是缘非应理。
诸法无有我，胜义为空性，
缘于我实有，唯一说过失。
染污清净位，断定之分别，
趋入相续别，是以人我说。
我见无需生，串习无始时，

人有则一切，无勤解无解。
如是恒时具，彼德菩萨众，
不舍自利益，亦能成他利。

大乘经庄严论第十九菩提分品终

第二十 功德品

施自身持戒，圆满皆能舍，
于弱能安忍，不顾身与命，
而发起精进，禅定无著味，
智慧无分别，具慧之稀有。
生如来种姓，得授记灌顶，
尽获大菩提，亦许大稀有。
离贪与慈悲，胜修平等心，
是故行彼等，亦非大稀有。
犹如具慧者，极慈诸有情，
众生于自妻，子亲非如是。
于求无偏堕，恒常不失戒，
普忍一切故，发起大精进。

恒常妙禅定，智慧无分别，
当知彼菩萨，如是心平等。
堪为作法器，安置于戒律，
于害能安忍，能利而行持，
令入此佛教，能断诸怀疑，
此许具慧者，饶益有情性。
恒时于众生，意乐平等摄，
令生圣者地，令善得增长，
尽防造罪恶，令听闻纯熟，
五事诸佛子，犹如众生母。
恒常于众生，能令起信心，
教增戒学等，修行解脱故，
祈请正等觉，断除彼等障，
五事诸佛子，犹如众生父。
于诸不应说，众前能保密，
谴责破学处，赞叹圆满者，
能施授教言，救护离恶魔，
五事诸佛子，犹如众生亲。
于诸染净法，自慧不迷乱，

世间出世间，圆满尽能授，
无厌无退转，恒常欲利乐，
五事诸佛子，犹如众生友。
成熟诸有情，恒常具精进，
真实说出离，安忍诸邪行，
能施二圆满，善巧彼方便，
五事诸佛子，犹如众生仆。
欲求令获得，无生之法忍，
宣说一切乘，成就瑜伽行，
相貌妙庄严，不求报异熟，
五事诸佛子，如众轨范师。
利生极精进，令圆满资粮，
积资速解脱，能断诸违品，
世间非世间，圆满皆令行，
五事诸佛子，如众亲教师。
不贪诸受用，戒律悉无失，
具有报恩者，复令行持故。
如是行六度，一切诸有情，
于诸菩萨众，如是报恩德。

恒求增与减，有情尽成熟，
于地趋胜进，求无上菩提。
断畏真发心，斩断诸怀疑，
修行之教言，佛子恒不失。
无求之布施，不求后世戒，
一切皆安忍，功德源精进。
禅定非无色，智慧具方便，
于六波罗蜜，坚稳真实行。
贪受用有失，我慢及享乐，
著味及分别，坚稳退失因。
当知住彼等，对治之菩萨，
遮除退失故，胜进具缘法。
显示与诈现，外貌显庄严，
如是暂时行，身语似寂静。
圆满通言辞，彼等离修行，
说为菩萨众，非净真实相。
反之上等行，彼等真实性。
具慧于诸地，修行布施等，
彼等能调伏，众生六违品。

以行者时别，具慧授记二，

菩提与授记，此外说为大，

获得无生忍，断我慢勤作，

与诸佛佛子，成为一本体。

复彼刹土名，时间与劫名，

眷属法住世，许为彼授记。

具慧一切时，圆满生不厌，

恒常能修行，等持无退失，

成利决定得，任运之法忍。

供养真受戒，慈悲修善法，

静处不放逸，闻义不厌足，

诸地坚稳者，无疑所应为。

了知欲妙过，思维诸迷乱，

甘受诸痛苦，修行诸善法。

不著禅乐味，不分别相状，

诸地坚稳者，恒常所应为。

法施清净戒，获得无生忍，

精进大乘法，竟具住悲心，

般若许具慧，波罗蜜多首。

以契经等别，安立为明处，
当知一切地，坚稳法安立。
依于七真如，安立真实谛。
安立理与乘，四种及三种。
如理而作意，正见具有果，
量辨不可思，当知为四理。
意乐及宣说，加行与资粮，
成就之差别，承许为三乘。
名事相互间，寻求为客性，
于此二假立，寻求唯此性。
一切不得故，真实四种智，
诸地坚稳者，能成一切利。
束缚之所依，受用种子因，
心心所及依，有种而束缚。
前存相状法，本性而住相，
悉灭具慧者，获得大菩提。
缘于真如智，断除能所取，
现前习气身，具慧能灭彼。
缘于真如智，修相无异体，

现前有无义，名驾驭分别。
凡夫障真性，普现非真实，
菩萨遣除彼，普现真实性。
不现实无有，显现真实有，
彼即为转依，随行名解脱。
境大一切时，他法现同类，
是能障碍故，遍知断除彼。
所熟所清净，所得堪成熟，
真实解说事，具慧之无量。
令生菩提心，令得无生忍，
低下无垢眼，一切漏法尽，
妙法久住世，知断[1]及受用，
了知行于彼，具慧说法果。
由从所缘大，如是修行大，
智慧精进大，善巧方便大，
真实成就大，佛陀事业大，
具足此大故，决定谓大乘。

1　知断：也有颂词版本中是“知别”

种姓信解法，发起菩提心，

行持布施等，趋入无过患。

成熟诸有情，清净佛刹土，

不住之涅槃，大觉及示现。

一即具信解，增上意乐净，

有相及无相，无有现行行，

当知此五种，诸地之菩萨。

不贪三业净，伏嗔勤胜德，

法不动见真，喜菩提菩萨。

欲利无害见，堪受他害坚，

不放逸多闻，勤他利菩萨。

知执过不贪，不恨瑜伽通，

三相无恶见，乃住内菩萨。

怀慈知惭德，受苦不贪乐，

正念入定性，乘不乱菩萨。

除苦不令苦，忍苦不畏苦，

脱苦不计苦，承受苦菩萨。

不喜喜性法，诋法真勤法，

自在法无暗，首行法菩萨。

受用与调柔，守护与行善，

乐法不放逸，不放逸菩萨。

不敬微过惭，不忍退失惭，

流散小见惭，他乘惭菩萨。

此他与等舍，具行得自在，

相应说大果，菩萨行饶益。

菩萨摩诃萨，具慧胜光明，

佛子佛陀基，能胜如来芽，

具力及圣尊，商主与胜称，

悲尊大福德，自在及具法。

证真证大利，证诸义恒证，

以及证方便，是故名菩萨。

随我证细见，证悟种种识，

证非真分别，是故名菩萨。

证未证随证，证无实证生，

各别证未证，是故名菩萨。

证实无胜义，证诸义所有，

证所证证基，是故名菩萨。

证成就证处，证胎证次第，

证悟除怀疑，是故名菩萨。
具慧慧证得未得，善住证悟随证悟，
妙说无说有无我，未熟真实成熟慧。

大乘经庄严论中第二十功德品释终

第二十一 行为究竟品

慈悲说爱语，坚稳与伸手，
决定解密意，此等具慧相。
摄受得信解，不厌摄集故，
意乐加行中，可知五种相。
菩萨于恒常，在家成轮王，
生生世世中，利益诸有情。
诸地具慧者，出家由受得，
及以法性得，余示出家相。
诸位出家者，功德无有量。
精勤持戒者，胜在家菩萨。
诸地坚稳者，他世令悦果，
此生令行善，欲令得涅槃。

不净净极净，许众生意乐。

诸地具慧者，发愿心平等，

成为君主者，集眷普摄持。

承许具慧者，以业以愿力，

以及等持力，自在而投生。

法相人学处，蕴及成就相，

释词与获得，安住即地者。

殊胜证空性，诸业不虚住，

安住于禅乐，其后生欲界。

复次菩提分，回向于轮回，

内心无烦恼，成熟诸有情。

故意而投生，随护染污法，

与一行道系，唯定无相道。

无相任运成，清净诸刹土，

其后则成就，成熟诸众生。

等持与总持，菩提清净性，

依此等安立，当知地法相。

菩萨见清净，戒极净入定，

断法慢相续，染净异慢无。

刹那获得慧，净土善熟众，
大力身圆满，善巧示灌顶。
证悟诸法性，于此随学修，
增上戒定慧，智慧二行境，
法之真实性，入不知知等，
智慧行境故，二地住有彼。
学修及修行，余有四种果：
无相有行住，是为第一果；
真如无现行，清净诸刹土，
承许第二果；成熟诸众生；
等持及总持，成就微妙果。
此等四种果，真实依四地。
尽证法性已，于此净戒蕴，
其后则清净，定蕴及慧蕴。
此外诸余地，解脱四种障，
亦解质碍障，清净解脱智。
当知一切地，未成就成就，
成就亦承许，未成就成就。
当知成就地，作意依安立，

了知是分别，彼亦不分别。

各别自证故，佛陀行境故，

修行一切地，成就不可思。

有现及信解，不怯不软弱，

不仰仗他者，一切尽证悟。

于诸心平等，无转无贪爱，

知方便生眷，承许是众相。

并非无希求，无贪恼嗔息，

无非慈悲意，恶慧不可夺。

无散乐不夺，不为痛苦害，

依师勤闻法，精进供养佛[1]。

了知胜方便，真汇广大福，

共同一日中，回向圆菩提。

生善恒行善，神通功德戏，

当知彼佛子，最上功德藏[2]。

诸地一切时，具慧之功德，

---

1 “并非无希求……精进供养佛”此两颂，藏文是一长颂，每句十七字，因过长而译为两句。

2 “了知胜方便……最上功德藏”此两颂，藏文是一长颂，每句十七字，因过长而译为两句。

承许止与观，二俱五本性。
见近于菩提，成办众生利，
生起极欢喜，故名极喜地。
离破戒勤垢，故名无垢地，
放法大光明，故名发光地。
如此菩提分，具有尽焚焰，
彼地焚二障，是故名焰慧。
成熟诸众生，亦能护自心，
具慧行难行，故名难行地。
依于般若度，复次现前此，
轮回与涅槃，故名现前地。
随系一行道，故许远行地，
不为想动摇，故名不动地。
无碍解妙慧，故名善慧地，
如云遍法空，故名法云地。
于行种种善，欢喜恒安住，
菩萨之诸地，承许名为处。
无量无畏故，不可估量故，
后后胜进故，彼等许为地。

得地有四种，即是以信解，
趋入诸行为，证悟及成就。
信解大乘者，信解小乘者，
二者为欲求，及与为调化，
坚稳之四行，依经随同说。
慈悲有情尊，值意离意尊，
不离意趣尊，利乐汝前礼。
决定脱诸障，胜伏诸世间，
智遍诸所知，心解汝前礼。
摧毁诸众生，无余诸烦恼，
破惑于惑众，悲悯汝前礼。
任运无贪执，无碍恒入定，
能答诸所问，是尊汝前礼。
所能依所说，语知为能说，
智慧恒无碍，善说汝前礼。
前往知众行，了知彼等语，
来去及出离，善授汝前礼。
有情现见您，知是大丈夫，
唯见令极喜，是尊汝前礼。

受住及舍弃，幻化及转变，
等持与智慧，自在汝前礼。
方便皈处净，于大乘出离，
欺惑众生魔，摧之汝前礼。
说自智与断，他利离道障，
一切诸外道，不损汝前礼。
无护无忘失，眷中庄严语，
永断二染污，摄眷汝前礼。
遍知您出游，安住皆恒常，
无非遍知行，如实汝前礼。
于利诸众生，您恒不越时，
恒常行有义，不忘汝前礼。
于诸世间中，昼夜六时见，
具足大悲心，垂念汝前礼。
行为与证悟，智慧及事业。
声闻缘觉众，上师汝前礼。
三身大菩提，证得一切相，
于诸众生疑，尽断汝前礼。
无执无过失，无垢不舍置，

不动于诸法，无戏汝前礼。

成就殊胜义，出离一切地，

成为众生尊，令众得解脱。

无等无尽德，显现诸世间，

亦现佛坛城，人天皆不见。

此亦依彼力，如随所化缘，

世界存在间，事业不间断。

大乘经庄严论中第二十一行为究竟品终

著跋：大乘经庄严论颂，圣者弥勒撰著圆满。

译跋：印度堪布释迦桑格（释迦狮子），主校大译师噶瓦拜则等翻译并校勘抉择。后由班智达巴绕呵达、大婆罗门桑匝那、大译师鄂·罗丹西绕稍作修改，以传讲抉择。

大乘经庄严论密意疏
——胜乘甘露喜宴

麦彭仁波切 著
索达吉 译

丁二（宣说正行——宣说菩提分法真正体性）分六：一、方便品（能摄）；二、六度四摄品（所摄）；三、供养依师无量心品；四、菩提分品；五、功德品；六、行地究竟地品。

第十六 方便品

戊一（方便品）分二：一、所摄之业；二、能摄之三方便。

己一、所摄之业：

林众生山河，所依终是地，
智者三种业，是施等善依。

就像森林、众生、山河的所依何时何处都是大地，静止的外界山川、森林、河流等及运动的内在有情均依赖大地，同样，智者菩萨的身语意三业一切时分也是布施等、三十七菩提分法等尽所有一切三门等的善法无不依靠的所依。

己二（能摄之三方便）分三：一、不厌倦；二、断除作意劣道；三、无分别智慧。

庚一、不厌倦：

极难业众体，累劫竟勤尊，
佛子身语意，性业净无厌。

极难行之事布施身体受用、成办众生利、安忍邪行等业的本体种种无量，它也是要历经多劫完成，需要在三大阿僧祇劫行持，长久披上精进大铠甲的尊主佛子们身语意自性业清净而对此轮回无有厌离，以种姓及串习善法之因永无退缩与厌倦，而且如火上加薪般三门自然趋入福慧善资粮，无有厌足。由此说明不厌倦。

庚二、断除作意劣道：

如欲利己身，离毒刃雳敌，
佛子三业性，能遮二下乘。

想利益自己的众生，身体会摆脱剧毒、兵刃、天降霹雳及敌军，不与它们接触而逃离。同样，佛子身语意三业的本性能遮止声闻、缘觉二种下乘，三门的任何业都不是为了下乘果而行持。为什么呢？因为小乘作意自利力量强大而对众生舍弃悲心，没有圆满证悟所知真如二无我的智慧，因此是下劣道，与大菩提道相违，入小乘是大乘的险地。

庚三、无分别智慧：

恒时不分别，作者业所作，
此真方便摄，业净至彼岸。

菩萨恒时以证悟二无我的智慧了知真如而对任何法均不分别，也不分别善业作者、其业布施、精进成办所作业布施等的所为，对这三种都不视为相状，因为不缘三轮的智慧自然串习。如果具备这样的无分别智慧，那么永远不会因为众生的痛苦、邪行与时间漫长等生起厌烦。证悟平等性后，永远不会产生有寂为过功之相、自他平庸之想世间人那样的心相续。不为将善根执相的愚痴所蒙蔽而获得清净，因此，无分别智慧是大乘道无量善巧方便中最为主要殊胜的。此菩萨由于修行布施等尽所有道法以其方便无分别智慧真实摄持，所以三门行布施等任何善业均成清净，趋至无量无边功德彼岸而得成佛。布施等做到无量、广大、甚深、清净，就是无分别智般若波罗蜜多。因此，以它摄持的布施等获得出世间波罗蜜多之名，不用说世间人，就是声闻、缘觉也不具有这种。

以窍诀归纳方便品的意义，可总集为龙钦巴尊者所说“一切善根若以三殊胜摄持而行则成大乘道”，如果具足加行发心殊胜、正行无缘殊胜、后行回向殊胜，那么就总集了不厌烦大乘道、断除作意下乘道、以无分别智慧摄持这三者之义。因此，菩萨的布施等三门一切善道以此要点摄持而行，就成了大乘道。

大乘经庄严论中第十六方便业品释终

第十七 六度四摄品

戊二（六度四摄品）分三：一、能圆满自佛法之六度；二、能成熟众生之四摄事；三、此品总结。

己一（能圆满自佛法之六度）分二：一、总摄略说；二、广说彼义。

庚一、总摄略说：

数法相次第，定义修功德，
分摄违品德，互定当了知。

所有大乘法实地行持归纳起来集于这六度中，所以道的正行仅此而已，摄事、供养、依止、无量心、菩提分法的其他阶段是以实修的名称及行相不同而成了无量法门，因此首先宣说六度法的安立：六度的定数、波罗蜜多各自法相、次第、布施等各自的定义、如何修行波罗蜜多功德的方式、六波罗蜜多内部的分类、一切白法归摄为六度、断除波罗蜜多的违品、波罗蜜多的功德、布施等一一波罗蜜多中也包含其余之理相互确定，应当了知是以这十种差别来宣讲。

庚二（广说彼义）分十：一、定数；二、法相；三、次第；四、定义；五、修法；六、分类；七、归摄；八、断违品；九、功德；十、互定。

辛一、定数：

受用身眷行，圆满增上生，
恒不随惑转，所为不颠倒。

相应总摄义十种差别中安立“定数”。说明定数的四种原因：

其一、因为成就增上生与决定胜两种功德而说六度：

依靠布施，在流转轮回的生世中受用圆满；依靠持戒，得到天、人所依身体圆满；依靠安忍，使眷属圆满；依靠精进，使业际行持圆满。这四种圆满是增上生。

依靠禅定，感得自相续调柔，恒常压制烦恼，不随它转；依靠智慧，了知总的行持取舍，了知四谛波罗蜜多的违品及对治而不颠倒趋入轮涅之所为，即是决定胜。

所以，这六度不需要再多，如果少了则不能包含，因此数量安立为六。

精勤众生利，施不害忍行，
处解脱俱基，是行诸自利。

其二、成办自他二利的缘故，安立为六：

首先就自利而言，菩萨精勤利益众生时，以发放布施饶益他众；以持戒不断他命，不行不予取等不害他众；即使遭受别人加害也不报复，以安忍行饶益。这三者主要是直接利他。

解脱处是指静虑，若心入定则决定见到真实义；能解脱是智慧。所谓“俱基”，指禅定与智慧二者的基础是精进，以精进成办入定与胜观。这三种是行一切自利。

如是成办他利三种与成办自利各三种，共安立六度。

不贫不恼害，忍害行不厌，
令喜善说故，他利即自利。

再者，菩萨不顾自利而主要行持他利，因此以六度成办他利：

以布施舍予贫穷者所需，能使众生受用不缺乏；以持戒不恼害众生；以安忍对他众损害无有嗔恨并堪忍；以精进行持他利不厌烦；以禅定显示神通神变令众生向往并欢喜；以智慧善说正法，由此成办他利。

而成办他利就是成办最殊胜的自利。唯一勤奋于自利，也不能获得大菩提；而勤于他利，暂时能自然成办自利，究竟获得无上菩提。所以，以六度可任运自成二利。

不爱诸受用，极敬不厌二，
瑜伽无分别，大乘仅此已。

其三、一切大乘菩萨行归集为六度而定数：

不喜爱、不贪恋五种欲妙任何内外事物的受用，即无不施舍于他的布施；对戒学极为恭敬而不染细罪；对众生的损害及难行不厌倦即是安忍与精进二者，以安忍完全忍耐众生的一切损恼及种种苦行，以精进对利益众生及长时间极度困难的一切作为不厌倦，以无量精进行持，或者对积累福慧二资粮不厌倦即是安忍与精进，因为以安忍断除违品，以精进行持对治；以禅定一缘安住殊妙瑜伽，以智慧对任何相状均不分别，这两者是寂止与胜观。

可见，所有大乘义归摄起来无不包含在此六度中。

于境不贪道，得彼禁散乱，
不舍众生增，余者净障碍。
是就三学言，佛真说六度，
初三末二者，二学一属三。

其四、就增上三学而言定数为六：

对于五欲妙对境不贪恋之道是布施，即舍施一切；严禁想要得到这种欲求的行境使心散乱之道是不同前者的持戒度，依靠它能严禁而做到不入繁多世间散乱琐事；即使众生做种种邪行及损害也不舍弃之道即安忍；善法越来越增上之道是精进；最后禅定与智慧是另外净除障碍之道，以禅定净除烦恼障，以智慧主要能净除所知障，或者禅定是压制削减二障的道，智慧是根除二障的道。

如是所说六种道是就三学而言，佛陀真实宣说了刚刚所说的六度，布施、持戒、安忍三种是增上戒学，不贪布施之道是戒律之因，本体是严禁之道戒律，助伴是不舍众生之道安忍，如果具足这三者，就能真正守戒。最后的禅定与智慧二者说明了二学，禅定是增上定学，智慧是增上慧学。一者指精进，它属于三学的部分，因为五度需要以恭敬加行与恒常加行精进而成就，所以，精勤那些波罗蜜多的精进度属于三学。

如此安立了六度的定数。

辛二、法相：

每一度均具足四种法相，是哪四种呢？

布施断违品，具不分别智，
满足诸所愿，成熟有情三。

布施，1. 断除违品悭吝，即无有悭吝是等起；2. 助伴是具足不分别三轮的智慧，因为证悟了人无我与法无我而不缘施者、所施之物与受者的自性；3. 布施，能满足受者的一切所愿；4. 布施的作用：以布施摄集而相合众生各自的种姓将他们成熟至声闻、缘觉与大乘道中，最终安置于三种果位。

持戒断违品，具不分别智，
满足诸所愿，成熟有情三。

如布施具四种法相一样，持戒（也有四种法相），1. 断除戒律的违品破戒；2. 助伴以无分别智慧摄持，不缘守护之人、戒律、能修它的所为；3. 以守戒而对其他众生无有害行，能满足他们的一切所愿；4. 以戒使其他众生喜悦而摄集，将他们安置于戒律，成熟至三乘。

安忍断违品，具不分别智，
满足诸所愿，成熟有情三。

安忍，1. 断除违品嗔恨；2. 具足不分别能忍、所忍、修安忍三轮的智慧；3. 不以怨报怨，能满足对方的一切所愿；4. 通过安忍安置于三乘来成熟众生有三种。

精进断违品，具不分别智，
满足诸所愿，成熟有情三。

精进，1. 断除违品懈怠；2. 具足不分别精进者、精进、修行其三轮的智慧；3. 作为众生凡所行事的助伴等利他，能满足众生的一切所愿；4. 以精进将众生成熟于三乘。

禅定断违品，具不分别智，
满足诸所愿，成熟有情三。

禅定，1. 断除违品散乱；2. 不缘修者、所修禅定与能修禅定之所为，因此具足无分别智慧；3. 以神变神通能满足众生的一切所愿；4. 通过禅定能成熟众生至三乘。

智慧断违品，具不分别智，
满足诸所愿，成熟有情三。

智慧，1. 断除违品我见等邪慧；2. 不缘人、智慧、修行，因此具足无分别智慧；3. 通过斩断怀疑能满足其他众生的一切所愿；4. 以三乘成熟众生有三种。

辛三、次第：

依前而生后，下劣殊胜故，
粗大细微故，如此说次第。

（安立六度先后次第）有三种原因：1. 依靠前前而生后后之次第：如果贪恋种种受用，就不能舍俗受戒，如果不贪恋，就能舍俗受戒，因此先说最初不贪受用的布施是持戒之因。不能安忍秉性恶劣者谩骂等，以严禁恶行能忍受，因此继布施后宣说安忍之因——戒律。不能忍受寒热饥渴等任何损害就不能精进，具安忍者才能发起精进，为此于戒律之后宣说安忍。如果持续精勤善法，就能成就心平等安住的禅定，因此在安忍之后宣说精进。如果具备心平等安住的等持，就会生起真实了知圣谛的智慧，因此继精进之后宣说禅定。如是禅定是因，见谛实义的智慧是果，所以在最后宣说智慧，这是按因果产生的次第而讲解的。

2. 前者较后者下劣、后者较前者殊胜的缘故。先说下劣后说殊胜：虽然世间中也有发放布施，但三门严禁恶行比它更罕见，因此布施下劣、持戒殊胜。同样，与严禁恶行相比，安忍他者损害更难；虽然已经安忍，但持续精勤善法较它更难；虽然具有不同程度的精进，但心以等持来调柔较它更罕见；虽然心成就了四禅、四无色定等持，但现见谛实义的智慧较它更难更罕见。容易断的是大烦恼，观待它小烦恼难断、断它的功德大，为此从布施至智慧间这般安立次第。

3. 因粗大与细微的缘故，先说粗大后说细微：粗大容易趋入，容易行持，细微观待粗大难以趋入，难以行持。布施，国王大臣等至仆人屠夫之间都能不同程度做到，因此容易理解，粗大易行。与之相比，持戒、安忍至智慧之间越来越细微的缘故，从后后较前前体性细微的角度以布施至智慧之间易行易入的粗大及与之相反细微的道理而如此宣说次第。

辛四、定义：

能令离贫穷，获清凉灭嗔[1]，

胜行及持心，了知胜义故。

为何称为布施呢？梵语“达那”（音），译为布施，“达”是贫穷之义，“那”是舍离之义。令舍离贫穷就称布施，因为以布施受用使接受者离开今生的贫穷，布施者他世获得永不贫乏的受用而舍离贫穷。

持戒，梵语“尸罗”（音），“尸”是清凉，“罗”是获得或取受之义，故称获清凉。如果具备戒律，则今生不会有贪爱对境之因所导致受到国王惩罚等种种罪过的热恼，后世不会转生恶趣，获得人天安乐，最终获得涅槃安乐的清凉。

安忍，梵语“坚德”（音），“坚”是灭尽，“德”是能令，能灭尽自相续的嗔恨就立名安忍。

精进，梵语“布雅”（音），“布”是殊胜或微妙之义，“雅”是行持，行持出世间的微妙善法，所以也称胜行。

禅定，梵语“达雅那”（音），“达雅那”是受持之义，受持什么？向内受持心所缘，做到不外散乱就是禅定。

智慧，梵语“札嘉”（音），“札”直译有上等之义，“白玛阿札”——胜义名称的前面部分省去而成为“札”字，“札”是胜义，“嘉”是了知，了知胜义的缘故称为智慧。应当了知，这些讲法，是就术语文字省略、增添

1 灭嗔：本人所用《弥勒五论颂词》中是忍嗔，安慧论师的《注释》中颂词是灭嗔。

的不共讲法之义而言的，梵语直接翻译成藏语，布施等共称也得到这样的释词讲法。

辛五、修法：

若问：布施度至智慧之间如何修行？

是说一切修，依实依作意，
依思依方便，以及依自在。

所有六度一一都有如此修行法：安住或依有实修、依作意修、依思维修、依方便修以及依瑜伽自在修五种差别。它们分别指什么呢？

1. 依实修：所谓“实”，也就是指意义或事物，依于布施等波罗蜜多的意义而修。它分为四种，即依因、依异熟、依愿、依抉择力。其一、依因：由菩萨种姓力的因，不管转生何处虽然别人没有让他做，他也欢喜修行布施等六度，依靠它修行任意一种波罗蜜多。其二、依异熟：先前修行串习波罗蜜多而于他世获得自然行持六度的所依身体。其三、依愿：以“愿我无论转生何处都不贪执受用而发放布施”等以发愿行持六度的威力而修行波罗蜜多。其四、依抉择力：以智慧抉择了知受用不坚固无实质而进行布施等，是由了知波罗蜜多的功德而如理修行。

2. 依作意修：作意有四种。其一、信解作意：依照宣说六度的大乘经中所说诚信并信解使波罗蜜多界增长。其二、品味作意：认为以前修行布施等所作善妙，视为功德，回忆以前所做而欢喜。其三、随喜作意：对于十方世界中行持布施等波罗蜜多之举，如自己行持般欢喜并随喜。其四、爱乐作意：

心想，祈愿自他未来不管转生何处都能行持波罗蜜多，喜欢行持波罗蜜多。

3. 依思维修：有不满足或不厌足思维、广大思维、欢喜思维、利益思维、不染恶劣思维、善妙思维六种。其一、不厌足也有四种，以布施为例，施物不满足：为了利益、成熟一个众生，以恒河沙数世界充满七宝布施那一众生，也不会生起“我已经施舍这么多现在可以了”的想法；施身不满足：每一刹那为了一个众生舍施自己恒河沙数的身体，尚且不生起“已经施授这么多身体现在可以了”的心态，修炼不满足之心；时间不满足：为了一个众生这般布施身体与受用，于恒河沙数劫一刹那须臾间也不间断施舍，也不会想“我于这么多劫中布施这么多外内之物现在可以了”，而生起不满足的心态；众生不满足：以恒河沙数世界充满七宝及同等数的身体于同等数的劫中布施一个众生，将那一众生安置于无上菩提令其成熟，同样，将两个、三个直至一切众生之间如此安置于无上菩提，虽然他们均已成佛，也不会想“现在可以了”，而生起不厌足之心，这么修炼会生起不满足的意乐。

其二、广大思维：这样的布施等没有一刹那不行持的时候，欲求至菩提果之间不断行持的意乐。

其三、欢喜思维：心想：如是布施等所摄集的众生已经成熟，他们是我获得无上菩提的助伴，生起欢喜心，并不是饶益对境的众生生欢喜，是将那些众生视为恩重如山而欢喜。

其四、利益思维：菩萨这般饶益众生而不会想我饶益了众生，而会思维“饶益对境的众生利益了我，如果没有饶益对境的众生，我就不能圆满无上菩提的资粮，由利益他们使我获得无上菩提，因此他对我利益颇大”。

其五、不染思维：菩萨以布施等这般利他，但不希求回报与善趣异熟果而为利众生这样行持，不贪自利。

其六、善妙思维：菩萨如此作广大布施等，不愿意独自享受其果，而将那善根为一切众生获得无上菩提果普皆回向。如布施的六种思维一样类推持戒至智慧之间：在三千大千世界遍满火又恒常缺乏火的对治水等安乐资具的地方，并不仅仅自己的一个身体受苦而是等同恒河沙数的身体受苦，于不是百、千等可数的有量劫时间而是等同恒河沙数劫的时间量里，不是以一种威仪而是行住坐卧四种威仪从行持一刹那的戒至最终无上菩提佛果的戒蕴完全圆满，也不会思维戒蕴已圆满可以了。智慧也如此类推，不满足思维与广大思维等按照上面共同解说一样。

4. 依方便修：虽然对行持任何波罗蜜多都从不缘它们三轮的角度宣说三种方便，但实际上就是以无分别智慧摄持，以此能成就并清净一切作意与佛陀之一切法，为此称方便。

5. 依自在修：三清净地获得自在时，无勤任运行持波罗蜜多，依靠它至佛地证得身语意圆满而任运行持六度利益有情。它有身自在、行自在、说法自在三种自在，第一身自在是指法身报身二身，第二行自在是指化身，第三是指语说法自在。

辛六、分类：

波罗蜜多内部分类虽有无量，但归纳起来分，一一波罗蜜多都有自性等六种，每一波罗蜜多以两颂说明：

能舍一切事，依于根本心，

圆满身受用，摄二能圆满，

彼亦具无吝，法财无畏施，

遍知施如是，智者真实行。

布施度的详细分析，1. 布施的自性或本体：是对功德田、饶益田与痛苦田，能施舍内外一切事物。2. 因或依处是依靠思维不贪等三种根本善心。3. 果：获得圆满的身体与受用。4. 作用：饶益他众，自己于来世得大受用，因此摄持自他二者，并以财施与法施能圆满福慧资粮。5. 具足：即布施也无别具足无悭吝。6. 分类：有三种，不误传讲经典句义的法布施、施舍内外事物的财布施与救离国王、盗贼、水火等怖畏的无畏施。如此完全了知布施的本体及因等这样的道理后，智者菩萨能真实行持。

六支寂意摄，善趣赐安住，

所依灭无畏，具足福德资，

表示法性得，安住戒者具，

遍知戒如是，智者真实行。

持戒，1. 本体：具足六支，安住具戒、仪轨完整、行境圆满、以别解脱戒严禁、连极细微罪也视为畏惧、真实受学戒条，换言之，第一指真实护戒；第二指法衣等依教而行，不为圣士所谴责；第三指断除趋入妓院、屠场、酒肆等非行境的五处；第四是就出离戒而言；第五做到不染微过；第六圆满学修所有戒条。2. 因是以寂灭出离的意乐所摄持。3. 果：能得善趣，无有悔心而通过现法乐触能赐予成就住心等持。4. 作用：有三种，犹如大地是一切庄稼的依处一样戒律成为一切善法的依处；能灭除烦恼的酷热；今生无有罪与怨恨等畏惧，来世无有三恶趣的畏惧。5. 具足：具足三门安住善法的福德资粮。6. 得法或分类：以启白羯磨于亲教师、规范师前受别解脱戒，是表示假立戒；禅定戒与无漏戒是法性得戒，这是安住戒律的行者才具有而别人没有。完全了知戒律这样的道理后，智者能真实行持。

堪害耐苦知，悲悯依法故，

真说五功德，彼能行二利，

具诸难行首，承许彼三种，

遍知忍如是，智者真实行。

安忍，1. 本体：堪受害忍、耐受苦忍与不畏深法义的谛察法忍的自性。2. 因：悲悯众生而不被损害所恼或所乱，依靠守戒与闻法的缘故，生起其余两种安忍。3. 果：真实解说有五种功德：无有斗争，少有怀恨；亲友众多，少有离间；今世身心安乐；于欢喜中死去；死后转生善趣。4. 作用：安忍能使自己安乐，不给他人带来痛苦，因此能行自他二利。5. 具足：具足所有难行之中居于首位的功德。6. 分类：前面讲本体时承许它有三种分类。完全了知安忍这样的道理后，智者能真实行持。

真实喜善法，依信及欲乐，

念等功德增，烦恼之对治，

具无贪等德，彼等有七种，

遍知勤如是，智者真实行。

精进，1. 本体：真实喜乐善法。2. 因：依靠对善法有信解与信心及有欲乐修行它。3. 果：能使正念等一切功德越来越增上。4. 作用：作为烦恼的对治。5. 具足：具足无贪等清净的功德。6. 精进分类有七种，以对境分有精进三学的三种，以本体分有身精进与心精进两种，以加行分有恭敬加行精进与恒常加行精进两种。或者，也有其他分门别类：产生增上戒学身精进五门从属的五种心所精进，产生意增上定学与增上慧学意识从属的两种精进，即是心精进，也宣说了七种。完全了知精进这样的道理后，智者能真实行持。

心于内安住，依正念精进，

能生诸安乐，驾驭神通住，

位居白法首，彼等具彼三，

遍知禅如是，智者真实行。

禅定，1. 本体：心不散于外境而一缘安住于内。2. 因：依于念念不忘所缘的正念及持续修行的精进。3. 果：能生起身心轻安之乐及远离欲界苦转生上界色界之乐。4. 作用：自在驾驭神境通等神通，自在驾驭天住、梵住、圣住，天住是指四禅及四无色定；梵住是指四无量；三解脱门等为圣住。5. 具足：具足位居白法首位的功德，依靠获得心自在而成就殊胜功德，堪为解脱与解脱智的所依。6. 基之得法：修禅的那些行者具有而其他人无有，它有三种分类，以对治支而分为有寻有伺、无寻有伺、无寻无伺三种，如前所说。以功德支而分为二禅以下具喜、三禅具乐、四禅以上具舍三种。完全了知禅定这样的道理后，智者能真实行持。

正辨诸所知，依于三摩地，

解脱诸染污，善说续慧命，

一切法之最，彼等具彼三，

遍知慧如是，智者真实行。

智慧，1. 本体：无倒真实辨别如所有与尽所有的一切所知。2. 见谛实义的这种智慧之因：是依靠等持。3. 果：能解脱一切染污法，因为世间智慧能暂时压制烦恼，出世间声闻、缘觉的智慧能断除烦恼障随眠，证悟二无我的大乘智慧能断除二障随眠。4. 作用：虽然依靠了知世间经商务农等生计的智慧能暂时维持生命，但比它超胜，深广法住世能使善根之命不断，成就究竟大菩提恒常果位，因此延续微妙慧命并为他众善加宣说，能成办善法之命。5. 具足：具足堪为诸法之最殊胜器般若波罗蜜多的功德，如《般若经》中说："般若波罗蜜多是一切波罗蜜多之最、之首，超胜。"6. 基之得法：具智慧的那些行者才有而他者无有，智慧得法分类：此处就智慧为主而言，它有胜法位以下世间人的智慧、小出世间声闻、缘觉的智慧及大出世间圣者菩萨的智慧三种。完全了知智慧这样的道理后，智者能真实行持。

辛七、归摄：

当知诸白法，散乱入定俱，

是以二二二，波罗蜜多摄。

十地、十波罗蜜多、菩提分法等一切善法归集于六度内，为什么呢？应当了知，一切白法归纳起来，集于三部分，即未入定的散乱位所摄的所有善法、入定心所摄的所有善法、如安忍与精进之类入定未入定兼具。其中未入定的善法或白法完全由布施度与持戒度前二度所摄，布施从身体而言完全舍施是未入定的本体，持戒也是，别解脱戒、禅定戒、无漏戒三戒中，别解脱的身语七种断行是未入定，因为不是心所摄。禅定与智慧二者包含入定的白法，禅定是直接入定的自性，禅定戒与无漏戒也归集其内。智慧，闻慧、思慧归属于未入定内，修慧摄于入定中，因为它是胜观。安忍、精进两种波罗蜜多，行持未入定的布施、持戒时属于未入定，修寂止、胜观时也有安忍。和精进，属于入定，所以这两者完全摄集它们。

辛八、断违品：

菩萨施未贪，非贪无贪著，
亦非贪未贪，非贪无贪著。

菩萨的布施，远离七种违品，是哪七种呢？1．贪著受用物不愿布施是违品，断除它就是未贪著受用。2．乞讨者来时，不立即施舍而耽搁延误时间，是违品，断除它，就是不贪著迟缓。3．无有“舍施这个便可或施舍此人便可或布施此方、此时布施便可以”偏堕偏颇之类的满足，而是无有事物、地点、时间、人的偏堕，因此无有满足贪著。4．也不是贪著于求得布施的回报。5．施舍并未贪著求得未来大受用的异熟果。6．不是贪著违品悭吝及贪爱的随眠，丝毫也无有悭吝染污而施舍。7．对作意与分别散动无有贪著，是指断除了将布施等回向声闻、缘觉菩提的作意及缘三轮的分别念。

菩萨戒未贪，非贪无贪著，
亦非贪未贪，非贪无贪著。

菩萨的持戒：1．未曾贪著破戒。2．不贪著迟缓。3．没有贪著片面的满足。4. 也不是贪著以持戒不作他害而求回报。5. 并未贪著有漏的异熟果。6. 不是贪著烦恼的随眠；7. 对作意劣道及耽著三轮的分别念无有贪著。

菩萨忍未贪，非贪无贪著，

亦非贪未贪，非贪无贪著。

菩萨的安忍：1. 未曾贪著以嗔恨扰乱相续而害他。2. 不贪著不立即安忍而延误。3. 无有仅以相似安忍执为满足的贪著。4. 也不是贪著安忍此对方反过来以利益回报。5. 并未贪著修安忍将来相貌庄严、眷属众多的异熟果。6. 不贪著违品嗔恨的随眠；7. 对作意与分别散动无有贪著。

菩萨勤未贪，非贪无贪著，

亦非贪未贪，非贪无贪著。

菩萨的精进：1. 未曾贪著违品现行懈怠。2. 不贪著不疾速而延误行善法。3. 没有以相似精进执为满足的贪著。4. 也不是贪著精勤利他，由利他而利己的回报。5. 并未贪著未来成办业际等异熟果。6. 不是贪著违品懈怠的随眠。7. 对作意劣道三轮分别无有贪著。

菩萨定未贪，非贪无贪著，

亦非贪未贪，非贪无贪著。

菩萨的禅定：1. 未曾贪著染违品现行散乱。2. 不因贪著有朝一日再修而延误。3. 没有以相似静虑执为满足的贪著。4. 也不是贪著以静虑利他的回报。5. 并未贪著身体无病界性增上的异熟果。6. 不是贪著违品散乱的随眠。7. 对作意劣道与三轮分别无有贪著。

菩萨慧未贪，非贪无贪著，

亦非贪未贪，非贪无贪著。

菩萨的智慧：1. 未曾贪著常断见等现行邪慧。2. 不贪著延误恭敬依止善知识、闻思等。3. 没有以少许智慧执为满足的贪著。4. 也不是贪著我若说法他会利益我的回报。5. 并未贪著若修未来成为智者的异熟果。6. 不是贪著邪慧的随眠。7. 对回向下劣涅槃及三轮实执的分别散动无有贪著。

辛九（功德）分二：一、宣说具四功德；二、复说其余功德。

壬一、宣说具四功德：

佛子遇乞命亦舍，悲不图报所欲果，

施将众置三菩提，智摄世间存无尽。

宣说六度一一都具足广大、无染、大义、无尽四种功德：1. 佛子菩萨遇到乞讨者时，自己的性命也能施舍，更何况其余之物？施舍也不是偶尔时间，而是尽轮回际之间恒常施舍，即是布施的广大功德。2. 以悲心引发，唯一是想利他而布施，也不求他利益自己的回报，也不希求以后得到布施所欲求的悦意异熟果，即是无染功德。3. 以布施本身摄持，也能将众生安置于各自信解的三菩提，即是大义功德。4. 布施以不缘三轮的智慧摄持，不是像世间人一样成熟轮回果报后穷尽，也不是像声闻、缘觉一样获得涅槃便穷尽，而是获得不住轮涅之边的大涅槃，留存于世间乃至未来际永不穷尽，即是无尽功德。

佛子恒受禁勤戒，不求善趣得不贪，
戒将众置三菩提，智摄世间存无尽。

1. 佛子恒时——乃至获得大菩提之间真实受持严禁恶行、摄集善法、精勤利他三自性无不齐全的戒律，即是声闻等所不具有的广大功德。2. 不求戒律之果善趣，即便真实获得善趣，也对其安乐不生贪恋，即是无染功德。3. 以持戒也能将一切众生安置于三菩提，即是大义功德。4. 戒律以无分别智慧摄持于世间储存永不穷尽的宝藏，即是无尽功德。

佛子忍极难行害，非求善弱畏见利，
忍将众置三菩提，智摄世间存无尽。

1. 佛子安忍极度的难行，为了成熟一切众生，我要圆满佛陀之法而于长久故意受生轮回，耐受寒热饥渴等痛苦，堪忍人的损害，即是广大功德。2. 修安忍也不是为了自己追求善趣安乐，由于具有神通，所以并非因无能力报复对方，也并不是畏惧众生而安忍，是因为远离了五种畏惧，也不是见到对方反过来有利于自己，即是无染功德。3. 以无上安忍能将一切众生安置于三菩提，即是大义功德。4. 安忍以智慧摄持，于世间留存无尽，即是无尽功德。

佛子铠行勤无喻，摧自他惑得妙觉，
勤将众置三菩提，智摄世间存无尽。

1. 佛子以意乐铠甲及随行的加行本性精进不染烦恼，因此超胜世间人的精进，以证悟二无我与成办自他二利而超胜声闻、缘觉的精进，以如是方向、时间量难以测度的精进，因此无可比喻发起，即是广大功德。2. 依靠它摧毁自他烦恼聚而获得微妙菩提，即是无染功德。3. 依靠这种精进也能将一切众生安置于三菩提，即是大义功德。4. 精进以智慧摄持于世间留存无尽，即是无尽功德。

佛子众定成静虑，妙禅乐住悲生下，

定将众置三菩提，智摄世间存无尽。

1. 佛子具有首楞严等极其众多的等持，成就四静虑等、解脱、遍处、胜处等一切功德，即是广大功德。2. 以殊妙的禅乐而住，不享受禅味而以悲心投生下处欲界，即是无染功德。3. 依靠这种禅定也能将一切众生安置于三菩提，即是大义功德。4. 禅定以智慧摄持于世间留存无尽，即是无尽功德。

佛子知如尽所知，不著涅槃况轮回？

智将众置三菩提，摄众世间存无尽。

1. 佛子彻知如所有的真如与尽所有的一切所知，即是广大功德。2. 对于涅槃尚且不生贪著，更何况于轮回，因为证悟轮涅一切显现世俗如幻、胜义等性的缘故，这是无染功德。3. 依靠这种智慧也能将一切众生安置于三菩提，即是大义功德。4. 这种智慧是不住有寂之边，因此以本性与大悲无合无离而摄受众生，于世间也是留存无尽，即是永不间断周遍的无尽功德。

广大及无染，大义与无尽，

当知是施等，一切四功德。

应当了知如此广大、无染、大义与无尽，是布施等一切波罗蜜多的四种功德。

壬二（复说其余功德）分四：一、以清净功德超胜之理；二、布施等堪为最胜；三、以赞叹布施功德为例宣说；四、别说精进度功德。

癸一、以清净功德超胜之理：

乞见圆满喜，不喜及慕求，
施者具悲悯，超胜恒胜伏。

如果乞讨者见到布施者，则欢喜，是从见到至圆满自己所求的阶段欢喜；没有见到施者、没有圆满施予的阶段不欢喜；恒常心里慕求能见到施主，他能布施与我，圆满我的意愿。施者菩萨悲悯众生，因此见到乞讨者、圆满布施会欢喜；离开这两者则不欢喜；心里希望见到乞讨者、圆满布施他。这三种超过乞讨者的欢喜，恒常胜伏乞讨者的这三种，原因是：与乞讨者是因见到布施者而欢喜相比更为超胜，菩萨是因见到乞讨者而欢喜；与乞讨者因获得布施圆满意愿的欢喜相比，菩萨圆满布施他的欢喜更超胜等，因此菩萨的布施以清净超胜。

慈悲于众生，性命受用妻，
恒施极欢喜，何不护断彼？

戒律清净的功德：以慈悲心对待一切众生甚至恒常施舍自己的性命、受用、妻子也无有丝毫不欢喜而是极其欢喜行持的菩萨怎么会不守护断除杀生、不与取、邪淫的戒律呢？为此具足断除身体三种不善业的清净戒律。

圣不惜心平，无畏悲普施，

岂能以害他，言说颠倒语？

菩萨圣者连自己的生身性命尚不顾惜，对众生有平等心，远离五种畏惧，因此不会畏惧国王的惩罚等，慈悲一切有情的缘故能施舍自己所拥有的一切，又怎会以欺骗他众损害他众为目的而说不真实颠倒的妄语呢？说妄说是为了自己的生身性命而说，或者因慈爱个别亲人等而故意说，或者为了害一个敌人等心不平等而说妄语，或者因国王与盗贼等人的威胁而说妄语，或者担心离开自己的妻子财物等才说不真实语，但这些原因菩萨都没有，所以不可能说妄语。

悲欲平等利，极畏他生苦，

心勤调众生，远离语三罪。

因为菩萨具有欲求平等利益一切众生的慈悲，自己极其畏惧别人产生痛苦，希望他众不要产生痛苦，一心一意精勤于调伏众生的烦恼，所以按上面的次第，完全远离以亲不亲的不平等心说离间语、想别人痛苦而说粗语、增长烦恼的绮语这三种语罪业。

普施具悲心，精通缘起法，

如何能甘受，意之诸烦恼？

因为施舍一切所有、对他众有大悲心、精通缘起法，菩萨如何会甘受生起意烦恼贪心、害心、邪见等贪嗔痴业呢？因为自己的一切都舍施于他，不该对他的所有有贪心等，依次可推知。

悲尊受害时，利他于自苦，
恒得益想喜，于何何所忍？

安忍清净：慈悲尊者菩萨何时受到他人损害，为利益他众而对自己痛苦，想到这是大菩提之因、圆满安忍的方便，不生起有害与痛苦想而得到最殊胜的利益与安忍想的欢喜。菩萨对于任何无法安忍的对境有什么难以忍受的要忍受呢？因为他没有无法安忍的想法，就好比鱼入于水里、火曜野兽入火没有不能忍的。

于他离他想，恒爱他胜己，
难行故悲尊，勤非难极难。

精进清净：菩萨对他者无有他想，因为证悟自他平等性，自己虽然证悟了自他平等性的意义，但缘于没有证悟此理的其他众生，恒常比自己更慈爱其他众生，为利有情历经无量难行的缘故，慈悲的尊者为利他行持大精进并无丝毫困难，以爱他胜己之心为利他而苦行，这对其他世间人与声闻、缘觉来说极其难以做到。

三定小安乐，自乐执退失，
穷尽许有痴，菩萨定反之。

禅定清净：世间人、声闻、缘觉三者的禅定，观待菩萨的禅定，只是小安乐。世间人有漏的安乐及声闻、缘觉的无漏禅定，只能使自相续安乐而不能使他人愉乐——世间人以我执所牵希求轮回的安乐，声闻、缘觉希求独自涅槃的安乐；世间人贪执轮回，声闻、缘觉贪执寂灭；世间人的禅定安乐会退失，声闻、缘觉的禅定至无余涅槃便穷尽；世间人没有断除二障，声闻、缘觉没有断除所知障而承许为有愚痴。菩萨的禅定与之相反，大乘的禅定中无量的安乐广大众多；行持他利；以无分别智慧摄持而无有贪爱；生生世世得而不失；于无余涅槃法界中也不穷尽；断除二障。具足这六种不愚昧的殊胜性。

如夜手摸触，罩灯三种慧，

悲尊之智慧，无比如日光。

智慧清净之功德：世间人的闻思修慧，如同夜晚无光用手摸触寻找事物一样，没有现量了知无常、苦等万法的真如而仅以比量衡量。声闻、缘觉的智慧：如同罩内之灯，就像在箱子或小屋或洞穴里放灯火只是照亮里面一样，只是证悟自相续五蕴无有人我而遣除烦恼的智慧，如是有这三慧。大悲尊者菩萨的智慧，如同太阳光一般能照亮诸方，无与伦比，因为圆满证悟如所有二无我，互不混杂了知尽所有染净诸法，断除二障，证悟二谛。

癸二、布施等堪为最胜：

布施所依事，缘由普回向，

因智田及处，承许最殊胜。

布施等六度一一都具有八种殊胜，因此堪为最殊胜。八种殊胜是指所依殊胜、事殊胜、缘由殊胜、回向殊胜、因殊胜、智慧殊胜、田殊胜、处殊胜。由于具足这八种殊胜，所以具备到彼岸、微妙、殊胜之功德。具体来说，布施：1. 所依殊胜：布施者不是像凡夫、声闻、缘觉一样，而是菩萨，因此所依殊胜。2. 所施事殊胜：与声闻布施衣食等少许财物、布施声闻法藏、救护今生损害的布施相比更为殊胜，是布施极难施舍的广大受用、头颅肢体等，主要是能将众生安置于超越有寂边大菩提的大乘法的无量布施。3. 缘由殊胜：动机不是像声闻一样以欲乐信而主要是见到众生痛苦以悲心施舍。4. 普皆回向殊胜：不是为了人天乐果与声闻、缘觉菩提回向，而是为利一切有情获得无上圆满菩提回向。5. 因殊胜：前世真实串习以无贪等三善根摄持的布施习气存于阿赖耶上所致，无论转生到哪里，都连续行持布施波罗蜜多，这是近取因，如同种子；缘由或等起悲心是俱有缘，如同水与土等是助伴。6. 智慧殊胜：由不缘布施三轮的无分别智慧摄持。7. 田殊胜：田有五种，婆罗门、商人等自己有少许财物，也会作乞讨，是乞田；病人等是痛苦田；无吃无穿等众生是无怙田；为求财而造罪者，是邪行田；具足戒慧等功德者是功德田。虽然按照声闻与世间人规重视功德田，但菩萨以悲心所牵重视痛苦田，为了除苦，更是为了遣除苦因而布施，对功德田等也如理布施。痛苦田，对境越下劣、越痛苦，布施越殊胜，诸如，与布施许多富人相比，布施穷人功德更大；与布施穷人相比，布施格外悲惨可怜的人功德更大；与布施格外悲惨可怜的人相比，布施饿鬼功德更大；与布施饿鬼相比，布施特障饿鬼功德更大。功德田，对境越是高上，功德越大，与布施无量一般人相比，布施具戒者、声闻、缘觉、菩萨、佛，功德越来越超胜。与自利相比，更主要行他利的菩萨布施的田更为赐予有苦因苦果者，即是以田堪为最殊胜的差别。8. 处殊胜：所谓“处”是指布施所安住之处，安住信解、安住作意、安住等持这三种与前面求法品的三种相同，信解是指对于宣说波罗蜜多的大乘法如是诚信；作意是指思量品味布施等及前面的布施善妙，对他者的布施随喜，对自他未来的布施喜爱；等持是指自在拥有虚空藏等等持而布施，至佛地证得三身而自在利他。这般从所依等八个方面，承许菩萨的布施比世间人、声闻、缘觉的布施殊胜。同样应当了知，从持戒至智慧之间，各自事的分类、缘于大乘法而将他众安置于大乘是殊胜的，而安置于声闻、缘觉并非如此，除这两者外，其余六种无有差别。

持戒所依事，缘由普回向，
因智田及处，承许最殊胜。

持戒，1. 所依：是菩萨守持。2. 事：菩萨的严禁恶行、摄集善法及饶益有情三种。3. 缘由：慈悲众生。4. 普皆回向无上菩提。5. 因：前世串习戒律。6. 以无分别智慧摄持。7. 田：缘于大乘法而将众生安置于大乘。8. 以信解、作意、等持三处而守戒。如是从所依等八个方面承许菩萨的持戒最为殊胜。

安忍所依事，缘由普回向，
因智田及处，承许最殊胜。

安忍之事：堪受害忍，耐受苦忍、谛察法忍。其余如前而了知。安忍从所依、事、缘由、普皆回向、因、智慧、田及处方面承许最为殊胜。

精进所依事，缘由普回向，
因智田及处，承许最殊胜。

精进之事：披甲精进、加行精进、利生精进。精进以所依、事、缘由、普皆回向、因、智慧、田及处而承许最为殊胜。

禅定所依事，缘由普回向，
因智田及处，承许最殊胜。

禅定之事：现法乐住禅定、成就神通禅定、利生禅定。禅定从所依、基、缘由、普皆回向、因、智慧、田及处方面承许最为殊胜。

智慧所依事，缘由普回向，
因智田及处，承许最殊胜。

智慧之事：了知世俗谛之智慧、了知胜义谛之智慧、了知成办众生利之智慧。智慧从所依、事、缘由、普皆回向、因、智慧、田及处方面承许最为殊胜。应当了知基或事之内最为殊胜是以下中上之理而堪为最胜。

癸三、以赞叹布施功德为例宣说：

菩萨之布施，为一众生乐，
累劫受害喜，何况实反之。

菩萨的布施，为了一个众生的安乐尚且也能施舍自己所拥有的一切，自己于累劫中遭受繁忙、贫穷的痛苦损害，也无有心不欢喜而是极其欢喜，更何况与之相反，以施舍法、财利乐芸芸众生，自己也长久利乐内心欢喜自不必说，这是因为慈悲众生。

众生为求财，坚稳施众生，
众为身求财，坚稳百番施。

众生，为了求所爱之财，因此被寻财、守财所束缚，但坚稳菩萨所爱之物也能施舍给众生，自己不受束缚，即无贪的功德。众生，为了身体性命求财而寻财积财，坚稳菩萨成百上千次施舍他众（身体性命）。

施身尚心乐，轻物何须说，

彼喜出世间，是为最无上。

何时，施舍自己的生身性命尚且也不痛苦而是内心快乐，那么当时观待身体轻易施舍菲薄的身外之物，布施无有疲厌也就不言而喻了，这是无厌的功德。如是舍施身命不疲厌，极欢喜，就是菩萨超越一切世间行境的功德所在。菩萨以施舍身体最为欢喜，是出世间声闻、缘觉圣者中至高无上的，因为菩萨的这种欢喜，声闻、缘觉圣者也不具有。菩萨乐于这种施舍，不间断布施不仅永无厌烦，而且最为欢喜。

具慧施一切，求者喜而喜，

乞者得所乞，欢喜非如是。

具慧者以布施身体受用一切，使追求这些的众生得到这样的布施而欢喜，见到有利于他，菩萨自己也会欢喜。乞讨者从菩萨那里得到所乞要的一切而并非如是欢喜，菩萨对他是这般慈爱。

具慧施无财，思自具财富，

乞者圆受用，不思自富有。

具大智慧者菩萨即使因为自己施舍自己所拥有的一切而导致在当时自己无有财产，也想到自己的财产做成了布施的宝藏，思维自己具有财富。乞者从菩萨那里得到的广大受用成了圆满一切的主人，可他并不是像菩萨想得一样觉得自己富有，仍旧对财有吝啬，处于悭吝的心态中。这是非常珍惜布施之果的功德。

具慧施如理，满愿思大益，
乞者得多财，不感施者恩。
如享路边果，有情受广财，
无虑自受用，乐施唯菩萨。

具慧者，恭敬意乐圆满、无有慢心的善妙布施，如理满足希求身财者各自的愿望，对于这种对境众生，菩萨思维“这是我圆满波罗蜜多获得无上菩提的助伴，他对我利益颇大”。而乞讨者得到极其丰富的财产，不会想到“这位施者给予了这一切”，不以获得之因而感恩，就像人们从众生行路途中有果实的大树上无所顾忌、无所畏惧地随意受用树果一样，有情无所顾虑地自行取受菩萨的广大财物，认为“此人也是无所不施”，自己无有顾虑、随心所欲任意享用。执有财物则不欢喜而以施舍为乐、受用无尽者，唯有菩萨，除此之外谁也不具备这一点。后面这两颂是决定的功德。

以慈悲利他的布施差别为例，持戒等其余波罗蜜多也与此同理。由此可知，菩萨以大悲心主要利他。

癸四、别说精进度功德分二：一、略说；二、广说。

子一、略说：

首因作用别，相别所依别，

四违对治别，知精进佛说。

精进，以所有波罗蜜多中位居于首、其原因、作用差别、相差别、所依差别及四违缘之对治差别来了知精进，这是一切如来所宣说的。

子二、广说：

善资精进胜，依彼随得彼，

精进胜乐住，成就世出世。

1. 所有福德善法资粮中精进为最。

2. 其原因：为何精进是最殊胜的呢？依靠这种精进，能随得那些善法资粮，因此，没有精进，就不会获得任何白法或善法资粮。资粮有多大多小，全凭精进大小而得到。

若问：禅定与智慧能摧毁烦恼，它们不是最殊胜的吗？

虽然是，但如果没有发起精进，定慧不会产生。为此，从“一切善法的因就是精进”这一角度而言，精进为最。

3. 作用差别：精进一经发起，即刻能成就殊胜的现法乐住。平凡的世间人也是为治病、除贫等而想方设法，即生可见它的果，那勤于止观，即生会获得现法禅定与胜观的功德。依靠精进，今生与来世可成就属于出世间、世间的一切功德。

精进得世愿，精进净成上，

精进离坏聚，精进证大觉。

以行世间十善的精进获得世间享用所欲求的悦意人天乐果；以精进四禅、四无色等持，不是永久性清净下面欲界的烦恼而是得以转生到成为上等的四禅天、四无色处；以精进修四谛、缘起义，超离坏聚见而获得声闻、缘觉的涅槃解脱；依靠对大乘法发起精进，成就大菩提佛果。

减增之精进，解脱断违品，

入真如转依，大义许别词。

4. 行相差别：此外，具四正断的精进，使已生恶寂灭、未生恶令不生，能减罪过，未生善令生起、已生善令增长的精进，是资粮道；具五根的精进，是解脱的根本，因为这是对解脱起根本性作用的精进；五力精进是另外断除违品的精进；觉支阶段趋入真如的精进与八圣道阶段正勤圣道作为转依的因；勤于六度万行的精进，称为得佛果大义的精进，超胜声闻、缘觉的精进，因此承许别有释词大义为差别。

初善如理行，不怯及不退，

不满之精进，诸相佛尽宣。

此外，最初意乐善的精进是恭敬加行精进，之后履行立誓如理行持善法的精进是恒常加行精进，这是从本体方面分的两种；不怯懦于修行广大道果的精进与不以违品退却的精进，不满足对治的精进，总之，有关精进的所有种种差别相，佛陀完全宣说了。

依勤三乘士，意慧具弱广，

下中上精进，承许小大义。

5. 所依差别：依于精勤三乘道的声闻、缘觉、菩萨行人，意乐、智慧依次是极微弱、中等与极广大。为此，下、中、上三种精进的分类也是另外从所依而分。这三者中前两种仅是为自利而行，因此承许是小义精进；后者是行持自他二利，因此承许是大义精进。

精进财不败，精进惑不败，

精进厌不败，精进得不败。

6. 以四违缘之对治而分：宣说依靠精进能断除失去受用的违缘、以烦恼中断、以厌烦作障与功德得而复失的四种违品——精进者不会被受用所败，是因为行持其因；精进者不被烦恼所败，是因为生起它的对治；精进者不被厌倦布施等加行所败，是因为具足不满精进；精进者不被所得功德法所败，是因为至佛地间以精进力成就。

辛十、互定：

互摄类别故，法性故因故，

六度一切时，决定当了知。

一个波罗蜜多中也包含其余波罗蜜多，因此相互确定：布施等虽然从各自的反体而言不同，但一个本体中也齐全其余一切度，因此相互摄集；一者也分为六类；以法性来讲，若有布施等一一波罗蜜多，则其余一切也如应具有；布施等作为其他波罗蜜多之缘由或因，由此应当了知，从理由四个方面，六度一切时处相互决定。

若问：彼此是如何相互摄集的呢？布施也是断除悭吝、行持施舍；具足饶益有情戒；布施时安忍邪行，堪忍施舍受用是安忍的部分；乐于施舍，恒常精勤是精进；从一缘趋入、不随违品散乱所转的角度为禅定；精通清净不清净等布施法的法相，即智慧。或者，以获得虚空藏等持而布施是禅定，由它所摄持做法布施是智慧。此外，菩萨的布施度，是以无分别智慧摄持，具足证悟真如的智慧，其余波罗蜜多也当如此了知。

戒律也是，摄集善法戒中包含一切波罗蜜多，它能成办一切，为利他而守戒，实际也是布施；具戒律的缘故自然也是安忍他害；具戒本身就自然具足勤勉它的精进；专注一心缘于戒律，就是禅定的部分；通达堕罪与非堕等戒律之理是尽所有智，不缘戒律三轮是证悟如所有的智慧。

为利他而安忍，以安忍而利他，安忍施舍也具足布施；安忍本身就是严禁嗔恨恶行戒，也是苦行之首的摄集善法戒；勤于安忍就是精进，行持波罗蜜多时甘受痛苦也包含其余一切；从一心不乱一缘安住的角度是禅定；从思择法、了知安忍修法、证悟无自性的角度也是智慧。

精进与其他一切波罗蜜多相应而趋入，因此具有一切度的部分。

修行禅定所为的静虑也包括其余一切度，从以禅定利他的角度是布施；获得禅定戒是戒律；不为散乱所夺是安忍；恭敬恒常修行禅定，是精进；四神足的观神足是智慧，此外如所有智与尽所有智如前。

智慧：善巧方便的智慧中包括其余一切波罗蜜多，因为要以智慧来修成布施、持戒、安忍、精进、禅定，没有它，不会成就。

分类：布施分为布施之布施等，一一波罗蜜多都可分六种，共三十六种。此理如前文求法品中也已讲解。自己安住六度而将他众安置于六度，是布施；远离悭吝等六种违品，是持戒；堪忍苦行六种是安忍；六种欢喜是精进；于所缘中不散他处六种是禅定；不分别三轮六种是智慧。或者，布施的一个舍心，也具有断除违品、行持对治、欢喜、不散乱、辨别的部分，因此无离具全六度。戒律等也都具足为利他、布施的勇心等。

所谓“法性故”，开示波罗蜜多的能诠经典法归集于所诠一切波罗蜜多中，也显然讲了所诠波罗蜜多涵盖能诠大乘的一切经典之理。以世俗的法尔涵盖的道理，如大种所造色的一个丸子也具全四大种的因一样，六度中任意一度存在，也具全其余一切度的部分，这是自然的。以胜义无分别智慧摄持时，其余一切波罗蜜多于遍具殊胜的空性中一味，以法性所摄，如《般若摄颂》中以赡部洲千俱胝树木等、影子的比喻宣说了智慧波罗蜜多中平等一味产生的道理。

所谓“因故”，是指不贪受用，则能守戒；若具戒律，则能安忍他害；若具安忍，则会发起精进；由此能使心平等安住；若平等安住；则能见到真正的真实性。而且，如布施一样任意一个波罗蜜多，依靠它必定对成就其余一切波罗蜜多有利，而无有一分不利。

己二（能成熟众生之四摄事）分五：一、本体；二、定数；三、作用；四、分类；五、功德。

庚一、本体：

承许布施同，说彼令行持，
自随行爱语，利行及同事。

布施摄事，即承许与前面讲布施度相同，别无其他。如实为他众宣讲六度的共相与自相，即爱语。令一切众生实行六度，即同行。自己也随行让他所行持的那一波罗蜜多，为同事。如此说彼、令行持、自随行这三者，分别是指讲爱语、利行及同事后面三种摄事。

庚二、定数：

能利之方便，令持及令行，
如是能随行，当知四摄事。

第一布施摄事：遣除他众的寒热饥渴等，是能利身体的方便；爱语是遣除不知或邪知或怀疑波罗蜜多法相后，令其无误受持波罗蜜多的方便；利行是令实行波罗蜜多的方便；如是同事是再三随行波罗蜜多的方便，因为说法者自己若行持彼法，则会将他们安置于彼，他们也能策励随行法。所以应当了知，摄集所化众生为眷属令其成熟的方便就是四摄事，不需再多，若少则不能包含。

庚三、作用：

初者令成器，第二令信解，
第三令行持，第四令清净。

以第一摄事，令众生成为法器，因为以财布施饶益的众生内心喜欢菩萨，而成为听他语言之法器的摄事。以第二爱语，令其信解真实具足波罗蜜多之法。以第三利行，令其行持波罗蜜多之义。以第四同事，令其反复行持波罗蜜多，净化垢染。

庚四（分类）分二：一、摄为两类；二、分为三类。

辛一、摄为两类：

财摄及法摄，所缘之法等，
是以二种摄，许为四摄事。

两类是财摄与法摄。法摄有所缘之法等三种，布施是财摄，（爱语、利行、同事）其他三种是法摄。如此是从二摄的角度，法摄分为三种，承许为四摄事。

法摄有所缘之法、修行之法与清净之法三种：所缘之法，是指具足六度的佛经等法，因此它依靠爱语来讲；修行之法，是以利行实践；清净之法，以同事能远离波罗蜜多之违品而行持。

辛二、分为三类：

当知以相别，分下中上摄，
多无义有义，一切皆有义。

应当了知，以行相差别而分，声闻的四摄事是下摄，不行他利的缘故；缘觉的摄事超胜声闻，比菩萨下劣，因此是中摄；菩萨的四摄事称为殊胜摄，趋入自他二利的缘故，菩萨也安置于声闻、缘觉、菩萨三乘，这三种就成了下、中、上摄。

再者，应当了知，从摄集者的角度来分，安住信解行地的菩萨也能以四摄事摄受成熟众生，是小部分成熟，大多数无义，因为没有见到法的真如、不了知众生的意乐等；一地至七地之间的菩萨以四摄事成熟众生，大多数能成熟，因此有义，但也有少部分不能成熟；住于八地、九地、十地的菩萨以四摄事所摄受、成熟的，是一切众生，无一虚耗，因此一切时处均有义。

庚五、功德：

相应摄眷属，真实依此理，

普成一切利，佛赞妙方便。

相应摄受眷属的菩萨，真实依靠这种方式，能成办一切众生的所有利益，诸佛赞叹除了他这种善妙方便外再无其他。

已摄及将摄，现今正摄受，

如是彼一切，成熟众生道。

为此，过去佛菩萨以前已经摄受众生，未来佛菩萨也将摄受众生，现今佛菩萨正在摄受众生。他们都是以四摄事摄受，所以，四摄事必定是能成熟一切众生的一道。

己三、此品总结：

恒不贪受用，寂禁勤住性，

不分有境相，依彼摄群生。

（菩萨）以恒常不贪受用之心进行布施，寂灭由贪等因所生的一切不善业道的持戒，以安忍严禁以嗔恨扰乱自相续，具足精进波罗蜜多，心不外散、向内安住于禅定的本性，以智慧不分别有内在五蕴、对境色等外法及这两者的相状。这样的菩萨自成熟后，依靠四摄事摄受成熟众生。

大乘经庄严论中第十七六度四摄品释终

第十八 供养依师无量心品

戊三（供养依师无量心品）分四：一、供养佛；二、依止善知识；三、修四无量心；四、此品总结。

己一、供养佛：

具足清净心，为圆二资粮，

佛前以衣等，现非现量供。

宣说供养之自性，具足清净心的动机，为了圆满二资粮，于佛田前以法衣、钵盂、伞、幢、花等供物供养，也包括承侍、闻法等，总之，以种种供品供养。

以怎样的方式供养呢？供养方式有两种：佛陀殊胜化身出现于世间时，直接供养佛陀，是现量供养；佛陀不住世时，心里观想如来而在佛像、佛塔等殊胜所依前供养，是非现量供养。

发愿佛出世，自他皆有义，

不缘彼三轮，是圆满供佛。

发愿值遇佛陀出世，供养令其欢喜并祈愿“我与众生皆有义”，不缘佛田、供养者我、供物三轮的相状，那是圆满供佛，因为以现行无量供品并愿“为恒时圆满我与一切众生二资粮而供养十方诸佛”，胜义中于不缘供养三轮的境界中供养，称为如理圆满供养。

余者能成熟，无量诸有情，

是以物内心，信解与发愿，

悲悯及安忍，真实行持门，

专注基证悟，解脱真如别。

供养分类：成熟无量众生是供佛的一种差别，因为利益有情是令如来欢喜的殊胜供养。具体来说，让众生相续中生起供佛的意乐并做供养之事等，主要以说法令成熟。缘于如来欢喜的供养而供奉也有物供与心供两种，也就是以法衣、花等种种物品供养及不观待物而以心供养。以心供养有信解至真如之间九种分类：

1. 信解是指心缘于佛陀生起清净心，以信解供养无主有主、世间出世间的一切供品。但此处宣说了信解、思维、自在三种。其一、信解：对宣说供养如来之法的大乘经义有信解，也是心供养。其二、思维：有品味、随喜、爱乐、不满足、广大、欢喜、饶益、无惑、善妙思维九种，这些都是心供养。具体来说：（1）品味思维：回忆自己以前做供养，品味现今的供养善妙。（2）随喜思维：随喜他人的供养。（3）爱乐思维：真正喜爱自他二者将来做供养。（4）不满足思维：不以非相似的无量供品、供境、时间为满足。（5）广大思维：欲求供养不间断至菩提果之间，时间不断。（6）欢喜思维：对供养所成熟的一切众生田慈悯、欢喜。（7）饶益思维：希求以此供养饶益一切有情。（8）无惑思维：无有贪恋、我慢等，不求有漏果。（9）善妙思维：以此供养回向一切众生获得无上菩提果。其三、自在：依靠虚空藏等持等供养如来，这也是以心供养。

2. 发愿，生起菩提心而发愿“愿生生世世利益自他，以无量供养供奉如来”，这也是以心供养，也叫依止。

3. 想遣除众生痛苦的悲悯心，也成为供养如来。

4. 为了成熟自己与众生，甘愿承受寒热饥渴疲惫等痛苦的安忍，也是供养如来。

5. 真实行持六度之门，也是供佛。

6. 心专注于如理作意之基——无常、苦、空、无我之义，观察万法，也是供佛。

7. 得一地后通达诸法法性，生起现量证悟二无我的正见，也是供佛。

8. 声闻解脱烦恼障，也是声闻的供佛。

9. 菩萨以次第成就地与波罗蜜多供佛，最终获得断除二障的真如无上菩提，也是供佛。

以上这些是与物供不同的心供的九种差别。

缘由普回向，所依事与因，

智慧以及田，处供尽宣说。

再者，供养义之分类有八种：1. 缘由是缘于最殊胜的供养田——究竟一切功德的佛陀的清净信心。2. 供养异熟果是为圆满二资粮，获得无上菩提普皆回向。3. 所依或基是供养对境佛陀。4. 事是种种物供与心供。5. 因是发愿值佛出世而做供养。6. 智慧是不缘供养三轮。7. 目的是为成熟无量有情而做供养，所以田是众生。8．处有两种，依物供养与依心供养。

若想：那么，事与处两者有什么差别呢？

（处）间接说明也具足心中有信解等的行者，因此认为有差别。以上这八种差别是归纳了上面四颂的意义而完全宣说了八种。

因果及自他，利养恭敬性，
修行彼分二，小大有无慢，
加行与行趣，以愿许远近。[1]

此外，供养的分类：以前供养为因，现在供养为果；现在供养为因，未来供养为果，以等流成为因果，安立三时的供养。

供养自己的身肢、闻思正法等，是自供养或内供养；让别人供养及供养自己的法衣等物，是他供养或外供养。

以法衣、斋食、卧具等利养供养，顶礼合掌、迎接、起立、赞叹等是恭敬供养，这两种是小供养或粗供养；以闻思修正法的方式修行供养，是大供养或细供养。

修行也分两种，修行小乘是小供养或下劣供养；修行大乘是大供养或殊妙供养。这一句对应前句的意义，也很明显没有特意解释。

没有以不缘供养三轮的智慧摄持的供养，是有慢供养；以无分别智慧摄持是无慢供养，这两种也分别名为劣供养与胜供养。

1　此一颂半，藏文为两颂。

所谓加行，是以行持供养，它也有两种，在以后其他时间行持供养，是远供养；在当时之际或忆念行供养，是近供养。

以行趣供养也有两种，以行趣中断供养，是指两世或多世间隔中断供养后又供养；无间供养是指无论转生何处立即供养，这两种分别是远供养与近供养。

以发愿“愿今世供养”及“愿生生世世供养”，也承许为近与远两种。

自心供养佛，信法思自在，

无别方便摄，普入一义胜。

最殊胜供养的差别：信解所缘大乘法；思维有品味、随喜至善妙思维之间九种；以获得虚空藏等等持而供养是自在供养；以不分别三轮的方便摄持；八地无分别智慧无勤任运自成，当时的一位菩萨做供养，入于彼地的所有菩萨均以融合一义的方式做那一供养，那些菩萨趋入一义而成为世间人及声闻、缘觉一切供养中最为殊胜的。

己二（依止善知识）分三：一、依止善知识之方式；二、依止之分类；三、殊胜依止。

庚一（依止善知识之方式）分二：一、略说；二、广说。

辛一、略说：

所依依止事，缘由普回向，

因智净佛土，及处尽宣说。

通过所依善知识法相、以何事依止、依止之缘由、为何而回向、令善知识欢喜之因、依彼通达智慧、清净器情刹土、以所安住依止之处来宣说。

辛二、广说：

一、所依善知识法相：

依师当调柔，寂灭功德胜，

勤富教悟真，善说悲无厌。

所要依止的善知识应当具足以下法相：1. 以增上戒学严格守护相续，诸根调柔。2. 以增上定学寂灭烦恼与散乱。3. 以增上慧学灭除烦恼与分别念。4. 如果依止者依止一位戒律、多闻等功德胜过自己的善知识，则善法会增进，而依止与自己等同及依止比自己下等的善知识，则无大必要。5. 具足为他众说法等的精进。6. 多闻妙法，富有教法。7. 以完全抉择四谛、缘起空性等证法而了悟真如。8. 善巧以名句文字相关明了的方式说法。9. 成为慈悲所化弟子的尊主。10. 断除对说法不感兴趣、不能善加宣讲、只是稍稍精进不能持续策励宣讲之类的疲厌。

二、以何事依止：

恭敬利养侍，修行依上师，

依事具慧者，知法意敬往。

寻找到善知识后以什么依止事宜进行依止呢？顶礼、迎送、起立、以微笑的表情欢喜的目光注视等，是身体恭敬；赞叹、随顺所说而言、说慈爱、敬语等是以语言恭敬；心里有清净信，即以三门恭敬依止善知识。

利养是指供养法衣、卧具等必需之物，承侍是指沐浴、按摩等照顾身体，做一切适宜之事来依止，这是以外事依止。

按照善知识所说法，通过闻思修行的方式随法修法依止善知识，这种以修行依止，称为以内事依止。

如此以外、内事依止善知识，就称为依事。

三、缘由或相：

了知原因，以信心依止善知识，具有智慧的弟子对于所要听闻的法断除轻视、盗法的意乐及寻过之类的恶劣心态，怀有想完全了知法真实性的意乐，时时去往善知识面前闻法。善知识在坐禅、进餐等不适宜的时候不应去，适宜的时间前往听法。当时，以身心调柔的威仪恭敬虔诚去往善知识前，何时也不要以不敬、我慢的威仪前去。

彼无求利养，为修普回向，

坚稳依教行，真令师心喜。

四、回向：依止善知识时为了什么回向或观想为了什么目的而趋入呢？如此依止善知识，要断除“因为依止这位有智慧或有名声的人，我也会成为智者、名人，受到别人恭敬供养”的想法，不应为此回向，而应为了按照善知识如何宣说的三学法诚心修行而依止善知识，“愿我依止这位善知识闻思修正法而修成圣道，证悟法性义”，以这种心驱使为此普皆回向。

五、因：令善知识欢喜，是令他说法、依止有义的因，因此意志坚稳的贤善弟子，依善知识言教奉行，真正能令善知识内心欢喜。

通三乘慧悟，精勤修自乘，

成熟无量众，修行佛净土。

为享法缘德，依止非为财。

六、智慧：于善知识处闻法精通声闻、缘觉、菩萨三乘后，以自己的智慧证悟三乘是依靠善知识而获得智慧。如此通达三乘后，菩萨不修声闻、缘觉乘，为成办自他二利、获得大菩提果而精进修行自己的大乘。

七、清净佛土：依止善知识为使内情众生清净而以闻法等成熟无量众生，为了能使外器世界清净，修行具足珍宝大地、如意树、甘露流等圆满庄严清净佛土而依止善知识闻法。

八、处：是指安住什么作意，就像父母或兄弟等的总财物分配时各自都会特意取受自己所需要的那一份。同样，菩萨为了具有享用妙法缘分的功德而依止善知识，不是为了受用财产的一份，菩萨即使以财摄集，但不像有些人不重视法却重财而闻法一样，这是从处的侧面讲的。

庚二、依止之分类：

具慧因与果，法门随行外，

闻思及瑜伽，有无慢依师。

具慧以行趣，加行愿依师。

具慧者依止善知识，有因与果的类别：前世依止善知识是因，现在依止是果；现在依止是因，未来生世依止是果。如此有过去、现在、未来依止善知识三种。

依止善知识依其教授与随教修行获得法门等持，随行于彼，或者随同证悟依止善知识佛菩萨是内依止；以利养等依止善知识是外依止。

仅以听到于善知识前闻法之音声而依止是粗依止，因为于他的声音心流散于外境；具有思维与修行所生的禅定瑜伽，是细依止，因为向内思维意义。

再者，有“我以承侍等依止他”的实执，是有慢下劣依止；不执著我、善知识及依止事三相，是无我慢依止善知识，最为殊胜。

具智慧者依止善知识，以行趣有远近两种依止，以加行有远近两种，以愿有远近两种，依止善知识共有六种分类。它们是指什么呢？

以转今世趣中依止为近依止；以多世转趣中断后才开始依止为远依止。

以加行今生也是以别时毁坏依止，或他世也不是立即依止，以多世相隔才依止是远依止；今生现在依止，下世依止是近依止。

愿也是如此，发愿今世依止，是近依止；发愿后世依止是远依止。

这三种是以所依、加行与意乐发愿强弱的分类。

庚三、殊胜依止：

自心依上师，信法思自在，

无别方便摄，普入一义胜。

应当了知以自心依止殊胜善知识，对应以信解大乘法而依止；按上述的九种思维依止；自在是指以等持获得自在而依止，即以虚空藏等持供养无量受用来依止，以不忘陀罗尼受持上师教言句义等；无分别的方便摄持；八地以上的菩萨一切所作融合为一而趋入一义。具足这五种的任意一种，均比其他依止殊胜。

己三（修四无量心）分二：一、解说四无量；二、别说悲无量心。

庚一（解说四无量）分六：一、本体；二、所缘；三、分类；四、果；五、违品；六、功德。

辛一、本体：

坚稳梵断违，具无分别慧，

趋入三所缘，成熟诸有情。

菩萨的四无量具足四种法相：坚稳菩萨相续中的慈悲喜舍四梵住依次断除了慈心等各自的违品害心、损恼、不喜、贪嗔使心不平；具足无分别智慧的助伴；趋入众生、法及无缘三所缘；作用是不舍众生并成熟众生。

具体来说，1. 以慈心断除害心愿值遇安乐。2. 不缘修慈心者、对境众生、所修慈心这三轮。3. 趋入三种所缘。4. 凡夫与外道的慈心是认为我与众生有而缘众生，声闻、缘觉的慈心虽然无有任何所谓的我与众生，但缘于五蕴众多无常苦自性的多法而生慈心。入地菩萨与佛陀的慈心胜义中既不缘众生也不缘法，证悟自性是空性，但感受迷乱自现如幻痛苦的众生本体也是空性，而于无缘中饶益无量有情。

仅缘众生的四无量，凡夫、外道、声闻、缘觉、菩萨、佛陀共有；缘于法的慈心等，凡夫、外道、声闻、缘觉、菩萨、佛陀共有；无缘慈心等，是菩萨、佛陀不共，这是《瑜伽师地论》中解释的。《圣无尽慧经》中云："初发心菩萨之慈心缘众生，未现量证悟二无我故；一地至七地间入行菩萨缘法之慈心，现量缘清净法界故；八地以上获得无生法忍，慈心无缘，不分别中无勤作而生慈心故。"

辛二、所缘：

坚稳缘求乐，苦逼具乐者，

具惑彼等法，悟入彼真如。

坚稳菩萨的慈心等四无量的所缘，慈心是缘于求乐的众生而希望他们值遇安乐；悲心缘于痛苦所逼的众生而希望他们离苦；喜心缘于具安乐的众生而希望他们不离安乐；舍心缘于遇到乐受、值遇亲人等生贪心、遇到苦受与怨敌等起嗔心的具烦恼众生，希望他们不生贪嗔，无有贪嗔处于等舍。这一切都是说明缘于某某有情类。缘法的慈心，缘于阐示四无量的佛法真实大乘经藏而想到那些所缘境仅是行法的法相。能缘的慈心缘于所缘境四种众生与大乘法而悟入其以所取能取而空的真如。

彼义真如故，得寂清净故，

二业灭惑故，乃无缘慈心。

无缘慈心等四无量意义的分类，1. 由缘于众生与法之真如的缘故称为无缘慈心，因为它没有缘于我与法或内与外的缘故。2. 八地获得无生法忍时，寂灭分别念与勤作，使四无量的种子增长究竟，无勤作无寻伺任运自成极其清净的缘故安立为无缘慈心等。3. 慈心的身业与语业二业虽是由慈心的等流所生，但属于色蕴，由于它们无有分别念而安立为无缘慈心。4. 灭尽贪嗔等烦恼的缘故，圣者的慈心称为无缘慈心，烦恼称为心之所缘，因为特别缘于对境而紧紧执著，为此如经中也说“断心结故称断所缘”。由于无有这样的所缘，所以慈心等也就是无缘。以上以四种理由说明是无缘慈心。

辛三、分类：

彼等动不动，著味不著味，

菩萨不动摇，善住离贪中。

慈心等四无量，有后来会退失或减退的部分，称为动摇；具有安住及胜进的部分即是不动摇，不会退失。获得四无量等持有贪著其等持味并以之为满足不求上面功德，是有染；不著味不执为满足，称为无染无量心。这样四种分类中，菩萨的四无量是不动摇，善妙安住远离著味、满足之贪爱中，不是动摇与有染二者。

非入定本性，小中及下地，

意劣有我慢，皆下余为胜。

此外，无量心的分类，依于非入定本性欲界心的四无量是下品，色界与无色界称为入定——具体而言，初禅天有梵天、梵辅天、大梵天三处，二禅有少光天等三处，三禅有少净天等三处，四禅有无云光天等三处及无烦天等净居五天共八处，其中，梵天的四无量是小品，梵辅天的四无量是中品，大梵天的四无量是大品。如是八定地安立小中大三品无量心，其中的小品、中品归为小品，而分为大品与小品。再者，所谓“下地”是指下下地低劣，上者相续的无量超胜，信解行地修的四无量下劣、微小，一地的四无量殊胜、广大；一地的四无量低劣，二地的四无量殊胜，观待地地而安立大小。所谓意劣，由不行利他，故声闻、缘觉的四无量是小品，一地至七地间有分别勤作有我慢，故为小品。如此应当了知，非入定及入定的小中两品、低劣的下下地、意乐下劣、有我慢均是下劣，故为下品。其余入定位的大品、非下劣地的上上、意乐非下劣的菩萨如来、八地等三清净地不具有分别勤作而无我慢，他们的四无量为殊胜或广大。

辛四、果：

具慧住梵住，恒常生欲界，

圆满诸资粮，成熟众有情。

悉不离梵住，远离彼违品，

放逸彼之缘，猛烈亦不变。

一般修四无量的果是转生色界，但具慧菩萨恒常安住于慈心等梵住中，心极堪能，具有不可思议的等持，因此恒常为利有情转生欲界，是异熟果。菩萨修四无量，能圆满福慧资粮，是增上果。具足四无量的菩萨令没有入佛教的众生入佛教，入佛教者次第向上成熟，从精进角度是士夫功用之果或士用果。今生串习将来世世不离梵住，是等流果。远离四梵住的害心等四种违品是离系果。修习梵住达到量的验相：纵然没有刻意修害心等的对治——慈心等而随意安住或没有谨慎提防，令生害心等猛烈外缘现行也不退失慈心等，即是修梵住远离违品的验相或瑞相。如果把它作为果的附述，就属于它的科判里；如果另行分，那么修无量心之验相作为第五科判，这样就有七个科判。

辛五、违品：

菩萨具害心，损恼不欢喜，

嗔心及贪心，招致众过患。

菩萨不具有四无量的过失：但愿众生不遇快乐，为使他们痛苦而杀害、殴打等进行损害心是慈心的违品；身体锤打等作损恼是希望众生离苦之悲心的违品；见到具安乐的众生，以嫉妒心不欣悦、不欢喜，是喜心的违品；遇到苦受及见到怨敌等众生而生起嗔心，遇到乐受及见到亲友等众生而生起贪心，即是舍心的违品。如若具有四无量的违品，就会招致众多有害身心的种种痛苦过患。

若问：如何会产生众多过患呢？

惑毁自他戒，有失利养微，

护神师责罚，恶名转无暇，

失得未得故，心生大痛苦。[1]

以害心损恼等烦恼造杀生等罪业，使自己今生被杀、受束缚等，他世堕入地狱等，毁坏自己；以那些烦恼而损害他者的生命、受用、妻子等毁坏众生；毁坏戒律。破戒者，会这样想：我已失去投生善趣、圣者赞叹之道，有罪异生凡夫所依止的道是趋入恶趣道，我已毁坏自己。心里忧伤或后悔，心有失落与怯懦。对于破戒者，以前的施主也认为这是造罪之人，不是布施处而不再作任何供养，别人也轻蔑，不再把他当成供养处，法衣、饮食资具的利养微薄。以前具戒时予以保护的天神也指责他，从此以后不再保护。本师佛陀也在《毗奈耶经》等中多番谴责："此比丘不堪为比丘，已失沙门法，行为如驴，如死尸。"破戒者按常规受到梵净行者贬低、斥责，不可与此人共住，受到隔离、摈除等惩罚。"某某人破戒造了如此罪业"的恶名传扬四面八方。失毁戒律的行人不仅今生得到的是众多痛苦，而且他世还要转生到地狱等无暇处。以前自相续已得到的闻、戒、四无量等已失去，也无法再获得没有得到的功德法，因此也失去未得，内心生起后悔忧恼剧烈的痛苦，这些是由于不具备慈心等而使违品烦恼增上的过患。

辛六、功德：

善住慈心等，不生此诸过，

非惑为利生，不舍于轮回。

菩萨，永远不会生起刚刚所说的这所有过患，如理善加安住慈心等四无量中，具足四无量，依靠智慧力不被贪等烦恼所染的缘故不是染污性，但以

---

1 此六句在藏文中是一长颂，每句十三字。

大悲心为利其他众生而不舍弃轮回，受生轮回后成熟有情。

佛子于有情，慈等心生此，
众生于有德，独子非如是。

佛子对一切有情以慈心等四无量心生起这种利乐行，这是所有一般众生都不具有的。父母双亲，疼爱具有功德的独生子，但并不能生起菩萨的这种慈心。

庚二（别说悲无量心）分九：一、悲心所缘境；二、果；三、具智慧之悲心作用；四、分类；五、宣说大悲之差别；六、赞叹功德；七、生悲心之因；八、菩萨悲心以平等性差别超胜；九、最胜悲心。

辛一、悲心所缘境：

炽盛随敌转，苦逼暗遮覆，
普入难行道，真具大束缚。
贪杂剧毒食，舍道入歧途，
弱势之有情，是生悲心境。

悲心所缘对境的众生有十种：1. 缘于对欲界五欲妙贪心极其炽盛者，菩萨会言："悲哉，这些众生贪得无厌，欲火中烧，无有自在。"生起强烈悲心。2. 对于行持善法但随其怨敌魔众制造违缘所转而放弃行善者也生悲心。3. 缘于转生到三恶趣感受难忍的苦受，即便是善趣也被生老病死等痛苦逼迫的众生也生起强烈悲心。4. 对于造杀生等痛苦之因身语意恶行而不知产生地狱等苦果，被这种黑暗所遮蔽的屠夫、猎人、盗贼等可怜的众生生悲心。5. 永久不趋向解脱法的断种姓者，在无边生世中漂泊轮回，完全入于难行之道，因此对他们生悲心。6. 置身于佛教之外的外道真实具有我与我所见等种种恶见的大束缚，对他们生悲心。7. 对于禅定、无色定作解脱安乐想而贪著禅味，就像耽著合意的杂毒丰富食品而享用一样，当时虽然安乐但终究是坏灭的有法，没有超越轮回，所以缘这样的众生生悲心。8. 外道为了解脱而将以五火逼迫、跳崖自尽等颠倒的戒与禁行视为道而寻求解脱，实际已完全舍弃了正道，所以缘他们极度生悲心。9. 声闻、菩萨不定种姓者趋入声闻缘觉之道，虽然入了解脱道却背离了成办自他二利的大乘道，完全入于劣道，对他们生悲心。10. 对于入了大乘道却没有圆满助缘资粮、被违缘携持不能如理修道的弱势的有情生悲心。依靠这十种所缘境生起的悲心也就有十种分类。

辛二、果：

断害大觉种，生乐恼欲因，

本性依五法，佛子近菩提。

悲心缘众生获得什么果呢？具有悲心者断除对众生进行殴打等损害，即离系果；积累殊胜菩提果的种子二资粮，即增上果；为了其他众生离苦得乐，自己甘受寒热疲惫等种种逼恼，即士用果；具有悲心者造作如愿转生某处之因，即异熟果；前世中串习悲心，后世悲心也越来越增上并连续产生，即悲心的自性或本性，是等流果。依靠这样的悲心五法的佛子，不久迅速获得无上菩提。

辛三、具智慧之悲心作用：

大悲胜慧知，轮回皆苦性，
无我而不厌，亦不为过损。

具有大悲的菩萨依靠殊胜智慧的力量彻底了知属于三界轮回的内外一切法均是无常三苦内部分的极多苦性，并在了知那些法是空性无我后，不因轮回苦而厌烦，并以悲心利他，以智慧了知轮回无自性的缘故，也不会被轮回的过患生老病死等痛苦、贪嗔等烦恼所损害。

世间苦视已，悲尊如实知，
彼苦净方便，爱怜亦不厌。

将所有世间的三苦视如自己的痛苦一样慈爱他众的大悲尊者菩萨，了知断除痛苦的方便，知道苦因是集谛，也如实了悟通达它的对治是道谛与灭谛。对于他众的痛苦不是置之不理而是悲悯、爱怜，由于了知除苦的方便，也不因痛苦而心生厌烦。

辛四、分类：

悲尊此悲悯，自性妙抉择，
先前具串习，除违得清净。

悲心有四种类别：1. 自性悲心：大悲尊者菩萨的这种悲悯是以自性种姓所致具有自性的悲心。2. 妙抉择悲心：善妙抉择悲心的功德与无悲心的过患，众生无有自由徘徊于三苦中，他们曾无数次成为自己的亲友，虽然同样都是求快乐不想受苦，但却事与愿违等，分别抉择修悲心之理。3. 昔修悲心：以往串习过悲心。4. 离贪悲心：断除违品害心损恼等的悲心得以清净，后面这种是得到对谁既不生贪也不生嗔远离贪心的悲心。如此有自性、妙抉择、修习、离贪四种。

辛五（宣说大悲之差别）分二：一、真实宣说；二、以比喻说明其殊胜性。

壬一、真实宣说：

非等恒胜意，非行非离贪，
非无缘非悲，无悲非菩提。

1. 如果不具备平等的悲心，那就不是大悲心，成了凡夫与声闻、缘觉的悲心一样。为什么呢？凡夫、声闻、缘觉虽然对于有现行苦苦的众生生悲心，但对具乐受与舍受的众生不生悲心，就是不平等，所以不是大悲心；菩萨照见有漏的乐受苦受舍受不超出三苦，就像对无间地狱的众生悲悯一样，对直至有顶之间的一切众生也如此平等生悲心，因此称等性大悲。

2. 偶尔生悲心、偶尔不生悲心之类是凡夫异生的悲心；声闻、缘觉虽然对众生也有相似的悲心，但无余涅槃时就穷尽、中断，因此不是恒常，不能叫大悲心；菩萨的悲心在有学道位连续产生，即使入于无余涅槃的法界也永不穷尽，因此是恒常的悲心，是大悲心。

3. 不是以肩付利他重任的殊胜意乐的悲心，世间人杂有自利将亲友等执为我所而悲悯，仅是对利己者慈悲；声闻、缘觉没有以证悟自他平等而负荷利他之任的意乐，因此他们的悲心不叫大悲心；菩萨获得一地后现量证悟自他平等性的法性，从意乐方面具足自利他利无别负担利他之任的增上意乐的悲心，是大悲心。

4. 一般人见到有情痛苦会有相似悲悯，但不会直接成办救苦之事，不是大悲心；声闻、缘觉虽然对一切苦难众生有相似的悲心，但不行持救苦；菩萨乃至轮回边际成办利乐有情的缘故他们是大悲尊者。

5. 众生虽然对亲者有悲心，但并非一切情况，有时会生起嗔心，对怨敌有嗔心，因此不离烦恼；声闻、缘觉圣者虽然没有真正的嗔恨，但没有断除其细微习气，因此他们的悲心不叫大悲心；菩萨远离了悲心的违品贪著嗔恨损恼的随眠，因此他们的悲心是大悲心。

6. 虽然有悲心，但不是以不缘悲心三轮相状，那就不是大悲心，具有无分别智慧，那才是大悲心。虽有承许八地以上无分别成熟位才有大悲心，但对应总的圣者菩萨也无有不当。如此所说菩萨的这种大悲达到究竟无缘的大悲任运自成，称为佛地佛陀之大悲。

悲心与大悲心，（大悲心在藏文有特别的敬语，汉文中除“大”字外无有差别），但以“大”作为差别就需要理解成此处刚刚所讲那样。如此宣说了非平等、非恒常等六种悲心，不是大慈大悲，具足与之相反的六种特法，则是大悲。如刚刚所讲，无有大慈悲者不称为大悲尊者菩提萨埵。

壬二（以比喻说明其殊胜性）[1]分二：一、略说；二、广说。

癸一、略说：

1 此处藏文没有分，但根据下文意义而分二。

悲忍及思维，愿生成熟众，
初根终胜果，此是悲妙树。

比喻，妙树有根、干、枝、叶、花、果六法。所比喻：大悲也具有想救度一切众生离苦的大悲心；安忍种种苦行；思维现行种种利生的方便；发愿生生世世投生为利生的圆满身体、受用、眷属、处所；以愿力不管转生何世都是利益自他的众多受生；以这种途径成熟有情。第一大悲相当于后面五法的根本，相当于菩萨一切功德的根本，是先导。《无尽慧请问经》中云："舍利子尊者，犹如呼吸是人命根之先导。如是为真实修成大乘，菩萨大悲为先导。"《圣伽耶山经》中云："菩萨之菩提心根本是大悲心，众生是所缘。"最终成熟众生，是由树中成熟硕果，这是悲心妙树。依靠根本大悲心长出为利众生安忍种种痛苦的树干，依靠安忍的树干，产生树枝般思维救度众生离苦的方便，由思维方便的树枝中并不是仅以一生就能利益无边众生，因此发愿生生世世次第受生无量有情，这如同树叶，由宏愿的树叶中生出为利众生如愿投生的花朵，由投生之花中生出成熟众生之果，如此赞叹悲心如同妙树。

癸二、广说：

若无根本悲，不能忍苦行，
具慧不耐苦，不思利众生。

以若无有根本则其余不存在之理说明：如果没有树根，那么树干至果实之间不会产生，同样，如果没有如树根般的大悲心，则心里不能堪忍为利众生甘受苦行，就像世间人也是对亲人等有慈爱，为他们也能吃苦，而不会勤奋努力利他；声闻、缘觉也不是为了利益众生而苦行；菩萨们以大悲心驱使永远不舍弃为利众生而苦行。具慧者，如果不能为了他众自己忍耐痛苦，就不会思维为利众生当行如此这般的方便。虽然有方便，但自己不能成办，所以也就不会考虑它。

离思不发愿，清净之投生，

不得善妙生，不能成熟众。

远离思维为利众生而行事的具慧者，不会发愿为利有情要具足不杂罪业纯洁及不夹杂作意自利清净的投生，菩萨是以发愿想为利众生行事而受生轮回，并不是像世间人欲求获得善趣安乐的意乐行善那样，也不是像声闻、缘觉断除投生轮回一样。如果没有以发愿力获得于此世间饶益众生的善妙投生，就不会成熟众生，或者像世间人以业异熟得以投生一样不能成熟众生，或者像声闻、缘觉一样中断投生也不能利益众生。可见，如果没有根本大悲心，不可能出生树干般的安忍至树果般的成熟众生之间五法。

悲润是慈心，彼苦以乐广，

如理而作意，树枝繁茂增。

愿力不间断，舍受叶二缘，

成就故花果，得生当了知。

以若有根本则其余均随行之理说明：树根如若用水来滋润就会根深蒂固，从中树干至树果之间会茁壮成长。同样，根本悲心的水或者用水来滋润，是指慈心。安慧论师的《注释》中说，滋润指慈心。也见有些《注释》中解说为：所谓滋润，如同树根的细须饮地里的水使树成长，为此共称根饮，如根之极根。即便如此，但那是属于根本范畴而解释成根本就是悲心自己，才是此处的意义。慈心与悲心以法性一者有另一者间接具足，而不该认定悲心不是根本另外根本为慈心，按照《注释》所说，作为根本增上的助伴慈心按如同以水浇灌或滋润一样来理解，则正确，悲心的水是慈心，颂词中也有“悲润是慈心”，《注释》中也是这样解说的。所谓滋润，根须饮水或吸水，或者用水洒在或浇在根部，与用水浇灌或滋润的意义相同。由于能使悲心的根本增上，所以用水浇灌是指慈心。如果以慈心的水滋润悲心的根，那么悲心就会增长。有了缘于痛苦众生而希望他们离苦的悲心，从中，以希望对境具足安乐的慈心成办其利乐，将众生视为极疼爱的爱子般。就像对于病儿，父母千方百计使他远离病苦获得快乐，而不会生起辛苦想，想到药等这种措施能有利于他，为此辛勤就会生起欢喜想。同样，菩萨对众生有慈心，为了利他，即使自己感受身心的痛苦，也以想利他的慈心认为这不是痛苦是最应接受的而生起安乐想，依此安乐想使无所不忍的安忍树干会广大茁壮。如此由广大茁壮的安忍树干之因中，如理作意行利他的方便门二无我、神通、色等二谛所摄的法及种种无量方便，使利他勇心的树枝繁茂增长，由其因中利乐众生不间断的大愿相续不断于无数生世中发下，舍弃前前微小的旧愿树叶，越来越向上取受较前更广大增长的新愿树叶。应当了知，形成投生之花与成熟他众之果的两种缘的发愿成就的缘故才现前形成投生之花，才有以受生的所依成熟无量众生之果，花果这两者得以出生。树也以自己的近取因及土水等俱有缘二者开花结果。同样，菩萨的投生与成熟他众是来自菩萨自己的愿力与对境众生这两者而形成的。

辛六（赞叹功德）分二：一、以三种差别总说；二、别说难以证悟。

壬一、以三种差别总说：

大悲功德源，谁不悯众生？

为此纵痛苦，悲生无量乐。

1．出生大功德：大悲心是究竟果佛地的十力、四无畏等无量功德的源泉自性，有识之士谁会不悲悯众生？理应悲悯。如果悲悯众生，那么就不会觉得为他们的利益自己受苦难以忍耐，如此为利这些众生，即使痛苦，菩萨由悲心所致为利众生痛苦也不是像其他痛苦一样。以悲悯引生或由那种痛苦次第灭尽一切痛苦，能产生超胜包括声闻、缘觉在内的一切世间不可衡量的安乐。

悲摄慈悯尊，尚不住寂灭，

何言贪世间，安乐及自命？

2．不贪著之功德：若想，如果生起了悲心，那难道不成了贪著痛苦而执著的束缚吗？

并不是这样，大悲摄持相续的慈悯尊者菩萨尚且不像声闻、缘觉一样贪著、安住于寂灭痛苦的涅槃，更何况像世间人一样贪著世间有漏的安乐及自己的生身性命呢？为此，不贪著轮涅任何法。

彼慈非无罪，亦非出世间，

具慧慈悲心，无罪出世间。

3．超胜之功德：世间中母亲对儿子等那样的慈爱心并不是无罪也不是出世间的，因为由贪爱儿子等会为利益他而造罪，对其违品会杂有嗔恨等烦恼，因此并非永无罪过。由于有法我执与人我执的愚昧，因此也不具备出世间。具慧菩萨们怜悯众生的慈悲心既是无罪也是出世间的。

如何无罪呢？

痛苦汹涛中，痴重暗世间，
引导之方便，岂不成无罪？

将漂泊于果三苦波涛汹涌或起伏动摇的轮回大瀑流中依于其因不知四圣谛的大黑暗的世间众生引导至解脱的大方便的因，就是菩萨的慈悲。他们怎么会不成为无罪？完全可诚信是最殊胜的无罪。

如何是出世间呢？

世菩提缘觉，罗汉无彼慈，
其余何须言，岂非出世间？

在此世间，自己觉悟或自己证悟尽智、无生智菩提的利根缘觉阿罗汉尚且也不具备这样的慈悯心，那么除此之外的声闻、世间人就更不必说。这样的悲悯与慈心怎么会不是出世间呢？既然都已超越出世间的声闻、缘觉，那超出世间人就不言而喻了。

壬二、别说难以证悟：

菩萨无痛苦，悲悯成痛苦，

彼初普畏怖，证得极欢喜。

悲生苦胜伏，世间一切乐，

行利尚不具，何有更稀奇？

广说“为利他即便痛苦也生安乐”：菩萨在当时自己无有痛苦，或者按《注释》中所说，为了使他众无有痛苦，悲悯利他，自己心受痛苦并不是畏惧之处。

智慧浅薄者会想：如果仔细考虑众生的痛苦，会觉得极其剧烈难忍，如众生无量一样，痛苦也无量，谁能遣除它？舍施头颅肢体，众生颠倒报复邪行也难以忍受，如果受生轮回，则需要感受生老病死及当时种种痛苦，如果芸芸众生的痛苦由自己来承担，那自己岂不是永远也无法摆脱痛苦？

不应如此考虑而心生怯懦，为什么呢？如刚刚所说，因慈爱众生而受苦，仅仅最初在信解行地才会生起畏惧，是因为没有获得自他平等性心、没有通达轮回与其痛苦均是空性。如经中所说，对菩萨种姓者，一开始不能一味主要宣说痛苦、厌离之语，而要宣说悲心、如幻之法及赞叹佛菩萨的功德。所谓“证得”是达到圣地后证悟法界普行的法相时，获得自他平等性之心，以悲悯心驱使为救度其他众生的痛苦，直接承受地狱的痛苦，自己也会为利他众而前往。所以，对菩萨来说，这种因唯一成为大乐，这种安乐，世间天、人、声闻、缘觉都不具有，是一切安乐之最或之顶。因此，这种悲悯所生的痛苦胜过天人等世间的一切安乐。行自利的声闻、缘觉阿罗汉尚且不具有这种安乐，还有什么比这更稀有的呢？

只要得地后就不惧轮回痛苦，但如果在信解行一直思维轮回的自性，就会觉得痛苦大，可是以种姓力与愿力等，菩萨在凡夫异生位时思维轮回始终等不可思议之处也不会畏惧，心想：以前无始时起至今自他一切众生于此轮回有时也不同程度感受了痛苦，有时也不同程度享受了安乐，但现今都无利无害，乃至无穷尽的未来际期间众生界也是无尽，可是佛菩萨重新出现，尽期间不穷尽，时间际、虚空际、众生际、痛苦均不可思议，但也都是无自性如幻。众生界无有时空边际，尽所有期间我也随学三世佛菩萨，行持广大菩萨行。为了成就这般而发起披甲之心祈祷佛菩萨，并将所有善根为此普皆回向，就会于大乘道中不退转，迅速赐予无畏安慰。

坚稳悲布施，布施令安乐，

享用三界乐，不及彼一分。

坚稳菩萨具有慈悯他众的舍施，不求异熟果报，唯一为了利他而施授，不为实质束缚，施舍或授予对方，如此是圆满利他布施之事所生的安乐，享受三界的快乐所生的安乐比不上菩萨心相续施舍生起之安乐的百千分之一等。

利生以悲悯，不舍苦轮回，

悲尊为利他，何不甘受苦？

如此一来，菩萨为利他表面显得痛苦，但他的心相续不仅无有痛苦，而由舍施身体受用等生起的欢喜，世间的任何安乐也不能诠表，为此应当了知，菩萨甘愿承受轮回的痛苦，又怎会有痛苦呢？一切情况下都无有痛苦。为利众生而以悲悯尚且不舍弃痛苦自性的轮回，大悲尊者为了利益其他众生，又怎会不甘愿承受或承担他们的痛苦呢？会甘受他众的所有痛苦。

悲尊悲布施，受用彼生慈，

摄受生彼力，成乐恒增长。

慈悲的尊者菩萨“悲心”“布施”“受用”，下文中的“增长”是它们的边际修饰，因此这三者每一个后面都加“增长”，由仁慈做布施中使悲心增长、布施增长、受用增长——三种因增长：1. 由悲悯心布施，生生世世悲心越来越向上增长。2. 以悲心驱使，生生世世不间断布施越来越增长。3. 由布施力生生世世受用越来越增长。从中三种乐果增长：1. 由想遣除众生之苦的悲心意乐中生起欲求将众生安置于快乐的慈心而作布施时，菩萨由慈悲心意乐所生的快乐增长，比如，母亲给儿子财物时，以慈爱驱使，那位母亲会心生欢喜。2. 随后以布施摄受众生所生起的快乐增长，见到以布施饶益了众生，菩萨心相续更增长快乐，以布施的威力所形成的安乐是由布施所感。3. 菩萨无有贫困具足受用，就具有利益有情的威力，以其威力形成的安乐增长，如果无有受用，那么即使想布施也无法满足对方的所求，因为有受用才能满足他众的愿望，见此而增长殊胜欢喜。如此菩萨利益他众有多少，就有同样多的喜乐，因此甘愿遣除他众的痛苦，自己才会安乐，所以布施身体、受用也不痛苦，而感到安乐。

以悲广行增，以施成熟乐，

一切普引领，如教懦弱者。

菩萨发放布施之理：犹如一位大亲友教导一个懈怠的人说“你不要这样懈怠”一样，菩萨以悲心做布施时，以这种悲心能广行种种布施，它的异熟果受用也如此增长。以布施成熟众生，受者会有心满意足的安乐，施者也因圆满布施而安乐，所以自他二者均安乐。引导其他众生行持福慧资粮，逐渐将他们引领或带到无上菩提果位，对布施众生就如同劝勉教诫串习力薄弱者一样。

悲苦成痛苦，苦者未得乐，

悲尊何能乐？他乐自方乐。

有嫉妒心的众生如果见到他人安乐就会不悦，如果见到别人痛苦就会欢喜。而菩萨与之相反，由于具有悲心，他自己会因他众痛苦而痛苦，在没有遣除痛苦者的痛苦使之得到安乐前自己如何能安乐呢？就像看着心爱的儿子正遭受严重疾病折磨的母亲一样。所以，慈悲尊者令其他众生得到安乐，他众得安乐，他才会安乐，如同母亲为子求医授药，儿子病愈安康，母亲才会心安。这也就如无垢称菩萨所说："乃至一切众生有病期间，我的病也不会治愈。"

悲尊教自施，不求自安乐，

受用令他乐，不异自非乐。

彼乐乐已施，及果施众生，

汝于我有作，果皆予彼等。

上文中所说"无贪"的广解：菩萨们恒时对自己所做的某某布施教诲"如此这般而行"，就像慈悲的上师教诫弟子一样。如何教诫的呢？"如此之物不要求自我安乐，要以自己受用令他众安乐"。

对此，虽然《注释》中宣说了如商主般的慈悲心教授弟子般的布施的道理，但相同意义，为了易懂这般解释也可以。假设以受用令他安乐，但求独自获得其果而布施，那并不是菩萨的风范，因为菩萨们不承许自利与他利是分开的异体，而是以他苦即自苦、他乐即自乐而布施受用，也愿“其果成熟于众生得安乐”而施舍他众。假设没有成熟他众，那自己与众生无别，所以也不求我自己获得乐果。那些众生安乐，自己才安乐，因此我是断除了如毒般的爱执自己而爱执他众的菩萨的随行者，我作布施，有布施的果也愿布施给一切众生。为此，假设布施你有让我获得受用等的作用，那么愿将果报均转移给其他那些众生，那才是有利于我。悲心教授布施的道理，布施连同果报均舍施他众。

施者不求财，财丰遇善妙，

我非求安乐，如此辗转施。

我常以悲悯，一切皆施舍，

待彼汝当知，我不求彼果。

如此布施的果也诚心施舍其他众生，布施者菩萨不贪著自利不求受用反而具有极其丰富的受用、值遇善妙之事，这也是因果缘起的规律。

即使成为这样，但我不是求有漏受用的安乐，只是希望以如此拥有受用，让我能在辗转流转生世中做利益众生的布施，我不为自己悦意而享用自己所拥有的一切，能恒常以悲悯心完全施舍他众。观待它，布施你也要知道我并不求布施的果报。

得果若不舍，不成乐布施，

刹那有不施，非是乐施者。

假设只是将你受用的财物施舍予他，你的果获得受用不布施，那就不成为不贪后世受用财物而乐于布施舍的菩萨，如此今生中刹那间有不乐于布施、不愿布施的心，那就不是大悲利他喜乐布施者。

未作不生果，希报非我宗，

无视汝回报，果报尽施他。

布施你，没有做施舍不会出生果，就不会指望回报。指望着如此施舍的果报，并不是慈悲他众尊主的风范或应为，因为不指望布施你的回报，你成熟果也不据为己有，完全施舍于他众，这是以悲心教诫布施的方式说明修炼不为自利贪著身体、受用、善根这一切而完全施舍于他的道理。

以悲心布施的功德之摄义赞叹：

佛子悲悯施，无罪清净物，

引乐予随护，无寻无染污。

佛子们以悲悯心布施有六种，1. 无罪布施：不害他众而布施，无有夺取别人而布施他、以杀生的肉作布施、轻蔑乞讨者以饿死鬼等语言讥讽，令其心生痛苦等损害其他众生的布施，而是如理善加布施。2. 清净物布施：不布施未经观察的毒物或兵刃等不清净物，而是经过观察后布施清净纯洁物。3. 能利布施：以布施摄集众生令他们行善法，因此能将布施对境的那些众生后世引向善趣与解脱果的安乐。4. 随护布施：不能有害于自己眷属母女、仆从等而将他们一律布施。或者，即使将妻儿等布施给他人，也不能违背他们的心愿，或者终究不会给他们造成大痛苦，要了解情况做布施，不能使他们极度痛苦、将眷属施舍予夜叉罗刹等残忍者等，总之对自己拥有的眷属要做到无有损害、予以保护而布施。5. 无寻求布施：了知众生贫困后，即便他们没有特意乞讨，也为利益他从自己手中布施，而不再寻求别的布施处。不可以“布施这个众生，不布施那个众生”选择福田寻求作布施，而要无有偏堕平等布施。6. 无染或无贪布施：不希求回报及异熟果而施舍。这是从清净过失的角度宣说的。

佛子悲悯施，一切广主常，

欢喜无染净，向觉亦向善。

再者，从功德的角度来说，有舍施一切或所有等九种。1. 施舍一切：内外事物无有丝毫不布施的。2. 广大施舍：并不仅仅是布施小的或少量事物而是众多广大事物。3. 施舍主要：不施舍损坏或破烂或不能用之物，而是布施色形香齐全优质美妙之物。4. 恒常施舍：并不是时而施舍时而不施舍，而是恒时连续施舍。5. 欢喜施舍：无有悭吝心，对任何乞讨者，都无所不施，满怀欢喜地施舍。6. 无染施舍：不为求回报及异熟果而施舍。7. 清净施舍：与上面清净物布施同义，施舍清净物。8. 回向菩提舍施：做布施不为善趣安乐及声闻、缘觉涅槃而回向，而回向无上菩提。9. 回向善妙施舍：与上述能利布施同义，以布施摄集众生令他们趋向善法。

三乐心意足，悲尊普施喜，

享用受用者，非有如是喜。

如此作布施生安乐之理：以欢喜布施之喜乐、利益对方之喜乐、圆满菩提资粮之喜乐这三种喜乐而满足的慈悲菩萨，以完全施舍自己所拥有的一切而欢喜，这种欢喜并不是得到所求受用者享用受用那样的欢喜。此处的受用者是说他们不能像得到施舍对境布施者菩萨的欢喜一样欢喜。这是《注释》中解说的。也可解释为：一般来说，享用善趣的圆满受用也永远不会领受到菩萨布施的那种欢喜，如《般若摄颂》云："四洲善饰如唾液，施喜得洲非如是。"

辛七、生悲心之因：

悲贫悲恶劣，悲乱悲放逸，
悲悯随境转，悲执颠倒者。

对离开修行六度的众生生起悲心，以悲悯心为悭吝所牵使心相续贫困、贪著而丝毫不能施舍者，宣讲悭吝的过失与布施的功德，使之住于布施法中。以悲悯心为性情恶劣、品质败坏、造杀生等罪业者，宣说具戒之法，将他们安置于戒律中。以悲悯心为相续怀有嗔恨烦乱者，宣说嗔恨的过失与安忍的功德，将他们安置于安忍中。以悲悯心为喜欢平庸事懈怠所牵不行善业的放逸者，宣说能断懈怠的精进之法，将他们安置于精进中。以悲悯心为随五欲妙对境所转恒常心思散乱者，宣说禅定法，将他们安住于禅定。以悲悯心为颠倒执著有漏蕴为常乐我净者，宣说邪慧的过失，令他们安住于正慧。

由乐苦彼因，菩萨生悲心，
由因师自性，菩萨生悲心。

再者，菩萨生悲心之缘有四种。1．所缘缘：三界一切有漏乐受以变苦周遍，一切苦受以苦苦周遍，一切舍受以行苦周遍，凡所有受都超不出痛苦，缘于它而生起悲心。所谓"彼因"，《注释》中解释为乐受、苦受、舍受的随眠，它是习气自性，因此是舍受。在没有断除随眠之前，苦乐会屡屡产生，因此行苦的细微苦也是指它。或者，也可解说成具有苦受、乐受的有漏蕴的因叫行苦，实际上就是说缘于具有三苦的众生，菩萨生起悲心。2. 因缘：于他世中串习悲心，在阿赖耶上积累慈悲的习气，就是悲心的因缘。3. 增上缘：于善知识前闻受妙法而生悲心是增上缘。4. 等无间缘：由前前悲心的自性中产生后后悲心，前前悲心是等无间缘。如此菩萨由因缘等三种缘中生起悲心。

辛八、菩萨悲心以平等性差别超胜：

菩萨之悲心，当知是平等，

意乐行离贪，不缘清净故。

应当了知菩萨的悲心是平等的，比如，世间人对亲友群体慈悲，但对怨敌不生悲心而起嗔心，对中等者也不生悲心；声闻、缘觉们对痛苦者生悲心，而不是对一切众生平等生悲心，所以他们的悲心不是平等；菩萨的悲心如上所述，对有顶至无间地狱之间具有三苦的众生无有差别平等生大悲心。其原因：思维一切众生意乐都如此平等的缘故，由此悲心平等；就像作为地狱等苦难众生的救护者一样救护至有顶之间一切众生，行持平等的缘故悲心平等；对任何众生趣都无有贪嗔，远离贪心的缘故悲心平等；不缘我、众生、悲心三相而通达一切于空性中一味的缘故悲心平等；不缘三轮的智慧清净勤作相状的动摇，从八地获得，八地以上获得清净的缘故悲心平等。

辛九、最胜悲心：

自心修慈等，信法及思维，

自在无分别，合一故最胜。

一般来说，仅仅修慈无量等四无量，在色界天与声闻、缘觉中也有，但菩萨修的四无量是最殊胜：菩萨们自心修慈无量等，以前世中修慈心等的习气今世与后世越来越增上的缘故，这样的修行超胜其他。对具四无量法的经藏倍加信解与虔信，具足上面所说九种思维的差别，等持自在或胜进，也是在八地等无有勤作任运生起慈无量等。因此自在者菩萨修慈无量等，是以不分别修者我与对境众生、所修四无量之相的智慧摄持。获得八地开始，入彼地的菩萨所为融合为一的缘故堪为最胜。

己四、此品总结：

于佛生净信，物敬持续供，

依多德益师，悲众得成就。

如是对佛陀出有坏不可思议的功德本性生起极清净的诚挚信心，以法衣、妙衣、花、香等物品，顶礼、赞叹、转绕等及依教恭敬奉行的大承侍供养，供养也并不是仅偶尔性而是永久或常期供养，如是才能获得成办自他二利之世间出世间的一切成就。同样，按照所说的，如果依止具足上述善知识功德及此外经论中所说善知识功德的善知识，则可生起他的无量众多功德，恒常依止对今生他世都有利益的善知识也将获得一切成就。以慈悯一切众生的自性慈悲喜舍四无量的途径利益众生，也将获得一切成就。《注释》中说：供养与依止二者主要成就自利，四无量主要成就他利。无论如何都会获得二种成就。

大乘经庄严论中第十八供养依师无量心品释终

第十九　菩提分品

此菩提分品主要宣说修行。

戊四（菩提分品）分三：一、因；二、修行或道之本体；三、修行差别支。

己一（因）分八：一、知惭；二、坚稳；三、不厌；四、知论典；五、知世间；六、知四依；七、四无碍解；八、二资粮。

以安住佛制戒、闻思积资之间来说明。以知惭、坚稳、不厌倦这三法不违越学处，以了知论典、了知世间的方式听闻，以四依及四无碍解的方式具足清净的思所生慧，精勤积累二资粮。

庚一（知惭）分八：一、知惭之法相；二、所惭之处；三、知惭之分类；四、无惭无愧之过患；五、有惭有愧之功德；六、赞叹有惭有愧；七、有惭有愧之验相；八、殊胜有惭有愧。

辛一、知惭之法相：

知惭断违品，具无分别智，

无罪下劣境，熟众坚稳相。

知惭，断除了其违品不知惭、无愧这两者而成为知惭有愧的自性。它观待自己称知惭，观待他人叫有愧。如果菩萨舍弃了自己所学的大乘法道而学修声闻、缘觉的行为，那么这不是我菩萨的风范，是知惭，也受到其他菩萨谴责，是有愧。

助伴：以无分别智慧摄持，即不缘我、其他众生及有惭有愧之法的相状。

所缘：如果趋入下乘之道，则为惭愧者。也就是说，入于声闻、缘觉乘者虽然无有烦恼罪，但行一己私利，所以意乐、智慧、修行、果这一切都是比大乘更下劣的行境，缘于那种行境，菩萨趋入，就成了惭愧者。

作用：菩萨以有惭有愧能成熟众生，这样的有惭有愧是坚稳菩萨才有，而声闻、缘觉全然不顾而舍弃均成为过自己亲友的众生，只求独自寂乐，因此观待菩萨，小乘行人惭愧心微薄，如续中所说："自子尚不爱，声闻劣缘分，令诸有情乐，善缘金刚手。"

辛二、所惭之处：

菩萨于六度，违增对治减，

生起大惭愧，坚稳依六度，

懈怠随惑法，享用更惭愧。[1]

若问：对什么处惭愧呢？

对于自相续中布施等六度的违品悭吝等增长，对治法布施等减少，菩萨会生起强烈的惭愧心。世间中种姓高贵者作恶劣种姓的行为，是一种惭愧，与之相比，菩萨增长悭吝等更惭愧，减少布施等也极为惭愧。对于这种"增""减"，称为惭愧。同样，对"行"与"不行"六度惭愧：坚稳菩萨们对于自相续串习依于六度，懈怠不行持，而不严禁随顺生起贪嗔等烦恼法

1 此六句在藏文中为两颂。

六根门，趋入享用五欲妙境，就更惭愧了。

辛三、知惭之分类：

非入定本性，小中及下地，
意劣有我惭，皆下余为胜。

非入定本性欲界地的有惭有愧是小品或下品。入色界定、无色定属于分为小、中、大品中的小品与中品，也归为小品。信解行地与一地等下下地观待各自之上上地为小品，下者观待上者（藏文是上者观待下者，应该是错别字）也立为小品。意乐下劣的声闻、缘觉的有惭有愧，唯一成办自利，因此是小品。一地至七地之间的“有我”，有勤作相的我慢的缘故，他们的惭愧都称为下品或小品惭愧，这是从观待的角度而言的。除之此外其余更超胜或为大品，是入定地的惭愧、它的最大品、观待下地上面是大品、大乘的有惭有愧、八地等三清净地的无我执无分别智慧任运自成的有惭有愧是无勤任运自成，因此安立为大品或增上品。

辛四、无惭无愧之过患：

具慧无惭愧，非理纳烦恼，
嗔舍及我慢，摧毁众生戒。
后悔及丧失，恭敬利养微，
具信非人众，本师亦置之。

具慧者由非理趋入无惭无愧，从中生起、纳受贪等烦恼，以嗔恨所牵造杀生等不善业，自己失坏戒律，今生来世都损害自己，也损害其他众生。同样产生舍弃善业、利益众生的懈怠放逸等及我慢过患，毁坏众生及自相续的戒律，由此导致自己生起后悔忧恼而失去安乐。也被他人视为不具功德后几乎得不到恭敬与利养。由无惭无愧之因导致，也不成为对佛教有信心护持白法的非人众及本师佛陀尤为垂念的对境，漠然置之。

同行佛子责，于世间人中，

现法得恶名，他世生无暇。

是故失已得，未得诸白法，

由此处痛苦，心亦不正住。

同行的佛子们也谴责说“某某人如此不合理”，世间人中，于现法的今生遭受恶言得到恶名，他世转生到恶趣等无暇处。因此自相续失去了已得到的白法，前所未得重新得到的也将失去。由此，他的身体处于痛苦中，心也不安乐，不能处于正常状态。

辛五、有惭有愧之功德：

有惭诸佛子，不生此诸过，

智者常真实，受生人天界。

有惭有愧的诸位佛子，根本不会产生刚刚所说的这所有过患，智者恒常真正受生到天趣、人间，是异熟果。

具慧以有惭，速圆正觉资，

佛子不厌倦，成熟众有情。

具慧者以有惭有愧能迅速圆满无上正等正觉的资粮，是增上果。有惭有愧的菩萨不厌其烦成熟众生，是士用果。

彼恒离违品，不离对治法，
有惭之佛子，得彼等功德。

他恒常远离违品无惭无愧，是离系果。不离对治法有惭有愧，是等流果。如此有惭有愧的佛子将获得这些功德。

辛六、赞叹有惭有愧：

凡愚著妙衣，离愧有罪垢，
佛子知惭衣，无遮离罪垢。
佛子具惭愧，如空法不染，
佛子内集聚，知惭妙庄严。

异生凡愚沐浴身体，穿上质量上等、色形精美的漂亮衣裳，但心却离开了有惭有愧，因此是有贪等罪业垢染的自性，以衣服无法掩盖。佛子具有知惭有愧的衣装，即便外面没有衣服等遮蔽，也自然地离开了罪过的垢染。以此说明安住于内在入定瑜伽时以有惭有愧作为生烦恼的对治。佛子们有惭有愧，如同虚空不被云雾所染一样，到城中等时以有惭有愧的自性不被世间八法所染。在自己同见行的道友佛子中集聚，也以知惭有愧的饰品庄严，那是随应行为极其美妙的庄严，珍宝等任何饰品也不可相比。

菩萨以惭愧，如母慈所化，
惭愧于轮回，能防一切罪。

菩萨以有惭有愧如母般慈爱所化，令众生成熟，如母爱子般慈爱一切众生的他们不救护众生、舍弃利他是惭愧之处。有惭有愧就好比马队、象队、车队、步兵四大军队保护国政与领域一样，菩萨在此轮回利益众生时也是能完全防护贪等一切罪过的敌军，因为以有惭有愧能做到不造烦恼的罪业。

辛七、有惭有愧之验相：

能受于一切，亦不受一切，
不行行一切，愧者愧成相。

有惭有愧的验相有四种：从意乐方面，能接受布施、持戒等所有任何功德品，不接受无惭无愧、贪嗔等一切烦恼及所有过失品。从加行来讲，不造一切罪过，行持一切功德，显现出来的这四种相就是有惭有愧行人相续知惭有愧所形成的验相。

辛八、殊胜有惭有愧：

自心修惭愧，信解法思维，
自在无分别，合一堪首位。

自心修行知惭有愧，不是想到假设别人知道这种过失那多惭愧。他人知道也好不知道也好，自己本身自然修行有愧于造罪，那称为殊胜，这是《注释》中宣说的。应当了悟有愧也以五法为殊胜：信解宣说有惭有愧的大乘法；上述的九种思维；拥有等持的自在；从八地起无勤任运、不分别自他惭愧法三轮；清净地菩萨的所为融合一义是堪为首位或最胜。

庚二（坚稳）分二：一、略说；二、广说。

辛一、略说：

菩萨之坚稳，较彼其余众，
以法相分类，不变而超胜。

菩萨的心力坚稳，与菩萨以外其余一切世间人与声闻、缘觉相比，以法相、分类及不变而超胜。

辛二（广说）分三：一、坚稳之法相；二、坚稳之分类；三、不变。

壬一、坚稳之法相：

精进定与慧，许为勇耐稳，
菩萨以此三，无惧尽趋入。

按精进、禅定与智慧的次第，分别承许是心不怯懦的勇气、不动摇别处的耐受及真实了知意义而从中不变异的坚稳，原因是：菩萨以这三种法无所畏惧完全趋入修道。

怯懦动摇痴，诸事生畏惧，
故知三本性，是为坚稳名。

如何生畏惧呢？无有精进者认为我不能修行菩萨行，生起怯懦的畏惧；无有禅定者心不能一缘安住，所以生起分别念动摇的畏惧；无有智慧者不知菩萨行到底是怎样而以愚痴对于一切事无所适从，生起畏惧。以怯懦等这三者，认为菩萨的所修摄集诸多自在功德，因此无法修行，从而生起畏惧。为此，应当了知这三种畏惧的对治——精进、等持与智慧自性或自成的三种本性，不被违品所夺，才具有坚稳的名称。不需要分别抉择与勤奋而任运自成精进、禅定、智慧本有或常有、无有怯懦等三种最为坚固就是坚稳的法相。初学者心的本性具有不怯懦也就能趋入所为，应当了知观待这一点安立的角度取名为本性精进等。

壬二、坚稳之分类：

自性及宏愿，无所顾惜性，

众生颠倒行，听闻深广法[1]，

所化难调化，佛身不可思。

首先是八种分类：

1. 自性坚稳：由种姓力所致以精进、禅定、智慧界而对菩萨行无有怯懦等畏惧。

2. 宏愿坚稳：发愿"从发无上菩提心至获得大菩提间不退失、不改变普度一切众生之所为"，无论转生何处也不改变，一直坚定不移。具体来说，菩萨的无量愿，至佛地间生起，一切愿的根本就是最初发菩提心，依靠为菩

1 听闻深广法：麦彭仁波切的此《注疏》中是信解深广法，安慧论师的《注释》中是听闻，也有其他版本中是信解。

提发愿的这一开端生起一切愿，此后的一切愿将越来越稳固。

3. 无贪坚稳：也就是自利坚稳，为成办自己的利益，对身体性命也无有顾惜、贪著及畏惧。

4. 利他坚稳：不以众生种种邪行而厌烦。

5. 信解坚稳：信解“甚深”即真如义坚稳，对本来无生无灭甚深空性之义不怖畏，信解稳固。

6. 威力坚稳：不怯懦而信解修成神通、力、无畏等广大功德。

7. 成熟坚稳：对于烦恼极其炽盛谁也难以调化的众生，不舍弃而以种种方便长期调伏，是成熟众生坚稳。

8. 殊胜菩提坚稳：心想我要修行佛陀之法报化三身不可思议的功德，心不退转。

如此宣说了八种坚稳的差别。

种种诸难行，轮回皆不舍，
无有烦恼性，坚稳生坚稳，
其余无伦比，许具坚稳最。

再者，坚稳的三种分类：为无上菩提而行持无量种种难行，是难行坚稳；以利他悲心不舍轮回，受生种种世间，是特意受生坚稳；转生轮回当时，不被轮回的烦恼过患所染，是无惑坚稳。如此坚稳菩萨相续中生起坚稳，是其余的世间人及声闻、缘觉的坚稳不可相比的，承许是坚稳者之最。

壬三、不变：

飞蛾飞禽海，不能动须弥，

恶友苦闻深，不能动坚稳。

犹如飞蛾、飞禽飞翔空中的翅膀的力量及大海的波浪不能动摇须弥山一样，与这三种比喻次第对应，坚稳菩萨不被不善恶友、种种痛苦与听闻甚深空性无我所扰乱、动摇。

庚三、不厌：

菩萨不厌最，三事闻不足，

精勤耐受苦，依于惭坚稳。

菩萨的不厌最为殊胜，是其他声闻、缘觉的不厌不可相比的。对什么不厌呢？对三种事不厌：于善知识前听闻妙法不厌足，是闻法不厌或求法不厌；于三大阿僧祇劫中如燧木生火般发起广大精进，是精进不厌；为利众生甘愿忍受痛苦不厌，是苦事不厌。这些说明了三种不厌事或对境。不厌之因或来源或所依：依靠前面讲解的知惭及坚稳二法而生起不厌。

欲求大菩提，具慧之不厌，

诸地未圆满，圆满极圆满。

不厌的本体或自性是，极其强烈欲求大菩提。不厌分类：具慧者的不厌，于道位诸地中，承许有三种分类：信解行地没有获得自他平等心，有时也会产生厌烦，因此是未圆满不厌；不清净七地，根本不生厌烦，因此是圆满不厌；清净三地无勤任运自成，是极其圆满不厌。

庚四、知论典：

坚稳知论典，基所为业相，

无尽成果胜，等持总持摄，

能成熟有情，亦能持妙法。[1]

坚稳菩萨的了知论典，是指了达五明，也称为知论典。

五明，如前所讲一样，内明、因明、语言明或声明、工巧明、医方明。对于这五明，于善知识智者论师前善加听闻，思维其义获得定解后也为他众宣说，因为一切所知处以五明可概括。菩萨们精通尽所有的所知，是为求遍知智慧而了知论典。仅仅五明，世间人与声闻、缘觉也有，但菩萨的了知五明论从基等六个方面更为超胜。那是指什么呢？

1. 基或事是指五明，声闻为了自己解脱只是主要追求内明的一部分——人无我，而对大乘所有经典的教义尚且不甚了了，更何况说其他明处。菩萨希求遍知智慧，并为能成办无量众生之利而对所有所知广大之理，自己学习并为他众宣说。精通内明三乘之道，精通能诠名词本质、结构、组合规律文字摄分增等语言学论典中所说，无碍运用，具足文句善妙而能不折不扣地理解意义，意义也是随应现量、比量、教量而成立，驳斥不具正量之宗，建立具正量之宗，从而对意义生起不可夺取的定解。依靠医方明能除众生身体之病，使身体安康，力求长寿。自己以有利众生的种种工巧明饶益他众，也将此理宣讲给别人。总之菩萨为成办自他二利，首先自己听闻五明论典或典

1　此一颂半：藏文为两颂。

籍，闻而不忘受持，串习词句读诵，思量其义，无误通达意义，以辨别善说与恶说的方式也如理为他众宣说，即是以基或事超胜之理。

2. 所为：声闻、缘觉尽所有的所学也主要是为自利，菩萨主要是为他利，因此超胜。

3. 事业：声闻仅仅了知经典内明而行成办自利之事业，菩萨精通内明三乘后自己趋入大乘，也为其他大乘种姓者宣说它，也为其他声闻、缘觉种姓者宣说相应乘，行持如此事业。同样，以其余因明等四明也能利益他众，也为他众宣说那些论典，因此超胜。

4. 法相：声闻听闻宣说内明的一部分——人无我等少量论典后受持其词句等，菩萨对三乘所摄的内明、声明、因明、工巧明、医方明尽所有无边无际的论典都无有厌足听闻、受持、纯熟、思量、通达，具足这五种法相而超胜。

5. 无尽：声闻的知论至无余涅槃就会穷尽，菩萨了知五明论，乃至无余法界中也不穷尽，由此超胜。

6. 果：真实成就而超胜，声闻们知论不得遍知果，而菩萨精通五明以普皆回向的威力，真实成就遍知一切所知相智慧的果位。

菩萨了知五明论以什么处所摄呢？以等持、总持特别所摄。精通五明也有些是等持的自性，以等持所摄持，与等持相关联；有些是总持的自性，以总持所摄持，与总持相关联。如此也可从等持、总持所摄的侧面分两类。以获得首楞严等等持自在入定，无碍精通五明一切论而成熟有情。以总持的自性，以往累世中听闻过的五明论典不忘受持全部句义，能受持五明所摄的所有经典妙法。为此，菩萨的知论依靠等持具足神变示导、记说示导、讲法示导来成熟有情；以总持的方式使声明等四明主要是内明所有妙法于世间不隐没来受持，这两者是知论的作用。

庚五、知世间：

坚稳知世间，是以身语意，

知谛无伦比，超胜彼其余。

坚稳菩萨们的知世间是指了知身体的姿态、语言的形式及以意了知四谛，其他世间与声闻、缘觉不可等同或无与伦比。因此，菩萨超胜其余世间人及声闻、缘觉。

有人会想：仅仅了知世间的名言，随同其他身语的状态，这一点在普通世间也有，了知四谛，声闻、缘觉也有，那么菩萨了知世间如何超胜呢？

他们并不是像菩萨一样能成熟其他众生，因此差别悬殊。

坚稳常含笑，诚实而言语，

为众堪法器，为令修妙法。

了知世间有三种，了知世间名言、了知世间产生、了知世间泯灭。了知世间名言也有了知随世间之身体姿态及语言形式两种。

那是指什么呢？坚稳菩萨身体姿态，恒常对于上中下的人，无有怒容而面带微笑令人欢喜，恭敬、面露喜色令人欢悦。语言无有不合意而以温柔合意“善来”等之语正直、悦耳、诚实而言说。这两种的必要是：身体的状态合乎他人的心意，为了使众生堪为了知真谛的法器。语言宣说妙法而令他众修行妙法，应当了知这是身语名言的状态。

因许以二谛，令世间恒生，
以二令隐没，了此知世间。

以意了知这些从何而生、由何而灭，是知世间义，因为承许是以集谛与苦谛二谛使器情世界恒常产生，因——集谛形成果——苦谛，称为世间。以灭谛与道谛二谛使世间隐没或泯灭，因为以道谛断除了集谛，那么具苦谛自性的果世间就会破灭，灭处为灭谛，能灭为道谛。因此了达此理就称为知世间。

为寂为获得，具慧修真谛，
具慧知谛故，定称知世间。

了知世间产生不清净依他起、了知世间隐灭清净依他起、了知四谛十六相三解脱门，也就是知三法相。四谛中，为了寂灭苦谛、集谛，为获得灭谛、道谛，具慧菩萨令自他修行四谛就是知世间的作用。以什么原因呢？具慧菩萨了知世间名言的真谛与了知胜义四谛的真谛，了知这二谛的缘故真实称为知世间，了知具有三苦的世间界的趣、寿量、苦乐、兴衰等如何，顺应世间以此处所说身语的名言为例世间的种种规律，那些世间形成的因集谛，就是世间世俗谛。了知道谛、灭谛即是胜义谛，以这二谛无余了知世间。有人讲解说：了知四谛是真正的知世间，了知身语世间是以了知自己的世间引发的缘故是果取因名，或者，对能生知世间的因取为果名，但这是在讲知世间之时，因此可以承许了知身语名言也是真正的知世间。

庚六、知四依：

依于经典法，彼义具密意，

了义具正量，获得彼无诠。

为了断除依人及对经典词句依文解义等过失而宣说了四依，依于佛陀出有坏亲口所说的经典教法而不依行人各自之语，就是依法不依人。法义，也有别义意趣，如所说“父母为所杀”等，具有密意，并不能依文解义，就是依义不依句。意义也有不了义与了义两种，要依止具有究竟观察的正量，比如，说人与蕴等法存在是不了义，其本性不存在是了义。按照如来的甚深经藏及能辨别其密意的补处弥勒、佛授记的龙树、无著那样的大祖师们甚深无二讲解，不依不了义而依了义。对了义经藏的意义，也是不依成为有分别的对境、八识对境具所取能取相的笼统意义，而依止获得远离所取能取不可言诠各别自证之义无分别智慧的行境，就是不依识而依智。《无尽慧经》中也说：人法二者视为有自性，是依人，证悟二者无自性是依法性，如是词句，名为世间法，义，名为出世间法。或者世间法，名为词或法，胜义诸法，名为义。如是何经宣说入道，彼即不了义经，宣说入果乃了义经。或者，宣说世俗乃不了义经，宣说胜义乃了义经。何为识？欲界众生之识依于色蕴，色界之识依于受蕴，下三无色界之识依于想蕴，有顶之识依于行蕴，如是，行住于识处色等四蕴就是识。住四蕴之彼等识均了知为空性不分别识说为智慧。

是为遮舍法，依文倒执真，

获得有言诠，于此说四依。

宣说四依的必要：为遮止有些行人凭自己主观声称“这不是佛经，不是正法”而舍弃或诋毁了真实是佛陀亲口所说之法，宣说了第一依。为遮止执著所说“父母为所杀”等依文解义，宣说了第二依。为遮止不知佛陀所说“异生凡夫、如是阿罗汉缘觉行者一人出世利乐一切世间即为如来”是不了义，是从世俗侧面如此宣说而颠倒将所谓“人实有”之类不了义执为真实义，宣说了第三依。为遮止将无二甚深义各别自证不可言说智慧的行境执为获得以种种所取能取习气染污有言诠识的行境，宣说了第四依。这般在分别讲解四依的此时，是说明遮破四种颠倒依。

于信解分析，他前如实闻，

无诠智慧中，坚稳不退失。

四依的作用或功德：如果具足第一依，就不会退失信解佛法。以第二依不会退失分析句义。依靠第三依不会退失在能如实宣讲不同于不了义经的了义经善知识前闻法。以第四依，菩萨永远不会从超越分别境的不可言诠智慧中退失。

庚七、四无碍解：

异门及法相、词智了知故，

菩萨无碍解，四种无伦比。

法无碍解，法有善不善、有漏无漏等众多异门，法的一个类别中也有众多名称的差别，诸如，无明也有愚痴、愚昧、不知、暗、黑暗的别名。智慧也取名为本智、慧、明觉、妙慧、光明等。

义无碍解：了知名与法的差别，无误理解那些名称的意义是什么、自相与共相，就是义无碍解。

词无碍解：名称也不是仅以一个地方的语言构成，而以各自环境的语种，诸如天、龙、人、寻香、非天的语类，字母聚集组成名称，名称聚集形成词句，词句表明意义的运用，无误了知连接词的结构、如何组成的法相，就是词无碍解。

辩无碍解：获得对凡所询问均能无有阻碍回答、答复一切反驳、从一法之义开始经劫宣讲也不穷尽的智慧。

由于如实了知以上四无碍解的缘故，菩萨的四无碍解，声闻、缘觉不可相比。

这一颂说明了四无碍解的法相。

四无碍解之定数：

极其精进说，说何以何说，
所说法与义，唯以词智说。
法即略广说，诸时得二者，
答复辩方故，无碍解为四。

菩萨极其精进为他众说法时，“说何”指所说，“以何说”指能说，法与义二者是所说，能说唯以词无碍解与智慧自性的辩无碍解两者宣说。法也是以名称略说，广说其义是如此这般。按照安慧论师的《大疏》中所说，对于某某法，略说是义无碍解，其后详细分说称为法无碍解。词无碍解是指一切时处能获得了知法与义的缘故，以各自地方的语言表达，通过那种语言能通达名义。以辨才质问辩方并对辩论合不合理之义予以答复，为此无碍解定数为四，没有三与五之类的情况。

等性各自证，复次尽了知，

能断一切疑，名为无碍解。

因：入定中诸法平等性各别自证，入定后或后得智慧完全了知法等四者。或者这两句解说了四无碍解的定义，在梵语“札德桑布达”中，“札德”是各别，指无分别智慧各别自证；“桑”是指真实或等性，即真如；“布达”是了知，因为以作为现量无分别智慧的后得清净世间智，为他众宣说法与义等使他们懂得、理解。四无碍解的作用：对所有蕴界处等广大及空性等甚深义的法相能斩断一切怀疑，由此称为无碍解。

庚八、二资粮：

菩萨之资粮，福慧无伦比，

福得增上生，依慧无惑转。

菩萨的资粮是福德资粮与智慧资粮，是声闻、缘觉无法相比的。《宝积经》中云：“菩萨之智慧资粮视如十方虚空，声闻之智慧资粮视如昆虫所食芥子内空间范围。菩萨之福德资粮视如四方大海水，声闻之福德资粮视如牛蹄迹水。”依靠这二种资粮的威力，菩萨受生轮回的过程中，以福德资粮能于轮回中获得超胜的帝释、梵天、转轮王等增上生的圆满富有。以智慧资粮即便住于轮回也不为轮回过患业与烦恼所染而转入轮回。

二资粮是指什么呢?

施戒为福资，智慧乃慧资，

余三属二资，五度皆慧资。

二资粮涵盖六度，六度也包含这两种资粮，能使受用圆满的布施及能获得人天身所依圆满的戒律这两者是福德资粮，最后智慧度是智慧资粮，因为证悟诸法为空性不被烦恼所染。其余安忍、精进、禅定三者既属福德资粮也属智慧资粮，耐受害忍、堪受苦忍二者是福德资粮，谛察法忍归为智慧资粮。精进也是，作为众生耕田经商等助伴的精进是福德资粮，依止善知识、闻思修妙法等的精进归为智慧资粮。禅定，以世间的四禅四无色定及无漏禅定利益众生归为福德资粮，依靠禅定而修无分别等持，归为智慧资粮。布施等五度为获得遍知智慧普皆回向、以不缘三轮的智慧摄持均成为智慧资粮。

此外，忏悔罪业、随喜资粮、请转法轮也是福德资粮，布施、持戒及修行——福德三事等也属于福德资粮。以依止、承侍善知识及闻法（因缘证悟智慧）归为智慧资粮。

平时得修行，反复行持善，

坚稳之资粮，能成一切利。

资粮之定义：平时得以修行后反复行持善法，梵语“桑巴绕”，其中“桑”为平常；“巴”是修行之义；“绕”是成就一切之义。再三修行布施等六度的善法能成就佛陀三身，称为资粮。

坚稳菩萨的二资粮能成办自他一切利益，即是作用。

是为趋入地，无相任运成，

灌项及究竟，坚稳修资粮。

资粮分类：异生凡夫位至世间胜法位以下信解行地的资粮是为得以趋入一地而积累；二地至六地间的积资是为得以趋入七地无相，获得七地时，不作意、不分别经等种种法为不同他义，因此称无相；七地的福慧资粮，是为获得八地、九地任运自成二资粮；八地、九地积二资粮是为获得蒙诸佛予以补处灌顶的十地；十地积二资粮是为获得究竟佛地。为此，坚稳菩萨如是修行福慧资粮。

己二（修行或道之本体）分二：一、广说三十七道品；二、略说止观。

庚一（广说三十七道品）分七：一、四念住；二、四正断；三、四神足；四、五根；五、五力；六、七觉支；七、八圣道。

辛一、四念住：

具慧修念住，是以十四相，

无等故胜余，所依对治入，

所缘与作意，获得观修胜。

具慧菩萨修行身、受、心、法四念住，以十四种行相，不同于声闻、缘觉的修行。为此，菩萨的修念住超胜他以外其余声闻、缘觉。何为十四相？所依胜、对治胜、趋入胜、所缘胜、作意胜、获得观修胜、随应胜、随行胜、遍知胜、投生胜、量或广大胜、殊妙胜、修行、得果或真实成就胜，以如是十四相超胜。

若问：它们的意义是什么？

1. 所依胜：声闻修念住，是闻思修声闻三藏。菩萨们修念住是闻思修大乘法藏，为此以所依相超胜。

2. 对治胜：声闻观修身不净、受痛苦、心无常、诸法无人我四种，修行清净等四种颠倒的对治。菩萨证悟身等四法均无法我，因此是修行远离净不净、乐不乐等一切相的真如，如《辨中边论》中所说，如是了知身等四者的自性为空性，次第趋入苦、集、灭、道四谛。

3. 趋入胜：声闻们为自己趋入四谛而观修四念住。菩萨为自他趋入而观修，因此超胜。

4. 所缘胜：声闻们主要缘于自相续的身体等而修。菩萨缘于自己与一切众生的身体等而修，为此超胜。

5. 作意胜：声闻作意身不净等对治相，菩萨不缘断、治相而作意，为此超胜。

6. 获得胜：声闻为了远离身不净、受痛苦等而观修，获得的果也仅是中断蕴。菩萨并不为了离开它与不离二者，由于身体无自性而不缘离不离二者来观修，得果时也是不离普皆清净佛陀的三身，离开不清净业惑身体等，因此以获得超胜。

随应及随行，遍知与受生，

广大殊妙性，修行真成就。

7. 随应胜：菩萨修念住，是随同六度。证悟身体等四者如幻现而无自性，与不贪身体受用内外一切事物而施舍相随应；不贪身体受用，就能受戒守护清净戒律；由戒律清净而能安住他打不还打等沙门四法的安忍；通过具足安忍，才能有对修行六度与利益众生不厌倦的精进；由于安住精进，才能成就心不散乱的禅定；依靠入定，能成就证悟诸法共相与自相的胜观智慧。由此随应以上六度，而声闻单单修清净分而不能长久串习这样的六度。

8. 随行胜：尽管单单的身念住等，世间与声闻、缘觉也修，但与之相比，菩萨的修行更为超胜——自己安住，也能顺应其他世间人与声闻、缘觉各自的心，宣说他们的念住修法，因此随行一切所化超胜。

9. 遍知胜：菩萨证悟身体如幻相般显现，也并非那样成立；受如感受梦中苦乐般领受，但它也无有任何自相法；了知心的法性圆成实自性光明如虚空般；染污清净的一切法如同云雾骤然出现、消散般，并不是心的本性而是以外缘暂时显现如影像般，因此是遍知身等自性超胜。

10. 受生胜：声闻的修念住是为了避免投生轮回，菩萨虽然不以贪爱轮回的业惑所感投生，但为利益众生故意受生为帝释、梵天、转轮王等身体受用圆满的主尊利益他众而不生贪等烦恼，受生为普通人、下等人及旁生等有情也是无有怯懦落魄烦恼，为此受生超胜。

11. 广大胜：菩萨自性利根、修念住也是为自他二利而修，修行人无我与法无我。在异生凡夫位，短时间修行，由于没有获得圣地，修行为小品，但与声闻、缘觉的念住相比要超胜、广大。

12. 殊妙胜：获得八地后修四念住圆满，无有勤作任运自成，以与其他菩萨融合、近融合而修，堪为最胜。八地的一位菩萨修四念住时，也是其他清净地者修行，其他菩萨修行，也是自己修行，从这一侧面称为融合与近融合，因为融合为一义。或者，按照《注释》中解释为：从七地最初获得八地的刹那称为融合，第二刹那起至入道九地之间，称为近融合。

13. 修行胜：菩萨修念住也是以不舍众生的大悲心与证悟二无我的大智慧摄持，为此超胜声闻、缘觉的念住。

14. 真实成就果胜：声闻修念住获得预流果等四果，菩萨修四念住获得十地及佛地之果，为此超胜。

辛二、四正断：

坚稳之正断，有情无伦与，

是为修念住，过失之对治。

坚稳菩萨的四正断，是其他声闻、缘觉有情不可相比的，是为利益一切众生而修行，所修的本体超胜念住。四正断：未生不善罪法令不生，已生不善罪法予断除，未生善法令生起、已生善法令增上。

若问：四正断是修什么的对治？是修念住之违品过失的对治，为了对菩萨的念住断除刚刚所讲的所依等十四相的违品过失，所依，闻思修大乘法的违品——不闻不思不修大乘法是过患。同样，应当了知对治的违品，声闻、缘觉具有常乐我净相，至没有获得十地、佛地真实成就的违品是过失之间。以此简略说明了四正断的意义。

轮回享受用，为除诸盖障，

为舍劣作意，为入一地等。

四正断的分类：菩萨为利有情于此轮回中受生为梵天、帝释、转轮王等身体享用圆满受用时，为了不随贪等烦恼所转，不被它们所染而修四正断。为了断除欲乐、害心、昏睡、掉悔、怀疑五盖障而修四正断。为了舍弃不作意大乘义而作意小乘声闻、缘觉果修四正断。为断除障碍从信解行地趋入圣者一地等的法而修四正断。

为住于无相，为获佛授记，

为成熟有情，是为得灌顶。

为断除安住二地至六地以下对获得安住于七地无相作障碍的过患而修四正断。为断除成为获得八地授记之障的过失而修四正断。为断除对获得九地四无碍解为众生说法令其成熟造违缘的障碍而修四正断。为断除对十地得诸佛予以补处灌顶障碍而修四正断。

为净佛刹土，是为究竟性，

具慧诸菩萨，修违品对治。

为断除八、九、十这三清净地获得佛土清净阻碍之障而修四正断。为断除获得究竟十一地佛地之违品障碍而修四正断。具慧菩萨从信解行至十地相续末际之间是如此修行道之违品的对治——四正断。

依于欲乐已，瑜伽有相修，

一切诸正断，决定称对治。

修法：依经中“生起欲乐、勤奋、发起精进、持心、真实安住”这五句来修。

1.“欲乐”，是精进之根本，其余四者是精进的自性。也就是说，对于未生起的不善法令其不生、已生起的不善法要予以断除、未生的善法要生起、已生的善法要增长有欲求的信解。

2. 依靠欲乐而修寂止胜观瑜伽，即是“勤奋”或勤作。如是修止观时，有时出现寂止的同品粗重沉陷与昏聩，有时出现胜观的同品粗重掉举与散乱，有时无有昏沉、掉举处于平常状态，不管出现什么，要以正念正知认识到，之后如应作意寂止相、高昂相、等舍相三相，称为修有三相。

3. 行三相是所谓“发起精进”之义。

4. 以三相而“持心”，如果无有沉陷、掉举而处于正常状态，就不动摇真实安住在那种境界中。具体而言，如果心向内沉陷或睡眠、昏聩，则作意如来菩萨的功德或等持的功德等，作意高昂相而从沉陷中唤起。如果心散射于欲妙或外界事物而掉举散动，则思维轮回的过患与散乱的过失消除掉举之心，向内作意寂止相能止息心流散于对境。如果心远离了沉掉，则接着作意等舍相，平等安住于那种境界，不要再行其余对治。如此以三相持心，以寂止相从掉举中持心，以高昂或胜观相从昏沉中持心，以等舍相远离沉掉于那种境界中持心。精进是指精勤于三相，三相是持心的方便。

5. 以这种方便再三持心使之堪能，从而不加勤作自然安住，即“真实住”。

对于五句经，虽然有其他讲法，但这里是依照安慧论师的《注释》解说的。这五种阶段的一切正断，决定称为能断除违品的对治。

辛三、四神足：

坚稳四神足，法相具超胜，

是为成自他，一切利益生。

坚稳菩萨的四神足法相，具有超胜声闻、缘觉神足的功德，四神足是指欲定断行具神足、勤定断行具神足、心定断行具神足、观定断行具神足。如果具足这四者，则自在拥有行于空中等神境通，为此得名。这四种为成办自己与其他众生世间出世间一切利益而生起，因此比声闻、缘觉的四神足殊胜。

所依与分类，方便及修行，

安立具慧者，神足一切相。

安立四神足之理：以所依、分类、方便及修行四者，安立为具慧菩萨神足的一切相。

依于禅定度，是说四类别，

以及四方便，六种真成就。

具体来说，所依：依于禅定度而生，修习四无量使心堪能，获得一禅、二禅、三禅及完全清净的四禅，依此得到神通。

分类及方便：有四种，欲、勤、定、观四者是以本体而分，也就是说，依靠对诸法空性无我诚信发起欢喜恭敬精进，从中获得心一缘等持，即是欲定断行具神足。或者，对于四正断，以欲乐恭敬加行精进获得心一缘专注的境界。或者，对于四正断，发起恒常加行精进得到心一缘专注的境界，即是勤定断行具神足。总之，欲求等持是因，从中发起精进是能成就的真实方便。心定是指真实寂止，依靠前世修行寂止的习气今生不费力就得到心一缘安住，即是心定断行具神足。观定是指胜观，获得等持教言，同时以智慧分析远离怀疑，获得心一缘专注的境界。总之，一缘专注所缘的等持中，欲、勤、心、观四者相应具全。

一是能精勤，第二饶益性，

第三能专注，第四为对治。

四种方便：断除不能成就等持的五种过患有八行，此处归集为成就等持的四种方便，能断之八行是指信、欲乐、勤作、轻安、正念、正知、思维、等舍。也就是说首先对获得等持起信而欲求修行它，生起勤作，如果要有勤作，那么决定要先有信心与欲乐，因此这三者归集为勤作，第一是踊跃的方便或能勤作的方便；第二方便是轻安，身心堪能是有利成就等持的本性；正念正知中，一者摄集另一者，是第三方便，不散乱专注所缘；思维与等舍二者是第四方便，成为分别念与烦恼的对治。

能见及教言，安住行游戏，

宏愿与自在，得法成就故。

六种成就：1. 依于神足成就能见，是指五眼。由修神足的异熟中产生肉眼，它可见三千大千世界凡所有的一切巨细色法；神通眼或天眼，是由修行一禅等四禅所生，比肉眼超胜，可不同程度了知十方三时巨细色法；圣者的慧眼：以无分别智慧照见法性真如；法眼：无碍了知经藏等所有佛经句义；佛眼：现量照见三时如所有尽所有所摄的一切所知法。一般肉眼可见一由旬至百由旬、仅仅赡部洲、所有大千世界的一切粗细色法之间，佛陀的肉眼照见十方世界无余的所有现今色法。天眼也有由业所生与由修所生两种，由业所生天眼是天人们由自己的业所产生的极清净根，能清楚地见到远近距离的一切色法；由修所生天眼，是瑜伽行者依靠修禅的威力获得禅定地大种所成的极清净根，它能照见众生以前由何处死殁、未来转生何处及过去未来与现在的色法。法眼能照见一切法的自相共相、与自己等同及比自己低下的补特伽罗相续。佛眼无有质碍照见一切法。《注释》中对五眼有其他解释。

2. 教言成就是指六通，依靠神足，自己从如来前得受教言传承、为其他众生赐予教言传承的因是依于禅定成就六通，以神境通无碍行往佛土与众生之处；以天眼通见到佛身与众生身；以天耳通听到如来语与众生语音；以他心通了知众生心中所想；以宿命通了知自他过去转生何处，以生死通了知未来投生何处；以漏尽通灭尽自他心相续有的烦恼。为此，从如来前得受教言传承后也能为其他众生传教。

3. “安住行游戏”，以神境通于如来眷属中游戏或游舞种种神变与幻化。

4. 所谓宏愿，指宏愿成就，由发愿力所生的智慧所感，如其发愿，随意转到天界人间等趣中，行种种众生利而游舞。按《十地经》中所说，依靠愿力受生的那些菩萨的身体的功德、心威力的功德、妙音的功德等不可言说。

5. 自在成就：指获得十种自在。（1）寿自在：依靠四神足的威力，加持寿行，想住世多久就能住多久。（2）定自在：随心所欲入定无量大乘等持中。（3）资具自在：虚空中降下所欲求的种种资具雨，利益众生。（4）业自在：依靠身语业的种种幻化或加持转生于其他界与众生趣的业而能行往其余界与众生处。（5）受生自在：安住色界的禅定，没有从中退失的同时，为利益众生而投生到欲界。（6）信解自在：以自己的意愿变地成金、变水成甘露等。（7）愿自在：一地以所说十大愿为主成就能圆满自他利的无数大愿。（8）神变自在：为令众生起信，示现燃火、飞行、放光等无量神通神变。（9）智慧自在：法、义、词、辩四无碍解究竟。（10）法自在：以种种名、词、字为众生宣说经藏等一切法，使他们心满意足。十自在之因：前三种由布施度圆满中获得，以无畏施获得寿自在，以法布施获得定自在，以财施获得资具自在；业自在与受生自在二者由戒律度圆满中获得，以身业清净而示现种种身幻化，以语业清净而示现种种语幻化，以戒律清净而得以随意投生；由安忍度圆满而不扰众生心并合其心意，随其信解而如是成办，由此获得信解自在；以精进度圆满的威力获得愿自在，往昔精勤于自他利，后来如其发愿为利自他而如是成就；以禅定度圆满而获得定自在，依此随心所欲自在神变；智自在与法自在二者由智慧度圆满的力量而成就。

6．“得法成就故”，指真实成就得法，成就佛陀的十力、四无畏、十八不共法等究竟的功德。如是依靠四神足而修成六种真实成就。

辛四、五根：

菩提及行为，闻胜与止观，

当知信等基，能成利益时。

五根：信根、精进根、念根、定根、慧根。

其中信根，对业与业果无欺存在等有的事实有诚挚信，对于三宝的功德有清净信，见到获得涅槃及修行圣道如此能成就而生起欲乐信，有这三种信心。或者，对四法起信，即诚信业因果存在而纵遇命难也不造罪，诚信菩萨行而不求其余乘，诚信缘起法无我三解脱门自性甚深空性而摧毁一切见解的随眠，以诚信十力、四无畏等佛陀广大法无有三心二意的怀疑而修行彼等，这四种称为信根，这是《无尽慧经》中所说。

以精进根能修行所诚信之法，具足四正断自性，即精进根。对精进修行的法念念不忘，即获得四念住就是念根。获得四禅四无色定，于念根不失的法中持续一缘安住即是定根。了知以定根一缘修行之法的自相与共相，或者了知四圣谛，即慧根。

这般总说后于此解说五根之基或处或所缘：信根所缘境或基是菩提，即缘于大乘果无尽智或一地无二智菩提，对其起信，想要获得它，即是所缘。精进根缘于地、波罗蜜多法相，增上戒学、增上慧学所摄的菩萨行而精进行持那些行为。念根缘于如何听闻最殊胜的大乘法，如何受持，如是以词句详细抉择不忘而受持。信解行地的定根缘于如何获得一地殊胜寂止。慧根缘于如何获得一地胜观无分别智慧。由此可知菩提等那些就是信根等之基或所缘境。

这五种为何叫“根”呢？因为对成办一切清净利益起决定性作用的阶段安立为根，因为信心对菩提起决定性作用，精进对菩萨行起决定性作用，正念对大乘法起决定性作用，等持对寂止起决定作用，智慧对修胜观义起决定性作用。或者五根都对成办自他利起到决定性作用。

辛五、五力：

信等趋入地，许为有染污，

违品薄弱故，彼等称为力。

五力：信力、精进力、念力、定力、慧力，这五种，当各自违品无法侵害时就名为力。依靠信解行阶段信等五力的威力趋入圣者一地，这些越来越向上增长真实能引至圣地，但由于没有解脱见断，所以是有染污异生凡夫所摄。

若问：根与力的差别是什么？五力，即便世间人，也是在被没有起信、忘失、散乱、邪慧的愚昧所侵害及阻碍期间，称为根；那些违品微弱，不能反过来破坏、摧毁信心等五种对治时，信等五种就称为力。

辛六（七觉支）分四：一、何时安立；二、以何安立；三、为何安立为七；四、七支归为五支。

七觉支即念觉支、择法觉支、精进觉支、喜觉支、轻安觉支、定觉支、舍觉支。念觉支是寂止分，对修行、领受而现行三十七道品不忘失明了在心。择法觉支是智慧，因此是胜观分，见道时不混杂了知所断法染品与所取法净品的法相。精进觉支，能断除对取受上面殊胜功德及获得这种功德作障的过失。喜觉支，一地现量证悟法界遍行义而远离见断的障碍，身心生起殊胜欢喜，为此一地命名为极喜。轻安觉支：身心远离不堪能的粗重，身体堪能而轻快，心堪能而无阻碍趋入所缘。定觉支：缘于法界真如的一缘心。舍觉支：断除一切沉掉过患如澄清大海无有波浪与混浊般自然如如不动安住。

这七种中，择法觉支、精进觉支、喜觉支三者属于胜观方面，轻安觉支、定觉支、舍觉支三者属于寂止方面，念觉支属于止观两方面，因为它遍行止观。

壬一、何时安立：

承许入地者，安立为觉支。

先前信解行地虽有念及慧等，但没有得名觉支，承许趋入圣地无有过患之地得到一地者的相续中具有的念等安立为觉支。

壬二、以何安立：

证悟一切法，众生等性故。

这些称为觉支之义：得以现量了知有支等性菩提自性的缘故，念等也安立为它的分支，证悟集谛之法与一切众生原本自性无生的法性清净本来菩提中等性的缘故，当时真实生起出世间胜义菩提心。也就是由于证悟诸法无我而现证法平等，由证悟人无我而现证众生平等性。或者入定中通达法无我与人无我如虚空般，因此了知诸法平等性；后得通达我是如何众生也是如此、众生如何我也是如此，如同要寂灭我的痛苦一样我也要寂灭一切众生的痛苦，自他无有差别，因此了知一切众生平等性。

壬三、为何安立为七：

了知克胜故，正念即普行，

此之择法慧，能摧分别相。

犹如转轮王具有七轮宝一样，现证本来无生菩提的菩萨，也安立七觉支。转轮王何时出世，以他的福德力出现天界工巧所造天物形成点缀外围的千辐轮宝。它于第二日飞腾空中，转轮王及军队随行也飞到空中，一到各方城堡的诸小国境，便受到迎接，以前没有收服没有战胜的诸地予以克胜，这称为轮宝。大象宝：好似雪山行空般，身相庄严、力大无比，肢体美观、相应大王、完全调顺的大象能摧毁对方的一切军队。骏马宝：有如蓝色孔雀颈羽般悦意的颜色及庄严的身相，聪慧的骏马，在拂晓童子进食的时间内就能顺利转行直至大海边际的所有地方返回，具有乘骑的圆满功德。神珠宝：出生一切所需，由琉璃所成，颜色深蓝，形状美观，夜晚也如白昼般能照亮由旬距离，热时散发清凉的光，冷时散发温暖的光，仅仅接触就能除百病，在干燥与荒芜的平原也会涌出纯净的河流等，具有能成办一切事的威德力圆满。玉女宝：美貌第一，令人见而生喜，不乱淫其他男人等，烦恼微薄，对主人至上恭敬，情真意切，以贤良的行为打动所有人的心，身口散发出天人的芳香，具有清凉、温暖等合意的殊胜所触等，具足一切功德。施主宝：只要伸手就能出现一切所需财物，财富如多闻天子，国王如何吩咐都能善加成办，具有一切掌财之最的卓越功德。大臣宝或将军宝：以英勇、坚定、力量圆满而胜伏他方，精通作战时军队进退之法，摄受善行、惩治恶行、辅佐国王、镇压反方，无碍成办这一切，依令而行。

如同这些比喻一样，菩萨得一地时，以前在信解行地没有了知的所知或者没有战胜现量了知之障，在一地时都现量了知并克胜其障见断的缘故。对以前在信解行地修行的法不忘失的正念，如同遍行转轮王克胜诸地的轮宝般。一地者抉择法的智慧能摧分别人与法二我的一切相，因此如同大象宝能摧毁对方的一切军队。

此之精进支，为速证悟入，

正法光明增，欢喜恒长养。

一地者的精进觉支，无余迅速证悟成就神通等殊胜功德而趋入的缘故，如同骏马宝疾速到达目的地。得一地时，现量证悟真如而以出世间法大光明增上的欢喜恒常长养身心，所以欢喜如同神珠宝光驱散黑暗。

脱离一切障，轻安获得乐，

由定自在得，心中所想事。

一地的解脱道，解脱或摆脱一切见断之障的缘故根本无有身心不堪能，以轻安获得快乐，如同玉女宝的所触使转轮王生起欢喜一般。由定觉支中，如意自在得到神通等功德及一切所想之事，因此如同施主宝能成办国王所想的一切圆满财富。

等舍于一切，随意而安住，

后得无分别，安住恒住胜。

舍觉支，使一地菩萨于一切时处心无沉掉、贪嗔等烦恼及随烦恼的本体，随意安住于本位，以后得世间智慧利益有情，自己获得上地未得的功德，没有断的过失予以断除，舍弃下地；以入定无分别智慧不住一切而安住，使菩萨尊者能恒常安住。或者说，恒常安住于圣者殊胜之处。安慧论师的《注释》

中说："以安住恒常最胜。"如此等舍如同将军宝统摄四大军队，能驱逐所要摧毁所要驱逐的，能摄集所要维护所要摄集的，安住于无有损害之处，就像能摄集、驱逐对方军队一样以清净世间智慧能取所取，能舍所舍，如同无有损恼而悠然安住般，无分别智慧，安住于寂灭一切所缘中。

此德之菩萨，安立如轮王，

常以如七宝，觉支所围绕。

拥有这样功德的菩萨安立为如同转轮王般趋入或驾驭那些功德，恒常为如七轮宝般的七觉支围绕。

壬四、七支归为五支：

自性安住支，第三出离支，

第四功德支，三种无惑支。

这也是说分支之义，择法是自性支，因为是证悟菩提本体的自性。正念是安住支，因为不忘失先前信解行阶段诸法而反复忆念串习究竟大胜法位的正念中产生择法等一切分支。第三精进是出离支，因为以精进的威力超越信解行地出离至一地。一地自位的正念与精进是信解行正念、精进究竟果的正念与精进。第四欢喜是得一地时证悟法界的功德支，由它所驱使内心生起殊胜欢喜的缘故。轻安、定、等舍三种远离障碍习气，令无有烦恼或是无烦恼的根源，是无惑支，以身心轻安远离烦恼障、所知障习气，能使无有烦恼或者是无烦恼的依处；定是安住于某基而无有烦恼，因为安住等持时遣除了沉掉等烦恼；等舍是无烦恼的本体，因为处于等舍状态也无有任何烦恼。

辛七、八圣道：

八圣道：正见、正分别、正语、正业际、正命、正勤、正念、正定圣道。其中，1、正见是指见道以抉择法的智慧现量证悟人无我、法无我的法界等性，缘于真如修行。2、以正见作为因，对于出离三界之因——增上戒学、定学、慧学进行思量并欲求它，无有贪欲、害心等烦恼即正分别。3、按照自己所通达的正见与正分别为利其他众生而宣说，语言断除妄语、粗语、离间语及绮语罪过，即正语。4、身体断除杀生等三种罪，趋入解脱道，即正业际。5、断除谄曲奉承、诈现威仪等所有邪命，即正命。6、依靠正见、正分别、正业际、正命四者修行，为了断除所断二障而持续修行圣道，即正勤。7、不忘失所通达的法义而了然在心，即正念。8、一缘入定于法界真如中，即正定。这八种，在一切威仪时应当安住正语、正业际、正命中，向内安住等持时，修止观。也就是说，正见、正分别、正勤三种属于胜观方面，正见是真正的胜观，正分别与正勤是胜观的从属。正定与正念属于寂止方面，正定是真正的寂止，正念是寂止的从属。

其后则随行，如实所证悟，
如实证安立，趋入所安立。

解释八圣道：其后，二地以上修行八圣道，随行以择法觉支如实所证悟二无我而了悟并修行法界真如，即“正见”因为以正见如实通达真如，才能安立为如此这般，即正分别。以它如何能安立呢？以名、句、字宣说真如义如此这般的典籍经等称为安立法，是宣说安立真如义的缘故。按照它所安立的意义，自己证悟并为他众如是传讲，以无误辨别密义趋入所安立的圣教，就是“正分别”。

三业皆清净，修行诸所知，

正道胜功德，障碍之对治。

“正语”“正业际”“正命”令三业清净。于二阿僧祇劫依靠“正勤”修行所知障的对治；如是“正念”是修行道障的对治，修止观道时，如果出现沉掉的道障，则以寂止相、高昂相、等舍相如上所说以正念的力量遣除那些障碍；“正定”是修行如威力品中所说的六通等殊胜功德之障碍的对治。

庚二、略说（分析）止观：

依于正安住，住心为寂止，

尽辨一切法，是故为胜观。

依于正安住是指依靠色界的无漏四禅，思维心以外他法不存在而一缘安住唯心的缘故为寂止。依靠寂止而无误了知诸法的真如义，完全辨别诸法的缘故无分别是胜观，这以上是略说大乘止观的法相。

止观即遍行，一分非一分，

许因证出离，无相及无行。

清净极清净，止观之瑜伽，

遍行一切地，能成一切利。

宣说寂止与胜观的分类：止观二者遍行于一切修行功德，对于修菩提及想要获得静虑等持，神通等的行人来说必不可少，因此称遍行。所有修行的正行就是止、观两者。所谓“一分”，修四无色定，大部分是寂止，少部分是胜观，因此为一分；色界一禅、二禅、三禅，胜观占大部分，寂止占少部分也是一方或一分。所谓“非一分”，是指止观双运无有多与少之分，因此不是一分方。即修色界第四禅时。信解行地的修寂止与胜观，承许为获得一地之因。一地时的止观称为证悟之止观，是因为当时证悟法界遍行的缘故。二地至六地间的止观称为出离止观，是因为能次第断除一切相并出离至无相七地。七地时的止观称无相止观，因为当时对经藏等种种法没有不同他体相，并修行一切无相一味。八地、九地、十地时修止观称为无行止观，因为安住于无有勤作任运自成的止观。三清净地的修止观，称为清净佛刹，获得二障连同习气均清净的佛地，因此称极清净。如此依于地地止观瑜伽遍行于信解行至十地之间一切地，它能成办自他一切利益，下下地能成办上上地的一切功德。

己三（修行差别支）分四：一、轻易无欺能成办大利之善巧方便；二、不忘先前所受持法之总持；三、能获得未来功德之发愿；四、能清净道之等持及四法印。

庚一、轻易无欺能成办大利之善巧方便：

圆满佛陀法，成熟诸有情，

速得成所为，精通道不断。

1. 佛陀之法是地、波罗蜜多、菩提分等道法及力、无畏至一切智之间的果法，能圆满这一切的方便是无分别智慧。任何道法与果法，也都以不缘相而圆满，如《般若十万颂》中云：“设若欲求布施波罗蜜多圆满者，当学修般若波罗蜜多……欲求获得一切种智者，当学修般若波罗蜜多。”

2. 能成熟一切众生的方便是四摄事，因为它能将众生从不善业中唤起，安置于善法处。

3. 迅速获得神通并疾速得以成佛的方便，是经中所说“所有罪业皆忏悔，随喜一切诸福德，祈祷一切佛陀尊，愿我成就无上智微妙佛果”的忏悔、随喜、祈祷及回向。

4. 成就所为的方便，是总持与等持二门。以总持不忘失而受持法名、法义，成就自利所为；以示现等持的种种神变，成就他利所为。

5. “精通道不断”，是指使如来的种姓不间断。成就不住之涅槃的道，是智慧与大悲二者，也就是以智慧不住轮回边，以悲心不住寂灭边。圆融发起世俗与胜义菩提心，具全这两种方便实际也就包含了其余一切，因此唯一殊胜善巧方便即已足矣。

菩萨一切地，方便无伦比，

依彼巧方便，能成一切利。

以上五种善巧方便遍行于菩萨的信解行及十圣地一切地，不入小乘、成就大乘道果的这种方便，世间人及声闻、缘觉的方便不可相比，依靠这种善巧方便，菩萨能轻易成办自他一切利益。

庚二、不忘先前所受持法之总持：

异熟闻串习，等持之总持，

小品及大品，大品亦有三。

具慧未入小，入地不清净，
诸地为中品，净地总持大。

以正念及殊胜智慧不失毁而受持所有经典句义，以前听闻的法义也明了在心，将获得菩提分法。获得总持，也于其他生世中请问、供养、受持、讽诵妙法等，积累获得总持的善根感得任何法一次解说就能完全受持句义，这是“异熟生总持”。今生中于诸多善知识前多闻正法加以串习，不忘失而受持佛菩萨及亲教师、规范师等所讲的正法句义，即“串习听闻总持”。谁以串习空性无相无愿等持所感，一次听闻正法就能铭记，称为“等持总持”。

异熟与听闻所生的总持为小品，等持所生的总持为大品。大品总持也有三种：具慧者，没有入圣地的信解行地修等持所生的总持为小品；入圣地住不清净七地者的总持为中品；住三清净地者的总持为大品。这些是总持的分类。

如是诸菩萨，反复真依彼，
常宣及受持，微妙之正法。

总持之作用：菩萨反复不间断真实依靠异熟等三种总持，恒时能为他众宣说、自己也受持微妙正法的句义。

庚三、能获得未来功德之发愿：

坚稳之宏愿，具思维欲乐，
彼依智劝勉，诸地无伦比。

坚稳菩萨的发愿，具有思维并希求大菩提等所求之果的欲乐，以了知所愿的善妙对境而劝勉，不是像为自利羡慕有漏法一样，而是以超胜智慧激励内心，心中希求，以语句发愿就是愿之因或本体。此处，《大疏》中说智慧是指无分别智慧之因所生或者为获得那种智慧回向，称为“依智劝勉”。所谓“诸地无伦比”，以愿说明，信解行地与十地一切地的阶段，菩萨的发愿，是世间人的愿及声闻、缘觉的愿不可比的。

当知彼为因，唯心成就故，
由心即具果，彼成未来利。

愿之功德：应当了知，菩萨的那种愿是成办自他二利之因，今生成办自他二利，他世成办自他二利。也就是说，虽然没有以身语刻意为某种目的作其他事，但仅以愿心如何发愿就能如是成就，由心里如何欲求发愿，即时现法中就能生果。那种愿能成办未来一切利益。

种种大菩提，诸地愈向上，
彼愿愈清净，菩萨成二利。

愿之分类：信解行位菩萨之愿有种种，当时没有证悟法界遍行之法相，见到轮回的损害而想寂灭，缘于功德而想成就这般，发愿我未来为利众生而成为如此等，有种种不同类别。入一地后现前成就十大愿，所以愿广大。从此开始至获得究竟大菩提之间，于二地等其余一切地越来越向上，愿越来越广大、超胜、清净。

愿之作用：依靠愿力，菩萨能成办自他二利。具有福德力的菩萨的愿力，以无量身、无量光、无量神变成办自他利，应当以经中所说“不易言说”为例来了知。

庚四（能清净道之等持及四法印）分二：一、宣说有境三等持；二、宣说其对境四法印。

辛一、宣说有境三等持：

三等持行境，乃为二无我，
执我之所依，恒常善寂灭。

空性等持、无愿等持、无相等持三者居道之首位，因此进行解说。应当了知，三等持的行境或所缘境：遍计人法二无我是空性等持之行境；无愿等持之行境是依他起缘起显现执为二我的所依有漏近取五蕴；无相等持之行境：增益二我的基础或所依恒常以自本体远离二我、寂灭一切相的圆成实。

所取能取体，当知有三种，
无分别背离，具足极欢喜。

如此三等持缘于三种所取，就成了能取三等持的本体。应当了知，从所缘不同的侧面，能取等持也有如是三种。

宣说三等持之行相：空性等持具有不分别二我的行相。无愿等持：近取五蕴是无常、种种痛苦之根源，因此具有不贪著并背离它而不希冀的行相。无相等持，具有诚信并极喜寂灭一切相状和痛苦的法界胜义谛的行相。

是为遍了知，断除及现前，

普宣空性等，三种等持义。

定数：为了完全了知遍计二我本来不存在而说空性等持；为断除执著二我的所依不清净依他起而说无愿等持；为现前圆成实灭谛而说无相等持。如是为了刚刚所讲的三种利益而普遍宣说空性等三等持。

辛二、宣说其对境四法印（分二：一、总说四法印；二、别说依理证成无常与无我。）

（壬一、总说四法印：）

欲利诸有情，三种等持因，

四种法印义，说于诸菩萨。

无等大师佛陀想至上利益众生而宣说空性等三等持之因就是无余法义的精要或集要诀的四法印，对菩萨宣说“诸行无常、有漏皆苦、诸法无我、涅槃寂灭”。

这四种如何是等持之因呢？有为皆是无常、有为皆苦二法印是现前无愿等持之因，了知一切有为法是无常、痛苦的自性，从而不再贪恋、羡慕如锯刃与毒食般的有为法，因此能现前无愿等持。宣说诸法无我的法印是现前空性等持之因，因为如果了知诸法人我与法我仅是遍计实际不成立，那么就能现前空性等持。“涅槃寂灭”的精要是无相等持之因，因为于本来寂灭的圆成实各别自证中入定能现前寂灭一切戏论相的涅槃灭谛。

坚稳四法印，无义分别义，

唯是遍计义，寂灭分别义。

若问：无常、痛苦、无我、寂灭的四种意义是什么呢？

坚稳菩萨的四法印之义：诸行产生，不住第二刹那即不常存之义就是无常的意义。无常的梵语“阿讷达达”，其中“达达”是常，“阿”是否定词，所以称无常或不常。《大疏》中说：“仅仅生灭并不是菩萨所证悟的无常，如遍计二我之类无常。虽然显现似乎产生后才灭，但胜义中生也不存在，岂有灭？它也不存在。”如此对无有执为常有的根源也不存在，所以也就无所愿，这显然是就胜义而言的。

唯是分别之义是指痛苦，了知明明无有，以所取能取颠倒遍计执著而流转便痛苦，是痛苦之义。

无我之义：显现为所取能取的依他起，唯是所取与能取人法遍计的意义，实际并非如是成立。

寂灭之义：了知圆成实的自性后串习究竟时寂灭一切分别相状的意义。

（壬二、别说依理证成无常与无我分二：一、证成无常；二、证成人无我。

癸一、证成无常分二：一、总说证成一切有为法皆是无常；二、别说。）

（子一、总说证成一切有为法皆是无常：）

不容因生故，相违自不住，
无故相定故，随行泯灭故，
变异可得故，彼因与果故，
执受主宰故，清净随众故。

立宗，内外的一切有为法每一刹那都是无常的，列举“不容故”及“因生故”直至“清净随众故”之间十四种因。

1. 所谓“不容故”：意思就是不合理的缘故，什么不合理呢？一切有为法由因缘产生后乃至相续没有泯灭期间，如水的相续运行般前刹那灭、后刹那生不间断以相续产生，如果不是刹那性，那么有实法产生后有长短时间种种产生的相续不合理或不容有。

另有人说：并非不容有，因为诸法以因缘聚合于第一刹那产生后不会立即灭，历经日、月、年等乃至没有遇到毁灭的外缘之前就如此存住。

如果是这样，那即使第一刹那显现，但第二刹那以后就无有因的缘故，第一刹那产生即刻就无有相续产生而泯灭了，因为安住第二刹那等的因及最终灭的因也需要说出，而产生第一刹那的因不能形成不是刹那性的有实法停住年、月、日等这种情况，因为因果二者是刹那性。比如，水流流淌，水是重新重新不间断流淌，如果新的相续中断，那就断了相续；酥油灯火焰的相续也在布及油之因中的油没有用尽前，油使火焰重新重新相续不断产生，其中的因——油用尽，它的果——火焰也会相续中断，而第一刹那的火焰无有其他油的因，那片刻也不会安住。

有些人逐字逐句斟酌说“如果不是刹那毁灭，那相续最终也不可能毁灭的缘故”，就如同说“开始不灭最终不会灭”一样，虽然意义不相违（此版本藏文是意义相违，但应该是意义不相违，另外版本中是不相违），但《注释》如上所说，需要依此受持。

还有人说：产生后安住期间不需要其他因，认为是由产生第一刹那的因感召如是安住。

并非如此，产生第一刹那的那个因产生它后就已经灭了，所以不可能牵引安住许多刹那，因为不可能有非刹那性的有实法，如同说石女儿召引一样。如果非刹那的有实法以因产生，那常法也该产生，那是极不合理、不可能的。

若认为：第一刹那由因产生后安住一段时间，之后自行毁灭，也无有其他因，唯有第一刹那的那个因如是造作。

这也与前一观点相同，都是承许安住一段时间，最终毁灭无有其他因，这样一来为何不承认说“第一刹那也无因生”？

如果说：第一刹那无因生与现量相违，因此不承认。

2. 所谓“因生故”：这样产生后其相续安住也成立是以前前刹那的因所生，它以外的因不可得的缘故。

另有人说：有实法由能生的因产生，已经产生了，不需要再反复产生，而在已生之法的状态中安住一段时间，期间无有其余刹那生灭，也不需要其他因。

这是不合理的，说明其相违之理：如果有实法产生后不立即灭，后来才灭，那么是那个有实法它自己刹那不灭而安住后来才灭，还是刹那毁灭的一个法后来才灭？如果是第一种，有实法刹那不灭而安住，那么安住的自性无有毁灭的自性，由此安住的法后来也不会毁灭，成了恒常安住。如果具有灭的自性，那么灭的自性无有恒常及一段时间安住的自性，因此不可能有从第一刹那至毁灭的一段时间不灭而安住的情况，所以相违。

此外，有实法产生后安住多久才灭，灭因是什么需要讲清楚。

如果说：就是产生的因。

那是相违的，因为生是指有实法存在，灭是有实法不存在，如果是由一个因产生，那么那个因能造成有实法存在与不存在相违二法是不合理的，就像光明黑暗、冷暖不可能由一个因造作一样。

3. 所谓“相违故”：如果有实法自己产生后不具有不住第二刹那便灭的特性而是产生后恒常安住一段时间，那就与教、理相违。如何相违呢？世尊的经教中说：“诸行由因缘生如幻，是生灭之有法故坏灭，生后一刹那不住故为暂时，已生即刻毁灭故短住。”与此相违。理证，也与瑜伽现量相违，瑜伽行者观修作意四圣谛，见到诸行刹那生灭的法相而生起厌离，远离贪恋，从而获得解脱、涅槃，如果没有见到这样，就不会厌离、离贪、解脱，比如世间普通人在人死时才知道灭亡无常而生起厌离，但在那之前不生厌离而起安住想，谁也不会因厌离诸行而离贪。

4. 所谓“自不住故”：是说与比量相违，如果诸行产生不立即灭而安住一段时间，那么诸行是以自力安住还是以其他因缘力安住？如果是第一种，那理应恒常安住，但实际上能自始至终安住的一个行也没有，因为是自本体刹那毁灭的特性，相续也是遇到外缘毁灭。如果是以其他因缘安住，所谓“它的因是这个”的其他因以正量不可得，因此自己形成后不住第二刹那。

5. 所谓“无故”：另有人声称：有实法安住一段时间，不需要其他因，自己已经产生乃至没有遇到灭因之前一直安住，之后遇到灭因才毁灭，比如，青铁没有热性，安住一阶段后遇到火时，青色与清凉泯灭而产生红色与热性，瓦罐没有遇到锤子之前安住，当遇到锤子时瓦罐毁灭变成瓦砾。

那是不合理的，因为一切有实法自然毁灭无有其他灭因。为何无有其他灭因呢？比如，石头抛到空中时，有抛向空中的因——手等，而落到地上的其他因是不需要的，自己自然能落下。同样，一切有实法由各自的生因产生立即自然坏灭，不需要其他因，铁的青色与瓦罐的形状，没有遇到火与锤子之前也是每一刹那自然坏灭，并不是以火与锤子使它毁灭的。铁与瓦罐的最后刹那作为近取因，火与锤子作为俱有缘而形成红色与瓦砾的阶段，才执著说“铁的红色与瓦罐坏了”，之前认为是常存，这是对同类不断的相续错乱认为而并非真实。如果在铁与瓦罐上画图案，你们认为它不是灭因，但没有画图案的铁与瓦罐的阶段灭了以后得到画图案的阶段，智者了知铁与瓦罐无常的法相。因此，由不同因的差别中形成种种不同的有实法，由相同因的差别中不间断产生同类，但两者都是刹那性，无有丝毫差别，非刹那的有实法永远不可能得到不同阶段的差别。同样，用火将水烧干，瓦罐成了瓦砾而承许用杵摧毁等是灭因，如果善加观察这一切，则有实法刹那性与遇到他缘而变成这种不同阶段，而不是刹那的有实法以其他因毁坏是丝毫不存在的，就像陶师的手与棍子等将泥土作成瓦罐。瓦罐产生时，泥土的阶段自行毁灭，手等造作也灭尽。

此外，以灭因所灭的有实法自本体不灭还是灭？如果不灭，那么以灭因也不能灭，如果自己灭，则不需要以灭因灭。再者，以灭因使某个有实法毁灭时，是造作有实法它自己，还是造作它以外的一个法？如果是造作有实法它自己，那就是造作生而不造作灭。如果是造作它以外的一个法，那么对那个有实法就什么也没有作，因此造作氆氇并非毁灭柱子。

6. 所谓“相定故”：是指一切有为法的法相一概决定是无常，而没有有些常、有些无常、有些既常又无常（二俱）、有些非常非无常（非俱）之类的差别。因此，世尊开篇说：“诸行无常。”假设有实法暂时常有，之后无常，那么就成了常与无常二俱，这是不可能的。一切有为法都离不开刹那毁灭的特性，如同火的自性是热一样。

7. 所谓“随行故”：另有人说：如果一切有实法刹那无常，是其他的新法，那以前见的事物后来见时，能认识这是以前曾见过的那个，这种情况怎么合理呢？为此，以前见的事物在没有毁灭之前是安住的。

那是你们将前后事物本不是一个但随行同类相续不间断的缘故误认为是一个而已，魔术师的众多小石子迅速抛到空中又收回手里，不间断地这样做，人们会认为是一个小石子反复抛出收回，河水每一刹那前面的行往他处，新的水流不间断流淌，但人们以同类相续而认为这条河自己以前也渡过多次、现在也在渡、以后也需要渡。

8. 所谓“泯灭故”：若认为，假设以前见到与后来见到的事物现量的行境没有得到不同的同时又说前后不是一个，那怎么合理呢？

有实法的法尔，前前刹那灭尽的缘故不是一个，假设第一刹那不灭如是安住，那后来也不会灭，因为前面见到的事物的刹那现在也安住着，同样后来也将安住，因为是非刹那的事物永远无有差别。

9. 所谓“变异可得故”：假设有实法不是刹那性而是自本体于一段时间不变，那么不可能得到与第一刹不同的变化差别，但因为内在有实法有情的身体，幼年、童年、少年、青年、老年直至满头白发满面皱纹的残年之间的变化可得，外法住所、资具也是有新有旧、前后时间不同的差别完全变化可见到的缘故，从最初产生的第一刹那开始就决定是逐渐变异的，如果于第一刹那中不变，那么不可能变成后面的阶段，由于完全改变直接可以得到，所以决定是刹那变化。如果有个人目不转睛地盯着看幼儿的身体，虽然他的身体没有以刹那、昼夜越来越变老分成部分，但直至有朝一日变成白发苍苍之间的粗大变化可见，由此推测岁月、时日、刹那是这般逐渐变化，而并不是偶尔不变停住后顷刻间变成这样。外在的事物也是如此以刹那微分变化的，比如，乳汁变成酸奶，是每一刹那逐渐变得越来越浓、越来越酸，而非刹那的其他变化不可得。由于见不到细微刹那变化而仅将相同的相续耽著为一个事物、误认为是一个，说以前的那个就是这个，是世间人误认为有实法常有。

10. 所谓“彼因与果故”，常派声称：我们如何观察，也不能以分别心现量断定细微的变化，能断定说“那个事物就是现有的这个”，因此如何能诚信刹那的变化呢？

那些有实法是由因所生的果，前前为因，后后为果，由此成立刹那性。因是刹那性，所以果是刹那性，果是刹那性；所以它的因也成立是刹那性，恒常的因不会生果，就像虚空中不会生出鲜花与瓶子等。恒常的果是以什么也不能产生的，如同虚空。因此，作为因与果，是刹那的自性，而非刹那的法无有变化，所以不能堪为因果。

如此总说后分别分析：由于眼识等一切识由四缘产生，刹那迅速产生，这是佛教包括外道在内共称的，不承许心恒常不变存在。识的因是根与色等对境，经中说“依于眼、色而生眼识等”。因此，诸行之果心成立是刹那性，由此证明能生它的诸行也是刹那性。

如果承许说：诸行是常有，它产生刹那无常的心。

如果由非刹那性中产生刹那性，那么由常有中必然产生无常，可那并不合理，就像虚空中产生瓶子等不合理一样。因此，心的因也与心一样成立为刹那性。

再者，诸行是心的果，由心上积存的习气所感显现中变异的外境并不存在，不是由心的积业中产生的外境单独不存在。由此可见，作为因的心是刹那性，作为果的诸行也成立刹那性。

若问：怎么知道诸行是心的果呢？又如何知道由心是刹那性推出诸行是刹那性？

答复：由“执受主宰故，清净随众故”后面这四种理证来说明。

11. 所谓“执受故”：五根与处即根所依身体及内脏是识执受所生的缘故成立是心的果。如何执受呢？心识入于母胎，昏厥后执受他时，由父母的精血中形成凝酪、疱膜等，直至具有根的身体完全形成，而识入于精、血后与它们融合一起，如果没有昏厥，不会产生凝酪等所有阶段，因此身体随行于心，并由心完全执受，经中说：“阿难，识若于母胎中未昏厥，则不会由父母不净中形成凝酪等。”

此外，如果心受到损害，身体也会受损，如果心安乐，身体也会变得舒适，因此身体跟随于心。如果与心分离，那么身体不再有感受就会变得腐烂，以心执受的缘故诸行是心的果。

12. 所谓“主宰故”：心能主宰诸行或者作为主人，因此诸行是心的果。如何作为主人呢？世尊说：“此世间由心牵去，由心引来。”心里所想，身体也跟随它，因此由它牵引。如果心里产生贪欲，那么身体也随行它而变得浮躁或粗鲁、笑逐颜开等其他形相。假设生起嗔恨，就会变成怒目圆睁、面露怒容、紧握拳头等行为，因此心作为诸行主人并能主宰它。再有圣教第二因：如来说“以识之缘形成名色”，如果无有识，那么不会产生名色阶段，如果无有名色，不会产生六处等。

13. 所谓“清净故”：是指随行清净的心，因为由瑜伽行者的清净心主宰，如果将地观想成金，就会显现为金等随其信解，以等持力能变成其他行相。佛经中也有广说“获得禅定比丘……”等。为此，诸行是心的果。

14. 所谓“随众故”：众生的心积累善恶业形成种种世间界，诸行随行众生的心，造罪众生的庄稼色香味等力小，金子等物也会显现为炭等。以造福者的心所感，粮食色香味齐全、劣物也会显现珍宝等，很明显，诸行是心的果。为此，作为因的心是刹那性、作为果的诸行是常有不合理，所以应当了知诸行是刹那性。这以上，内外事物没有各自分开，是综合起来总的以两颂说明了诸行刹那无常。

子二（别说）分二：一、证成内诸行无常；二、证成外诸行无常。

丑一、证成内诸行无常：

以五颂建立内在诸行——具有身体之心与心所均是刹那无常：

从“初生”，到其后“渐大生”等，生有十四种行相，建立它们是刹那无常的因或量，是依靠“以因及量别”至“随行于心故”之间十四种建立内在诸行均为刹那性。

初生渐大生，随增所依事，

变异及成熟，如是劣与胜。

1.“初生”，是指属于死亡部分的心识灭后心识入于母胎，与精血一起昏厥，是结生的第一刹那。如此属于死亡部分的心识灭与出生部分的心识生如同秤杆的高低一样出现，所以是刹那性。

2.“渐大生”：第一刹那心识入胎后的第二刹那等，刹那次第越来越大产生凝酪、疱膜等阶段，即舍弃前阶段而次第转异成其他阶段。

3.所谓“随增”：是随增生，长养身体的四因是食物、睡眠、善行、等持。欲界众生以前三种、色界众生以等持使身体由弱小增长、发育。《注释》中说通过涂抹、推拿等善行长养身体的代表是梵行。依靠那些长养身体的因使身体增长，因此是刹那性，常法不可能越来越增长。

4.所谓“所依事”：是指所依事物的产生，眼识等六识之处或所依是眼根等六根，它们也是刹那性，因为产生自果——刹那性的识。只要是因果就是刹那变化，而无有刹那变化就不该是因果，这一点前文也已解说。

5. 所谓“变异”：是指变化之生，心中生起贪爱等，身体的形态也与之相应变异，所以成立是刹那性。

6. 所谓“成熟”：是指成熟之生，从胎中降生至能行走之间为婴儿，能做游戏时为童年，至身力心力圆满为壮年，过后韶华衰退的开端为中年，满头白发、满面皱纹为老年，由这般次第成熟可知是刹那串连的相续。

7—8. 所谓“如是劣与胜”：是指下劣之生与殊胜之生，下劣转生于三恶趣，比它超胜的生或殊胜的生是转生于天界人间，这些也不固定——由恶趣转生到善趣，由善趣转生到恶趣，由人转生为人等，有生到同类不同类的种种情况，因此是无常，它也是以刹那相续如是转生，而常法不该有各种不同行相。

光明不光明，行余境具种，

无种之本体，以及影像生。

9. 所谓“光明”：是指转生为光明者，六欲天中化乐天、他化自在天以及色界无色界的天人们被称为光明者，是因为他们的受用与等持仅依赖自心而如意趋入。如何趋入呢？化乐天的天女们，想要某种色、形、服饰等，只是以心思维就会幻化出而受用，同样，诸天女也能幻化并享用自己心中所求的天子。他化自在天的天人们也能享受其他天及所欲求的受用，只要心里思维就可幻化享用。色界无色界的天人也是想入于各自的任何等至等持，随着自心便能成就并现前。而诸常法不可能这样，由此可知是以刹那的心主宰而生。

10. 所谓“不光明”：即转生为不光明者，如刚刚所说那些天界剩余的兜率天至地狱之间的所有欲界众生并非以自心所想就能成办一切事，所以被称为不光明者。因为他们的心与受用也变化种种不同阶段，由此可知是刹那无常。

一般而言，三界的众生趣并不是始终固定，由光明者变成不光明者，由不光明者变成光明者，以内部的差别转生为种种，由此可知是无常、其相续也是刹那性。

11. 所谓“行余境”：即行于其他境之生，是以转生到别处死殁而灭亡再投生到他境的方式而行。或者，色界以下众生身体也并非在一地而是行于他处，这也是以刹那的相续趋入、行往，而常法不可能这样。

12. 所谓“具种”：是指具有种子之生，具由有能转生三界的烦恼随眠或种子而投生。灭尽见修所断诸烦恼的有余阿罗汉及其蕴最后刹那除外，其余阿罗汉向、不来者、一来者、预流者及三界异生均具有烦恼的种子，为此他们的五蕴相续产生是以具种子而产生。他们的产生即是具有因果的那些法，成立是刹那性。

13. 所谓“无种之本体”：是指无种子之生，就是没有转生轮回之种子的本体，但诸蕴也是以前因后果的本体产生，有余阿罗汉临近趋入无余涅槃的最后刹那除外，有余阿罗汉虽然无有再投生转世的种子，但在以宿业牵引的有余蕴没有趋入无余蕴之前，有刹那相续的生。有余蕴的最后刹那以后无有相续生，因为趋入了无余蕴的法界。为此，乃至有产生期间就是刹那性。由于前面具有种子而后来无有种子，因此是无常，它也决定是刹那相续的法。

14. 所谓“影像生”：是指修行八解脱等的行者依靠等持力显现蓝黄白红显色与形状的影像直接浮现在心的行境中，心中串习等持力如此显现影像也是前面无有后来显现，因此是无常，它也是由心刹那相续次第串习所致，所以成立是刹那性。由此可知，梦境与串习不净观中产生明相，均只是心的显现，并是无常性。

于此十四生，以因及量别，

增无义非理，所依不容有。

依此可知，从“初生”至“影像生”之间十四种生，均是无常与刹那性。

（这十四种生是依靠什么理由证成刹那性的呢？）

1.（初生为刹那性的理由是因的差别：）初生是产生凝酪等其他阶段的因，因此成立是刹那性，次第变成后面阶段，如果无有其他因，就不可能如此变化，因为无有因。从产生的第一刹那而次第出生刹那，形成凝酪阶段，从中产生疱膜……以前前因与后后果的本体生灭，相续不断产生。

2. 渐大生的理由是：大小、形状、行态等量的差别不同，因此是刹那变化。

3.（长养是随增生的理由：）如果身体常有，那么就不会有从最初时变化，因此饮食等长养身体成为无义，可那是不可能的，因为食物能长养身体这一点不可否认，所以成立是刹那无常。

4. 眼识等依靠自己的所依根产生，是刹那自性的无常法，这样才合理。如果是常法，那它不可能作为所依，常法也不需要依赖任何因，常法也不会产生其他果。

可见，不依靠根不会产生眼识等，因此，所依根与能依识二者成立是刹那无常。

有人想：假设所依根常有，同时它产生能依无常的识，那有何相违？

如果没有马等乘骑，那么也就不会有乘者人等，同样，所依不变异而恒常安住的同时，能依识不可能不住留而变异。如同所依的布已焚烧，能依蓝色也会烧掉一样，所依能依二者无常的法相无二无别。

安住不容有，初存终不变，

如是劣与胜，光明不光明。

5.（“安住不容有，初存终不变”，是变异生、成熟生、劣生、胜生、光明生、不光明生的理由：）

以贪等使身体的形态有所变化、童年与青年等其他阶段成熟产生不可否认而成立，而恒常安住的法不可能有这样的变异与成熟，因为不应该由事物的某个阶段产生其他行相，为此成立是刹那性。

有人想：如果不是刹那变化而是暂时常住有什么相违呢？

极其相违，如果第一刹那不毁灭而仍然存在，那么开始的阶段如何就这般恒常存在，而最终永远不会变化，因为第一刹那无有其他阶段，后面一切刹那也是无有差别，结果一切法都变成了常有，那显然极不应理，因为有实法一切时分体性常有不可得。

有人认为：有实法不变而安住、常存一阶段后才灭尽。

如果有实法于一顷刻、一须臾、一日、一月、一年乃至经劫不变而恒常安住，最终才灭尽，那么灭尽不该有长有短，因为一切有实法于最初刚刚产生的刹那中恒常安住，而永远不会变成临毁灭的刹那。刚刚产生与临近毁灭的刹那，这两个法如果是一体，那么刚刚产生为何不像临近毁灭的刹那一样产生无间就毁灭？或者临近毁灭的法为何不像刚刚产生的刹那一样仍然要安住？因为承许这两者是一体的。所以，从最初产生至最终毁灭的刹那之间不管有多久都是其他阶段，这一点以比量可成立。

所谓“初存终不变”，这是主要的理证，所有要点也归根于此。虽然《注释》中说：“安住不容有，是证成变异之生与成熟之生二者的理由，‘初存终不变’也是它的不同理由，但是以贪欲等使身体变化，如果不是刹那性而前面的法如是安住，不可能这样；童年、少年等阶段成熟也应该是第一刹那灭后产生其他刹那，如果第一刹那不灭、最终也不变化，就成了开始的阶段不灭而恒常安住。”如果按次第对应，意义无有差别。

由此可得，劣胜之生也承许刹那无常，这样才合理。如果不是刹那无常，那么最终变化也就不合理，而不可能有劣胜产生。

同理，光明不光明也不合理，以前面的道理可知，为此不再重复繁述。

无行住非理，末者不容故，

随行于心故，有为皆刹那。

6.（“无行”，是行余境的理由：）

无行其余境：如果无有刹那的相续，就不会有从某地去往其他地方的情况。归纳《注释》中所说而言，如同草上失火，虽然看起来是从一座山径直蔓延到另一座山，可实际上只是由各自草所生的火刹那相连续蔓延罢了，除此之外并不存在常有与唯一“火”的实体行于他处。同样，众生行于轮回种种生处、前往其他境，也只是蕴的相续的受生与蕴的刹那相续不断前往其他境，而并不存在任何所谓行往者的恒常实体行往他处。

假设认为：行往者诸行能前往他境，思维我去往他世的作者，是以身体运行而去往那里，如果没有去者，也就没有去的所作，因为所作并非是没有作者而产生。

所作诸行前往他境的因，如果去，那么是作者已生后才使诸行去他境，还是未生就能去？如果是第一种情况，那么所谓去的法已生，当时行安住没有去往任何处，它如何能去他境呢？因此这种承许不合理。假设说：诸行不是安住而是具有去他境的自性，那么诸行已去他境，它以外能去的其他实体如何存在？不可得。如果去还没有产生，那么它如何能令诸行去他境呢？因为当时没有去。

再说其他理证差别：能去本身是于此地安住的同时使诸行迁移到其他地方还是安住于其他地方能使诸行迁移到他境？如果按第一种情况，自己正安住此地时没有去他境，那么它如何能使诸行前往他境呢？就像人依靠马能去往他境，而马在此处未动的同时不可能把人送到其他地方。如果去者安住他境，已经去了那里，诸行安住此处还没有去，结果去法与能去地方不同，如何能去其他地方呢？就像东方的马送西方的人到别的地方一样。

再者，行与能去二者中，是能去先产生后行迁移还是行先产生、能去后生而迁移，还是二者同时产生后迁移到别处？如果是第一种情况，那么能去已生时所迁移的行还没有产生，如何迁移呢？如同儿子未生无可养育一样。如果按第二种情况，则行已生时能迁移者没有产生，因此无法迁移，如同马没出生就无法载或送人到别处。如果按第三种情况，那么就像牛的左右角一样两者同时产生，其中任何一者也不会作为另一者的迁移之因，它们二者一起去他境，因此能去者丝毫也没有令诸行去。所以，将五蕴刹那相续去往他处假立谓去，五蕴本身也安立为去者。实际上除了行本身显现去以外其他能去者并不存在，应当了知有支与分支不存在其他不同实体，但仅以假立存在。这些是依照世亲论师与安慧论师的《注释》所提及的内容简略列举出来。可见，除了有实法以刹那相续去之外的去者与去一无所有，由此可知去是刹那性。

一般来说，行往他境的差别有多种，以心牵引而去：作为心的因诸行去往他处；以行走的意乐身体迈步而去。以宿业所感而去：诸如中阴身去往母胎等。以引力所控而去：如箭射到其他地方。以相属而去：诸如人骑马二者到他处；水与船相联，水到哪里船到哪里。以吹动而去：诸如，风将草叶等吹到其他地方。以自性或本性而去：诸如，风直接由某地方到别处，火向上旋到空中、水下行到下水道等处。以威力而去：咒师依靠密咒的威力而去往他处。以实物之威力而去：通过服药及将药涂在身上去往他境，吸铁石吸铁，向上、直接牵引而去。以神变的威力前往他处。依此可知，一切有来有去均是刹那性。

7.（“住非理”，是具种的理由：）具轮回种子，它是刹那的相续，前面虽然灭了，但后面以其特性产生，因此理应承许是刹那无常，否则，安住于无生无灭中不能堪当种子，或者无有生灭中先前种子不可能这样安住。所以，具有世间种子的一切法均成立是刹那性。

8.（“末者不容故”，是证成无种子生的理由：）往昔流转的心相续有种子，以道摧毁后安住于无有种子的本体中，但心应该是刹那性，而非刹那性常有心的本体，对于有余阿罗汉最后蕴来说不可能，因为前面具有种子、后面无有种子，如先前有生一样不可能不再产生，因此无有轮回种子的蕴相续产生也成立是刹那性。

9. 显现于等持行境中的影像生也是，随行于心的缘故成立是刹那性。

可见，内在的一切有为法都唯是刹那性。

丑二、证成外诸行无常：

大种与六境，说为刹那性，
干涸与增长，性动增减故，
相系彼大故，四种变化故，
色香味及触，同故与彼同。

地水火风四大种、色声香味触法处无表色六境也说为刹那性：

1. 水是小溪、河流、泉眼、湖泊、池塘等，以冬季春季等及干旱等因而逐渐减少干涸，依夏季的雨水等缘渐渐增长，所以是刹那的自性，因为有增有减的缘故。如果是非刹那的一个常有的本体，那么不可能有增减。

2. 风也是自性就不会不动摇住于一处，而是飘荡各方，因此是刹那性。有越来越增大、越来越减小，所以是刹那性。常法不该有动摇增减的情况。

3. 地依于风大与水大而产生，与之相关的缘故，由四种本性变化的缘故成立是刹那自性无常。水与风中如何形成地呢？世界最初形成时，虚空中风动摇而形成风界；风界中形成水界，降下车轮大的雨，形成水轮界；依靠水风搅拌的水泡，形成大地的须弥山四洲，因此水与风中形成地界。如是因所生的因果二者均是刹那性。由大地四种变化可得：

（1）以业的差别变化可得。积善业的天人，大地如木棉般光滑柔软可得；造不善业的地狱众生，显现极热的烧铁大地、险地与荆棘等痛苦的种种大地；人间的大地也是，在没有用工具耕作时，不会生长庄稼等，用工具耕作，会生长良好的庄稼，这是第一种变化。

（2）用锤子、锄头等敲打、挖掘，会形成坑、穴等，这是第二种变化。

（3）以火焚烧或风吹动而变高变低，以水滋润而破坏大种造成的变化是第三种。

（4）以时节变异：良辰吉日以大地作为能长出优质粮食等之因，恶时会生长恶劣之物，夏季绿草荫荫，冬季变得茫茫一片，变成冰冻的自性，有些地方先前是寂静处后来变成城区，有众生的纷杂，有些先前是城区现今变成静处等，前后显现不同，是第四种变化。

这四种变化也是由刹那相续中变化的，而每一刹那无有不同情形，非刹那恒常的本体永远不可能得到变化。由于前后刹那产生其他行相才如此变化，所以，地大也成立是刹那性。

4-7. 色、香、味、触四者，同样是四大种所造的缘故，色等四种与大种相同，以建立大种是刹那的理证，可证成它们是刹那性。

依柴运行故，渐大可得故，

随心问难故，外亦刹那性。

8. 火是依赖柴而运行，如果有柴就会燃烧，若无柴则不燃，如果柴多，火也大，若柴少，火也小，因此成立是刹那性。如同火是刹那性一样，柴也是刹那性，柴次第焚烧后产生火，如果柴如前一样安住而产生火，那么火与柴二者如何灭尽呢？如果柴用尽，火就不存在，为此这两者以因刹那与果刹那的次第乃至有因期间作为果的火会产生，若无因，作为果的火也消失不见。因此，一切有实法均是不间断显现因果生灭。

有人认为：火本应该在讲四大种时讲，之后才讲色等，继色等后再讲火，顺序不适宜吧。

无论如何宣说，实际意义无有相违，以顺应颂词排列组合才这样宣说。不仅如此，而且所有大种与大种所生自己的同类，前为因后为果，刹那生灭，也特意用火与柴作为比喻来解说。

9. 有些人说：声是常有，因为它的相续不像色法等一样，声音传出多久，期间是恒常的，不是刹那性。

答复：并非如此，由于作者以发音动作等使声音的相续越来越大，可得铃等声音传出是越来越变小，因此成立是刹那性。如果声音没有消失之前，一个声音无有刹那，那么不该变得越来越大或越来越小，因此声音是刹那性，如同人以发音动作口中说出语句次第生灭一样。

10. 别解脱戒、禅定戒与无漏戒之类的法处无表色、身语无表色也是随行于心，因为没有依靠心的因，它们不会产生，作为因的心是无常，作为果的无表色也成立是刹那性。

所谓“问难故”，虽然世间人与外道承许诸行最终灭的无常，但他们认为在没有直接见到诸如人死与瓶子碎之类灭亡期间，就不是刹那性，而是以自本体安住。

对此，请问对方：你们承许诸行最终一时无常，但为何不承认期间是刹那的无常？

他们说：诸行最终毁灭可见，没灭之前见不到刹那毁灭，因此不承认这种刹那毁灭。

再问：油灯的火焰与河流的相续等刹那重新产生，前面灭，这一点虽然佛教与外道均承认，但河水从远看，灯火没有被风吹动，以根不能现量见到是刹那毁灭，为何承许[1]它们是刹那性呢？他们回答：流水从远看，似乎是一个，但到了跟前看水是新的，不是一个水，这一点现量可见；油灯也是前前火焰顶端次第灭尽消失后，从根部次第产生火焰，最终油尽时火越来越小，直至熄灭，这一点可见，而后来看不见恒常如前一样，所以不能说它们不是刹那性。柱子与瓶子、舍宅、众生、磐石等放置数月数年也不会变得越来越小，如先前见到的那样后来也存在着，因此，没有见到它们刹那毁灭。

再问：柱子、瓶子等事物也是最初显现，中间以外缘使色形等不同于从前，最终遇到外缘会真正灭亡，难道不是吗？明明这样存在，这些为什么不

1 承许：在藏文中是不承许，但按意思应该是承许，安慧论师的《注释》中是“承许”。

像灯火一样是刹那性呢?

他们说：灯火及除它以外的柱子、瓶子等诸行法相不同，灯火以热性、能明、不稳固而具有刹那生灭的法相，这一点可见。柱子、瓶子等他法，产生后于一段时间里起到撑梁及装水等作用，因此可见具有坚硬及稳固的法相，所以它们二者不同。

对此应当这样讲：一切行法仅仅自法相不同这一点对自宗、他宗来说都成立，但它并不能证明诸行不是刹那无常的法相。其原因是：法相不同有两种，自性不同与运转不同。自性不同，诸如火的自性热与水的自性湿。运转不同：灯火等每一刹那生灭，瓶子等其余行产生后住留一段时间才毁灭，因此运转不同，这显然是你们承许的。虽然灯火与瓶子等自性不同，但依此不仅不成立刹那运行不同，而且对你们来说灯火成立是刹那性，它作为比喻，可证成瓶子等其余行是刹那性。某个比喻，像证成灯火列举灯火为比喻，证成黄牛用黄牛作为比喻之类，一个自性不能充当比喻，要涉及或要建立不同自性的其他事物的一个法，如同说太阳与火相似都是热性、黄牛如野黄牛一样，虽然瓶子等与灯火自相行态不同，但能证成总相无有差别均是刹那的无常。仅仅行相不同，有些法刹那毁灭、有些暂时安住后来毁灭是不可能的，因为诸行无有差别均是刹那毁灭。

此外，按照你们的观点，灯芯不是刹那性而安住，它次第产生刹那性的火焰，柱子、瓶子等不是刹那性而以自本体安住，那么就是认为去年、今年、明年等时间产生盛水、撑梁等不同多种果。所以请问你们：人骑马到别处，马没有去在原地而人到别处的情况有吗?

他们说：这种事在世间中也不可能有，因此不承许，马与人是一同到别处。

对其答复：假设依你们的承许，灯芯不是刹那性而是安住，产生刹那性的火焰，瓶子动摇而住，起到盛水的作用，眼等诸根于前面特性中不动而住，产生眼识等，这些都是同样，因不动摇而新生动摇之果不合理，因为承认这些果的因是那些不动摇的法，所以与马在此处而骑马的人到了别处怎么不同呢？灯芯也是以油再三提供而被火焰吞食逐渐逐渐灭尽，如果油用尽，油灯就会熄灭，灯芯也化为灰迹，而如果灯芯无有生灭产生灯火，那灯芯永远不会泯灭，灯火永远不会熄灭，可事实并非如此，所以因果二者都是刹那性。同样可知，柱子、瓶子等起作用与根产生根识一切都如灯火一样因果二者均是刹那性。

他们说：如果诸行是刹那性，那为何世间人不能像灯火等一样见到而断定是无常呢？

世间人的所见不能断定是刹那性并不是因为诸行有刹那性与非刹那性的差别，闪电、水泡、浮云、灯火、流水这些不久就灭尽，显现时形态也现得不同，由此容易了知是刹那无常，而柱子、瓶子、岩山、金刚钻石等虽然是刹那性，但同类不间断产生的迷乱作为因才产生颠倒分别之想，而诸法非刹那性的恒常存住永远不可能有。

由迷乱因所执受智力浅薄的众生，以不符万法实相的颠倒分别心耽著诸行为乐常我净，如同患有黄眼病者将海螺看成黄色，夜晚旋火轮现似轮子、漆黑一片时眼睛不明者将绳子执为蛇一样，由于有颠倒的心，轮回也成立，以具正量的智慧遣除颠倒的心，结果也会无欺成就清净法，而如果无有颠倒心世间人一切所见都是真实所见，那就成了一切本来解脱或者永无解脱。可事实并非这样，因为染污法与清净法无欺存在。如果不是仅仅将平庸世人见不见执为正量而依靠真实具正量的理证道，那就会使智慧的光明日益增长。以“干涸与增长”直至“问难”之间所说的道理可知外在诸行也是刹那性。

以上是将世亲论师的《注释》与安慧论师的《注释》广解的意义，完整简明扼要地做了阐述。

癸二、证成人无我：

别说四法印中难以通达，宣说了无常有无有之义的无常与刹那毁灭之义的无常两种，其中建立刹那的无常，总建立的理证有十四种差别，分别建立内诸行是刹那性的理证有十四种差别，建立外诸行是刹那性的理证直接宣说仅有十种。

接下来建立人无我。

说人假立有，而非实体有，

不得及颠倒，染法烦恼因。

依靠上面证成五蕴是刹那无常，实际也证明了唯一性的人我不存在。但世间人与外道们将负载蕴的作者自在者，称为我、命、补特伽罗、作者等；不间断养育蕴者，具有种种功用，故为力士、力主、众生主，从能力中产生，故称力生、力子。他们承许以此等别名来称呼的我存在，它是束缚解脱的根源。

佛教中犊子部等也承许有我，世尊也说异生补特伽罗、预流补特伽罗等，一位补特伽罗出世，则能利乐一切世间，这就称为如来。一切众生有我，如果无我，那么谁束缚于轮回？谁又解脱？谁成办自他二利？谁又行道？为此承许说有我。外道说那个我的大小也相应身体而存在，有些承许我是无情法，有些承许我是心识，有些承许是有形，有些承许是无形等，有多种观点，均承许总的我是恒常与唯一，还有承许是自在者、作者等，众说纷纭。

佛教犊子部承许：我虽然以实体存在，但它与蕴既不是一体也不是他体，因此不可言说常、无常等。

下面说明他们的承许不合理：应当说，所谓“人”我是依于五蕴仅以名言假立有，正是考虑到这一点，世尊也随顺世间以假立名言宣说了从异生至佛陀之间补特伽罗的名称，而人我并不是以实体或胜义中或自本性存在。如是说明假立有，自本体无有实体，因此无有名言中仅仅假立也不合理、我以本体存在这两方面的过失。

若问：以什么能表明我无实体呢？

回答：如果我有实体，那么以现量比量任意一种量必然可得，因为它以正量不可得的缘故，成立无有实体。以眼等六根与眼识等识都不能现量得到我，不可能得到。

他们说：尽管以眼根等五根与眼识等五识不可得，但仅凭此并不能证明不存在，就像以五根识不可得的心与心所依靠意识可得而承许存在一样，承许我是以意可得的缘故我存在，世尊也说“今世缘于我、安立我”，明明说我可得。

驳：承许有我者缘我是颠倒的，是将无有想成有，就像将绳子想成蛇一样是一种迷乱，并不是以意识现量见到而得到有。世尊并不是说我实有、以正量识可得，而是说本来无我视为我以意缘取，立名谓我。

说有我者声称：如果我本来不存在，那么以分别心也不该缘取，但一切众生的分别心缘于我的缘故如何能证明这种缘我是颠倒的呢？

驳：如果缘我不是颠倒，那么必然无有过失，可是这种我见具有过失的自性，是染污法的本体，是其余烦恼的因，为此显然是颠倒。也就是说，这种缘我是六种根本烦恼中见之所属的萨迦耶见，从中增长贪等一切烦恼，由它驱使形成具有种种痛苦自性的轮回，所以它有过失，是颠倒缘取。

对方说：我见是具有染法的法相，但不是颠倒的。

驳：如果不是颠倒，那么不该成为染法，凡是染法就是颠倒的，如执著常净。凡是无染污就是无颠倒，如执著无常、不净。所以，常乐我净颠倒的分别依靠证悟不净、苦、无常、无我之正道遣除，获得清净过患的净法，如同眼翳患者所见颠倒相以健康无病的眼睛可清除。

再者，声称我派又说：说人假有的你们对于根本无有的法假立也不合理，那个人是依于什么安立的呢？

答：安立人，这并不是以人实有才这样安立谓人，只是对近取五蕴安立谓人而已，经中也说："或沙门或婆罗门，设施我或我所，彼等是于近取五蕴本身安立谓我或我所而已。"

若问：假立的那个我与设施处五蕴是一体还是他体？

因有二过故，不说一与异，

诸蕴应成我，彼应成实体。

答复：按照承许人实有的观点，需要承认人我与蕴是一体、异体任意一种，因为实有的事物与其他实体互异，实体是本身而非其他，如瓶子与氆氇的实体不同，与瓶子的实体同一。假立的人我除蕴以外的实体不存在，仅从设施处与假立的角度是他体，因此也不是一体。因为有将要讲的两种过失，所以蕴及它以外的这个我不可说一体与他体，因为人或我与蕴不是一体也不是各异或他体。两种过失，是指如果我与蕴是一体，那么五蕴应成我；如果我与蕴是他体，那我就应成除了蕴以外另有实体存在。

若问：这样有何过失？

答：如果蕴是我，那么如同蕴一样我就成了众多与无常，或者如我一样五蕴也变成唯一与常有。如果我与蕴是他体，应成除蕴以外可得，五蕴积业与受苦乐果的我无有关系。

若说我实有，亦需说必要，

不可说一异，无需非应理。

说有我的犊子部，将佛陀视为本师却违背本师所讲的无我教言，承许我实有。对其反驳：假设说我实有，那么需要讲清这样安立与五蕴不可说是一体异体、常无常之观点的原因或必要，无有必要或原因而只是说“不可言”并不能证成自己的宗派。

他们说：我与蕴不是一体，因为需要承许蕴先前已灭，而我仍住轮回。我与蕴也不是他体，因为需要承许蕴以外的积业者与受报者不可得。我也不是常有，因为变成其他世的阶段。我也不是无常，因为从无始时至最终之间我是一个而无有众多我生灭。因此，业果的所依实有的我与蕴不可说为一体、他体等。比如，火与柴不是一体，仅依靠柴不能做燃烧之事，火不能作柴之事；它们也不是异体，因为柴本身变成火，除此之外他体的火不可得。

驳：你们承许我与蕴二者有实体后，又说这两者不可说是一体、异体，那么无有丝毫能证明自己观点的必要或理由，仅是胡言乱语罢了，因此不合理。为何不合理呢？如果承许柱子与瓶子二者有各自的实体，又说柱子瓶子不是一体，那么言词中已成立是他体，再说柱子、瓶子也不是他体，这在一切时分都不应理。同样，只要承许我与蕴有实体，那就理当承认我与蕴不是一体，说不是异体或他体不仅没有必要而且极其相违自己的承许，如同说柱子、瓶子不是他体一样。

对方说：假设承许是他体，则担心有蕴以外的其他造业者与受报者的我不可得的妨害，于是承认也不是他体。承许我与蕴的两个实体不是他体是一体也避免不了上述的过失，担心那种妨害也不承许是一体。

驳：承许他体就失毁了自己刚刚承许是一体，因此说直接相违承许不仅无有必要，而且过失极大。如果要承许我实有，就理应承认是一体或他体中的任意一种，而既不是一体也不是他体的实体在世间中不可能有，并且经教中也从未宣说过，依理证也不成立。如果承许我与蕴是一体、他体，则其中之一的过失就会临头，那是因为我无实有仅是假立所致，如上所说。为此，没有通达因承许我仅是假立而不可说一体他体，而在承许我实有同时声称

“不可说一体他体、不可说常无常”只是直接相违的词句，丝毫不成立堪为业果所依的必要。

相世见论言，犹如薪与火，
不可说一异，非理是二故。

以所谓“火与柴既不是一体也不是他体”作为比喻不合理。原因是：

火与柴从法相的角度是他体，因为火有燃烧与热性的法相，柴并非具有热性、燃烧的法相，而是坚硬、堪为种种资具的法相，所以法相不同。

世间中也见它们两者各不相同，无有火，柴可单独存在，虽然无有柴，但火焰依靠风也可蔓延很远，铁与石磨擦也能显现火。

从论典方面来说，火作为四大之一，柴是大种所造，主要是由水汇集、地令坚硬、风令动摇的界性中形成。

所以，声称“如柴与火一样不可说一体异体”不合理，因为这两者是有实法的两个不同实体。

有二生识故，彼非缘无义，
故不成见者，直至解脱者。
现在遮破外道所承许的我：

众外道说：我存在，见色者、闻声者、嗅香者、品味者、感受所触者及觉知法者是我，造善恶业者、受报者或对境的享受者，从众生的力尘暗三种束缚中解脱者的我怎么会没有呢？

实际并不是这样，虽然我不存在，但见者至解脱者之间可以存在，而我不做任何见等事。如何不做呢？作为我是根与境的助伴、没有它就不能产生见等的外缘，还是依靠我的威力激起根才是能见色等，如同主人或君主一样。

并非像第一种情况那样，如果有眼等根与色等境的二缘，那么依此就能产生眼识等六识，因此不需要其他缘。由于不是它们二者的其他缘产生不可得，所以我不是产生识的缘，仅以它们二者就能产生不失作意的识，不需我这个其他因，所以这样的因无义，如同柴生火不需要水一样。因此，见色者是眼识，直至解脱者，说为诸识是见者等。所以，我不成为见者直至解脱者之间，因为不是识的我作为见者直至解脱者不可得。

是主则不令，无常不欲求，

彼需立法相，妨害三菩提。

第二种情况，假设说：境、根、识三者聚合后才见色等也是以我的威力所致，如果无有我，那么不会成为这样。

驳：如果那个我是具有主宰一切之威力成了自在者的一个主人，那么它不会使获得快乐变成无常，理应恒常快乐，然而事实并非如此。不欲求的痛苦理应永远不产生，可是不失快乐不生痛苦的众生也不存在，由此可知我不是自在者。根遇到对境也是由业力所牵产生种种所欲与不欲，由外缘聚合产生种种苦乐，根本不是什么我的意愿或加持，所以应当通达我不成为见者至解脱者之间。

说有我者也有其他过失：如果我实有，那么也需要建立那个我的作用与它的法相是如此这般，比如，眼根与眼识的作用是做见色之事。如同说眼根的清净色、眼识认知蓝色等一样，需要讲清我的作用与法相。那个我无有实体，如同石女儿与兔角般以正量不可能得到，因此无法真正说出它的作用与法相。如果将蕴的作用与法相说成我的法，那是颠倒的恶宗，成为成百理证妨害所击中的对境，为此有自讨苦头的过失。

还有其他过失：假设人我存在，那么佛陀必然会照见它，因为佛陀了悟一切所知。

如果认为：佛陀照见人我，因为他宣说了异生补特伽罗、圣者补特伽罗。

关于此理，前文已讲解过。如果说那是佛陀照见人我实有的意义，则于三种圆满菩提有妨害。三种圆满菩提是指甚深真实圆满菩提、不共真实圆满菩提与出世真实圆满菩提。也就是说，通达法无我是第一甚深真实圆满菩提；通达人无我是第二不共真实圆满菩提，因为与外道不共；如此通达二无我在世间者中无有，所以称为出世真实圆满菩提。或者通达遍计所执法无有、依他起名言中有、圆成实自性寂灭三种依次与甚深、不共、出世真实圆满菩提相对应。实际上，二无我以观现世心不能证悟，是佛陀通达后为所化众生宣说的，但佛陀如果照见有我，那么就没有超胜世间人所见了，所以也就不成为什么甚深、不共与出世，由此妨害三种圆满菩提。

三过故见等，能作非自生，

亦非彼之缘，无有能见等。

承许我实有的其他过失还有：如果我实有，并且它能见能闻等，那么来分析我想见，是无有睁眼等勤作就能见，还是有勤作而见？

这两种情况都不合理，因为有下文要讲的三种过失：

见等之事，并不是我的能作无有勤作自生，也不是睁眼而成为见色等的缘、耳根专注听闻等勤作成为它的缘。见就是依靠根与境而以识来做的，而我没有能见与能闻等的能作。

非作无常故，同时恒行故，

见等之能作，自生非应理。

接下来解说其义：如果见等行为并不是我造作，是自然产生，那么我就不是作者，因为我没有做而自然生。见等所作是偶尔性而是无常，所以有因，而无因自生不合理，如果是无因自生，那么所作就成了常有，但这一点以现量可破。假设能作无因而生，那么无因生的果不观待因而生的缘故一切能作需要同时产生，并且一切时分恒常运行。因此，见等能作是无勤作自生不合理。

如是住与灭，前无无常故，

亦无三品故，是缘非应理。

我也不是成为见闻等之缘，为什么呢？如果我是见闻等的缘，那么是我的常有能作成为见闻等的缘，或是我的一个无常能作是缘，还是既非常有亦非无常的能作是缘？

第一种情况不合理，因为：如果我的常有能作是见等的缘，那么我的那个常有的能作恒时唯一如前一样安住，所以需要恒常作为见等之缘，在根、境不聚合及眼没有做见等事之前也需要有见的作者，但未见未听等之前并无有见闻等能作，为此我的常有能作不堪为见等之缘。

假设按第二种情况，我的无常能作是见等的缘，那么那个能作不是恒常安住，前前已灭是无常的缘故作者我也成为无常，因为有作与不作的不同阶段。

我的既非常也非无常的能作第三品物在一切时处都不存在，因为常与无常直接相违，所以不是一个就是另一个，而这两者之间第三品物体不可能有。

对此，虽有分析我为常有与无常，但分析我的常无常能作，则明显易懂。

这以上，以现量、比量的理证建立了无我。

接下来以教量证成：

诸法无有我，胜义为空性，

缘于我实有，唯一说过失。

对于佛教说我实有者前说明：世尊所说的诸法无我，是在什么里宣说的呢？《佛说四法印经》中云："诸法无我。"声闻的《胜义空性经》中也说"胜义或真实义中诸法为空性"。再者，声闻的《增一阿含经》中在讲五类法时也说："若见我则生五过。"除了有善恶业就会感受苦乐报应、以十二缘起投生流转轮回法之名言以外，舍弃此蕴受他蕴的补特伽罗并不存在。因此，缘所谓的我实有唯一说为过失，绝对相违佛陀的经教。五种过失，是指：我见、命见，承许补特伽罗实有，则将于无有我与我所之义视为我与命，即第一过失；有些外道与说分别无有者，如外道们承许有我与此补特伽罗实有见解无有差别，即第二过失；所谓“是入于邪道”，虽然涅槃与解脱道是修无常、苦、空、无我，但我与补特伽罗见不是解脱道，入于转生轮回与恶趣之道，因此是入邪道，即第三过失；所谓“彼心不入空性”，空性是无有我与我所，补特伽罗实有的见解与其行相不同，因此他的心不悟入空性，不闻不思不修，因此称不信不住不解，即第四过失；所谓“不成就圣者清净法”，那些视补特伽罗实有者，不会依靠圣者法见修道断除烦恼而现证涅槃，即第五过失。

染污清净位，断定之分别，

趋入相续别，是以人我说。

说人实有者声称：世尊于经中宣说了遍知行者、当知行者、负荷行者、随信行行者、随法行行者等众多行者的差别，假设补特伽罗没有实体，那么怎会说众多行者呢？

佛说种种行者的差别，并不是行者实有的意思，而是为了理解、分辨或断定染法位与净法位各异的分别，首先趋入染净二法，轻易了知其相续的分别特点，所以是将他们各自以行者的名称或名言宣说，并非补特伽罗另外实有存在。补特伽罗如何立名呢？五蕴的相续具有染污法时，以“有染补特伽罗的名称能轻易懂得其分位的一切法，仅此而已，并不是说除了具染污之蕴相续的那些法以外另行有烦恼的补特伽罗实体存在。同样，具有净法者，就称具净法补特伽罗。安住于染污相续也有许多差别，以安住小染污、安住中染污及安住大染污的差别，补特伽罗分别称小贪者、中贪者、大贪者。同样，以嗔等烦恼的差别称某某行者，如是安住于小中大净法而分别称为得小地道行者等。始终行持善法或不善任意一种者，称为偏堕行者。如是趋入染净之行者、具染净行者、不具染净行者，利根行者、非利根行者，苦集负荷行者，以道得灭负荷行者，住资粮道行者等、信解行行者、异生、声闻、缘觉、菩萨、佛陀，他们内部的分类有四向四果及得一地等。如果没有宣说种种行者之差别，就不能分辨其法的差别，因此应当了知，是以心识为主的五蕴相续的不同别法作为差别，以与法之名称相关联的人我名称宣说的。

我见无需生，串习无始时，

人有则一切，无勤解无解。

如果世尊以所说补特伽罗的种种差别名称说明人实有，那么就是依靠这种词句产生我见，而实际我见并不需要产生，因为一切众生本来就具有我见。虽然从无始时以来就有我见，但为了使我清净而缘于所谓我并修行，见到我将解脱，并不是说补特伽罗实有。串习我是无始时以来一切流转者尽所有串习，可不仅没有解脱反而一直束缚于无尽轮回的根本就是它，因此世尊以补特伽罗名称宣说，并不应该是因为见我实有及修我，因为理应说补特伽罗实有无有必要。

我见，如果是佛陀让众生应生起的法，那么依靠我见一切众生都将无勤解脱；或者，如果它是非应生起，是佛陀遮止的法，那么有我见者就无有解脱，不会超出这两种情况。假设所谓补特伽罗或我是决定实有的一个法，那么有如是见解的一切众生就没有迷乱，从无始以来没有精勤修道也该解脱，可是没有证悟无我之前谁也不会解脱，因此我实有的此见解是颠倒的束缚，是所应遮破，而不是所应建立或所应生起的。如果我是本性有的一个法，那么谁也无法用理证道遮破它，谁也不可能从将不可颠破的我执著为我中脱离，乃至有我执期间，就无法消除贪爱我与我所执的一方、嗔恨他方等一切烦恼，将以烦恼驱使积业如水车轮般恒常流转三界轮回而永远不会从中解脱。因此，如来语永远不可能说补特伽罗实有，佛语是宣说从轮回解脱的方便，就是从超胜世间与外道一切见解的根本见来宣说二无我，所以应当了知佛经中一切时处均不会说补特伽罗或我实有。

此品总结：

如是恒时具，彼德菩萨众，

不舍自利益，亦能成他利。

如是恒常具足修行知断至人无我之间的菩提分法那些功德的菩萨，不舍断证圆满的自利，通过将众生安置于这种断证也成办他利。

大乘经庄严论中第十九菩提分品释终

第二十 功德品

戊五（功德品）分二：一、修行之功德；二、赞叹之功德。

宣说如上所述信解至菩提分品间彼等意义加以实修之菩萨的功德品，分为修行之功德与赞叹之功德两方面。修行功德包括以三功德总说与以修波罗蜜多报恩至首要所为之间十二功德别说及以说法安立说明善巧功德。

以三功德总说是指：等流功德、相属功德与正观众生功德。

由于长时间串习有学道，所以菩萨心相续成了道本体，以前生起之道得以稳固，未生之道得以生起、增上，宣说它有“施自身……”两颂，相属功德以“生如来种姓……”一颂说明，这三颂是稀有功德。之后的一颂是无稀有，说明由于具足圆满因而生如是果并非稀有，所以是赞叹修行之因，它也是功德。正观众生功德，获得平等心之因，以“犹如具慧者……”三颂说明，果饶益以“堪为作法器……”十六颂宣说。

于此为了悟入讲解，依照论典的顺序，次第解说稀有、非稀有、平等心、饶益、报恩、希求、不唐捐、真实行、退失与胜进、形象与真实性、调伏、授记、决定、无疑所为、恒常所为、首要所为、说法安立这十七种功德。

己一（修行之功德）分十七：一、稀有功德；二、非大稀有；三、平等心；四、饶益；五、报恩；六、希求；七、不唐捐；八、真实行；九、退失与胜进法之差别；十、形象与真实性之差别；十一、调伏；十二、行者授记分类；十三、决定；十四、无疑所为；十五、恒常所为；十六、首要所为或最胜所为；十七、说法安立。

庚一、稀有功德：

施自身持戒，圆满皆能舍，
于弱能安忍，不顾身与命，
而发起精进，禅定无著味，
智慧无分别，具慧之稀有。

修行六度实为稀有，如何稀有呢？异生凡夫及声闻、缘觉不具有这样的修行，因为他众不可能做到如此，所以稀有。

那是怎样的呢？仅仅布施衣食等，世间人与声闻、缘觉也有，但能完全布施自己的身体，只有菩萨才有而他众无有。持戒，即使获得转轮王等的圆满受用也能如唾液般完全舍弃而出家。并不是像对有权有势的国王大臣等一样，而是对于比自己弱小的乞丐、贱种等如何损害自己，也是心不烦乱，以慈心安忍。不顾自己的生身性命发起精进。即便获得一禅等四禅定的殊胜安乐也对它无有贪著禅味，再度受生于欲界至三恶趣之间。虽然获得辨别诸法之法相的智慧，但这种智慧于某某法不分别相状。这样的修行六度就是诸具慧菩萨们的稀有功德。

生如来种姓，得授记灌顶，
尽获大菩提，亦许大稀有。

如是修行殊胜波罗蜜多之果，一地最初获得出世间无分别智，因此转生于如来种姓中；八地获得无勤任运自成的无分别智，因此得佛授记；十地蒙受佛陀法王补处灌顶。这三种是有学的果。佛地获得无上菩提，于此世间，声闻、缘觉等其他谁也不具备，因此也承许是大稀有。

庚二、非大稀有：

离贪与慈悲，胜修平等心，

是故行彼等，亦非大稀有。

以上功德观待世间人与声闻、缘觉是非常稀有，但在具有广大意乐行为的菩萨看来，怎会不获得这种功德？宣说无稀有之理：

将转轮王的受用等也视如不净淤泥般，对一切有为法远离贪恋而施舍外内事物，也没有什么稀有；具有想遣除一切众生痛苦的大慈大悲而守护不害他命的戒律；爱他胜己的心纯熟而对他众安忍；由于获得了如同柴上燃火般无有功用自然趋入的殊胜修行而发起精进，因为对自己与众生及一切法获得了平等心的缘故行持他利，无有厌倦；品味禅定；以智慧不分别相状。行持六度及由它感得转生种姓中直至获得无上菩提之间也并非是大稀有的事，因为如果具备那些功德，则必然获得这样的作用与果，这是诸法的规律。

庚三、平等心：

犹如具慧者，极慈诸有情，

众生于自妻，子亲非如是。

于求无偏堕，恒常不失戒，

普忍一切故，发起大精进。

恒常妙禅定，智慧无分别，

当知彼菩萨，如是心平等。

具慧者对一切有情极其慈悯、爱怜，而众生不悯自己，有时心烦意乱甚至会自杀、服毒，对妻儿等亲人也会偶尔以嗔心殴打等，他们并非生生世世不舍慈悯，因此不具有菩萨的这种慈悯。菩萨获得了对一切有情平等的慈心，因此不会有“布施自己亲人等、不施他者”之类的偏堕，对求物者不分亲疏、贫富等差别而无偏布施。恒时不失而守护佛制罪及自性罪的一切粗细戒。何时何地对所有众生均能安忍。为利一切有情不间断发起大精进。恒常安住于清净无漏善妙禅定中不退失。以智慧不混杂辨别诸法，于三轮完全清净的无分别中不退失。因此，应当了知这就是菩萨修行加行六度无有不平等、无有偏堕而具有这般平等心。

庚四（饶益）分二：一、以六度饶益；二、宣说饶益之七种比喻。

辛一、以六度饶益：

堪为作法器，安置于戒律，
于害能安忍，能利而行持，
令入此佛教，能断诸怀疑，
此许具慧者，饶益有情性。

菩萨以布施令众生堪为行善的法器，对于衣食等贫乏而不能行持正法的众生，供给他所需令其悦意欢喜而将他安置于正法；自己持戒后将他众安置于戒律中，以此饶益；对于别人再如何损害都能安忍；行利他之事，一切时处无有困难而行持；示现禅定力的神变等使所化众生入于真实佛教；以智慧力断除一切有情的所有怀疑，宣说三乘法。这就承许是具慧者饶益众生的本性。

辛二、宣说饶益之七种比喻：

第一、如母之喻：

恒时于众生，意乐平等摄，
令生圣者地，令善得增长，
尽防造罪恶，令听闻纯熟，
五事诸佛子，犹如众生母。

1．菩萨恒常对众生无有差别，慈悲意乐平等，因此尽轮回际之间能摄受众生，永不舍弃，如母怀子。2．圣者地是指大小乘见道至无学地之间，菩萨令有情生起圣者地，如母产子。3．菩萨令众生世间出世间善法增长，如母育儿，给他乳汁、食物，为其沐浴、按摩等进行养育。4．菩萨令众生防护三恶趣等苦及苦因而防守积恶业的一切罪恶，如母护子，使其远离悬崖险地。5．菩萨为众生说法而使他们听闻谙熟，如母教子名词表示术语等。由以上这五种事，佛子犹如众生之母。

第二、如父之喻：

恒常于众生，能令起信心，
教增戒学等，修行解脱故，
祈请正等觉，断除彼等障，
五事诸佛子，犹如众生父。

1．菩萨对一切有情，恒时能令他们对三宝生起信心，如同父亲由种子生子，这是获得三乘之身体的因。2．菩萨教导众生增上戒学等增上三学，如同父亲教子符合各自种姓的工巧与规矩。3. 菩萨令众生修行解脱轮回痛苦，如同父亲使儿子娶妻享乐一样。4. 菩萨为了众生，祈请佛陀不涅槃及转法轮等，如同父亲为利儿子性命及权势，委托君主与友伴等。5. 菩萨行断除众生相续的烦恼障及所知障之事，如同父亲使儿子从负担的债务中解脱等。由以上这五种事，佛子犹如众生之父。

第三、如亲之喻：

于诸不应说，众前能保密，
谴责破学处，赞叹圆满者，
能施授教言，救护离恶魔，
五事诸佛子，犹如众生亲。

1. 如果菩萨对智慧浅薄的众生宣说了不应宣说的大乘深广不可思议之处，他们会畏惧并舍弃，因此对那些众生秘而不宣，就像世间亲人或亲属群体对有害于其他亲友生命及权势的语言会保密一样。2. 菩萨谴责失坏三学者说“你的此行不对”，如同亲人们谴责遮止自己的亲属不应理之所为一样。3. 菩萨见到具有圆满三学功德的众生而予以赞叹使其欢悦而不舍功德，如同亲友对亲人善举欢喜称叹一样。4. 菩萨为使众生通达圣道而授予成为其方便的窍诀要点教言，如同亲友对自己的亲人宣讲外内议事并相助一样。5. 菩萨告诫救护众生远离障碍正道的欲妙欺惑及不善业的助伴等如此这般的恶魔及魔业，如同亲友救护其他亲属免遭怨敌、入狱、盗贼等损害一样。由这五种事，佛子犹如众生的亲人。

第四、如友之喻：

于诸染净法，自慧不迷乱，
世间出世间，圆满尽能授，
无厌无退转，恒常欲利乐，
五事诸佛子，犹如众生友。

1. 菩萨为利乐有情如理了知义与非义，即以自己无迷乱的智慧无倒了知苦谛、集谛所摄的染污法与灭谛道谛所摄的清净法，进而如是传授给众生，如同世间中合意的友伴了知有利、不利其他朋友之事后依照自己所了知而讲给其他朋友一样。2. 菩萨能给予众生梵天、帝释天、转轮王等的世间圆满安乐直至出世间圆满佛陀果位之间的一切安乐，如同友伴给予其他朋友有利生命、权势等暂时、长远之事一样。3. 菩萨为利众生恒常无厌倦而住，如同友伴对朋友之事不厌烦一样。4. 菩萨利益众生永远不因恶魔苦行等而退转、侵害，如同可信任的朋友不被离间语等分离，恒常亲密无间一样。5. 菩萨恒常想以出世间的功德及世间功德利乐一切众生的心愿永不动摇，如同朋友对其他友人恒时不舍弃欲求长久利益及暂时令其快乐的心态一样。由以上五种事，佛子犹如一切众生亲密的友伴。

第五、如仆之喻：

成熟诸有情，恒常具精进，
真实说出离，安忍诸邪行。
能施二圆满，善巧彼方便，

五事诸佛子，犹如众生仆。

1. 菩萨对成熟众生恒时具有精进，从不懈怠，如同世间中如理听命的仆人无有懈怠欢喜力行主人的事一样。2. 菩萨对一切众生无误讲说真实出离苦谛集谛之道，如同善良的仆人将自己所见所闻如实地向主人汇报一样。3. 菩萨安忍众生所做的种种加害、恩将仇报的一切邪行，如同仆人对于主人殴打恶语谩骂自己也忍受并接受他的言语一样。4. 菩萨将世间出世间两种圆满施予众生，如同仆人依照主人所吩咐如其心意而行事并奉献一样。5. 菩萨善巧使一切众生获得世出世之圆满、圆满福慧资粮的方便，如同善良的仆人善巧迅速成办主人所吩咐之事的方便一样。以这样的五种事，佛子菩萨犹如一切众生的仆人。

第六、如轨范师之喻：

欲求令获得，无生之法忍，
宣说一切乘，成就瑜伽行，
相貌妙庄严，不求报异熟，
五事诸佛子，如众轨范师。

1. 菩萨于八地获得无生法忍，想令一切有情获得无生法忍，如同轨范师自己广闻博通而摄受其他弟子一样。2. 菩萨相应所化相续宣说一切三乘法，如同有智慧的轨范师宣说弟子所希求之法一样。3. 菩萨修行能成就止观的瑜伽，如同贤善的轨范师不拖时间迅速教导弟子一样。4. 菩萨对一切有情恒时不现怒容，不做恐吓行为，和颜悦色、相貌庄严，如同轨范师对弟子常常面带微笑、言语柔和一样。5. 菩萨虽然利益众生，但也不求回报饶益自己及利益之异熟果成熟于自己，如同轨范师以慈心为弟子说法也不图财物一样。以上述五种事，佛子犹如一切众生的轨范师。

第七、如亲教师之喻：

利生极精进，令圆满资粮，
积资速解脱，能断诸违品，
世间非世间，圆满皆令行，
五事诸佛子，如众亲教师。

1. 菩萨极其精进利益一切众生，令没有圆满二资粮的众生圆满资粮，如同亲教师赐予弟子出家沙门学处使其出离一样。2. 菩萨令积资粮者迅速解脱于果地，如同亲教师使弟子出家后受近圆戒一样。3. 菩萨能调伏众生令他们断除获得解脱涅槃之道六度的一切违品，如同亲教师为弟子宣说他胜、僧残、舍堕等学处违品并令其断除罪过一样。4–5. 菩萨令一切众生行持世间、出世间圆满，如同亲教师以财物、正法饶益弟子一样。就像亲教师的五种所行之事一样，以这五种事饶益有情的佛子犹如一切众生的亲教师。

庚五、报恩：

不贪诸受用，戒律悉无失，
具有报恩者，复令行持故。
如是行六度，一切诸有情，
于诸菩萨众，如是报恩德。

菩萨将众生安置于波罗蜜多来利益他们，那些众生不退失修行波罗蜜多回报菩萨之理：菩萨施以诸资具令众生具足资具，那些众生对菩萨报恩，就是具足受用的那些众生不贪一切受用而能同样做布施，以这些来饶益有情就能报菩萨恩。同样，由菩萨安置于戒律的众生不失坏戒律，虽对那些众生进行种种损害，但他们无有损害的意乐，想到“以此作为安忍之因来饶益我”，具有报恩心安住于安忍。由菩萨安置于安忍的众生也这样安忍。由菩萨安置于行持精进、禅定、智慧的众生报菩萨恩，也是再令其他众生行持精进、禅定、智慧，如此能报菩萨恩。这是《注释》中解说的。

实际上，如是行六度的所有众生，各自蒙受菩萨利益，回报菩萨恩德，同样这般行持波罗蜜多会令菩萨喜悦，而以财利回报等其他方式是菩萨所不欲求的。那些众生也以报菩萨恩的心态同样修行波罗蜜多，菩萨也念及了知这些众生是利益我。这也是菩萨的殊胜功德，是无染的希求。

庚六、希求：

恒求增与减，有情尽成熟，

于地趋胜进，求无上菩提。

菩萨的五种希求：1. 恒常希求自他相续六波罗蜜多如何增上。2. 希求六度违品如何退减。3. 希求令未生信心的众生生起信心，已生信心者安置于善法，已行善的众生得以完全成熟。4. 希求得一地者如何得二地至十地之间，如是十地越来越胜进。5. 希求越过十地，获得无上菩提。对于这五种希求以外世间圆满、声闻、缘觉之道果丝毫也不生希求，这是菩萨意乐希求之功德。

庚七、不唐捐：

断畏真发心，斩断诸怀疑，
修行之教言，佛子恒不失。

声闻、缘觉唯行自利不行他利，所以唐捐；世间人以希求行事多数无果，所以唐捐；但菩萨具足无倒圆满的希求，因此，凡所作事均成办不唐捐之功德，是四种加行不唐捐：1.如果畏惧大乘深广法，则唐捐行持大乘，而菩萨对大乘深广法断除了怖畏，也能遣除其他众生的畏惧，因此行持大乘不唐捐。2.假设为求世间圆满及希求声闻、缘觉的道果而发心，那就唐捐了大乘的加行，但菩萨不发这种心而为自他众生真实发起无上菩提心，由于不退失真实发起菩提心，所以加行不唐捐。3.虽然发了菩提心，但如果因为不知修菩提的方便等而满腹怀疑，就有可能退失发心而唐捐，但菩萨对大乘道果斩断一切怀疑，所以加行不唐捐。4.假设自己没有依照佛菩萨所说地、波罗蜜多、止观瑜伽的教言而修行，不为他众宣说，则会唐捐，但菩萨得受修行的教言自己依教实修并为他众宣讲，因此加行不唐捐。

以上这四法是佛子恒常不唐捐的功德。

庚八、真实行：

无求之布施，不求后世戒，
一切皆安忍，功德源精进。
禅定非无色，智慧具方便，
于六波罗蜜，坚稳真实行。

安住这样不唐捐的菩萨，身语意无误如理真实行持六度：对于忙碌又贫困者如何施予三种布施满足所求，但不求今生利己，也不求他世自己得大受用的布施，是真实行持布施波罗蜜多。不欲求轮回增上生的后世而为得无上菩提守戒。对于作害并非仅仅不以身语报复，而是心里根本不生嗔恨，所有三门都安忍，对好坏众生谁所作的大小损害，全部都能安忍。不是精勤于少许波罗蜜多、少许乘，而是精勤于所有波罗蜜多圆满一切乘道果功德，大乘的精进是形成、生起一切善法或功德源泉的精进。菩萨虽然得到四禅四无色定的禅定，但并非转生无色界，因为于无色界不能圆满佛陀之法及成熟有情，所以转生到色界与欲界，尤其投生到欲界后行持广大圆满资粮、成熟有情。远离方便、智慧任意一种，对菩萨来说都是束缚，因此以了知诸法空性的智慧、大悲心依靠四摄事而成熟有情，这两者双融即是具足方便的智慧，这就是诸位坚稳菩萨如理真实行六度。

关于此理，《圣宝积经》中也云："不求异熟之布施，不住一切生世之戒律，不嗔一切众生之安忍，真实摄集一切善根之精进，不为无色界所染之禅定，具足善巧方便四摄事成熟之智慧。"

庚九、退失与胜进法之差别：

贪受用有失，我慢及享乐，
著味及分别，坚稳退失因。
当知住彼等，对治之菩萨，
遮除退失故，胜进具缘法。

安住于什么退失六度、安住于什么增长或增进波罗蜜多的差别法：安住于真实加行的那些菩萨，若退失六度违品，则如上弦月般增长对治法，故宜说其减增差别。

其中退减，是指如果贪恋欲界的受用，则不能布施，由此从布施度中退失。同样，有破坏、失毁细微戒条，则从持戒度中退失。对亲教师、轨范师及有功德的行者有三门不敬的我慢，而不堪忍恭敬处，从安忍度中退失。处于贪著纵情享乐之边，从精进度中退失。耽著禅味而从静虑度中退失。耽著实体法的分别，从不缘相状的智慧度中退失。以上六种是坚稳菩萨退失六度的因。

第二胜进法：应当了知，安住于这些的对治即不贪受用、不失戒律、无有我慢、不贪享受、不著禅味、于法不分别相的菩萨，遮除退失品的缘故，是增上六度的胜进具缘者的法。

庚十、形象与真实性之差别：

显示与诈现，外貌显庄严，

如是暂时行，身语似寂静。

圆满通言辞，彼等离修行，

说为菩萨众，非净真实相。

从真实六度中退失而仅持形象，即：口头说布施内外事物而实际不布施，当面布施而背后取受等，伪装布施，显示成布施相，只是布施度的形象。平常造所应防护的罪恶，但在他人面前诈现守戒。虽然对他人不安忍、有嗔恨，但表面假装安忍，身体容颜显得庄严，语言显得柔和。本来平时无有精进，但在大众中等暂时精进而行。身体住于静处，显得似乎寂静，断除言语似乎寂静，虽然安住但心不住禅定而徘徊于散乱中。虽然无有善加了知三乘法义的智慧，但以相应知道一些声明或因明等内容耽著词句，表面显得似乎圆满通达理非理、是非等众多言辞，并且在愚者群体中宣讲，即智慧度的形象。那些远离如理修行六度之义，即称为菩萨非清净真实六度的相似形象。

反之上等行，彼等真实性。

真实波罗蜜多，是指遣除上述非真实形象的六法，真实布施至无倒了知法相的智慧之间上等行持的那些波罗蜜多就说为无伪真实性。为此，菩萨不是行持诈现形象的虚伪波罗蜜多，而是无有诈现、无有欺惑、真实行持波罗蜜多的功德，如同纯金般。由此可知，从功过的角度宣说，是为了说明不杂那些过患的对治功德。

庚十一、调伏：

具慧于诸地，修行布施等，
彼等能调伏，众生六违品。

住真实修行波罗蜜多功德的菩萨，能调伏其他众生心相续存有的六度违品。是什么行者调伏？是那些具慧菩萨。安住于什么阶段调伏？于诸十地阶段。以什么方便调伏？以修行布施等六度法。调伏谁？调伏众生。调伏什么？调伏六度的悭吝等违品、退失及虚假相。

庚十二、行者授记分类：

以行者时别，具慧授记二，

菩提与授记，此外说为大，

获得无生忍，断我慢勤作，

与诸佛佛子，成为一本体。

行者由于具足极其清净的波罗蜜多功德，因此获得授记。授记有以行者差别授记及以时间差别授记，具慧菩萨得无上菩提的授记有这样两种。

以行者差别授记有四种，1. 授记安住种姓之行者：对于虽然没有发菩提心但安住种姓具有六度种姓及种子者，授记“彼将成就无上菩提佛果”。2. 授记发菩提心之行者：仅发起无上菩提心而得授记。3. 授记现前之行者：对于直接聚集于佛眷属中的某位行者授记“某某未来成佛，佛号为某某”。4. 授记非现前的行者：对非现前在眷属中而安住于其他佛土的菩萨授记“未来此位行者出世获得无上菩提”，诸如授记龙树菩萨及无著菩萨等。

以时间差别授记有两种，1. 时间确定：授记唯于此劫或此世获得无上菩提。2. 时间不定：授记未来某时成佛。

此外授记的两种差别，彼佛授记彼行者获得大菩提及授记未来某佛授记汝，这种授记称授记授记。

再说大授记：八地获得无生法忍的菩萨断除我慢，断除相状勤作，与安住清净地的一切佛、佛子菩萨无有异体相续的执著而成为一自性或本体，由此授记称为大授记。获得八地者，证悟自己无疑成佛后自己授记自己“我将成佛”得诸佛授记，称为大授记或授记大。

复彼刹土名，时间与劫名，

眷属法住世，许为彼授记。

此外，授记差别之理：以“那位菩萨的刹土、成佛时的名号、成佛的时间、成佛时劫的名称、彼佛的眷属有多少、佛法住世多久而承许是那种授记。

庚十三、决定：

具慧一切时，圆满生不厌，

恒常能修行，等持无退失，

成利决定得，任运之法忍。

菩萨欲求无上菩提而并非欲求暂时的受用等，但在没有获得究竟大菩提之前的生生世世中，也决定无疑获得六度的六种果。

这是什么呢？具慧菩萨真实行持六度，转生到任何生世，一切时处，布施之果：决定获得帝释天、转轮王等的圆满受用。持戒之果：决定获得随其所愿转生天界人间等。安忍之果：必定不因痛苦而厌倦，始终利他。精进之果：决定恒常能修行或修习善法。禅定之果：决定于所得等持中永无退失，以禅定力获得神通力后决定成办有情利益。智慧之果：决定获得无分别智慧任运自成之法忍。在下面道中，决定无疑获得同分的无分别无勤作智慧，真正八地时决定无疑获得无分别无勤作的智慧。

庚十四、无疑所为：

供养真受戒，慈悲修善法，
静处不放逸，闻义不厌足，
诸地坚稳者，无疑所应为。

如果一无所为，则不会成就无上菩提佛果，因此，决定不可不行之法称为“无疑所为”。那是什么呢？以真实财物或意幻观想供养如来，不可不为，这是布施。不失毁真实受学处的戒律，不可不为，因此是无疑所为。以悲心驱使，欲求遣除一切有情痛苦而修安忍。以精进修行世间出世间善法。为获得禅定而居于无有愦闹的寂静处不放逸而住。为了使智慧圆满而依止善知识，对听闻经藏等佛法之义无有厌足。这是诸地阶段坚稳菩萨无疑需要行持的。

庚十五、恒常所为：

了知欲妙过，思维诸迷乱，
甘受诸痛苦，修行诸善法。
不著禅乐味，不分别相状，
诸地坚稳者，恒常所应为。

不是偶尔时间而是一切时处六种所行，是为了圆满六度。为了圆满布施度：恒常了知贪恋五种欲妙的过患，常常作意：世间的欲妙是无常性，如同浮云、闪电般，如果贪恋它，则成为痛苦之源，犹如毒食、火坑、剑锋、蛇穴般，无有可靠性，如幻如梦。为了圆满持戒，应当思维自己身语意的一切恶劣迷乱所行，而不放逸。反复思维众生由业惑所感而毫无自主漂泊于三苦波涛中，而生起大悲心、披上铠甲，为利益他们，自己甘愿承受种种痛苦而修习。懈怠者尚且不能成办世间之事，更何况说出世间的利益？如果发起精进，佛果尚且也会获得，更何况说其他？想到精进是一切善法不可缺少的根本，进而常常修行世间出世间一切善法。心思散乱则无法获得善法，故禅定不可缺少，但如果贪著享受禅乐，也成为束缚，因此修禅也要不耽著享受禅乐味而恒常行持，由此不会退失禅定。了知如所有、尽所有法的智慧在一切波罗蜜多中最为主要，因此不可缺少，但色法至一切种智之间的任何法自本性或自性均不成立相状，如果对任何法耽著有实与相状，则不能证悟法性义，而具有障碍所知自性的垢染，所以，如果对一切法不分别所取能取相，则将圆满般若波罗蜜多。如是六法于一切地无有差别，是坚稳菩萨恒常所应行持的法。

庚十六、首要所为或最胜所为：

法施清净戒，获得无生忍，
精进大乘法，竟具住悲心，
般若许具慧，波罗蜜多首。

具足六度各自中殊胜或微妙法的那些菩萨也是以其因而成为殊胜或微妙。那是什么呢？布施的三种分类中，法施是为主要或殊胜，因为财施与救畏施成办世间安乐，法布施也能成办出世间圆满，为此，《金刚经》等中也说："何人以充满三千大千世界七宝作布施，不如仅宣讲此经中四句一偈福德无量增长。"别解脱戒、禅定戒、无漏戒三戒中，无漏戒殊胜或主要，因为它是圣者欢喜的极其清净戒。三种安忍中，属于谛察法忍的获得无生法忍是为首要。与世间人、声闻、缘觉的一切精进相比，以闻思修大乘法发起精进是为殊胜首要。四禅之中，止观均衡究竟的是第四静虑，依靠它具足安住悲无量心中，即是一切禅定之最。智慧度于前五度之中最殊胜主要，如《般若经》云："设若欲求圆满布施波罗蜜多，当学修般若波罗蜜多等。"以上承许是具慧菩萨波罗蜜多之首要所应行持的法。

庚十七（说法安立）分五：一、所说法之差别安立；二、遍知法义安立；三、说法者菩萨五种无量功德安立；四、说法之果安立；五、大乘特法及归摄安立。

辛一（所说法之差别安立）分四：一、宣说法安立；二、宣说谛安立；三、宣说理安立；四、宣说乘安立。

虽然利益众生以暂时与究竟的分类而有不同多种情况，但主要以为众生说法而使他们相续解脱。此法安立，是指菩萨必须自己多闻大乘深广法并对其义如理生起定解而具足精通的功德，否则不能相应种种众生的界性、根基、意乐而说法，如《释量论》云："方便生因蔽，说彼是艰难。"方便生指灭谛，它的因是道谛，因自己的无知而遮蔽的人，无法讲说解脱的道果是"如此这般"。此处宣说菩萨的四种说法安立。

有人会想：这在《求法品》与《说法品》中不是已经宣讲了吗？为何再度重复讲解？

此处是说明精通菩萨说法四种安立的功德时，虽然与上述无有异义，但从安立方式不同及所知的摄义有特殊差别的角度宣说，因此，不仅没有重复的过失，反而有重大意义。

如上所述，具有修行波罗蜜多道之殊胜功德的那些菩萨了知调化众生的方便，因了知其方便而成为众生的导师。成为导师后精通传讲的四种说法。哪四种？法安立、谛安立、理安立、乘安立。

壬一、宣说法安立：

以契经等别，安立为明处，

当知[1]一切地，坚稳法安立。

以契经、记别、讽诵等十二部的差别，安立内明、声明、因明、工巧明、医方明五明处，应当了知这称为信解行地及圣者十地一切地坚稳菩萨的法安立。

有人想：所谓安立的意义是什么？

以声明为例，在字母组合形成的名称自性的前提下，将结构、格等变成其他形式的种种道理运用在语言学论典中，是先前佛菩萨大仙人所安立。菩萨也这般以某种道理为他众传讲并进行安立。同样，因明也是以现量、比量、教量——三量来衡量现前、隐蔽、极隐蔽之理的安立。医方明，是有关健身养生的方法及如理依靠饮食、行为、药物、医疗的安立。各种工巧明也是身语意如何纯熟串习的安立，包括所属的历算、天文、八观察等为主的各种工巧明的安立。声明的分支有偈颂、散文、颂散兼具的修饰连同句义修辞

1 当知：安慧论师《注释》中的颂词是“当知”，有的版本中为“是谓”。

的修辞学、偈颂文字抑扬顿挫的韵律学、各类语种兼有之妙音舞姿的戏剧学、一种意义也能以各种不同名称来了知的词藻学，应当如理了知世间共称的安立。内明是无误安立并宣说三乘各自道果的内容。这称为法安立。

有人想：契经等十二部不是内明吗？解说它如何安立为何讲其他明处？如果不是讲，那么为何说“以契经等别，安立为明处”经等内包含五明呢？

佛经的十二部主要是宣讲内明的典籍，但其分支也有其余四明，因此大乘经藏极其博大，无倒宣说如所有、尽所有诸法之处，所以大乘经藏中并非在一切情况下都不宣说五明，因为大乘经藏的佛经永远不可仅以此限量。所以，五明也是佛语对菩萨安立及讲说，菩萨如是受持而利益众生，所以他们时时幻化为具五通的大仙人、大婆罗门的形相宣说也不可计数。《宝灯经》中云：“出世不久已了知，众生不知诸业理，彼等耕作经商法，能说世间众工巧。无恼无害之加行，智者称赞乐有情，种种势理医学论，诸位仙人尽宣说。天等世间各信解，仙人殊胜微妙行，禁行苦行胜苦行，彼等智者尽宣说。外道彼等行逼迫，瞿昙不语而行持，于行裸体之沙门，说外道师是智者。”又云：“彼等异方便，行世利众生，不贪世如莲，出游令喜信。诗人造诗词，舞者鼓乐师，庄严持鬘舞，幻师显众相。城官转轮王，商主商施主，君臣相使者，医生世规师。静处大妙树，药宝无尽藏，摩尼如意树，引导歧途者。”诸如此类，佛菩萨的幻变无量，因此十方浩瀚无边刹土中五明所摄的无谬论典，也是依靠菩萨的威德力而宣说。《宝性论》云：“总之诸世界，天地安乐因，普照诸世间，尽依法界宣。”就如同如实宣说佛语妙音的功德一样。为此，认定声明等在佛经中无有而将其一概定为外道宗，是智慧极其狭隘的表现。继先前的佛菩萨所说之后，外道与内道的智者们也造了语言学等论典，虽然不乏其数，但又怎能因作者是外道就确定明处是外道宗派、作者是内道就确定明处是内明呢?

四明是共同明处，它不应该有外内宗的差别，但是，诸如《集量论》及《因明七论》建立本师与佛法为正量之理等，《如来秘密表示咒》及《甘露藏续》中所说的遣除大种身体紊乱之障的咒语与成熟解脱相关，密宗仪轨中的舞蹈、妙音及佛像的尺寸等工巧，《时轮续外世间品》所说的历算、星曜对应中脉的气息数之类的安立，外道中并没有共称，是内明的特法，这一点无需说明。外道宗的内明是指修禅定、无色定等持，自在派修风瑜伽，裸体派修真实性那达及自真如等，但由于他们没有证悟无我，虽然会成就少许暂时的神变等，但并不是解脱道，因此并非完全具有真正的内明，没有超世。佛语宣说出世之道，所以是真正的内明。

内明是抉择如所有、尽所有的一切法，因此能了知尽所有法的分支《语言学》等一切明处也是它的分支。佛语无量无边，但当今在印度佛教、藏传佛教中，凡是见到的这所有佛经中也不同程度有声明等，《解深密经》中宣说了观待理、作用理等四种道理，以此无余宣说了因明。声明，经藏中说“有碍故为色，领受性之受”等，也有声明的释词，以词无碍解不仅仅了知声律，而且了知一切众生无边语的释词。如来语文句善妙，也是指名称、结构如理运用的释词善妙，比喻修饰、形象化修饰等修饰的诗韵完美，每一语言有无量适宜的诗学比喻，《时轮金刚续》中直接宣说了历算的方法，经中顺便也提及到种种歌舞、技艺、观察。菩萨工巧明的波罗蜜多之理在《方广庄严经》等中有宣说。医方明在《金光明经》中也有宣说，以此为例，佛经中并非只有内明、没有其余明处，因此应当了知大乘经藏中摄集一切明处，只要能暂时究竟利乐所化众生无论如何都可以，遇到所化众生之缘而请问，佛陀无有不知不说的，菩萨们也以不忘陀罗尼受持时时宣说，因此一切如所有、尽所有的所知在佛经中都有出现。

壬二、宣说谛安立：

依于七真如，安立真实谛。

依靠七种真如而安立真谛。七种真如，1. 转入真如：持续流转轮回。如何转入呢？以无明之缘产生行等，缘起十二支环环相扣产生，相续不间断持续转入无始无终的轮回。2. 法相真如：遍计法、依他起、圆成实三者的法相，遍计法为所取能取如是无有，显现所取能取的颠倒因或基依他起在名言中有，依他起不成立所取能取是二空之法性圆成实。3. 心识真如：有为无为法除心外无有，如《十地经》中云："奇哉，佛子，三界唯心。"一切法仅仅显现于心中罢了，因此成立是心识本身。4. 安住真如：恒常住于三苦自性的轮回一切法。5. 倒成真如：是具有业与烦恼法相的集谛，因为依靠它颠倒形成痛苦的自性。6. 清净真如：是灭谛，因为清净了苦谛集谛的过失。7. 正成真如：是道谛，因为依靠它无倒修成灭谛。

转入真如、安住真如、倒成真如三者众生等同；法相真如中依他起与圆成实二法相的一切有为无为法等同；心识真如也包括在依他起范畴中。《解深密经》中所说法相真如唯是二无我，如此一来就是圆成实。清净真如，声闻、缘觉、佛陀三菩提等同，因为仅仅获得灭谛方面是相同的。正成真如，闻思修真实义法的一切法等同。这是《解深密经》中宣说的。如此，转入与安住轮回是具有无常等四相的苦谛；倒成真如是具集、生等四相的集谛；圆成实自性远离客尘，是具有灭、寂等四相的灭谛；正成真如是具道、如等四相的道谛——四谛。心识是八识聚，其中不清净依他起是缘于遍计法而以顺式缘起住于轮回的部分是苦谛；趋入分是倒成真如，属于集谛；缘于圆成实修道清净依他起的部分属于正成真如。《辨中边论》中，心识真如归摄为圆成实。离客尘真如是圆成实灭谛。对此虽然任何颂词、注释中都没有宣说，但五法也是三法相中分出的。五法是指名、因、分别、真如、正智。其中名是指以柱子、瓶子等名称安立，执著彼彼为遍计。因是指依他起显现为所取分，显现为大腹等某某法立名的因或理由。分别是指显现为能取分的八识聚。真如是无变圆成实。正智是真如的有境无倒圆成实。是将对境的名称安立有境上，因为显现相同，如《楞伽经》中云："五法三自性，以及八识聚，二种无我义，归摄诸大乘。"这些是法的大总纲。

壬三、宣说理安立：

安立理与乘，四种及三种。
如理而作意，正见具有果，
量辨不可思，当知为四理。

安立正理及乘，略说分别有四种与三种。

四理：

作用理：了知某因生某果；观待理：了知某果观待某因；法尔理：火的热性、水的湿性之类是世俗法尔，诸法空性是胜义法尔；证成理：以现量比量相应诸法实相而衡量。

其中作用理与观待理，信解行地如理作意二无我之义引出见道现见法性谛的正见，而具有果。见道的正见具有解脱涅槃之果，从彼等因产生彼等果的作用与彼等果观待各自因的角度分别为作用理与观待理。如此因果相属是无欺的缘起法，如具有生长力的种子产生苗芽一样起到因生果的作用，如果有因，则有果的随存，果观待因，无因则果灭。如此才合情合理。

以正量辨别或证悟，即证成理。

虽然世俗中如是显现无欺，但胜义中所生能生的量了不可得，胜义法性不可思议，即法尔理。

这是唯一运用于真实道的四种道理。以此理为例，应当了知一切衡量意义之理均集于四种道理中。

壬四、宣说乘安立：

意乐及宣说，加行与资粮，

成就之差别，承许为三乘。

（三乘：）

以“意乐”等五法有下等、中等、上等的差别，形成了声闻乘、缘觉乘与大乘。

声闻仅证悟人无我，仅希求自己速得解脱的意乐为下品；相应其意乐，如来也宣说了人无我、轮回痛苦等四谛小法；对于佛所说的那些小法，声闻于三世或七世修习，所以加行下品；如加行一样，福慧资粮也为下品；如其资粮为下品一样，果位也是成就声闻的小菩提。以此差别安立为声闻乘。

缘觉是中根，能证悟一个半无我，坚持百劫修习不像声闻，因此根基与意乐为中等；如来也相应其宣说了顺式逆式缘起法、所取如梦法；他们也是修行那些法，积累比声闻善妙的中等资粮；果位涅槃虽无分别，但神通有差别，声闻阿罗汉的天眼只能见到二千世界，缘觉阿罗汉的天眼、天耳可见三千大千世界的色法、听到三千大千世界的声音，因此比声闻根基利，证悟、神变超胜，果位有差别。由此安立为缘觉乘。

菩萨根基最殊胜，能证悟二无我的智慧与以大悲缘于他利的缘故，能成办自他二利，因此意乐广大；佛陀相应他们宣说大乘的深广法；菩萨们依佛所说，身语意行持成办二利；积累广大的福慧资粮；最终成就无上大菩提的广大果。如是安立为大乘道果。

以上承许为三乘。大乘的七大在下文大乘归摄中讲。

辛二、遍知法义安立：

名事相互间，寻求为客性，

于此二假立，寻求唯此性。

如是菩萨精通所说的四种安立而善巧为众生说法，寻求、了知法义或法相是什么，四法：寻求名、寻求义或事、寻求本性假立、寻求差别假立。应当了知这四种于信解行地时便可寻求。具体而言，名称是指所谓瓶子、氆氇，意义是装水的大腹器具及毛线组合成可穿之物。凡夫人将名称执为意义，将意义执为名称，执著名义本性相联，但具慧者思量名称与事物相互之间，是暂时以分别念将意义假立为名称，暂时以分别念将名称假立或思择为意义，寻求到如同暂时的代替品或所借之物一般。如果对意义并非暂时假立名称而是意义一出现就形成名称，它们不相分离自性是一个，那么一旦瓶子毁灭而不存在时，所谓瓶子的名称也理应毁灭不存在了。但实际瓶子形成后才有名称。同样在家人等的名称在出家时变成其他名称但事物没有改变，某种名称对于观察某种意义也是必不可少，因此仅是为了暂时表示而安立，实际名义并无本体相属。如果通达了此理，那么就能了知以本体及差别假立所谓瓶子的名称可理解瓶子的大腹本体，也可凭借长瓶子与无常的瓶子之类指示瓶子差别的词句了知这两种假立均是暂时性。或者，按照安慧论师的《注释》中说："了知地坚硬、水湿润等安立为自相，地水等一切均是以无常、苦、有漏无漏等差别分而安立，这两者仅是名称，仅是词句安立，彼彼自性并不成立，即是以本体及差别假立。"无论如何，对于本体与差别这两种假立，寻求到也仅是暂时性假立。此理的要点即是，名义是暂时以分别心衔接起来假立，如果分析假立义，则所谓"瓶子"并无一个整体的实体，是由瓶口、瓶腹等部分而假立，部分也可剖析到极微之间，以方分破析，则差别也不成立，如是以本体及差别假立的任何法都只是以名称假立，并无实际的本体，唯是假有。

如此探寻而产生四种遍知，以（"一切不得故……"）十颂宣说：

一切不得故，真实四种智，

诸地坚稳者，能成一切利。

信解行地依靠四种寻求而在见道生起四种遍知。由于名、义、本体、差别四种均不可得，所以生起真正如实了知的四种智慧。具有寻求名而真正如实了知的智慧；具有寻求意义或事物而真正如实了知的智慧；具有寻求自性或本体而真正如实了知的智慧；具有寻求差别而真正如实了知的智慧。了知一切名称无实、空性、了不可得，即是本体；了知瓶子等一切有实法、了知有实法各自本体或自相、了知其差别生灭等法无自性、空性，了不可得，就是四遍知。它能成办十地一切坚稳菩萨的断所断证所证之利益或能成办自他一切利益。按照《注释》中说“前半颂说明遍知的法相，后半颂说明作用”。

或者，能从业的束缚中解脱，因此解说它：

束缚之所依，受用种子因，

心心所及依，有种而束缚。

能束缚，即是束缚的所依或依处——器世界之相，以阿赖耶识显现为所缘对境；受用相是六识享受六境；种子之因或相是一切种子阿赖耶识，以如是三相或束缚的三因束缚。

它们束缚什么呢？所谓“此轮回”或以“于此”近义词说明，这三种能束缚共存的心八识聚及受想触等五十一心所，以及眼根至意根间六种身根的所依身体——色蕴，这般束缚五蕴。

如何束缚呢？所谓“有种而束缚”就是具有种子而束缚的意思，依处、受用相的习气或种子积于阿赖耶上存在，在没有断除它之前不会解脱而受束缚。

前存相状法，本性而住相，

悉灭具慧者，获得大菩提。

这般认清束缚后接下来宣说解脱的方便：依靠先前闻思修行正法的加行而住存于自心前的相状法——浮肿观及骨锁观等，总之就是以心观想的相；虽然并不是这样刻意以心观想而住在前方，但由于众生从无始时轮回以来串习相分别而不需刻意策励，住有柱子、瓶子等种种法的相本性即心境中自然存在的法。了知如此以心假立的相、未观察而显现的相这两者并不存在，便能毁灭一切相所缘的具慧者斩断所有束缚而获得大菩提。

能灭二相的方式，也是首先了知以心思择而显现为骨锁等这些相只是浮现在心里，破析彼彼行相无有成立的义本体；认识到如是本性而住的瓶子等一切事物就只是浮现在心与心所中罢了，自性或自本体并不成立，这样来观修。

缘于真如智，断除能所取，

现前习气身，具慧能灭彼。

声闻、缘觉们对于蕴破除分别常、乐、我、净，修行不净、无常、苦与人无我，从而获得声闻缘觉菩提。菩萨们破析人法本性不可得、为空性而修行，结果会获得无上菩提。这般修行而解脱相的束缚之理：遍知三本性法相，断除阿赖耶识上具有的烦恼障与所知障习气而解脱，依靠缘于一切法的真如法界之识或智慧能现前圆成实的法相；断除所取能取二取或人与法两种我执，能现前遍计所执法的法相；如果无倒现前具烦恼障与所知障习气身或聚之阿赖耶识的自性，那就是现前依他起，具慧菩萨现行三法相而灭尽阿赖耶识依他起法相具有的烦恼障所知障而解脱一切束缚。

缘于真如智，修相无异体，

现前有无义，名驾驭分别。

有人想：假设诸位声闻圣者具有破析四颠倒的真实慧，那么与菩萨破析缘二我相的真实慧有何差别呢？

与声闻修行无相相比，菩萨修行无相更为超胜之理：菩萨缘于真如的智慧不缘轮回、涅槃为异体，证悟轮涅二者的自性法界本来即是涅槃，因此所断轮回与所取涅槃的行相无有异体，从而遍知轮涅一切法为空性，如此来修行，所以比声闻修无相超胜。如《无尽慧经》中云："法界、轮回界、涅槃界、众生界、诸法之界等同。何故等同？同等为空性故彼为等同。"声闻缘有相轮回、无相涅槃为异体，视轮回有生老病死等苦是不寂灭之相而想断除，视涅槃无有一切苦恶相为寂灭相而想现前。菩萨修行一切相于法界中无别，修行完全成就时，现量见到本有的二空自性圆成实，也现前本无二取遍计相的意义，获得现前有无的真实智。那时，如心所想而如是实现，如果他想"愿从空空的虚空中降下资具雨"，也会降下资具雨，这称为驾驭或自在分别。

凡夫障真性，普现非真实，

菩萨遣除彼，普现真实性。

不现实无有，显现真实有，

彼即为转依，随行名解脱。

有人辩论说："假设轮回自性是涅槃，那一切众生为何本不涅槃？"

虽然轮回本身的自性是涅槃，但异生凡夫由耽著我与法的习气障遮蔽真实本来涅槃的真如性而普遍显现非真实二现轮回的自性，如有眼翳者见到飘浮毛发、迷乱识见绳为蛇一样。菩萨对我与法本体无有执著，遣除二取显现而普遍显现无二真实性真如，如同眼病清净者所见无有模糊，意识无迷乱者了知绳是绳。由此可知，凡夫不需要策励而不见有的而见无有的，菩萨不需要策励自然不现实际无有的二取相，而显现实际有的真如，即显现有而不现无。如是就称为依他起自性阿赖耶识转依，转依而离开了一切相的束缚，自心获得随意而行的缘故名为解脱，就像解脱束缚的人们可自由自在行持一样转依的心如果远离了贪等烦恼依他起，便可如愿或随意而行。

有人想：心如是解脱了一切束缚，但外在显现的这广大器世界如何消除呢？处的相无法灭尽。

境大一切时，他法现同类，

是能障碍故，遍知断除彼。

宣说清净佛刹土之理：显现外器世界的行相，这也是阿赖耶界中有的器世界之习气所取分行相现似器世界，内在的阿赖耶识缘取而现为所取能取罢了，除此之外的外在实有的其他器世界并不存在，如同梦里显现器世界相一样。为此，显现在外境的广大器世界似乎一切时处不间断而显现，是阿赖耶识刹那串连持续而如是显现为大地等器世界的。在耽著这般显现的相存在、对它有耽著爱恋期间就不会显现清净佛土，因为显现平庸相会障碍清净刹土。

有人辩论说：假设大地等这个器世界是显现在阿赖耶识的每刹那的心前，而不存在于外境中，那么安住于这个器世界的众有情行境中恒常稳固存在、先前见与后来见无有差别，这是怎么回事呢？

答复：那是因为，虽然大地等器世界是刹那性，但由前后不同他法的刹那显现为同类，相似而错乱为一个。同样，生在这个器世界的众生有共业的习气，因此以其习气力，所有他法显现相同，而不现不同，如果心的习气改变，那么行相也显现变异，如同成就行地下者见到入地的孔穴存在一样。乃至对外器世界有真正自相显现的耽著期间，就会障碍真实清净的刹土。

若问：那么如何做才能清净佛土呢？

乃至心耽著显现大地等器世界有自相，那就是清净佛土的障碍。如此遍知障碍后，断除器世界的相及耽著它为它，而安住于无相真如中，就会成就清净佛刹大地庄严等圆满布局的清净相。

辛三、说法者菩萨五种无量功德安立：

所熟所清净，所得堪成熟，

真实解说事，具慧之无量。

1. 以如是真实智慧解脱相束缚的菩萨成熟无边无际的有情，对于声闻、缘觉、菩萨三种种姓者，以各自乘成熟他们，对不定种姓者，以三乘任意一种来成熟，将断种者安置于十善，成熟至增上生，因此称为所成熟事无量。
2. 所清净事无量：器世界，全然无有深渊、荆棘、污秽等不清净事物，而以珍宝地、甘露流、如意树等庄严点缀，是完全清净的佛土。世界也是如锦缎般位于整个虚空范围，因此无量。3. 所得事无量：断除善不善二事中的一切不善事后，现前十力、四无畏、十自在等无漏善法无量，即是所得。4. 堪所成熟事无量：除了断种姓者以外的四种种姓是堪为以三乘所成熟之事，他们也是无量。这与所成熟事有何差别？一切有种姓者、无种姓者都是所成熟事，但永久堪为所成熟是从成熟至解脱的角度分的，这是两者的差别。5. 真实宣说或解说事无量：以调伏所化众生的方便为他们说法，也是对贪欲者宣说不净观、对有嗔恨者宣说慈心等的法门不可思议，因此为无量。以上所说的五种依次对应（缘于谁）、安住于什么器世界、具足什么所得、哪些有种姓者、以什么说法能成熟。如是宣说五事是诸具慧菩萨的五种无量。

辛四、说法之果安立：

令生菩提心，令得无生忍，

低下无垢眼，一切漏法尽，

妙法久住世，知断[1]及受用，

了知行于彼，具慧说法果。

说法之果有八种：1. 以说大乘法使其他行者发起无上菩提心。2. 获得无生义法忍者，即以说大乘法使有些人于信解行位以总相方式对无生法获得法忍，一向真如忍者是小忍；获得一地后现量证悟远离所取能取的真如而对无生义获得真正的忍，观待八地为中忍；八地无分别任运对无生法获得大忍，如诸经中也说在宣讲此法门时这么多行者发起无上菩提心，于诸法获得随同法忍，得圣道、获得无生忍。3. 由宣说声闻法，获得比大乘见道低下、

1 知断：在有的颂词版本中是“知别”。

于诸法的无垢法眼，究竟获得一切漏尽阿罗汉。获得法眼，是声闻见道，因为生起见四谛之法眼一类的智慧。它也是八种忍对治，无有烦恼之尘，八智解脱见断而称“无垢”。如此获得无尘离垢法眼，即是解脱见断的预流向。4. 获得声闻见道者依法断除三界所摄的一切修所断烦恼，灭尽一切漏法而获得尽智与无生智，证得阿罗汉。如经中也云：“说此法门，有者生起无尘离垢之法眼，有者心无取解脱一切漏法。”5. 讲说大小乘的任何法，都是一者说法，传布他众，使妙法长久住于此世间。6. 了知以前未知的诸法自相与共相。7. 斩断怀疑。8. 无有不知与怀疑而解法义，受用微妙无罪法喜之处。应当了知这就是行持讲法的具慧者的说法之果。

辛五、大乘特法及归摄安立：

由从所缘大，如是修行大，

智慧精进大，善巧方便大，

真实成就大，佛陀事业大，

具足此大故，决定谓大乘。

大乘以七种特点超胜小乘，1. 所缘大：声闻们缘于声闻三藏；与之相比，菩萨缘于大乘深广无量法藏。2. 修行大：声闻仅为自利修行；菩萨为自他二利修行。3. 智慧大：声闻们仅证悟人无我；菩萨证悟人无我与法无我。4. 精进大：声闻们仅于三世或七世发起精进；菩萨于三大阿僧祇劫发起精进。5. 善巧方便大：声闻们畏惧轮回而追求断除轮回的寂乐，因此不具善巧方便；菩萨以悲心不舍轮回，但以智慧不被烦恼所染，犹如莲花出淤泥而不染般具善巧方便。以上五种是以此乘载的因乘或道乘的特点。6. 真实成就大：声闻们获得阿罗汉果、尽处、胜处、六通后无余涅槃；菩萨乘真实成就十力、四无畏等永不穷尽的无量果。7. 事业大：声闻们虽然获得阿罗汉，但不现证菩提及转法轮等；菩萨现前成佛后住于密严宫殿，示现入胎、现证菩提等相，尽众生未来际间，佛陀的事业广大。这两种是就载至于此的果乘而言。

由于具足以上这七大，决定称为大乘。

大乘归摄安立：

种姓信解法，发起菩提心，
行持布施等，趋入无过患。
成熟诸有情，清净佛刹土，
不住之涅槃，大觉及示现。

大乘《般若十万颂》与《华严经》等大乘无量经的意义，如果宣说，则无有边际，但一切大乘义若归纳，则集于此八种或十种安立中，因此将它们称为大乘。八种或十种安立指什么呢？1. 具有大乘种姓或界性。2. 依靠种姓而信解大乘法。3. 以信解发起无上菩提心。这三者是安住种姓的阶段。4. 这般发心后于信解行地行持布施等六度。5. 从中生起一地远离所取能取的智慧，而趋入出世无过之圣地。6. 二地至七地间，以菩提分法及波罗蜜多法，令不信仰佛教的众生信仰，令信仰佛教的众生成熟于善法。7. 三清净地修行器情清净，清净佛土；以智慧不住轮回、以悲心不住寂灭的涅槃——证悟有寂平等性的加行，这两者算为一个。8. 之后越过十地达到佛地，获得三身，即得大菩提；获得菩提后乃至众生存在间，示现现证菩提等佛陀的事业，这两者算为一，如此为八种。如果后面四者分开计算，则为十种安立。

这以上宣说了菩萨的修行功德——稀有至安立之间的十七种差别。

己二（赞叹之功德）分二：一、赞叹对境菩萨之分类；二、真实赞叹五种菩萨之法相。

庚一、赞叹对境菩萨之分类：

一即具信解，增上意乐净，
有相及无相，无有现行行，
当知此五种，诸地之菩萨。

安住于十地及信解行地这十一地者称为菩萨，它以五种分位差别所摄：1. 住信解行地者，虽然没有现前法界遍行的法相，但对法界有诚挚信的缘故，称为具信解者。2. 入一地的菩萨称为增上意乐清净者，因为证悟法界遍行的法相后获得自他平等性的心而具足肩负他利的增上意乐及清净见断的障碍，它是有别于前一种菩萨的第二种。3. 住二地至六地间者，称为有相菩萨，因为，二地者行持辨别声闻、缘觉、菩萨乘种种的相；三地者有俱生的萨迦耶见相；四地者视苦谛、集谛为有害的相，视灭谛、道谛为寂灭的相；五地者趋入种种工巧明并分别其相；六地者分别顺式逆式缘起相。4. 住七地者称为无相菩萨，因为断除了六地以前所有相状。5. 住不退转的八地、九地、十地者称为无现行行菩萨，因为以无分别等持无勤任运行持自他二利。应当了知，如是菩萨的这五种分位是住一切地菩萨的特点。

庚二（真实赞叹五种菩萨之法相）分二：一、以修行因波罗蜜多心力不退而赞叹菩萨名义；二、从证悟菩提因果侧面赞叹菩萨名副其实之功德。

辛一（以修行因波罗蜜多心力不退而赞叹菩萨名义）分二：一、以欢喜菩提等九种差别赞叹；二、宣说菩萨异名。

壬一、以欢喜菩提等九种差别赞叹：

不贪三业净，伏嗔勤胜德，
法不动见真，喜菩提菩萨。

1. 不贪五欲妙的受用而行持施舍内外事物的布施度；身语意三业无有不善，因此戒律清净；安住忍辱而胜伏嗔恨；精勤行持出世间善法殊胜功德的精进；以禅定一缘安住法中不动摇；以智慧见二无我甚深真如，如此行持波罗蜜多也是欢喜获得大菩提果，并为此修行，回向于它，为此称为欢喜菩提的菩萨。这一颂是赞叹六度清净的功德。

欲利无害见，堪受他害坚，
不放逸多闻，勤他利菩萨。

2. 想以布施利益众生；以持戒不害他众的生命及受用；无有以妄语欺骗等三门任何损害的见解或意愿或安忍而堪受他害；发起稳固不退的精进；安住寂静，无有散乱，不著禅味不放逸的静虑；以多闻妙法的智慧。如此即是以六度精勤利益他众的菩萨，因为行持一切波罗蜜多都是为暂时与究竟利益一切有情而回向无上菩提，这是从利他功德的角度赞叹菩萨。

知执过不贪，不恨瑜伽通，

三相无恶见，乃住内菩萨。

3．了知将受用执为我所的过患，无有实质，无常、苦、如幻，以贪恋受用的过失而转生恶趣，成为获得世出世间圆满的障碍等罪过后进行施舍；不贪欲妙的受用，弃家而出家守持戒律；对于他者所作损害不怀恨在心而安忍；精勤于大乘止观瑜伽；修行一缘等持而精通寂止相、受持高昂相及等舍相三相；具足无有我见等恶见的智慧。如此即是安住于内的菩萨，这是从真实安住于内的角度赞叹。

怀慈知惭德，受苦不贪乐，

正念入定性，乘不乱菩萨。

4．对于苦难众生怀有慈悯心能布施；安住知惭功德而守戒；甘愿忍受他者损害等痛苦；不贪恋睡眠、懒惰等自己的安乐而精进利他；恒常具足正念，不随散乱所转；恒常具足诸法远离有无边平等性的智慧，因此是极其入定的本性。如此即是于大乘中心不烦乱的菩萨，这是从于大乘道一心不乱功德的角度赞叹的。安慧论师的《注释》中此处，前三句是讲修行六度，第四句讲回向无上菩提。

除苦不令苦，忍苦不畏苦，

脱苦不计苦，承受苦菩萨。

5．依靠布施遣除他众贫穷之苦；依持戒不以杀生、偷盗等令众生痛苦；安忍自己的一切痛苦；为利他入轮回精勤利众生而不畏惧痛苦；获得静虑等持而解脱欲界痛苦及意苦；以智慧不分别痛苦相。如此即是承受痛苦的菩萨，这是从不舍苦难轮回及不以痛苦厌烦的角度赞叹。

不喜喜性法，诋法真勤法，

自在法无暗，首行法菩萨。

6. 不喜欢以悭吝不施舍的法；喜欢无过功德自性的戒律法；诋毁嗔恨法；真实精勤善法；以法自在等持的威力获得心自在；具足于诸法无有愚痴黑暗的智慧。如此即是首要行持真实法的菩萨，这是从不以财为主而以主要行持妙法的角度赞叹。

受用与调柔，守护与行善，

乐法不放逸，不放逸菩萨。

7. 虽有受用但不施他众，放逸积财守财最终受用会浪费，因此，为使受用有意义而施舍于他，即受用不放逸。不守护佛制罪与自性罪即是放逸，具足戒律三门调柔，不染佛制罪与自性罪，即称调柔不放逸，有些版本中有其他讲法，但按安慧论师的《注释》的译文，“调柔”更为准确。不安忍他害而还以加害即是不守护自他心，因此是放逸，菩萨不以他者作害扰乱相续，不还以损害反而报以饶益，则是守护自他不放逸的安忍。不是以懈怠不行善法的放逸，而是精进行持世间出世间善法不放逸。获得禅定安乐而无有著味之爱，即安乐不放逸。于诸法执为常乐我不空是放逸，无倒证悟无常等是法不放逸的智慧。如此即具足如理作意大乘法之不放逸的菩萨，这是从修行具有不放逸六度功德的角度赞叹。

不敬微过惭，不忍退失惭，
流散小见惭，他乘惭菩萨。

8. 虽然遇到乞讨者却不做布施，或者给以脸色、以谩骂不恭敬的态度布施，是惭愧之事，世间中富人前出现乞丐，如果他丝毫不布施还进行谩骂，便是惭愧之事。菩萨以悲心利他甘愿施舍一切事物，因此遇到乞讨者，不欢喜而远离，那不是菩萨的风范，是惭愧之处。菩萨对于轻微的佛制罪、自性罪也看得可怕并警惕，因此出现微小罪过也感到惭愧。菩萨能安忍一切损害痛苦，因此不安忍他人作害、相续烦乱，则是惭愧之事。菩萨不间断发起广大精进，如果从行持善法中退失而懈怠，即是惭愧之事。菩萨获得无量等至等持的心自在，身体处于愦闹中，心流散于外境，处于散乱中，是惭愧之事。菩萨自性具足智慧，是证悟了大乘法中所说二无我的智者，如果不离小见——仅仅的人无我、于法视为相状，则是惭愧者。如此不趋入修行声缘乘他乘即是具有惭愧的菩萨，这是从不求他乘的角度赞叹。

此他与等舍，具行得自在，
相应说大果，菩萨行饶益。

9. 以布施为贫困者施舍受用，所以是饶益此生，是布施所摄；将他们安置于戒律是饶益他世；以安忍不扰相续，不报以损害而平等饶益众生；具足作为其他众生之事助伴的精进或行持而饶益；以禅定获得神通等功德自在而饶益他众；以智慧随众生信解，而相应宣说五明、尤其内明三乘法来饶益。如是行持六度的大果是获得佛果，乃至虚空际间饶益有情，菩萨这般以因果行持饶益一切有情。安慧论师的《注释》中承许，此颂是归纳上面的意义。

壬二、宣说菩萨异名：

菩萨摩诃萨，具慧胜光明，
佛子佛陀基，能胜如来芽，
具力及圣尊，商主与胜称，
悲尊大福德，自在及具法。

以上这些也是从功德角度随同意义的名称，因此也成了功德的异名。一切菩萨的总称，如此宣说了菩萨等十六种名称。

1. 一心虔信二无我自性甚深所知的缘故，称为菩萨。或者修行无上菩提意乐坚稳的缘故，称为菩萨。

2. 摩诃萨，是指自在拥有大威力，一汗毛孔也能示现三千大千世界成坏劫等。

或者，欲求我获得无上菩提，称为菩萨，救度一切众生远离轮回苦，将他们安置于涅槃，由此称大菩萨。或者，从以大智慧住于轮回但不为轮回过患所染的侧面称为菩萨，以大悲为利有情发起无尽的精进，由此称大菩萨。或者，发心修行无上菩提，故为菩萨，他也具足如上所说的七大，因此为大菩萨。按照这些道理，这两者仅以反体而分的，实际菩萨、摩诃萨二者无有差别成为菩萨的总称。或者观待诸地，前前为菩萨，后后为大菩萨，信解行发心者为菩萨，得圣地者为大菩萨，不清净七地者为菩萨，住清净地者为大菩萨。无论如何，修行无上菩提之因——难行的无量波罗蜜多，获得难得之果——无上菩提，具有无怯懦的勇气魄力，所以取名菩萨。

3. 具足深广智慧的缘故，称为具慧。

4. 解甚深密意，法光放射十方，由此称胜光明或胜威光。

5. 不间断秉承如来种族，生于如来种姓的缘故，称为佛子。

6. 是成佛之因的缘故，称为佛基。

7. 能克胜自他相续具有的一切烦恼，由此称能胜。

8. 成为胜者佛陀之法——如叶如花如果般的三身、十力、四无畏等之因，由此称如来芽。

9. 能降伏魔众并越过无明习气地，由此称具威力一勇士。

10. 于一切世间中堪为最稀有的缘故，称为圣尊。

11. 能令入于轮回海者抵至涅槃城的缘故，称为商主。

12. 功德美名传扬于十方浩瀚刹土中的缘故，名为大称或胜称。

13. 具足不舍弃一切有情的大悲，所以称为大悲尊者或悲尊。

14. 具足布施等无量善根的缘故，称为大福德。

15. 自在拥有世间出世间一切圆满的缘故，称为自在。

16. 具足无罪无漏法的缘故，称为具法。

以上述共称的主要十六种名称为例，还有以无畏、勇士、坚稳、众尊等种种异名称呼。

辛二（从证悟菩提因果侧面赞叹菩萨名副其实之功德）分二：一、真实宣说；二、分类。

壬一、真实宣说：

证真证大利，证诸义恒证，
以及证方便，是故名菩萨。

1. 证悟了法无我与人无我的缘故证悟善妙真如。2. 证悟应成办自他大利的缘故为善证大利。3. 普皆证悟有为无为有漏无漏所摄的一切所知义。4. 并不是偶尔证悟、有朝一日将灭尽，而是于无余涅槃法界中智慧也不穷尽，因此是恒常诸时证悟。5. 证悟调化众生如何幻化如何说法等调化的无量方便。以这五种功德为特点，因此名为菩萨。

随我证细见，证悟种种识，
证非真分别，是故名菩萨。

梵语“菩提”是通达之义，“萨埵”是具有思维之义，如是赞叹符合思维、通达之定义的功德是总说。

此外，证悟的四种差别，即了知或证悟心、意、识三者，其中：1.“心”是一切种子阿赖耶识中出现一切器处、外境、身体相，它称为随我证悟，了知所谓我无有他法就是自相续阿赖耶识刹那持续，以染污意向内观缘于我而已。2. 所谓“意”是指染污意，它缘于阿赖耶而执著所谓的我，从属有五种遍行及我见、我贪、我痴、我慢四者。如实证悟善、不善、无记之心位遍行无覆无记，称为证悟细见，因为坏聚见是一切恶见与烦恼的因，所以是认清见的细微根本。3. 所谓证悟种种识，是指了知六识聚的自性，也就是了知境、根、作意三者所生的眼识至意识间六识缘于色等六境，连同从属心所，善不善无记、相应具足受的种种自性，称为证悟种种识。4. 证悟第八识，二取本无而分别为有，非真实的分别依他起的自性如幻如梦。由这四种原因，称为菩萨，这是证悟世俗现相之理。

证未证随证，证无实证生，
各别证未证，是故名菩萨。

1. 分别证悟世间人前所未证的无缘如虚空般的无分别智慧，即证未证。2. 以后得的智慧证悟诸法等同幻术等分别证悟它，即证随证。或者，了知未证悟无明等顺式缘起的道理是证未证，了知无明灭则行灭等缘起还灭，即称各别证随证。3. 证悟自相法不存在的遍计法，即各别证无实。4. 了知一切所取能取显现依他起以刹那方式产生，即各别证生。5. 了知凡夫异生前所未知的法性二空圆成实，即称各别证未知或未证。以各别证悟上述五种意义的缘故，名为菩萨。这也是从证悟二谛方式而言的。

证实无胜义，证诸义所有，
证所证证基，是故名菩萨。

再者，证悟二谛之理的其余五种差别：1. 证悟依他起识中产生显现三界一切所取能取，耽著它而持续感受痛苦，但所取能取实际并不成立，即证悟实无。2. 证悟二空自性圆成实，即证悟胜义。3. 证悟一切二现法仅是遍计，实际无有，即证悟显现二取的一切义。4. 证悟蕴界处等尽所有所摄的所有法，即证悟世俗。5. 证悟所证之境、能证之基证悟者及证悟三轮无缘，即证悟胜义。由证悟如是三自性及二谛五法的缘故，称为菩萨。

证成就证处，证胎证次第，

证悟除怀疑，是故名菩萨。

再者由了知五种差别而称菩萨：1. 证悟成就无上大菩提，即证悟所现前三身大密严。2. 证悟处是指最后有菩萨，了知住于兜率天饶益诸天人。3. 证入胎是指了知在赡部洲入于母胎并于彼处成熟有情。4. 证次第是指了知入胎后降生、于王宫享用五种妙欲、离开皇宫出家，苦行、于金刚座以化身示现证得菩提。5. 证悟成佛后能遣除众生怀疑而转妙法轮。以这五种缘故，称为菩萨，这是从最后有菩萨了知于密严刹土以报身所依现前大菩提后，以化身在赡部洲示现大菩提相的角度宣说。

壬二、分类：

具慧慧证得未得，善住证悟随证悟，

妙说无说有无我，未熟真实成熟慧。

从十一种分类的角度称为菩萨，是由了知、证悟十一种差别也称为菩萨。十一种差别，是指了知过去、未来、现在、内、外、粗、细、贤、劣、远、近。具体来说，1. 具慧菩萨了知过去法，称慧知已得，因为过去那些法各自实法已经得到。2. 证悟未来将生的法，即是知未得，因为那些法现在自实法还没有成立或尚未获得。3. 证悟现在法，称为善住，因为已生未灭。4. 菩萨以自己的智慧证悟无常、痛苦等，是知内，因为证悟内在自心。5. 由其他善知识宣说的因中了知，是随外缘而证悟。6. 善妙宣说诸法自相共相的智慧，是依靠名称、词句、文字的粗大证悟。7. 内在入定的智慧是无可言说无分别安住的细微证悟。8. 七地前有我执之细微因的缘故，是有我智慧，是平庸道的下劣证悟。9. 八地以上无分别智慧任运自成，也就无有我执的细微因，因此是无我智慧，是善妙证悟。或者，有我是信解行地的证悟，因为没有断除所取能取分别，圣地断除了所取能取，所以称灭我证悟。10. 未成熟慧，是指七地以前的智慧，因为没有获得无勤任运的无分别智慧，所以是远智慧。11. 八地以上的智慧称真实成熟，无分别智慧不需勤作而任运自成，所以是近智慧，因为接近佛地。或者信解行地与圣地分别称为未成熟与成熟。

大乘经庄严论中第二十功德品释终

第二十一 行为究竟品

戊六（行为究竟品）分四：一、菩萨之相；二、受生之理；三、住地之理；四、以赞叹究竟功德宣说。

己一、菩萨之相：

慈悲说爱语，坚稳与伸手，

决定解密意，此等具慧相。

如同由烟的相了知火一样，推知是位菩萨，是依靠修行六度及随同五相的那些相，从中可知“这位是菩萨”，属在菩萨之列中。五相是指：具足慈悲摄受众生；言说世间与法语的爱语；不因任何畏惧痛苦而怯懦，坚稳利他；恒时伸手布施一切事物；决定解释经典密意。这五种即具慧菩萨的相。

摄受得信解，不厌摄集故，

意乐加行中，可知五种相。

也就是说，以悲心摄受有情，以爱语获得信解，以坚稳而不厌倦痛苦，以伸手及解释密意二者，能以财施、法施摄集众生的缘故。由初者的意乐、后四种的加行中可了知五相。

大悲自性具足意乐与具足加行中，由善意乐引发，将众生安置于善法的利意乐，遣除三恶趣等痛苦安置善趣安乐的乐意乐。具足加行，依靠这样的利乐意乐，三门将众生安置于利乐。具足这种就称为大悲菩萨。爱语的自性也有两种，即世间语言及说法语的自性。世间语言的自性也有两种，令皆大欢喜之语、面带微笑问候安康等真实使人欢喜之语言，以及说子孙满堂、高朋满座或者财源滚滚、五谷丰登等合心的欢喜之语。法语是指以宣说波罗蜜多、菩提分法等令众生获得善趣与解脱。坚稳是指以等持、精进、智慧三者的威力成为具坚稳与安忍特性者，不因任何痛苦恐怖而畏惧怯懦，具足不退转威力。伸手，是指广大布施与无烦恼布施两种。其中，广大布施是指：头颅手足等内在之物、转轮王位的受用外在之物也尚且能布施更何况说其他，不是微小而是广大布施；无烦恼布施：不施予有害他众的毒、刃等而无有悭吝不求回报布施清净物。解释密意之自性：由于具足四无碍解而如理证悟意趣与秘密等，无谬传讲甚深意义。

悲心之五种对境：痛苦者、杀生等邪行者、放逸者、入邪见者、未断烦恼随眠的一切异生凡夫。爱语的所依或对境也有五种：真实说“身体安康”等问候之语；说广结亲友、广增财源之语能令人欢喜；说救护怖畏之语能安慰别人；没有特意祈求也承诺作为他人行事之助伴、提供机会；宣说善趣与解脱的方便法，真实授教。坚稳的所依或对境也有五种：轮回的痛苦、众生邪行、时间长久、对方反驳攻击、学修广大学处。伸手之处或所依也有五种：布施如上所说广大事物、无有偏堕而布施、恭敬而布施、无烦恼而布施、不求回报异熟而布施。解释密意之所依或对境也有五种：如来甚深经藏具甚深现空与顺逆式缘起所依为第一；有关戒律也精通堕罪与起堕所依，为第二；诸法自相与共相为第三；辨别经的具密意的名句为第四；分析诸法不同词句为第五。

具悲心之果：今生无有怨敌、安住快乐、他世转生善道。爱语之果：断除四种语不善业而于生生世世语言有力，他的语言为人信受。坚稳之果：今生不失毁受用，以安忍摄受自他，他世究竟不退菩萨行。伸手之果：今生饶益他众，其果于他世自己获得广大受用，圆满菩提资粮。解释密意之果：今生是以传讲三藏遣除别人的不悟、邪见与怀疑，他世也将精通五明。

五相如是次第解说：首先以悲心之因说爱语，以悲心善说，不厌烦轮回痛苦，具有坚稳而以财物摄集，以解释宣说正法密意令众生成熟。

若问：这五种以什么波罗蜜多所摄？

悲心是依靠种姓种子而串习四无量的禅定波罗蜜多所摄；爱语以断除粗语等的戒律波罗蜜多所摄；说法语以智慧所摄；坚稳是精进、安忍与智慧波罗蜜多所摄；伸手以布施波罗蜜多所摄，解释密意是禅定与智慧波罗蜜多所摄。五种作用，依照经论中所说前文已解说完毕。如此悲心等前三者通过具足、后两者是对众生增上的意乐，思维将他们安置于有余涅槃而利益称为利增上意乐，因为具有无烦恼所害的利益。思维将众生安置于无余涅槃是乐增上意乐，因为当时具足远离生老等一切痛苦的安乐。所以，悲心等五种归纳宣说为利、乐增上意乐中。增上意乐的分类，以下文“不净净极净……”宣说，增上意乐的作用以“摄眷具慧者……”宣说。

己二、受生之理：

菩萨于恒常，在家成轮王，
生生世世中，利益诸有情。

以慈悲心对众生增上意乐坚稳的菩萨，并非如声闻一样背离轮回，而是不舍轮回、为利有情反复受生成熟有情，所依身份示现在家、出家为主的种种投生。菩萨有些时候恒常辗转成为在家转轮王，于生生世世中，使众生成熟于善法中而利益他们。

诸地具慧者，出家由受得，

及以法性得，余示出家相。

一地等诸地具慧菩萨也于出家亲教师轨范师前以呈白四羯磨受戒而得戒，具足由法性所得的无漏戒，另外幻化身示现出家相。

诸位出家者，功德无有量。

精勤持戒者，胜在家菩萨。

在家人散乱、贪嗔等烦恼痛苦极多，诸位出家行人，具有遣除罪恶的无量功德，依佛陀所说，以越过泥沼、越过瀑流、越出不净处与火坑之类种种异名赞叹。为此，精勤持戒的菩萨，身份超胜在家菩萨。

诸地坚稳者，他世令悦果，

此生令行善，欲令得涅槃。

菩萨受生轮回之因：是想利乐有情的增上意乐，因此解说它。信解行地与十地——一切地，坚稳菩萨欲求将众生他世间或后世安置于可爱悦意的乐果中，即是乐意乐。欲求今生令他们行持无烦恼的善法为利意乐。欲求究竟将他们安置于有余无余涅槃，如上所说，是利乐意乐，想将众生安置于快乐为乐增上意乐，想令众生无烦恼为利增上意乐，总之，就是欲求使一切众生得到暂时与究竟的利乐，即称为增上意乐。

不净净极净，许众生意乐。

增上意乐的分类：信解行地，没有现量证悟法性由耽著见所断二取，因此称为不清净增上意乐；一地至七地间称为清净增上意乐；不退转三清净地，称极清净增上意乐。承许这是诸位菩萨对一切众生如是增上的意乐。八地等之所以称为不退转地，是因为获得八地以后不可能再退转到有勤作相。如此就众生而言，有利增上意乐与乐增上意乐两种，就自相续而言，有不清净、清净、极清净三种，这是增上意乐的五种分类。

诸地具慧者，发愿心平等，

成为君主者，集眷普摄持。

诸地的具慧菩萨依靠增上意乐而摄集众生即增上意乐的作用，也就是在信解行地以发心发愿“将一切众生安置于涅槃法界”来摄受一切众生。从得一地起便获得自己与一切众生平等心，因此以平等心普皆摄受。成为尊主而普皆摄集：成为转轮王等有权有势的君主并以财物饶益有情，将他们安置于十善业来摄集。引导眷属会众而摄受：转成眷属的轨范师亲教师通过传法而汇集弟子眷属会众，而普皆摄受有情。如是以四摄摄受众生。

承许具慧者，以业以愿力，

以及等持力，自在而投生。

菩萨受生之因有四种：1. 具慧菩萨的投生，住信解行地者，大多数投生都是由业力的因而投生，他们心没有获得自在而不一定能以意乐及愿力无疑投生，虽然偶尔也会有如愿投生的情况，但主要是以积福德资粮的业而转生于利益自他之处。2. 此外，以愿力投生：一地二地的菩萨以愿力投生，发愿为利天界、人间、旁生、饿鬼、地狱某处有情而如其发愿投生，诸如出现大饥荒时，为遣除众生的饥渴而受生为鱼、大象等身体而以自己的肉满足众生。疾疫劫，受身为遣除当时疾疫的众生身体，让患者吃它的肉而摆脱疾病，还有变为成就明咒者、大医生的身体而止息有情的种种疾病。诸如此类，受生种种，如《宣说如来身密经》等中所说。3. 三地至七地间的菩萨以等持力受生，他们依靠心的等持极其堪能而获得第四禅，但他不投生到色界而投生欲界，如愿以等持力受生。4. 安住八地、九地、十地的菩萨有示现转生某某处的自在，因此承许是自在投生，他们也以化身示现从兜率天入胎等，示现种种投生。如《十地经》中讲八地时说："如是获得成就身智，于不可言说又不言说劫中加持寿命故尽得寿自在；趋入极证悟等持之智慧故得定自在；真实示现由众多饰品装饰庄严一切世界之加持故得资具自在；示现业如时成熟之加持故得业自在；示现投生一切世界故得投生自在；随意于某佛刹某时真实示现成佛故得愿自在；真实示现一切世界遍满佛陀故得信解自在；于一切佛刹真实示现神变故得神变自在；真实示现如来之力、无畏、佛不共法、相好及真实成佛故得智自在；真实示现无有中边之法光明故得法自在。"其中宣说了获得十自在。

虽然信解行菩萨也有以愿力投生的情况，但大多数是以业力投生；虽然入一地二地者也有以等持而投生的情况，但大多数是以愿力投生；三地至七地间以等持而投生；清净地获得十自在者自在投生。如是菩萨以投生四因而受生种种生处时，心有下品、中品、上品清净，是由地的次第所成。

己三（住地之理）分二：一、略说；二、广说。

庚一、略说：

法相人学处，蕴及成就相，
释词与获得，安住即地者。

以八种意义解说十地，是哪八种呢？地之法相、行者、学处、蕴、成就、相或因、释词、获得来解说所住之处的地，就像所住的大地上产生、安住有情及草木等无情法称为地一样，由菩萨的心下品、中品、上品清净的差别中出生世间出世间的一切功德，因此称为地。

庚二（广说）分八：一、地之法相；二、住十地之行者；三、十地者能圆满学修三学之理；四、诸地如何清净无漏五蕴之理；五、安立成未成就功德之理；八、得地。

辛一、地之法相：

殊胜证空性，诸业不虚住，
安住于禅乐，其后生欲界。

一地现量证悟人无我与法无我，因此殊胜证悟空性是一地的法相。关于获得一地者，《十地经》中云："意乐增上意乐坚稳，以定力慧力分析辨别，证悟三时等性。"由证悟人无我而使意乐非常坚稳，由证悟法无我使增上意乐非常坚稳。再者，由证悟人无我而以定力善妙辨别，由具足证悟法无我的智慧而以慧力极其分析辨别，由证悟三时诸法于空性中一味的法相而称为证悟三时等性。

如此得一地后获得二地时，照见善不善一切业的乐苦异熟果不虚存在而于一切时分唯行十善业道，甚至梦中也不造不善业道，因此二地的法相安立为诸业不虚。如此二地者完全断除了杀生等业，连害心分别念也不会产生，更何况说直接以身体造恶业？心想，所有恶趣众生堕入颠倒都是由十不善业道所生，因此我要安住真实行善，将他众安置于真实行善等，如经中有广说。

三地者的法相：安住四禅安乐，不失禅定的同时获得静虑等持，之后投生到欲界。经中云："彼不间断真实随见如来智慧，证悟诸行具众多损害，于众生如是有十种心之意乐，何为十种？无怙、无依之众生意乐……听到彼等法后，自心决定思择，独自去往静处等，成就一禅二禅三禅四禅，生起静虑、解脱……"如其广说。

复次菩提分，回向于轮回，

内心无烦恼，成熟诸有情。

接下来是四地的法相：以智慧现行菩提分法，以大悲普皆回向于轮回。

另有人反驳说：菩提分法是出离轮回之道，它怎么会普皆回向于轮回成了轮回之因呢？

答复：比如，没有以方便摄持的毒成为死因；以方便执受的毒变成药。同样，修行没有以大悲方便摄持的菩提分，成为出离轮回的因；修行以大悲摄持的菩提分则成为投生轮回之因，因为不背离轮回的菩萨修行菩提分也是以大悲为利众生修行，成为不背对轮回而面对轮回之因，因此《注释》中说普皆回向轮回。如经中也说："奇哉，诸佛子，住发光地之菩萨具足普皆修行、正知正念，断除世间贪心与意苦，于内在身体随观身安住……彼等也是依于正视一切众生之夙愿，以大悲为先导具足大慈……"

五地的法相：心无染污，成熟众生，此地具足修行烦恼的对治四圣谛，而无有贪等烦恼，精通种种经典、工巧明，以三乘成熟众生。如经中说："生起正念、智慧、证悟之心力而作意不退转，依此真实如实尽知此谓苦圣谛……真实精进寻求殊胜法，于此世间真实运用文字、典籍、历算、法律等。溯源、医疗、风干、尊崇、驱魔、去毒、除起尸行、咒语、舞蹈、言论、乐器、故事凡喜闻乐见之事。直至凡是利乐一切有情之事，大悲尊者为逐渐将众生安置于菩提均真实运用。"

故意而投生，随护染污法，

与一行道系，唯定无相道。

六地的法相：为利有情特意投生轮回之处，修行缘起法而防护染污法，不为其所染而安住。也就是说，住六地的菩萨投生三界并不是以业和烦恼所感不由自主转生，而是以福慧大资粮所摄持不失正念正知为利有情投生于此处，特意投生，多番安住修行缘起法而防护、不染烦恼。如经中广说了如是思择诸法时，以大悲为先行而观世间生灭，一切由非理作意耽著我而造业的道理。

七地的法相：安立为与一行道相系，唯一决定为无相。一行道是指八地，没有达到八地之前菩萨各自相续的勤作等不同，因此经行不一，获得八地后无分别智慧平等性任运自成，无有勤作及不同相续的相执，因此经行同一，如同百川汇大海成为一味般。与一行道相系，是指七地，因为它紧接着就获得八地。获得七地时，通达经等诸法之义、无相一味，是均唯一决定为无相的道。经中云："奇哉，诸佛子，譬如染污不清净世间界、极清净世间界二者之间，除非愿力、方便力、妙慧力、神通力及大威力以外，随便不能逾越。奇哉，诸佛子，如是菩萨混杂行及普清净行之间，也除非愿力、方便力、妙慧力、神通力、本智力及大威力以外，随便不能逾越。"这是七地与一行道相系之义。一律决定为无相之义。经中云："如是住七地时远离相状而显现身之无量事业，远离相状而显现语之无量事业，远离相状而显现意之无量事业，以极其清净无生法忍显现无量相。"

无相任运成，清净诸刹土，

其后则成就，成熟诸众生。

八地的法相：无相任运自成、无有勤作动摇，佛土也清净，由此理安立其法相。住八地时，无相无分别智慧无勤任运自成，修成佛土器情普皆清净，经中云："奇哉，诸佛子，具如是忍之菩萨，获得菩萨不动地即刻，菩萨之难知不共甚深处、离一切相、去除一切想执无量，一切声闻、缘觉不可夺之寂静、一切寂静均得以现前。奇哉，诸佛子，譬如具神变等广大功德之比丘……"其中作了广说。入于灭尽定无有动摇分别及想同时远离一切想之勤作与所作，如同睡眠之人梦到被大河冲走，如果尽最大努力从中解脱而醒来，就会立刻远离那种功用。同样，菩萨思维救度被烦恼四大瀑流所冲的有情而尽最大努力，但获得八地即刻远离一切特意所为勤作之因，如同去往大海的船在没有到海上之前要特意运行前往，到了海上之后由风轮汇集而无需刻意运行而行往大海范围，同样，到了八地后无勤趋入遍知智慧，以先前刻意造作的业不能成办。

如是依靠无分别等持任运自成的威力无有勤作清净刹土等，如经中云：“真实修行生无量、清净刹土无量、成熟众生无量……”

获得八地之后九地的法相：安立为以获得四无碍解无碍说法成办成熟有情。关于此理，经中也说：“住于菩萨善慧地之菩萨，广行说法，护持如来法藏，精通具足说法之理智慧无量故。菩萨之言词以四无碍解真实成就而说法：以法无碍解尽知诸法自法相，以义无碍解尽知法之分类，以词无碍解尽知无杂宣说诸法，以辩无碍解尽知诸法同相续不间断……”其中作了广说。

等持与总持，菩提清净性，

依此等安立，当知地法相。

十地的法相：安立为获得无量等持总持门。得十地时，获得菩萨的“无垢等持”“大乘光明等持”等无量等持门，那些等持成为产生神通等众多功德之因或处门。如是获得无尽宝箧总持、无边门总持等无量总持门，那些总持成为不忘受持佛语句义及为众生说种种正法之因，因此称为门。经中云：“奇哉，诸佛子，菩萨具如是智慧，得受灌顶，现量成就菩萨‘无垢等持’，现前‘现今出世之佛陀现量安住菩萨等持’……住此十地之菩萨获得菩萨解脱门等百千无数无量解脱门。如是获得百千等持及百千无数总持。”

十一地佛地：安立为永断二障及习气，具足尽智无生智的大菩提极其清净的法相。《解深密经》中云：“断除有壳之习气而称一地二地；断除有膜之习气，故为三地以上；断除如来藏具有之习气，无有一切随眠之处，我说为佛地。”应当了知如是这些安立，就是一地至佛地间一切地的法相。

辛二、住十地之行者：

菩萨见清净，戒极净入定，
断法慢相续，染净异慢无。

住一地之行者，称为见解清净菩萨，因为他具足证悟二无我的无分别智慧。

住二地者，称为戒律极清净行者，因为他连细微堕罪也不产生。

住三地者是恒常入定行者，因为他无论转生任何生世都于所得静虑及等持中不退失。

住四地者是断除于法有我慢的行者，那也是因为在三地时恭敬法与寻求法如是具足极观察的智慧而日夜闻法、求法、思法、随法修行，为正法丝毫无有不舍的内外之物，没有不恭敬承侍说法者及不实修的情况。于法及说法者以难得及稀有之想极其恭敬，而丝毫亦无有不敬、骄傲。譬如，假设有些人将你抛到遍布燃烧熊熊火焰之大火坑中，身体正感受苦受，我若说‘要为你宣讲佛所说菩萨之清净行法偈’，彼菩萨为了佛陀所说之菩萨清净行一句法亦愿越过三千大千世界充满大火至梵天界而舍弃自己，更何况说平常火坑？纵使领受地狱有情之一切痛苦，我也当求法，更何况说与火苦相伴？”获得四地时，以强烈意乐如是求法，这也是散乱与我慢心，因此主要修行法义菩提分法而断除认为我励力求法的我慢，为此是于法断除我慢的行者。

住五地者，称为无有相续异体之我慢的行者，那时获得十种心之意乐清净平等性，通达三时佛陀的相续、三时如来之法、住五地菩萨的相续及其法于清净等性中无二无别，因此是无相续差别我慢的行者。关于十种意乐清净平等性，《十地经》中讲五地时云："奇哉，诸佛子，四地菩萨，地道已圆满，由菩萨五地趋入，以十种心清净平等性趋入。何为十种？过去佛之法意乐清净平等性、未来佛之法意乐清净平等性、现在出世佛之法意乐清净平等性、戒律意乐清净平等性、定之意乐清净平等性、遣除见解犹豫疑惑意乐清净平等性、了知道与非道意乐清净平等性、了知励力断除意乐清净平等性、渐次向上修行菩提分法意乐清净平等性、成熟众生意乐清净平等性，共有如是十种。"其意义也就是，过去佛陀等佛法清净，如是得五地的菩萨也如我等不久将清净佛陀之法、三学等。获得如是意乐。

住六地者，称为无有染净异体我慢的行者，安住六地时获得十种法平等性而证悟缘起空性，因此证悟了于空性中无有以无明之缘产生行等安立为黑品、无明灭等安立为白品这两种安立，一切均是无生空性法相中一味，无有染净异体的我慢或执著相。所说的以十法平等性趋入六地即是如此，"诸法无相平等性与无法相平等性，如是诸法无生平等性、未生平等性、远离平等性、本来清净平等性、无戏论平等性、无取舍平等性、与梦幻眼华回响水月影像幻化平等性、实无实非二平等性"。

刹那获得慧，净土善熟众，

大力身圆满，善巧示灌顶。

住七地者，称为刹那获得修慧能生佛陀诸法之因菩提分法的行者，如经中云："奇哉，诸佛子，如是住菩萨远行地之菩萨圆满十波罗蜜多，也将圆满四摄事、四安住、三十七菩提分法、三解脱门，总之将刹那圆满一切觉支法。”

住八地菩萨，称为安住等至、清净刹土之行者，因为安住于不分别任何相任运自成等持中而安住无有勤作的等至，修成佛净土，如经中所说，以入于大海之船的比喻无有勤作、加持一切世间界以一切饰品庄严极其美妙。

住九地菩萨称为善巧成熟众生的行者，因为获得四无碍解而善巧为一切众生广泛说法令其成熟。

住十地菩萨，获得大神通力，获得法身之因总持等持身圆满，善巧示现住兜率、入胎至现前证得菩提等佛陀的相，称为蒙如来以大光明灌顶的行者。经中云：“真实成就获得百千神通，若欲求，则加持狭小世界成广大、广大世界成狭小……十解脱门……百千无数解脱门。如是获得等持总持门。住此法云地之菩萨于一世界示现从住兜率天，降天，入胎……现前菩提，经祈请而转法轮，直至大涅槃地之间如来的一切相，随众生意乐，应机调化而作加持。”此外，又云：“刚刚现前彼地，即刻从等同千万三千世界面积之珍宝大莲花王中出生……如具相转轮王长子，安坐金床上，陈设种种饰品，伴随妙音乐声，以金瓶用海水灌顶，入于国王王族灌顶之列。如是菩萨亦蒙佛陀出有坏以大光明灌顶，即刻真实授权智慧，故称灌顶。依此步入真实圆满十力的佛陀之列……”其中作了广说。

辛三、十地者能圆满学修三学之理：

证悟诸法性，于此随学修，

增上戒定慧，智慧二行境，

法之真实性，入不知知等，

智慧行境故，二地住有彼。

一地现量证悟法性谛，是能清净一切学处的所依基础。于此其他地时，二地学修增上戒学，梦中也不会梦到破戒情形，更何况说真正破戒？由此是戒律极其清净。三地学修增上定学，因为不失获得静虑等持。四地、五地、六地主要学修慧学。四地有修三十七道品的殊胜智慧。修菩提分的智慧行境有两种：五地学修法的真实性及四圣谛；六地以智慧如理趋入不知缘起之义的无明等顺式产生、以了知力灭除无明而使行灭等还灭之义。智慧行境是四谛与缘起，因此，这两者是五地与六地这二地具有的。

学修及修行，余有四种果：

无相有行住，是为第一果；

真如无现行，清净诸刹土，

承许第二果；成熟诸众生；

等持及总持，成就微妙果。

此等四种果，真实依四地。

后得学修三学与入定修行无分别智慧，另有四果：安住无相也是有行安住，七地是第一果。无现行而任运自成无相真如与清净佛土的八地，承许是第二果。九地以四无碍解说法成熟有情，是第三果。成就等持总持的最后十地是第四果，是成为一切地之顶的微妙果。如是这四种果，真实依于七地至十地间的四地。

辛四、诸地如何清净无漏五蕴之理：

尽证法性已，于此净戒蕴，
其后则清净，定蕴及慧蕴。
此外诸余地，解脱四种障，
亦解质碍障，清净解脱智。

一地证悟法性时，无漏蕴是一切的所依，证悟此理后于此二地，清净戒蕴。二地之后三地清净定蕴，四、五、六地清净慧蕴如前。除前面这些地之外，七、八、九、十其余四地，清净解脱四障的解脱蕴，七地等四地，对刚刚所说获得无相、无行、成熟有情及总持等持四果成为障碍的，是产生细微相、勤作、没有获得成熟有情的无碍解、总持等持没有获得自在，依次在获得七地等四地时，解脱那些违品障碍后，连细微相也不生等，因此这四种是清净解脱蕴。佛地以金刚喻定无间道摧毁细微所知障二现迷乱习气，因此也解脱了质碍一切所知法的障碍，是清净解脱智蕴。如是七地至十地间，安立为清净解脱蕴及佛地清净解脱智蕴。

有人辩论：如果解脱是断除障碍的抉择灭无为法，那么它安立为蕴怎么合理呢？

梵语“布莫德”（音）译为解脱，此术语涉及除去与信解两种法相，此处运用于信解，安立为蕴，这是《注释》中宣说的。虽然解脱了诸行流转，但无勤作任运自成而具有智慧，因此与灭尽所断的无遮断空不同，从解脱障碍的智慧性的断功德角度可以理解是蕴。

辛五、安立成未成就功德之理：

当知一切地，未成就成就，

成就亦承许，未成就成就。

应当了知，信解行地与十地共有十一的一切地，摄集于未成就与成就这两种中，是指什么呢？信解行地虽然安立为地的名称，但没有进入圣地，因此称为地未成就或者未成就地，因为没有证悟法界遍行的法相而没有成就见谛。一地以上是成就地，因为见到法性谛而成就出世间的圣者并且现行成就各地所证。十地的成就也观待功德大小而承许为未成就与成就地，不清净七地有勤作，因此不是无相瑜伽任运自成的缘故，称为未成就地；三清净地无相瑜伽无勤任运自成的缘故，称为成就地。

当知成就地，作意依安立，

了知是分别，彼亦不分别。

应当了知，要成就那些圣地，对于每一地的功德是什么、它的所断过患是什么、它的所修之法是什么，要依照如何安立心中明了呈现，对于上地的功德是怎样、能获得它的法是什么均加以作意，即称为作意依安立。比如，要成就一地，就要作意一地的功德与它的所修，作意一地具有所要获得二地的诸因法，就是作意安立。关于作意一地的功德，如经中云："奇哉，诸佛子，众生极积善根，极积资粮……"一地者作意它是所得二地的因，如云："奇哉！诸佛子，如是菩萨于一地极修行，彼是真实信解二地，生十种心之意乐。何为十种？正直意乐、柔和意乐、堪能意乐……"或者为证悟每一地的意义，思维作意名称、词句、文字所说，即是依安立作意。作意地安立而成就时，应当了知地及其一切安立唯是自心本身显现那些，除此之外的意义不成立，了知那些地也是自己的思择分别念，因此无有所取。认识到如果无有所取就不成立能取，从而不分别能取，因此应当了知无有所取能取。

各别自证故，佛陀行境故，

修行一切地，成就不可思。

如是了知各地之作意与它也唯自心、无有所取能取，因此成就一地等其余一切也如是修行而成就各地。这样修地与成就是一般人不可思议之事，因为诸地是圣者所得的各别自证，再有那些地的安立也是佛陀行境之法的缘故。应当了知修行一切地，及修行究竟成就也是异生凡夫与声闻、缘觉不可思议之事。如《华严经》云：“犹如空中之鸟迹，极难观见无法言，如是善逝佛子地，以意心境无法知。”

辛六（得地之相）分二：一、真实相；二、具相地之功德。

壬一、真实相：

有现及信解，不怯不软弱，

不仰仗他者，一切尽证悟。

如同通过水鸟可知有水、以烟可知有火一样，宣说以什么相可知获得何地，前文的五相是得地与未得地菩萨的总相，此处是宣说得地者的十相。得某某地心中有现量明现其所断、所得、修行的诸法，对所得上地有信解并欲求，是第一相。因见谛而对深广诸法不畏惧不怯懦，是第二相。对于任何寒热、劳累等及施舍头颅肢体等苦行及痛苦，心不软弱、无有厌烦、永不退屈，是第三相。依靠二资粮的威力，自己已经证悟法性，成就各自地不需要依靠别人宣说，因此传讲其安立及修行意义，不仰仗他者，是第四相。获得一地时，也获得善巧证悟成就其余一切地的所有安立，入定以安住无分别智慧的威力、后得以清净世间的智慧了知成就其余地的方便，因此能成就各自地之上地的方便。一地趋入二地的方便是正直及柔和等十种，二地趋入三地的方便是清净意乐与不动意乐等十种，这般完全精通诸地成就上地的方便安立，即是第五相。

于诸心平等，无转无贪爱，

知方便生眷，承许是众相。

对无边一切众生与自己无有差别的心获得平等，是第六相。无有引领即可入地，具足圆满的福德资粮与证悟诸法空性的智慧资粮，也无有贪嗔，因此不以赞叹及安乐而骄傲，不以不赞与痛苦而心怯懦或畏缩，不随任何外缘所转，即无引或无转，是第七相。入地者具足出世间佛菩萨的圆满财富，因此视梵天、帝释、转轮王等的受用也如不净物般而无有贪爱，舍弃那些、施予他众而出家，是第八相。真实了知成就无上菩提之方便的三轮无分别智慧，是第九相。除为利众生以愿力于佛不住世的世界投生外，生生世世转生佛眷属中，是第十相。

如是承许这十相是住于所有十地菩萨总的相。

不仅仅是这十种，而且每一地也有获得十波罗蜜多的十六相：

并非无希求，无贪恼嗔怠，

无非慈悲意，恶慧不可夺。

所有地，对修行十波罗蜜多也并非无有希求心，而有最殊胜的希求心，这是总说。分别而言：

1. 一地获得完全清净的布施度，而对身体受用无有贪恋；2. 二地以完全清净戒律而连梦中也不行十不善业，无有加害损恼他众之心；3. 三地以完全清净的安忍度根本无有嗔恨；4. 四地以完全清净的精进度而无有懈怠；5. 五地以完全清净的静虑度具足四无量而无有非慈悲的意乐；6. 六地以完全清净的智慧度完全不被恶慧思量常乐我净的恶分别或颠倒分别及实执的分别念所夺取。如此六度对应六地有六相。所有十地，虽说每一地着重修行布施至智度之间的一度，但实际一切地都有修行十度。这以上的六种算法在《大疏》中不是特别明显，也见过其他注释中有个别不同算法。

无散乐不夺，不为痛苦害，

依师勤闻法，精进供养佛。

7. 七地获得完全清净的善巧方便度，因此不会以声闻、缘觉的心思而散乱；八地获得完全清净的力度；8. 不被贪恋安乐所夺；9. 不为痛苦所害，于平等性无分别智慧任运自成中不动摇的同时示现梵天、帝释、转轮王等，刹那舍弃刹土微尘数身体也无分别；九地以愿度；10. 亲近依止佛菩萨善知识；11. 精勤闻受一切法门；12. 向十方所有刹土的本师佛陀精进供养花香等无数无量供品。

了知胜方便，真汇广大福，

共同一日中，回向圆菩提。

生善恒行善，神通功德戏，

当知彼佛子，最上功德藏。

13．了知能成佛的殊胜方便，三时自他所积真实汇合为一、极其广大的一切福德，与其他一切众生共同而于一日中也普皆回向无上圆满菩提；14．以愿力转生善妙处；15．以力度胜伏一切违品，恒常唯一行善。这三者主要对应七地、九地、八地，虽然是因，但转生善妙处与恒常行善摄集为一，所以算为一个。

16．十地以完全清净的智度依靠神通等功德游戏，示现一微尘也遍布浩瀚世界而示现广大，示现浩瀚世界也入于一微尘范围而示现微小，幻化种种游舞。应当了知，十地佛子是以广大总持、等持等功德住于其他一切菩萨之上的功德藏。

诸地也是如此这般主要修行各波罗蜜多及彼等大部分波罗蜜多的功德相，但所有十地都有修行十度，因此应当了知各地均有十六相的部分。

壬二、具相地之功德：

诸地一切时，具慧之功德，

承许止与观，二俱五本性。

于圣者的所有十地，一切时分，具慧菩萨那些地的功德，承许有依于寂止方面的两种、依于胜观方面的两种以及依于止观两方面的共同一种，即五种本性。依于寂止方面的两种功德：以寂止心堪能的威力，每一刹那也能摧毁灭尽成为烦恼障、所知障随眠的一切习气所依，是第一功德。信解行地的止观能削减习气相而不能从根本上摧毁，一地以上一一刹那从根本上摧毁。如是远离有色无色、有为无为等异体法之种种想，品尝到心一缘安住无相的法喜，是第二功德。这两种成为寂止方面的功德。

成为胜观方面的两种功德：虽然诸法于无相中一味，但获得十方三时所知法光明教法的无量安立无偏颇的法光明，是第一功德；未经思择也会真实显现与清净时随同的诸相，是第二功德。

属于止观二者的共同一种功德，是指越来越向上受持解脱断障与证悟法身之因。

关于这五种功德的本体前文也已解说。这五种功德是菩萨以内在自我领受所了悟，因此也可作为地之相。安慧论师的《注释》中只讲了三种功德，以下没有宣说。

辛七、释词：

见近于菩提，成办众生利，
生起极欢喜，故名极喜地。

见到自利接近决定获得无上菩提，能成办其他众生利益，生起极度欢喜，因此一地称极喜地。

离破戒勤垢，故名无垢地，

放法大光明，故名发光地。

二地，远离破戒、勤作作意下乘之垢的缘故，称为无垢地。

三地，以等持力获得无量法，对他众也放射出正法大光明，因此称为发光地。

如此菩提分，具有尽焚焰，
彼地焚二障，是故名焰慧。

四地，如是修行菩提分法而具有能焚烧烦恼障、所知障的光焰，由于四地能焚毁二障，所以称焰慧地。

成熟诸众生，亦能护自心，
具慧行难行，故名难行地。

五地，证悟四谛而能成熟一切有情，安忍一切众生邪行，也能防护自心，这两种是难行，由于具慧者难行能行，所以称为难行地。

依于般若度，复次现前此，
轮回与涅槃，故名现前地。

六地，依靠般若波罗蜜多而现前顺式缘起的轮回与还灭的涅槃这两者的自性，而不住轮涅，因此称现前地。

随系一行道，故许远行地，
不为想动摇，故名不动地。

七地，与一行道八地相联，与其接近，是它前面的无间阶段，勤作修行究竟的缘故承许为远行地。

八地，不被六地以下的相想及七地无相有勤作想所动摇，无分别智慧任运自成的缘故，称为不动地。

无碍解妙慧，故名善慧地，

如云遍法空，故名法云地。

九地，具足四无碍解的殊胜善妙智慧，因此称善慧地。

十地，如同大云遍布虚空般，无量总持等持如大云般周遍心相续法界虚空或整个范围，因此称法云地。

于行种种善，欢喜恒安住，

菩萨之诸地，承许名为处。

若问：这十地是菩萨所安住之处的意义是如何的呢？对于修行某地及其所摄的二资粮无量种种善法，以十分欢喜的心态一切时分恒常安住的缘故，菩萨的一切地承许名为处。

为什么叫地呢？

无量无畏故，不可估量故，

后后胜进故，彼等许为地。

梵语“布莫”（音），如同世间中大地是无量大种、有情、草木林苑等的所依，依靠它无有堕落的怖畏，作为境域与行往其他行境的基础。同样，菩萨诸地也成为无量所化众生的所依处，是令无所畏惧之处的缘故，成为上上地无量功德的那些分位后后越来越向上行进的所依，因此菩萨的那些处承许名为地。

辛八、得地：

得地有四种，即是以信解，
趋入诸行为，证悟及成就。

得地有四种，对大乘义获得信解是信解行；获得行为的信解行地，趋入十种法行；获得证悟地是一地至七地间，因为证悟法义；获得成就是三清净地，因为无分别智慧无勤成就。以上是以信解、行为、证悟、成就而得地方式的四种差别。

信解大乘者，信解小乘者，
二者为欲求，及与为调化，
坚稳之四行，依经随同说。

菩提分行为，如果广分，则有无量，摄略归纳，信解大乘者是六度行；信解小乘者主要是三十七道品的行为；这两者为欲求威力门是神通行为；为调化成熟所化众生，则是四摄事行为。如是坚稳菩萨的四种行为，此论也是依照《宝髻请问经》而随同解说。

（己四、以赞叹究竟功德宣说）

宣说地道法菩提分本性品归纳：

赞叹前面所说的大菩提果功德的诸偈颂是经行十地而获得果功德之理，以四无量至六度功德之间及佛地法相分析的两颂之间宣说：

赞叹佛陀的四无量功德：

慈悲有情尊，值意离意尊，
不离意趣尊，利乐汝前礼。

以“慈悲有情尊”总说。分别而言，慈无量是愿众生值遇安乐的意趣，悲无量是愿众生离苦的意趣，喜无量是愿众生不离安乐的意趣，这三种是令众生安乐的意趣。舍无量是无有贪嗔烦恼而等舍安住的意趣。于如此具有利乐一切有情意趣的佛陀您前，三门以最大恭敬而顶礼。

决定脱诸障，胜伏诸世间，
智遍诸所知，心解汝前礼。

解脱、胜处、遍处：有色观色解脱至灭尽解脱之间八解脱、内色观外色少胜处等形色显色共八胜处、地水火风空识青黄白红十遍处，这些是等持幻化自在的道，因此以解脱发起，以胜处行持，以遍处成就。佛陀的这三种是无分别智慧本体任运自成，比世间人、声闻、缘觉修行那些法超胜。能仁佛陀心相续具有的八解脱不仅仅是解脱了各自分别的违品，而且决定解脱一切二障连同习气。同样，八胜处，不仅仅是形色显色胜处而且胜伏一切世间，遍处不仅仅是显现周遍地等相似对境，而且以佛陀您的智慧周遍一切所知。

于以心解脱等至障、烦恼障、所知障的世尊您前顶礼。

摧毁诸众生，无余诸烦恼，

破惑于惑众，悲悯汝前礼。

无染等持：声闻、缘觉只是防护不令众生缘于自己而生烦恼，如来的无染等持，是能摧毁一切众生的无余一切烦恼，特意为利益生烦恼的有情而前去，摧破他们的烦恼。于悲悯一切有烦恼众生的世尊您前顶礼。

任运无贪执，无碍恒入定，

能答诸所问，是尊汝前礼。

愿智：声闻们当别人提问等时，要特意入定于等持才能部分了知，而既不是无碍了知一切所知也不是恒常入定，不是能答复一切询问。佛陀的愿智具有与之相反的五种特点，无勤任运自成；不具有烦恼的习气或者不需观待入定而无有贪执；断除所知障而对任何所知均无质碍；恒常于入定中如如不动；能答复众生所提出的一切问题。于具有如是功德的世尊您前顶礼。

所能依所说，语知为能说，

智慧恒无碍，善说汝前礼。

四无碍解：所依法（无碍解）与能依义（无碍解）二者是所说，语言——懂得一切众生之语的词无碍解，了知所有所知的辩（无碍解），这两种是能说。于以智慧恒常无碍善说妙法的世尊您前顶礼。

前往知众行，了知彼等语，

来去及出离，善授汝前礼。

六通：以神境通前往所化众生所在处；以他心通了知众生心的八万四千行；以天耳通之力了知众生语言；以宿命通了知众生由何来此；以天眼通了知未来去往何生处；以漏尽通善加传授出离轮因之理。于具有如是功德的世尊您前顶礼。

有情现见您，知是大丈夫，
唯见令极喜，是尊汝前礼。

具三十二妙相八十随好：一切众生见到您的身体，就会知晓这是大士夫，是大丈夫，仅仅见到就能令人心里极其欢喜，于具有如是功德的世尊您前顶礼。

受住及舍弃，幻化及转变，
等持与智慧，自在汝前礼。

四种清净：因所依或处或身体清净而如意自在重新受生所依身体，如意自在使那一所依安住，如意自在舍弃寿行；因所缘清净而能自在重新幻化前所未有的身体，以前有的身体能自在转变；因心清净而纯熟等持；因智慧清净而自在拥有不可思议的智慧。于如此自在的世尊您前顶礼。

方便皈处净，于大乘出离，
欺惑众生魔，摧之汝前礼。

十力：以知处非处力了知因非因而摧毁欺惑转生善趣恶趣之因或方便

的魔，诸如摧毁欺惑说有害的供施等非善趣之因是获得善趣的方便；以知业报力，摧毁欺惑说不属业力本不能自在救护的自在天等为皈依处的魔；以知一切染净静虑力摧毁欺惑说仅获得禅定无色定就解脱清净轮回的见解之魔；以剩余七力，摧毁对于大乘出离方面欺惑众生之魔——以知一切界力了知种姓；以知种种信解力了知信心；以知种种根性力了知所化信心等分类中法器的差别；以知前世力、知死殁力了知正道之所依；以知一切行道力了知正道的本体；以知漏尽力了知出离之果。对所化如是宣说，从而摧毁欺惑说大乘道出离以外的魔。于摧毁欺惑众生之魔的世尊您前顶礼。

说自智与断，他利离道障，
一切诸外道，不损汝前礼。

四无畏：亲口说自利证悟圆满无畏，拥有遍知一切的智慧；亲口说断圆满无畏，永断二障及习气；为他利说道无畏，真实宣说出离轮回之道；说道障无畏，阻碍道之障或能障的我见、贪等烦恼是解脱轮回之障。于对以具有正量的谛实语宣说，天或魔或梵天或沙门婆罗门或其他所有外道以说“并非如是”随法的辩论永远不会损害的世尊您前顶礼。

无护无忘失，眷中庄严语，
永断二染污，摄眷汝前礼。

无护，由于身语意根本无有罪垢，因此永远不需要担忧顾虑别人知晓而隐藏或警戒，三门行为无隐晦或无防护；无有若出现过患则当舍置之类的忘失；于眷属中如狮子般无所畏惧，以庄严之语说法；对闻法者不生贪，对不闻法者不生嗔，对闻不闻二者不生贪嗔。于具此三念住、永断贪嗔二种染污而摄集眷属会众的世尊您前顶礼。

遍知您出游，安住皆恒常，

无非遍知行，如实汝前礼。

真实摧毁习气：遍知您为去城中化缘等而出游，于内真实安住，恒时无有非遍知的行为，行住等一切威仪中照见一切，不离入定中丝毫也无有非遍知堪为过患的迷乱威仪之因，为此称遍知。于名副其实的世尊您前顶礼。声闻阿罗汉虽无烦恼，但在没有断习气的情况下行走时，偶尔遇到醉象、马车等，脚踩毒蛇，于黑暗中迷路，如猴子般跳跃、发声大笑等未经观察的一些威仪也可能出现，但佛陀根本不会有这种情况。

于利诸众生，您恒不越时，

恒常行有义，不忘汝前礼。

念无失：对于利益众生，您永远不会逾越时间，一切所行恒常有义，于不忘失众生利的世尊您前顶礼。

于诸世间中，昼夜六时见，

具足大悲心，垂念汝前礼。

大悲：十方一切世界中，昼夜六时精进恒常各别照见众生谁衰谁兴，以什么方便饶益谁，具有这样的大悲心，即本体，其作用能利一切有情。因此，于垂念如此利益众生的世尊您前顶礼。

行为与证悟，智慧及事业。

声闻缘觉众，上师汝前礼。

十八不共法：身无误失、语无卒暴音、意无念失，无不定心，无种种想、无不择舍，即行为所摄六种。志欲无退、正勤无退、念无退、慧无退、等持无退、解脱无退，是证悟所摄六种。有些论中此六法中没有算等持无退，而换成见解脱智无退，这只是不同经典的意趣。于过去时无著无碍智、于现在时无著无碍智、于未来时无著无碍智，是智慧所摄三种。一切身业智为前导随智而转、一切语业智为前导随智而转、一切意业智为前导随智而转，是事业所摄三种。以上这些佛陀的不共同法是与其他行者不共的十八种。于成为一切声闻、缘觉之上师的世尊您前顶礼。

三身大菩提，证得一切相，

于诸众生疑，尽断汝前礼。

一切种智：三身具足大菩提一切殊胜相或证得一切种智相，证得法身，获得具二清净甚深真实菩提；证得受用圆满身，获得四智的不共真实菩提；证得化身，乃至虚空际行众生种种利，是出世间真实菩提；二种色身综合称为广大真实菩提。于如是证得大菩提后一切时分尽断一切有情怀疑的世尊您前顶礼。

无执无过失，无垢不舍置，

不动于诸法，无戏汝前礼。

六度究竟功德：无有执著而圆满布施度；永无过失而圆满戒律度；相续永离烦恼之垢而圆满安忍度；不舍置众生利而圆满精进度；恒常于等持中不

动摇而圆满静虑度；对诸法无有分别戏论而圆满般若度。于圆满六度的世尊您前顶礼。

佛地之摄义——佛地法相分析：

成就殊胜义，出离一切地，

成为众生尊，令众得解脱。

无等无尽德，显现诸世间，

亦现佛坛城，人天皆不见。

本体是成就胜义或真如自性清净离二客尘具二清净的大菩提。其因是越来越向上出离一切地。果是成为众生无与伦比之至尊。作用是令一切众生得解脱。具足是具有声闻、缘觉菩提无与等同、永无穷尽的力等功德。得法或分类：佛陀显现于一切不清净世间是化身；于清净所化前也显现佛坛城，是报身；法身是除佛陀以外人、天众生一切情况下均不可见。

本来，至此颂为止就已圆满正文，但诸位智者为了弘法利生的缘起而以下一偈颂结尾：

此亦依彼力，如随所化缘，

世界存在间，事业不间断。

如此也是以法身的威德力，如实随所化缘分，乃至世界存在期间，佛陀法身的事业不间断出现，这是说明事业不间断。

大乘经庄严论中第二十一行为究竟品释终

甲四、末义：

著跋：大乘经庄严论颂，圣者弥勒撰著圆满。

译跋：印度堪布释迦桑格（释迦狮子），**主校大译师噶瓦拜则等翻译并校勘抉择。后由班智达巴绕呵达、大婆罗门桑匝那、大译师鄂·罗丹西绕稍作修改，以传讲抉择。**

奇哉！

累劫难得大乘法理集，讲闻补处尊者此论义，

获得讲闻大乘诸法德，大师菩萨地论所说同。

胜乘之法甘露宴，为请无量诸众生，

于殊胜教极恭敬，欲求利他而著此。

愿勤此善皎月光，开启众慧之睡莲，

善说芬芳遍诸方，净化众生心垢染。

愿我亦于生生世，文殊补处弥勒尊，

喜眸青莲含笑视，趋入如海佛子行。

愿诸无边无际众，皆入胜乘正道已，

究竟圆满成熟净，获得遍知之果位。

铁猪年持诵文殊心咒闭关时，仅于夏季四十日之座间，麦彭嘉扬嘉措参照安慧论师之《注释》而简明扼要撰著圆满。愿善妙！愿吉祥！

2017年12月20日
译毕于以色列耶路撒冷